KB034382

1900 동아시아,
서양인들의 답사 리포트

글쓴이

다니엘 워레스 스미스(Daniel Warres Smith, 1837~1921) 스코틀랜드 출신의 영국인으로 1870년 부터 40여 년간 홍콩의 영자(英字) 일간지『데일리프레스(The Daily Press)』에서 기자, 편집인, 경영 자 등으로 재직하였으며, 이후 런던에서 특파원으로 활동하였다. 1894년 영국 언론인협회(Institute of Journalists)에 준회원으로 가입하여 1896년에 정회원이 되었다.

옮긴이

윤승준(尹承駿, Yoon Seung-Joon) 1956년 출생. 서울대학교 서양사학과 학부와 대학원을 졸업하였 다.『하룻밤에 읽는 유럽사』,『인문학과 현대 문화』(공저),『인문학, 소통과 공생의 지혜』(공저) 등을 저술하였고, 번역서로는『새 유럽의 역사』,『유럽 혁명 1492~1992』등이 있다. 현재 인하대학교 사 학과 교수로 재직 중이다.

이영미(李映美, Lee Yeong-Mi) 1980년 출생. 인하대학교에서 사학과를 마치고 대학원 석사(외국사) 와 박사(한국사) 과정을 졸업하였다. 주요 저술은『동아시아한국학의 형성-근대성과 식민성의 착 종』(공저),「그리피스(1843~1928)의 한국 인식과 동아시아」등이다. 현재 건양대학교 인문융합교 육학부 연구교수로 재직 중이다.

동아시아한국학연구 번역총서 7

1900 동아시아, 서양인들의 답사 리포트

초판 인쇄 2017년 8월 20일 **초판 발행** 2017년 8월 30일
글쓴이 다니엘 워레스 스미스 **옮긴이** 윤승준·이영미 **펴낸이** 박성모 **펴낸곳** 소명출판 **출판등록** 제13-522호
주소 서울시 서초구 서초중앙로6길 15, 1층
전화 02-585-7840 **팩스** 02-585-7848 **전자우편** somyungbooks@daum.net **홈페이지** www.somyong.co.kr

값 30,000원 ⓒ 윤승준·이영미, 2017
ISBN 979-11-5905-211-8 93910

잘못된 책은 바꾸어드립니다.
이 책은 저작권법의 보호를 받는 저작물이므로 무단전재와 복제를 금하며, 이 책의 전부 또는 일부를 이용하려면
반드시 사전에 소명출판의 동의를 받아야 합니다.

이 책은 2007년도 정부재원(교육부 학술연구조성사업비)으로 한국연구재단의 지원을 받아 연구되었음
(NRF-2007-361-AM0013)

인하대 한국학연구소 번역총서 07

1900 동아시아,
서양인들의 답사 리포트

다니엘 워레스 스미스 지음 | 윤승준 · 이영미 옮김

European Settlements In The Far East
China, Japan, Corea, Indo-China, Straits Settlements, Malay States, Siam,
Netherlands India, Borneo, The Philippines, Etc.

소명출판

인하대학교 한국학연구소는 2007년부터 '동아시아 상생과 소통의 한국학'을 의제로 삼아 인문한국(HK) 사업을 수행하고 있다. 상생과 소통을 꾀하는 동아시아한국학이란, 우선 동아시아 각 지역과 국가의 연구자들이 자국의 고유한 환경 속에서 축적해 온 '한국학(들)'을 각기 독자적인 한국학으로 재인식하게 하고, 다음으로 그렇게 재인식된 복수의 한국학(들)이 서로 생산적으로 소통할 수 있는 방법을 구성해내는 한국학이다. 우리는 바로 이를 '동아시아한국학'이라는 고유명사로 명명하고 있다. 따라서 동아시아한국학은 하나의 중심으로 수렴된 한국학을 지양하고, 상이한 시선들이 교직해 화성(和聲)을 창출하는 복수의 한국학을 지향한다.

이런 목표의식하에 한국학연구소는 한국학이 지닌 서구주의와 민족주의적 편향성을 극복하기 위한 방법으로 근대전환기 각국에서 이뤄진 한국학(들)의 계보학적 재구성을 시도하고 있다. 주지하듯이 한국에서 자국학으로 발전해온 한국학은 물론이고, 구미에서 지역학으로 구조화된 한국학, 중국·러시아 등지에서 민족학의 일환으로 형성된 조선학과 고려학, 일본에서 동양학의 하위 범주로 형성된 한국학 등 이미 한국학은 단성적(單聲的)인 방식이 아니라 다성적(多聲的)인 방식으로 존재하고 있다. 우리는 그 계보를 탐색하고 이들을 서로 교통시키고자 한다. 다시 말해 본 연구소는 동아시아적 사유와 담론의 허브로서 동아시아한국학의 방법론을 정립하기 위해 학문적 모색을 거듭하고 있다.

더욱이 다시금 동아시아 각국의 특수한 사정들을 헤아리면서도 국경을 넘어서는 보편적 가치를 모색할 필요성이 절실해지는 이즈음, 상생과 소통을 위한 사유와 그 실천의 모색에 있어 그간의 학문적 성과를 가늠하고 공유하는 것은 여러 모로 의미가 있으리라 여겨진다. 이에 우리는 복수의 한국학에 대한 계보학적 탐색, 상생과 소통을 위한 동아시아한국학의 방법론 정립, 연구 성과의 대중적 공유라는 세 가지 지향점을 중심으로 지속적으로 축적되고 있는 연구 성과를 세 방향으로 갈무리하고자 한다.

본 연구소에서는 상생과 소통을 위한 동아시아한국학 연구에 있어 연구자들에게 자료와 토대를 정리해 연구의 기초를 제공하고, 또한 현재 동아시아한국학 연구의 범위와 향방을 보여줄 뿐만 아니라 그 연구 성과들을 시민들과 공유하는 것까지 고려하는 방향으로 총서를 발행하고 있다. 모쪼록 이 총서가 동아시아에서 갈등의 피로를 해소하고 새로운 상생의 방법을 모색하는 데 일조할 수 있기를 기대한다.

인하대학교 한국학연구소

1900 동아시아, 서양인들의 답사 리포트

대서양을 끼고 있는 두 대륙 어디서나 '세력권'이니 '문호 개방'이니 하는 말이 언론에 자주 등장한다. 동아시아는 특히 정치와 교역 양면에서 커다란 주목을 받고 있으며, 머지않아 유럽 정치에서 분명히 중요한 비중을 차지하게 될 것이다. 그렇기 때문에 본 편자는 동아시아 일대의 유럽인 거류지들에 관한 이 짤막한 소개서가 정치 연구가와 상인은 물론, 일반 대중에게도 유익하리라고 믿는다.

아울러 이 소책자가 나날이 늘어가는 여행자들에게 통상적인 여행 일정에 들어있지는 않지만 꼭 가볼 만한 가치가 있는 많은 명소들의 안내서로서 도움이 되기를 기대한다.

1900년 4월

홍콩에서

D. W. 스미스

　이 책은 영국의 다니엘 워레스 스미스(Daniel Warres Smith, 1837~1921)가 쓴 *European Settlements in the Far East*를 완역한 것이다. 스코틀랜드 출신인 저자 스미스는 19세기 후반 영국령 홍콩의 일급 저널리스트로, 개신교 계열의 저널 『상하이리코더(*Shanghai Recorder*)』를 거쳐 1870년 『데일리프레스(*The Daily Press*)』에 입사하였다. 홍콩의 초창기 영자지(英子紙) 가운데 하나인 이 일간신문은 1857년 미국인 라이든(George M. Ryden)에 의해 창간되어 80여 년간 발행되었다. 이것은 한문 제호를 전면에 표기한 중국 최초의 서양 언론이기도 하였는데, '매일잡보(每日雜報)'라는 그 이름은 1년 남짓 영문명과 병기되었고 이후에는 공동주필로 명성을 날리던 머로(Yorick J. Murrow)의 중국명 '莫罗'를 광둥어 발음[mālà]에 따라 한자 표기한 孖剌報, 孖剌西報, 孖剌沙西報 등의 별칭으로 널리 알려졌다. 『데일리프레스』에서 기자 겸 편집인으로서 활동 영역을 넓혀간 스미스는 1900년 공동 수탁경영인의 지위에 올라 이후 10년 넘게 왕성하게 활약하였다. 이 책은 그가 30여 년에 걸쳐 언론인 생활을 하며 다방면으로 축적한 동아시아 관련 지식과 정보를 정리한 것으로, 런던 샘슨로우마스턴출판사(Sampson Low, Marston & Company)와 뉴욕 찰스스크리브너스선즈출판사(Charles Scribner's Sons)에서 동시 간행되었다.

　옮긴이들은 원제목의 'Far East'를 '동아시아'로 번역하였다. 단어 자체만 놓고 보자면 '극동(極東)'이라고 해도 무방할 듯싶다. 그것은, 드물게 '원동(遠東)'이라고 되어있기도 하지만, 'Extreme East' 또는 'Extreme Orient'의 경우와 마찬가지로 보통 '극동'으로 사전에 소개되어 있기 때문이다. 하지만 과거 수세기 동안 서양에서는 'Far East'를 아시아의 동부 일대를 가리키는 개념으로 사용하였다. 이 단어에 포섭되는 지리적 범주는 '근동(近東, Near East)'이나 '중동(中東, Middle East)'이 그러하듯 다소 불분명했었지만 19세기 이후로는 인도의 동쪽 즉, 동남 및 동북 아시아를 두루 아우르는 것으로 굳어지게 되었다. 이 책의 저자가 오늘날 동북아시아를 한정적으로 지칭하는 'Far East'라는 용어를 제목에 내세우면서 시베리아 동부로부터 동남아시아 전역에 이르는 방대한 지역을 다룬 것도 이러한 관례와 무관하지 않을 것이다. 정리하자면, 이 책 제목의 'Far East'는 과거 용례로 보나 본문 내용으로 보나 아시아의 동쪽 절반으로서의 '동아시아'를 가리킨다. 그것은 오랜 세월 중국과 그 주위의 전통적인 문화권으로서의 협소한 '극동'이 아니라 그보다 훨씬 광활한, 중동 및 인도와 그 인접 지역들을 제외한 '동부 아시아'인 것이다.

그런 만큼 이 책에서 다루는 지리적 영역은 실로 방대하다. 중국은 물론, 그 북쪽의 시베리아부터 시작하여 동쪽의 일본과 서쪽의 태국 그리고 남쪽으로는 인도네시아, 보르네오에 이르는 광역을 한 권에 담아내고 있는 것이다. 저자는 제목에서 이 지리적 영역 내의 '유럽인 거류지들(European Settlements)'을 고찰 대상으로 표방하였으며, 실제로 동아시아에 산재하던 100여 개의 그 공간들을 상세하게 소개하고 있다. 하지만 이 책의 내용이 그것들에 한정되는 것은 결코 아니다. 저자는

'동아시아'를 동(東)시베리아, 일본, 한국, 중국, 홍콩, 마카오, 인도차이나, 태국, '해협식민지', 인도네시아, 필리핀, 보르네오 등의 12개 권역으로 나누고 지리, 기후, 자연생태, 인구, 산업, 역사, 제도 등을 두루 개관하고 있는 것이다. 그렇다면 그가 그 넓고 너른 곳을 모두 가보았을까? 그는 다방면에 걸쳐 박학다식한 만물박사였던가? 물론 그렇지는 않다. 스미스가 서문에서 "편자(編著, complier)"라고 자처하는 것도 그 때문일 것이다. 결국 저자는 다른 많은 서양인 관찰자, 연구가들의 다양한 기록을 한데 모아 정리한 것에다가 자신의 경험과 지식을 일부 보태서 이 책을 세상에 내놓았다고 할 것이다. 옮긴이들이 제목에 "서양인들의 답사 리포트"라는 글귀를 넣은 연유도 여기에 있는데, 그 과정에서 스미스가 드러내는 시각은 당대 서양인 일반의 그것과 크게 다르지 않다. 특히 그는 영국인으로서 자국의 이익을 우선시하는 자세를 지닌 듯하며, 중국 도시들 중에서도 상하이, 그리고 홍콩과 오늘날의 말레이시아 일대에 상대적으로 많은 지면을 할애하고 있다. 그럼에도 분명한 사실은 그가, 자신의 서구 내지 영국 중심적 관점과는 상관없이, 제국주의 열강의 동아시아에 대한 경제적, 군사적 침략과 팽창의 실상을 보여주는 숱한 정보를 생생하게 제공해주고 있다는 점이다. 이러한 측면에서 이 책은 개항장을 주요 무대로 전개되었던 19세기 말엽 서세동점의 역사를 비교 연구하는 데 여러모로 유익한 자료가 될 것으로 본다.

다른 한편으로 이 책은 19세기 말엽 당시 우리 아시아의 옛 모습을 되돌아볼 수 있게 해준다는 측면에서도 큰 가치를 지닌다. 저자는 홍콩을 주요 무대로 아시아에서 30년 이상의 경력을 쌓은 언론인으로서 이 책을 썼다. 거기에는 우리가 이제껏 잘 몰랐던 것들과 지금은 이미 사라져버린 것들 그리고 현재와는 사뭇 다른 모습들이 기왕에 우리에게 알려져 있는 내용과 한데 어우러져 소개되고 있다. 옮긴이들은 또한 저자가 아시아와 아시아인들에 대해 의외로 이해도가 높고, 나아가 적잖이 공감하고 있음을 여러 대목에서 확인할 수 있었다. 저자가 몸담았던 『데일리프레스』는 사실 영국의 홍콩 정책에 대해 종종 비판적 논조를 보였던 것으로 알려져 있다. 창업주이자 편집장인 '라이딩(賴登)' 라이든은 영국계 거대기업 자딘매디슨회사(Jardine, Matheson, and Co.)에 대한 부정적 기사로 인해 '비방죄' 혐의로 6개월 징역형을 선고받은 적도 있다. 저자가 19세기 후반 서양을 풍미하던 사회진화론이나 백인 우월주의를 완전히 탈피한 것은 아니지만, 그는 동시에 상당히 중립적이고 냉정하며 때론 예리한 비판적 관찰자의 시선으로 동아시아 전반을 대하고 있다. 요컨대, 이 책은 '타자'의 눈으로 바라본 동아시아와 객관적 자료를 통해 드러난 동아시아를 두루 담아내고 있는 것이다.

옮긴이들은 이 책이 학술적인 측면뿐만 아니라 오늘날 우리의 일상생활, 특히 여가 분야에서 신선하고도 유익한 길잡이 역할을 할 수 있을 것으로 확신한다. 이미 해외여행은 일상적 현실로 다가왔으며, 아시아의 유명 관광지에서 한국인 여행자를 만나는 것은 전혀 놀랍지 않다. 그리고 이제는 남들이 잘 모르는 곳, 여행객의 발길이 별로 닿지 않은 과거의 역사·문화 자취를 찾아 떠나는 것이 새로운 추세로 등장하고 있다. 저자는 이 책이 '통상적인 여행 일정에 들어있지는 않지만 꼭 가볼 만한 가치가 있는 많은 명소들에 대한 안내서로서 도움이 되기를 기대'하였다. 옮긴이들은 1900년 무렵의 그 기대가 100여 년을 훌쩍 넘긴 21

11

세기 초 현재에도 여전히 대체로 유효하다고 감히 단언한다. 『1900 동아시아, 서양인들의 답사 리포트』가 전문 연구자들뿐 아니라 여행을 좋아하는 일반인들에게도 읽히기를, 나아가 그들이 이 책을 들고 설레는 미지의 여행길에 나서기를 권유한다. 번역을 해나가는 동안 옮긴이들 스스로 이 책을 벗 삼아 아시아 곳곳의 몰랐던 역사, 문화의 흔적들을 찾아가보고 싶다는 생각에 문득문득 사로잡히곤 했기 때문이다.

그러나 이처럼 마음을 설레게 하는 것과는 별개로 번역 작업 자체는 매우 고통스러운 과정이었다. 그야말로 생소한 지명, 인명, 사건, 유적 등등, 처음 접하는 것들이 너무도 많았다. 게다가 19세기 말 경의 영국식 영문표기법에 따라 기술된 각종 고유명사들, 특히 웬만한 사전에는 나오지도 않는 지명들을 확인하는 일이 더러 불가능할 정도로 어려웠다. 도대체 지금의 어느 곳을 가리키는 것인가를 알아내기 위해 실로 온갖 종류의 사전과 자료를 뒤져야했으며, 심지어 지방의 어느 중학교 홈페이지에 실린 수학여행 사진에서 간신히 실마리를 찾아낸 적도 있었다. 그 외에 동남아시아를 비롯한 다른 지역들의 경우도 정도의 차이는 있지만 적확한 우리말 표기 문제를 놓고 종종 심각한 고민을 해야 했다. 이러한 난점들로 인해 당연히 크고 작은 오류가 적지 않을 것이다. 제현의 질정을 기대한다. 동시에, 독자 입장에서도 번역문만 가지고는 온전한 이해가 어려울 경우가 있으리란 우려가 들었다. 그래서 원문에는 전혀 없는 각주를 참고용으로, 어쩌면 책읽기에 방해가 된다고 여겨질지도 모를 만큼 많이 달아놓았다. 여기서 고딕체로 표시된 부분은 저자의 원문에서 그대로 옮겨 적은 것이다. 이렇게 글자체를 달리한 이유는 독자들, 특히 전문 연구자들에게 당시의 영국식 영문 표기가 어떠했는가를 일부 소개하는 것도 나름대로 의미가 있으리라고 생각했기 때문이다.

　이제 졸역을 책으로 내면서 오래 기다려준 인하대학교 한국학연구소의 소장님과 여러 선생님들, 평소의 애정과 관심에 더해 기꺼이 감수를 분담해주신 인하대 사학과의 서영대, 이영호, 박은경, 이준갑, 최병욱 교수님께 깊은 고마움을 전한다. 그리고 흔쾌히 출판을 맡아준 소명출판과 관계자 분들께도 감사드린다.

2017년 8월
옮긴이들

| 차례 |

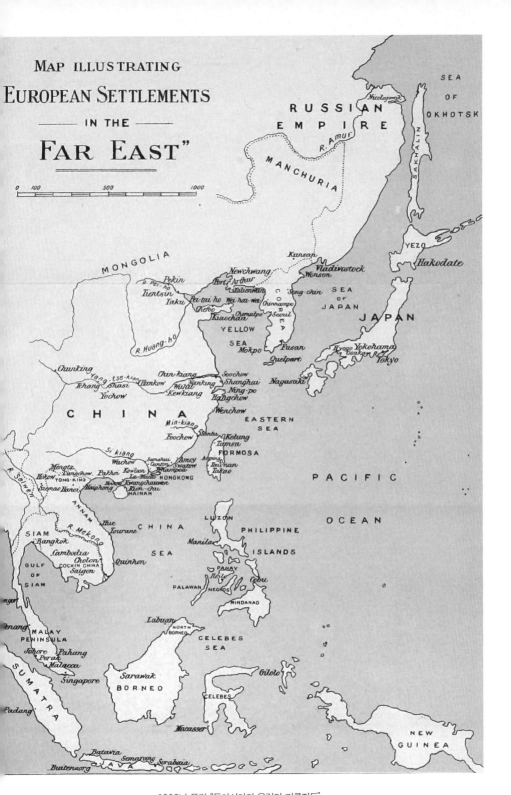

1900년 무렵 "동아시아의 유럽인 거류지들"

제1장
동東시베리아

1. 블라디보스토크[1]

블라디보스토크항은 표트르 대제만(灣)으로 뻗어 나간 긴 반도의 남
단에 자리 잡고 있다. 북위 43° 7′, 동경 131° 54′ 지점에 위치하며, 일
부 해도(海圖)에는 아직도 '포트메이'라고[2] 표기되어 있다. 동부 시베리
아의 어느 항구도 비교가 되지 않을 만큼 막대한 중요성을 지닌 군사
및 상업 중심지로서, 자유무역항이기는 하지만 주류, 담배, 성냥, 등유,

---

1 Vladivostock. 이 도시명은 '동방(보스토크)'과 '지배하라(블라디)'의 두 러시아 단어
   를 합성한 것이다. 러시아인들이 이곳에 처음 온 것은 1856년이며, 군항(軍港)은 1872
   년부터 운영되었다. 이하, 각주는 모두 옮긴이들이 붙였으며, 그 안의 고딕체 부분은 참조용
   으로 원문 내용을 그대로 표기한 것임.
2 Port May. 크림 전쟁(1853~1856) 당시 전함 윈체스터호(Winchester)를 타고 이곳에
   쳐들어온 영국 수병들이 붙인 이름이다.

19

광택제, 설탕, 엽차, 사탕 등에는 관세가 부과된다. 동양에서 가장 아름다운 항구 가운데 하나인 이곳은 지형이 유난히 길쭉하고 좁은데다, 과거에 금 성분을 지닌 주변 언덕의 땅속에 보물이 묻혀 있다고들 믿었던 연유로 '금각(金角, 황금 뿔)'이라는[3] 그럴싸한 이름으로 불리어왔다. 항구로 들어가는 길목의 둔다스섬이[4] 항로를 두 개의 좁은 물길로 가르고 있는데, 거기서 맑은 물살을 타고 0.5마일쯤 북진하다가 동쪽으로 급선회하여 1마일가량 더 들어가면 부두가 나온다. 언덕들이 항구를 완전히 둘러싸여 있는데, 북쪽은 높고 남쪽은 낮아서 바다 쪽을 향한 내리막 급경사 지형을 이루고 있다. 이 언덕들은 한때 푸르렀지만 무분별한 벌목으로 온통 민둥산이 되었다. 항구는 홀수가 깊거나 용량이 거대한 배들을 거의 무제한 수용할 수 있을 만큼 안전한 정박이 가능하다. 1~2월에는 보통 바닷물이 동결되지만, 증기선들은 쇄빙선의 도움을 받아 거의 언제나 접안할 수 있다. 이곳에는 3,000톤급 선박을 수용할 수 있는 부선거(浮船渠)가 있는데, 1897년 10월 13일에 훌륭한 건선거(乾船渠)가 추가로 완공되었다. 이 신설 도크는 전체 길이 625피트, 하부 길이 555피트, 너비 120피트, 입구 너비 90피트, 그리고 깊이 30피트이다.

이곳 항구는 태평양 방면 러시아 해군의 본거지로서 중앙 정부에 의해 임명된 제독의 지휘를 받으며, 그 외에도 군정장관이 하나 있어 블라디보스토크에 주재하면서 남(南)우수리 지방에 분산 배치된 병력

---

3 *Golden Horn.* 블라디보스토크의 별칭인 이것은 원래 이 도시를 감싸고 있는 뿔 모양의 만(灣)에 붙여진 이름으로, 러시아에서는 잘라토이로그(Золотой Рог)라고 부른다.
4 Dundas Island. 루스키오스프라프섬(Рýсский óстров)을 이르는 것으로 보인다.

들을 통솔한다. 도시 행정은 러시아 민간인들이 자율적으로 선출한 시장과 시위원회에 의해 운영된다. 마을은 항구의 북부 해안 지대를 따라 이어지는 언덕들의 남쪽 경사면에 형성되어 있으며, 근래에 들어와서는 멋진 벽돌 주택이 낡은 목조 건물을 대체하고 있다. 듬성듬성 보이는 몇몇 공터를 제외하고는 지역 전체가 건물로 덮여 있다. 도시는 잘 구획되어 있으며, 도로는 넓지만 관리가 부실하다. 주민들은 꽤 건강하나, 위생 시설은 열악하다. 가장 눈에 띠는 건물은 관공서와 군대 막사, 기차역, 박물관, 러시아정교 교회당, 군정장관과 사령관 제독의 숙소 등이다. 이 제독의 숙소가 공원에 둘러싸여 있는 한편, 부유한 상인들은 멋지고 널찍하게 지어진 주택에 거주한다. 여름이면 공원에서 해군 악대가 매주 두 차례 연주회를 갖는다. 해군클럽이 하나(민간인도 의결권 없는 회원으로 가입 가능), 호텔 두세 곳, 남자고등학교 하나, 여학교 하나, 그리고 육군병원과 해군병원 등이 있다. 이곳 도시의 주민은 약 30,000명이며, 대부분 유럽 출신이다. 소매업은 대개 독일인과 중국인이 장악하고 있고, 운송 업무는 영국, 독일, 일본 등의 증기선들이 대부분을 담당한다. 블라디보스토크항은 요충지로서, 러시아 자원함대(自願艦隊)의[5] 종착점이기도 하다. 이곳과 그 주위 군대의 총병력은 100,000명에 육박하는 것으로 짐작되지만, 정확한 수치는 확인할 수 없다. 시베리아 철도의 블라디보스토크 구간이 1891년 6월 황태자가 첫 삽을 뜨면서 착공되었으며, 이제 완성을 눈앞에 두고 있다.

---

[5] Russian Volunteer Fleet. 러시아·터키 전쟁(1877~1878) 시기에 민간의 '자발적' 기부를 통해 창설된 무장 상선대로 평시에는 일반 화물이나 군대 병력을 수송하고 전시에는 해전에 가담하였는데, 특히 러일전쟁과 1차 대전에서 맹활약했다고 한다.

이 연장 노선은 250마일쯤 되는데, 시설과 서비스가 아주 좋고 운임도 매우 합리적이다.

2. 니콜라옙스크[6]

니콜라옙스크의 항구와 거류지는 아무르강 어귀에서 약 29마일 떨어진 곳에 위치해 있으며, 1851년 네벨스코이[7] 제독이 개척하였다. 이 곳을 지나는 아무르강은 너비가 약 9마일이고, 중심부의 수심이 8~9패덤이며,[8] 유속은 3~4노트에 이른다. 하지만 일부 지점에서는 수심이 매우 얕은데, 심지어 강 한가운데에도 그런 곳이 있다. 흘수가 낮은 배는 2,000마일 이상 들어갈 수 있고, 흘수가 12피트 정도라면 600마일까지 운항이 가능하다. 마을은 해발 50피트의 고지대에 조성되어 있으며, 동편의 강가에 이르기까지 완만한 경사를 이룬다.

가장 눈에 띠는 건물은 마을 중심에 있는 대성당이다. 이 구조물은

---

6   Nicolajewsk. 지금의 니콜라옙스크나아무레(Николáевск-на-Амýре). 원래 이름은 '차르 니콜라스 1세'였는데, 1856년에 개명되었다.

7   Nevelskoi. 겐나디 이바노비치 네벨스코이(Геннáдий Ивáнович Невельскóй, 1813~1876). 러시아의 해군 제독으로 1848년 극동지역 원정대를 이끌고 사할린과 아무르강 하구를 탐사하였고, 1850년에는 지금의 니콜라옙스크나아무레에 정착촌을 세워서 '차르 니콜라이 1세'로 명명하였다.

8   fathom. '(좌우로) 곧게 뻗은 양팔'을 의미하는 영국의 옛 길이 단위로, 오래 전부터 바다 혹은 광산의 깊이를 측정할 때 사용되었다. 1패덤은 6피트(1.8288미터)로 환산된다.

종루(鐘樓)와 둥근 지붕을 갖춘 거대한 서탑(西塔)이 있어 외관이 인상적이지만, 목조 건축으로 이미 쇠락의 기미를 보이고 있다. 대성당 뒤에는 넓은 잔디 광장이 있고, 그 양쪽으로 군인 막사들과 군정장관의 숙소 그리고 경찰서가 들어서 있다. 관공서나 상점으로 사용되었던 것들을 제외하면 이 마을에는 잘 지은 집이 드물며, 건물들은 작고 전부 나무로 축조되었다. 대량으로 건조, 가공되는 연어를 비롯한 생선 외에는 무역 거래가 거의 없다. 이곳은 해군사령부와 육군사령부가 블라디보스토크로 이전한 뒤 중요성이 떨어졌다.

제2장
일본

1. 개요

1) 체제와 정부

과거 일본제국의 정치체제는 절대군주제였다. 지금의 통치자는 1868
년에 짧은 전쟁을 치른 끝에 봉건귀족인 다이묘(大名)들과 그 우두머리
쇼군(將軍)의 권력을 모두 타파하였다. 그리하여 이들은 1869년 6월 25일
자신들의 토지와 징세권을 가신(家臣)들과 한데 묶어 미카도에게[1] 넘겨

---

[1] Mikado. 어문(御門). 과거 일본에서 헤이안 시대(平安時代, 794~1185)부터 에도 시
대(江戶時代) ─ 도쿠가와 시대(德川時代)라고도 함 ─ 까지 쓰인 일본 천황의 호칭 가
운데 하나이다. 원래 천황이 거처하는 어소(御所)를 가리키는데, 마찬가지로 직접적
인 지칭을 피한 긴리(禁裏), 다이리(內裏), 긴주(禁中) 등의 표현과 함께 슈초(主上)라

주어야 했다. 원래 수입의 1/10은 계속 가질 수 있도록 허용되었지만, 향후 수도 안에 거주하라는 명령을 받았다. 이 통치자는 황제라는 이름을 지닌다. 그러나 외국에 일반적으로 알려진 그의 호칭은 고대의 직함인 미카도이다.

현재 군주인 무스히토는[2] 1852년 11월 3일 교토에서 태어나 1867년 부친 고메이 텐노의[3] 뒤를 이었으며, 1868년 12월 28일 이치조 공의[4] 딸인 하루코와[5] 결혼하였다. 이 황제는 기원전 660년에 창건되어 단절 없이 이어진 왕조의 제121대이다.[6] 고대의 공식 상속법에 의하면 왕위는 장남이 차지하며, 아들이 없을 경우에는 국왕의 장녀에게 돌아갔다. 이 법은 군주의 편애나 권신들의 야망으로 인해 종종 무시되었는데, 일본에 이원적인 정부 체계가 출현하게 된 주요 원인 중 하나가 여기에 있었다. 여성이 보위에 앉는 경우도 잦았었다. 그러다가 1889년 2월에 여자를 제위에서 배제하는 새로운 상속법이 공표되었다. 과거 미카도의 권력은 절대적이었다. 하지만 그 권력의 행사는 관습과 공공 여론에 의해 일정한 제약을 받았다. 1875년 참의원과 최고재판소가 설치되었을 때, 미카도는 입헌정부 체제에 대한 자신의 진지한 욕구를 경건하게 공표하였다. 오래 전부터 미카도는 세속적 측면에서만이 아니라 정신적으로도 제국의 수장으로 간주되어 왔다. 하지만 신도(神道)가 일종

든가 텐초(天朝) 같은 호칭도 사용되었다.

2   Mutsu-hito. 목인(睦仁). 일본 122대 메이지(明治, 재위 1867~1912) 천황의 이름이다.
3   Komei Tenno. 효명 천황(孝明天皇, 재위 1846~1867).
4   Prince Itchijo. 이치조 다다카(一條忠香, 1812~1863).
5   Princess Haru-ko. 이치조 마사코(一條美子, 1849~1914)를 가리키는데, 결혼 후에는 쇼켄(昭憲) 황태후로 불렸다.
6   이는 저자의 실수로, 메이지는 제122대이다.

의 국교로 받들어지고 있음에도 불구하고 그는 종교 문제에 개입하지 않으며, 일본에서는 모든 종교가 용인된다. 종무성(宗務省)은 1877년에 내무대신 휘하의 일개 부서로 격하되었다. 미카도는 정부 내각을 통해서 통치행위를 하는데, 그것은 외무성, 내무성, 재무성, 해군성, 육군성, 사법성, 문부성, 농상무성, 체신성 등 9개 부서로 구분된다. 1888년에는 영국의 사례를 본뜬 추밀원이 설치되었다. 미카도가 1881년에 약속한 새 헌법이 1889년 2월 11일 공표되었다. 1890년 7월에는 처음으로 선거를 통한 의회가 구성되었고, 같은 해 11월 29일 첫 회의를 열었다. 의회 체계는 상원과 하원이 제국 의회를 구성하는 양원제이다.[7] 상원은 선거, 세습, 지명 등의 방법을 고루 활용하여 구성된다. 하원은 선거로 뽑힌 300명의 의원으로 구성되며, 그 임기는 4년으로 고정되어 있지만 필요한 경우 연장될 수도 있다. 황제는 내각을 구성하는 대신들을 지명하며, 내각은 의회에 대해 책임을 지지 않는다.

제국은 행정상의 편의를 위해 시(市)에 해당하는 부(府) 3개 — 도쿄, 교토, 그리고 오사카 — 와 도(道)에 해당하는 현(縣) 43개로 구분되는데, 후자에는 얼마 전 현으로 개편되어 오키나와(沖繩)라고 명명된 류큐 제도(琉球諸島)가[8] 포함된다. 홋카이도섬은[9] 홋카이도정(町)이라는 명칭으로 별도 관리되며, 타이완은[10] 식민지로서 운영되고 있다. 부와

---

7   상원은 참의원(參議院), 하원은 중의원(衆議院)이다.
8   Loochoo Islands. 통상적인 영문 표기는 Ryukyu Islands. 일본에서는 남서제도(南西諸島)라고 하며, 유구호(琉球弧)로도 불린다.
9   북해도(北海道). 원문은 Island of Yezo(에조섬). '에조'는 홋카이도의 옛 이름으로, 원래 혼슈의 간토와 도호쿠 지방, 홋카이도 등지에 살면서 이민족으로 차별받던 집단 또는 그들의 거주지를 일컫는 '하이(蝦夷)'의 일본어 표기이다.
10   대만(臺灣). 원문은 Formosa로, '아름다운 섬'을 뜻하는 포르투갈어 Ilha Formosa에

현은 지사(知事)가 다스린다. 지사들은 모두 동급이고 내무성의 지휘를 받으며, 선례가 없을 경우에는 어떤 일이건 반드시 내무상에게 보고해야 하는 등의 제한된 권력만을 갖는다. 또한 그들은 48개 지방법원과 7개 고등법원 — 도쿄, 오사카, 나고야, 히로시마, 나가사키, 미야기, 하코다테 — 에서 관할하는 사법 절차와 관련해서 하등의 권한이 없고, 고등법원들은 도쿄 소재 대심원(大審院)이 관장한다. 최근의 정치 변화에 따라 옛 제정 체제가 복원되기 이전까지 통치 권력은 군사 지도자인 쇼군에게 있었다. 그런 까닭에 외국인들은 처음에 쇼군을 세속 통치자로 인식하고 강화조약이나 통상조약을 그와 교섭하였다. 바쿠후는[11] 1184년에 용맹스럽고 유능한 장군 요리토모에[12] 의해 수립되었으며, 1869년 도쿠가와 가문이 찬탈 권력을 몰수당할 때까지 여러 지배 가문을 거치며 지속되었다. 쇼군 아래로는 300명이 좀 넘는 봉건 제후 다이묘들이 그에 대한 충성을 조건으로 통치 권력을 나눠가졌는데, 이들은 각자의 영지 내에서 실질적으로 최고 존재였다. 하지만 그 지위와 권력 또한 바쿠후와 더불어 소멸되었다. 한편, 황제는 1884년 7월 7일에 귀족을 부활시키는 칙서를 발표하고 왕정복고 거사에 가담하여 특별히 두드러진 활약을 보인 문무 관리들에게 그 지위를 부여하였다. 과거의 위계는 철폐되었다. 그리고 이제 공(公, '코우'), 후(侯, '코우'), 백(伯, '하쿠'), 자(子, '시'), 남(男, '단') 등의 작위(爵位)가 그것을 대체하였다.

서 유래되었다.

11 Shogunate. 막부(幕府). 1192년부터 1868년까지 일본을 통치한 쇼군의 정부로, 천황은 상징적인 존재에 불과하고 쇼군이 실질적인 통치권을 행사하였다.
12 Yoritomo. 미나모토 요리토모(源賴朝, 1147~1199).

2) 세입과 세출

　　1899~1900년의 예산은 세입 188,930,635엔, 세출 218,807,147엔으로 29,876,512엔의 적자를 기록하였다. 적자는 특별 예산으로 충당된다. 그 전년도에 비해 세입은 60,904,444엔, 세출은 9,740,788엔 감소하였다. 세입 가운데 143,501,401엔은 경상 부문, 45,429,234엔은 특별 부문에 속한다. 이 특별 부문에서는 83,088,004엔 감소한 것이 주목되는데, 이는 공적 대부금, 보상금 책정액, 조선(造船) 기금 보조금, 전년도 이월금, 웨이하이[13] 주둔군 관련 지출 등의 항목에서 발생하였다. 세출은 경상 부문 139,718,500엔, 특별 부문 79,088,646엔이었다. 이 특별 세출에는 육군과 해군의 증강을 위해 의결된 금액이 포함되어 있는데, 이는 양군(兩軍)의 군비 확장 계획안에 따른 것이다. 이 계획안은 1단계와 2단계의 두 시기로 구분되며, 1896년 4월 1일 시작해서 1906년 3월 31일 종료된다. 이를 위한 지출 계획은 육군이 1단계 43,329,400엔과 2단계 38,350,000엔 등 총 81,679,400엔이고, 해군은 1단계 116,086,400엔과 2단계 144,618,770엔 등 총 260,705,170엔이다. 이들 양군의 지출을 모두 합치면 342,384,570엔에 달한다. 육군의 경우, 1단계 계획에 요새 건설, 막사의 건축과 설비, 무기 제조, 조병창 확장, 특수 건축 등의 5개 항목이 들어있고, 2단계 계획은 앞의 세 가지 항목에만 해당된다. 경상 세출에 있어서도 장교와 사병의 증원에 대비한 의결 액수가 대폭 증가하였다.

13　위해(威海, Weihai). 원문은 Weihaiwei(威海衛).

1899년에는 1,000만 파운드의 파운드화 공채가 발행되었다. 만기는 1899년 1월 1일을 시점으로 55년이다. 그렇지만 1901년 1월 1일부터 일본 정부가 선택하는 임의의 시기에 추첨을 통해 액면가 100파운드 당 100파운드를 상환해주는데, 이 경우 6개월간 사전 고지를 한다. 이 공채의 이율은 4%이며, 100파운드권이 90파운드에 발행되었다. 공채 판매 대금은 1892년의 철도건설공채법, 1896년의 공익사업공채법, 1896년의 홋카이도 철도건설공채령, 어떤 외국에[14] 대한 차관 제공과 관련한 1899년의 법령 등, 의회 법률에 명시된 다양한 수익성 공공사업을 완결하는 데에 투입될 예정이다. 이들 법령에 따른 지출은 철도의 건설과 개량에 890만 파운드, 철제 구조물 축조에 90만 파운드, 통신망 확장에 100만 파운드 등이 예정되어 있다.

마지막 공채를 발행하기 전인 1899년 3월 31일 당시 일본의 빚은 장기공채 3,912만 5천 파운드, 일본은행에 대한 부채 220만 파운드, 현금부채 51만 1천 파운드(1900년 3월 31일 만기이며, 상환 대금은 이미 확보되어 있다) 등 총 4,183만 6천 파운드였다. 이 점에 대해 1899년도 공채와 관련한 안내서에는 "그러므로 부채 총액은 인구 1인당 18실링이다"라고 설명되어 있었다. 이에 비해 국가는 3,000만 파운드로 평가되는 철도, 전신, 전화 등등의 자산과 더불어, 목재를 제외하고도 약 8,200만 파운드의 값어치를 지닌 토지를 보유하고 있다. 현재 부채 총액은 5,183만 6천 파운드이다.

---

14   조선(朝鮮)을 가리킨다.

3) 육군과 해군

중국과의 전쟁[15] 이전까지 육군은 6개 사단과 황실근위대로 구성되어 있었다. 전체 병력은 평시 편제 약 70,000명, 전시 편제 268,000명이었는데, 모두 헌병대와 에조(홋카이도) 민병대는 제외한 숫자이다. 그러나 전쟁 종료 후 근위대를 제외한 사단의 숫자를 12개로 늘리는 대규모 확장 계획이 채택되면서, 병력이 1896년부터 8년에 걸쳐 평시 편제 145,000명, 전시 편제 520,000명으로 각각 증원되었다. 중국과의 전쟁이 끝났을 때 일본은 실전 가능한 전함을 43척 보유하고 있었는데, 총 배수량은 78,774톤에 달했다. 그 가운데 배수량 7,335톤의 장갑 포탑함(砲塔艦) 1척, 철제 순양함 2척, 철제 포함 6척, 목제 포함 1척 등 10척은 중국한테서 노획한 것으로, 배수량을 모두 합치면 15,055톤이다. 종전의 일본 함대는 대개 소형 선박들로만 구성되어 있었으며, 천위엔호 — 지금은 친엔이라고 불린다 — 를[16] 노획하기 전까지는 주력 전함이랄 만한 것이 없었다. 한편, 일본은 그 외에도 26척의 어뢰정을 보유하였고, 철제 순양함 2척과 철제 연락선 1척을 건조 중이었다. 1896년 4월 1일부터 1906년 3월 31일까지로 계획된 군비 확장 사업은 이 때 채택되어 현재 진행 중이고, 선박 건조는 일본뿐 아니라 영국, 미국, 프랑스 및 독일 등지에서도 이루어지고 있다. 건조 예정인 선박은 15,240

---

15 청일전쟁(1894년 6월~1895년 4월)을 의미한다.
16 Chen-yuen, Chin-yen. 진원(鎭遠). 1882년 독일 슈테틴의 풀칸조선소에서 건조된 중국 북양함대의 7,430톤급 대형 전함이다. 최대속력은 14.5노트이고, 12인치 함포 4문, 5.9인치 함포 2문, 14인치 어뢰포 3문 등을 장착하였다. 동일한 이력과 제원을 지닌 정원(定遠)과 더불어 당대 동양 최대, 최강의 전함이었다.

톤급의 1급 전함 4척, 9,200톤급의 1급 순양함 6척, 4,850톤급의 2급 순양함 3척, 3,200톤급의 3급 순양함 2척, 1,200톤급의 어뢰-포탑 적재 함정 3척, 어뢰정 모선(母船) 1척, 대(對) 어뢰정 구축함 11척, 그리고 어뢰정 89척 등이다. 군비 확장 사업 개시일 당시의 해군력에 이 군함들이 추가될 경우, 1906년에는 12,510톤부터 15,240톤급에 이르는 1급 전함 6척, 7,335톤급의 2급 전함 1척, 9,200톤급의 1급 장갑 순양함 6척, 4,000톤급의 2급 순양함 7척, 3,000톤급의 3급 순양함 6척, 1,500톤급의 4급 순양함 12척, 1,200톤급의 어뢰-포탑 적재 함정 3척, 6,750톤급의 어뢰정 모선 1척, 대 어뢰정 구축함 11척, 어뢰정 115척 및 다수의 소형 군함 등을 거느리게 된다.

1897년 말, 영국에서 건조된 전함 후지(富士)와 야시마(八島)가 일본에 들어왔다. 후지는 대체로 영국 전함 로열 소버린을 본뜬 배수량 12,450톤의 전함으로, 14,000마력의 엔진들과 강력한 함포를 탑재하고 있다. 압록강 전투, 특히 기관총 포격에 의한 파멸적 결과를 통해 체득된 당시 경험을 살려 목재를 가능한 한 금속으로 교체하였다. 심지어 선실이나 숙소 설비들까지도 그렇게 개조하였다. 아울러 2개의 포탑과 전방 관측탑에 14인치 두께 장갑판을 설치하고, 선미(船尾) 지휘탑도 3인치 두께의 장갑판으로 두르는 등, 사방을 온통 철제 차단막으로 무장하였다. 갑판 전체를 철갑으로 덮고 뱃머리에는 강력한 충각(衝角)을[17] 장착하였는데, 이 작업에는 최고 성능의 하비 철갑이[18] 투입되었다. 야시마는 후지

---

[17] 군함 앞머리 아래 뾰족하게 돌출된 부분으로, 적함을 들이받아 파괴하는 장치이다.
[18] Harveyed armour. 1890년대 초 미국의 하비(Hayward Augustus Harvey, 1824~1893)가 발명한 강철제 보호막으로, 표층을 그 아래 부분보다 단단하게 제조한 것이 특징이다.

의 자매선이다. 1898년에는 영국 엘즈윅에서[19] 제작된 4,300톤급 순양함으로 강력한 대포와 24노트의 속력을 갖춘 다카사고(高砂)가 합류하였다. 그리고 이듬해인 1899년에는 마찬가지로 영국에서 건조된 9,855톤급의 1급 '자매' 순양함 아사마(淺間)와 도키와(常盤)가 구축함 5척과 함께 도착하였다. 같은 해에 들여온 4,978톤급 가사기(笠置)와 4,836톤급 치토세(千歲)는 모두 영국제 대포를 장착한 미국산 2급 순양함이다.

4) 인구, 무역, 산업

일본의 총면적은 타이완을 제외하고 156,604제곱마일로 추산된다. 인구는 1898년 12월의 일제 조사에 따르면 43,228,863명으로, 남자가 21,823,651명이고 여자가 21,405,212명이었다. 지난 10년간의 인구 증가율은 연평균 1%를 미세하게 상회하는 수준이다.

일본 제국은 지리적으로 4개의 도서지역으로 구분된다. 중심부에 자리 잡은 가장 중요한 지역 혼슈(本州), '9개 지방'을 의미하는 남서부의 섬 규슈(九州), '4개 지방'을 뜻하는 시코쿠(四國), 가장 개발이 안 된 최북단의 홋카이도 등이 그것이다. 앞의 세 도서는 다시 66개 지방을 포괄하는 8개 대로(大路)들로 세분되며, 맨 뒤의 것(에조 또는 홋카이도)은 11개 지방으로 나뉜다. 앞에서 언급했듯이 일본 제국은 행정적으로 부

---

19 Elswick. 영국 뉴캐슬(Newcastle upon Tyne)의 한 구역으로, 유명한 '암스트롱 포' 개발자인 '암스트롱(William George Armstrong, 1810~1900)이 공동 설립한 전함 및 병기(특히 대포) 제작 전문기업 암스트롱미첼회사(Armstrong Mitchell & Company)의 본부가 있던 곳이다.

와 현으로 구분되어 있으며, 각 현은 1개 이상의 지방을 포괄한다.

최근 6년의 대외 무역 총액은 다음과 같다(단위는 엔. 이하, 일본의 무역 통계에서 모두 같음).

	1893년	1894년	1895년
수출	89,712,864	213,146,086	136,112,178
수입	88,257,172	117,481,955	129,260,578
[합계]	177,970,036	230,728,041	265,372,756

	1896년	1897년	1898년
수출	117,842,761	163,135,077	165,753,753
수입	171,674,474	219,300,772	277,502,156
[합계]	289,517,235	382,435,849	443,255,909

생사(生絲) 수출은 1890년 2,110,315캐티에서[20] 1895년 5,810,046캐티로 증가하였다. 1896년에는 3,918,994캐티로 줄었다가 1897년 다시 6,919,861캐티로 늘었으며, 그 이듬해에는 4,837,329캐티로 감소하였다. 차(茶) 수출은 1895년 38,826,661캐티에서 1896년 33,241,472캐티, 1897년 32,632,683캐티, 그리고 그 이듬해 30,826,632캐티를 기록하였다. 최근에 들어오면서 완만하긴 하지만 지속적인 감소세를 보이고 있다. 석탄과 분탄(粉炭)의 수출은 1897년 1,530,147톤에서 그 이듬해

---

20 catty. 흔히 '근(斤)'이라고 불리는 전통적인 중량 단위로, 약 1⅓ 파운드이다. 싱가포르식 영어에서는 kati로 표기한다. 공인 환산 무게는 홍콩 604.78982그램, 말레이시아 604.79그램, 싱가포르 604.8그램이고, 타이완과 태국에서는 우수리를 뺀 600그램으로 통용된다. 중국 본토에서는 500그램으로 고정된 시진(市斤)이 대중적으로 통용되는데, 이는 표준적인 '미터법 캐티' 공진(公斤)과 구별하기 위한 것이다. 지금도 동남아시아 일대 — 특히 브루나이, 인도네시아, 말레이시아, 싱가포르 등지의 화교 사회 — 에서 중량 단위로 널리 이용되고 있다.

1,805,364톤을 기록하였는데, 이 가운데 선박용이 각각 572,865톤과 381,426 톤이었다. 성냥 수출은 1894년 13,843,022그로스,[21] 1895년 16,914,027그로 스, 1896년 17,979,849그로스, 1897년 19,543,646그로스, 1898년 22,078,362 그로스로 꾸준히 증가하고 있다.

수입품 중에서는 원면(原綿)이 1890년 521,417피컬에서[22] 1895년 1,551,527피컬, 1896년 1,765,550피컬, 1897년 2,298,643피컬, 1898년 2,553,586피컬로 각각 증가하였다. 이는 일본이 자국에 필요한 물품을 조달하는 일에 신속하게 대처하고 있음을 보여 준다. 면사 수입은 1895 년 14,591,083캐티, 1896년 20,014,128캐티, 1897년 16,090,855캐티, 그 이듬해에는 15,929,991캐티였다. 면직물 수입은 꾸준한 증가세를 보였 다. 1892년 4,789,240엔에서 1896년 11,843,001엔으로 늘었다가, 그 이 듬해 9,920,046엔으로 감소하였다. 1898년에 11,332,627엔으로 다시 증 가하기는 했지만 총액은 1896년보다 적었는데, 이는 일본 그리고 가까이 의 중국에 수많은 방직 공장이 설립된 데 따른 필연적 결과였다. 모직물 수입은 1894년 7,982,882엔, 1895년 12,780,326엔, 1896년 18,268,460엔 으로 증가하였다. 그러나 1897년에는 12,009,902엔으로 뚜렷하게 하락 반전하였고, 그 이듬해에도 13,069,780엔으로 소폭 증가에 그쳤다. 금속

일본

---

21 gross. 계수(計數) 단위로서 12개 한 묶음을 뜻하며, 개수로는 144개이다. 12그로스 (1,728개)를 대(大)그로스, 10그로스(1,440개)를 소(小)그로스라고 한다.
22 picul. 통상적으로 100캐티이며, 약 60킬로그램에 해당한다. 본래 '성인남성 1명이 멜 대로 어깨에 질 수 있는 짐' 즉, 담(擔)을 의미하는 아시아의 전통적인 중량 단위로 19 세기 중국과 동남아시아 일대의 무역과 일반 상거래에서 널리 통용되었다. 공인 중량 은 시기와 지역에 따라 달랐는데, 청조 시기 중국의 경우 100캐티였고, 홍콩에서는 1844년에 133⅓파운드로 공식화되었다. 엄밀히 정의하면 60.478982킬로그램이라 고 하며, 타이완에서는 60킬로그램으로 고정해서 지금도 사용하고 있다.

류는 1893년 6,792,024엔에서 1896년 17,553,543엔, 1897년 20,306,841
엔, 1898년 23,646,159엔으로 지속적인 증가세를 보였다. 등유 수입은
1892년 32,689,275갤런에서 1896년 54, 692,886갤런, 1897년 61,058,217
갤런, 그 이듬해 67,905,455갤런으로 계속 늘었다. 설탕 수입은 1891년
1,675,315피컬에서 1896년 2,333, 528피컬, 1897년 3,314,512피컬, 그 이
듬해에는 4,473,153피컬로 꾸준히 증가하였다.

다음은 각 조약항의 1898년도 무역 현황이다.

	요코하마	고베	나가사키	오사카
수출	80,312,435	60,119,645	6,587,276	3,165,082
수입	111,014,140	138,133,797	19,698,645	3,555,937
[합계]	191,326,575	208,253,441	26,285,921	6,721,019

	하코다테	기타	[합계]
수출	1,248,719	14,320,596	165,753,753
수입	820,020	4,279,617	277,502,156
[합계]	2,068,730	18,600,213	443,255,909

다음은 1898년도의 대외 무역 총액이다.

	수출	수입	[합계]
미국	47,311,155	40,001,098	87,312,253
영국	7,783,643	62,707,573	70,491,216
유럽 대륙, 러시아	29,313,751	43,756,148	73,069,899
중국	29,193,175	30,523,861	59,717,036
인도, 호주, 캐나다	10,495,750	42,324,670	52,820,420
홍콩	31,473,896	15,904,467	47,378,363
한국	5,844,332	4,796,032	10,640,364

필리핀, 태국	157,153	7,467,792	7,624,945
기타 국가	1,223,797	30,020,515	31,244,312
선박용 석탄 등	2,957,101	–	2,957,101
[합계]	165,753,753	277,502,156	443,255,909

다음 표는 1898년도의 품목별 수출액을 보여 준다.

대나무, 대나무제품	859,399	종이제품	440,680
장뇌, 장뇌유[23]	1,257,023	도자기	1,990,781
양탄자	850,759	쌀	5,920,185
석탄, 코크스	12,450,626	병풍	346,085
선박용 석탄	2,928,177	해초	711,291
면사	20,130,485	조개	641,012
면포, 면직물	3,547,560	생사, 풀솜, 고치	44,801,020
오징어	1,268,257	비단 제품	16,816,136
약재, 의약품, 염료 등	707,402	가죽, 털, 껍질, 뿔 등	799,319
부채	539,627	짚 끈	2,404,003
인삼	423,837	유황	477,013
유리 제품	320,944	차	8,215,665
곡물, 음료, 식료품	3,012,638	옷감, 의류	1,180,739
한천, 우무	611,336	목재류	462,507
칠기	783,198	담뱃잎, 담배	237,057
성냥	6,273,949	우산	717,375
버섯	631,924	잡화	3,396,811
마루용 깔개	3,938,450	면세품	1,814,064
금속(대부분 구리)	8,845,087	재수출품	2,850,540
기름, 밀랍	1,191,926	[합계]	165,753,753
종이, 서적	958,860		

일본

---

23 camphor and camphor oil. 장뇌유(樟腦油)는 녹나무를 수증기로 증류하여 얻는 황
색 또는 갈색의 정유(精油)로 방부제, 방충제, 탈취제 등으로 이용되며, 장뇌는 장뇌

재무성이 분류한 1898년도 수입 내역과 금액은 다음과 같다.

주류	2,699,982	염료, 도료	1,670,938
아닐린 염료[24]	1,218,842	다이너마이트	507,591
무기, 군수품	1,936,686	아마, 대마, 마제품	1,086,914
콩류	7,101,103	밀가루	2,031,825
음료, 식료품	2,824,798	유리, 유리제품	917,237
서적, 문구	488,745	곡물, 씨앗	884,579
의류	1,061,444	털, 뿔, 상아, 가죽 등	3,077,509
원면	45,744,371	인디고	2,270,814
면사	8,547,588	등유	7,552,879
면직물	9,884,340	기관차 엔진	4,265,854
약재, 의약품, 화학제품	5,219,391	기계, 도구 등	7,224,888
방적기	3,088,762	설탕	28,619,563
금속, 금속제품	23,676,063	옷감(여러 종류)	3,252,062
기름(등유 제외), 밀랍	1,000,691	담뱃잎, 잎담배, 궐련	6,639,436
깻묵	4,614,967	증기선, 범선	7,508,394
종이	3,520,731	손목시계, 벽시계	3,313,610
시멘트	827,209	포도주, 증류주	1,398,338
화차(貨車)	497,179	모, 모제품	13,069,870
쌀	48,219,820	잡화	7,419,488
비단, 비단제품	1,920,492	[합계]	277,502,156
증기기관(보일러, 엔진)	697,173		

1898년도 수출입 선박들의 전체 운항 현황은 다음과 같다(정크선 포함).

유를 냉각시켜 석출한 무색 또는 반투명 흰색 입자로 의식 불명, 구토, 복통, 각종 피부병 등의 치료제로 쓰인다.

24 Aniline dye. 니트로벤젠을 금속과 염산으로 환원시켜 만든 방향족 액체인데, 구두약이나 향료 등의 제조 원료나 용매로 사용된다.

	증기선	톤수	범선	톤수	[선박 합계]	[총톤수]
영국	712	1,408,160	59	92,577	771	1,500,737
일본	701	845,458	149	16,073	850	861,531
독일	240	329,447	17	31,700	257	361,147
노르웨이	148	152,904	2	2,100	150	155,004
러시아	93	175,192	17	1,438	110	176,630
미국	43	101,047	26	39,203	69	140,250
프랑스	31	64,860	1	1,229	32	66,089
오스트리아	16	41,940	–	–	16	41,940
기타 국가	51	55,508	4	2,421	55	57,929
[합계]	2,035	3,174,516	275	186,741	2,310	3,361,257

	출항	톤수	입항	톤수	[합계]	
					출입	톤수
증기선	2,035	3,174,516	2,152	3,322,434	4,187	6,496,950
범선	1,339	207,047	1,383	211,026	2,722	418,073
[합계]	3,374	3,381,563	3,535	3,533,460	6,909	6,915,023

증기선 2,400척(총 4,621,052톤)과 범선 25척(총 30,629톤)이 입항하였고, 증기선 2,308척(총 4,489,646톤)과 범선 21척(총 27,179톤)이 개항장들을 오가며 연안 무역을 수행하였다. 톤수를 기준으로 할 때 연안 무역을 통해 하역된 거래 물량의 54%는 영국 선적의 배들이 담당하였고, 27%는 해외 무역을 수행하는 일본 선박들의 몫이었다. 1898년에 외국에서 입항한 상선들의 선적별 분포는 다음 표와 같다(일본의 경우, 정크선은 제외한 것이다).

수출 관세 2,080,072엔, 수입 관세 6,280,620엔, 기타 314,207엔 등 같은 해 세관이 거둔 수입은 총 8,674,899엔이었다. 세입이 1887년 이래 두 배로 늘어났음을 보여준다.

여러 외국 정부들과 맺은 조약에 의해 국제 무역에 개방된 일본 항구는 가나가와(요코하마)와 나가사키, 고베, 하코다테, 니가타, 이전에 에도(江戶)로 불렸던 도쿄, 오사카 등이었다. 그러나 1894년에 치외 법권을 폐지하고 전국을 외국인들에 개방하여 무역과 거주를 허용하는 내용의 새로운 조약을 영국과 체결하였다. 이것은 다른 열강과의 유사 조약이 성사될 경우에 한해 1899년 7월부터 효력을 발휘하기로 되어 있었는데, 일이 실제로 그렇게 진행되어 마침내 1899년 8월 4일 치외 법권이 폐지되었다.

철도는 급속하게 늘어나고 있다. 전체 길이는 1894년 3월에 2,136마일이던 것이 1899년 3월에는 4,200마일로 연장되었다. 이 4,200마일 중 1,000마일은 국가 소유이다.

5) 통화

일본은 1897년 10월부터 금본위 화폐 제도를 실시하였다. 태환(兌換) 단위는 순금 0.75그램을 함유하는 0.8333그램짜리 달러 금화인데, 은화의 금화 환전은 32.328 대 1의 비율로 시행되었다.

6) 교육

교육은 일본에서 매우 보편화된 것으로, 계속 커다란 진전을 보이고 있다. 중학교와 사범학교뿐만 아니라 법학, 과학, 의학, 광산학, 농학, 외국어 등의 특수 학문을 가르치는 대학이 아주 많다. 얼마 전부터는 여자고등학교도 여러 군데 설립되어 정부의 세심한 지원을 받는다. 미카도 정부는 외국학 연구의 진흥을 위해 많은 유럽인 교수를 채용하는 한편, 다수의 학생들을 국비로 미국과 유럽에 유학시켰다.

2. 도쿄[25]

일본의 수도로서, 왕정복고 이전에는 에도로[26] 불렸다. 도쿄만[27] 북쪽에 위치하며, 둘레는 27마일이고 면적은 36제곱마일 정도이다. 스미다가와[28] 또는 오카와 — '큰 강' — 라고[29] 불리는 강이 이 도시를 관통하며, 그에 따라 원래의 도쿄는 '혼조와 후카가와'라고[30] 불리는 강 동편의 구역들과 분리되어 있다.

---

25 Tokyo. 동경(東京).
26 Yedo. 강호(江戸, Edo). 도쿄의 옛 이름으로, 과거에는 Yeddo라고 영문 표기되기도 하였다.
27 원문은 Bay of Yedo.
28 Sumida. 우전천(隅田川).
29 Okawa. 대천(大川).
30 Honjo and Fukagawa. 본소(本所)와 심천(深川)을 한데 일컫는 말이다.

도쿄

도쿄만에서 바라본 도쿄는 쾌적한 느낌을 주는 도시로, 기복이 있는 지반 위에 터를 잘 잡고 있으며 삼림도 풍부하다. 도시는 15개의 큰 구역으로, 교외 지역은 6개 구역으로 각각 세분되어 있다. 사실 이곳은 하나의 대도시라기보다는 마을들을 모아놓은 것에 더 가깝다. 도쿄성은 도시 중심부에서 서쪽으로 약간 치우친 언덕 위에 아래를 굽어보며 서있다. 성벽이 이중으로 감싸고 있으며, 주위에는 잘 정돈된 넓은 해자(垓字)가 둘러져 있다. 과거에는 성 안에 황궁과 여러 관청이 있었다. 그러나 그 유서 깊고 웅장한 건축물들은 1872년 4월 3일 발생한 큰 불로 무너졌고, 지금은 그 주위의 높은 포탑들과 성벽만 남아 있다. 1889

년 1월, 옛 터에 새 궁전이 완공되자 미카도는 이곳을 거처로 삼았다. 성 울타리 안에 후키아게라는[31] 이름의 황실 정원이 있다. 순수 토착 양식으로 운치 있게 조성된 곳으로, 멋진 숲과 온갖 진기하고 예쁜 식물, 넓은 연못과 작은 폭포 등이 있으며, 매우 정성스레 관리되고 있다. 이 훌륭한 정원은 꼭 탐방해야 하는 곳으로, 방문객들은 궁내성(宮內省)이 발급하는 입장허가증을 받아야 들어갈 수 있다.

성과 외벽 사이의 넓은 지대에는 한때 다이묘들의 대저택이 많았다. 하지만 지금은 그 봉건시대 축조물들이 대부분 사라졌고, 그 자리에 벽돌이나 돌로 지은 말쑥한 건물들이 들어서서 관청, 군인 막사, 공립학교 등으로 사용되고 있다. 그렇기 때문에 바쿠후 시대의 옛 에도가 어떤 모습이었는지를 보여주는 다이묘들의 대저택은 현재 거의 남아 있지 않다. 몇몇이 성 주위에 잔존하기는 하지만 이미 관공서로 개조되었다. 넓고 길쭉하며 천정이 높은 그 단층 건물들은 평범하지만 견고하며, 건축학적으로 내세울 것은 없어도 봉건시대 일본을 엿볼 수 있게 해주는 것으로서 흥미롭다.

성 밖에 잔존하는 도시 구역은 인구 밀도가 매우 높으며, 도쿄의 상업지구에 해당한다. 둘레가 24마일이고 면적은 약 29제곱마일에 달하는 이 상업지구에서도 가장 핵심적인 구역은 성의 동편에 있는데, 큰 길 하나가 다양한 이름으로 불리며 이 구역을 북에서 남서 방향으로 가로지른다. 이 간선 대로의 꽤 긴 구간이 긴자라는[32] 곳으로, 그 양쪽에는 새로 지은 유럽풍 벽돌 건물이 즐비하다. 도로는 널찍하고 관리

---

31   Fukiage. 취상어원(吹上御苑).
32   Ginza. 은좌(銀座).

도쿄, 우에노 공원

상태가 좋으며, 넓은 보행로 양편으로 가로수가 늘어서 있다. 이곳은
또한 큰 기차역과 가까이 붙어있기 때문에 언제나 활기가 넘치고, 차
량과 보행자들로 북적거린다.

  그 간선 대로의 북쪽 끝으로 가면 우에노라는[33] 이름의 신식 공원 내
지 정원이 나온다. 과거 이곳에는 쇼군이 건립하고 지원하던 웅장한
사원이 있었지만 1868년 7월 왕정복고 전쟁[34] 와중에 화재로 파괴되었
다. 정부는 1877년에 그 터에서 산업박람회를 개최하였으며, 동시에
그곳 정원들을 공공 위락 시설로 개조하였다. 여기서는 그 후로도 여

---

33   Uyeno. 상야(上野).
34   전쟁이 발발한 해의 간지를 빌어 무진전쟁(戊辰戰爭, 1868-1869. 慶應4年・明治元年~
     明治2年)이라고 칭한다.

러 차례 박람회가 열려 모두 성황을 이루었다. 우에노 공원에는 멋진 국립박물관 —"박물관"— 도 있다.

방문객들로 붐비는 아사쿠사(淺草)의 고찰(古刹) 간논지[35] 또한 우에노에서 멀지 않은데, 일본에서 가장 대중적이고 가장 많은 사람들이 찾는 사원 가운데 하나이다. 이 사원은 지면보다 약 20피트 높은 곳에 건설되었다. 층계를 올라가면 내부로 연결된다. 사원의 맨 끝에 목상(木像)과 봉헌물로 가득한 중앙 제단이 있으며, 그 좌우 양편으로 부속 법당들이 배치되어 있다. 내부는 그리 넓지 않고, 대다수의 일본 공공 건물과는 달리 눈에 띄게 청결하지도 않다. 사원의 오른편에는 오래된 멋진 불탑이 있으며, 그 옆에는 두 개의 거대한 석상이 서있다. 사원 근처의 신축 공원도 우에노 공원과 거의 같은 시기에 개장한 것이다. 그러므로 호화로운 쇼군 신사(神社) 몇몇이 들어선 남서부의 시바까지[36] 포함하면, 도쿄가 자랑할 만한 주요 명소 가운데 대공원은 세 곳이 있는 셈이다. 공자사원이라고 불리는 건물들은 과거에 도쿄 대학이었지만 왕정복고 이후에는 외국인 교수들이 고용된 제국대학을 비롯하여 여러 학교들이 그 공간에 대신 들어섰다. 도쿄에는 모두 1,275개의 사원이 있으며, 그 중 일부는 걸작이라고 할 만하다. 제국 의회와 맞닿아 있는 건물은 외관이 평범한데, 원래 임시용으로 계획된 것이다.

'혼조와 후카가와' 일대는 수도 안에 있으면서도 조용한 구역이다. 이곳은 5개의 철제 또는 목제 대교를 통해 본래의 도쿄와 연결된다. 다리의 이름을 북쪽에 있는 것부터 거명하자면, 아즈마바시,[37] 우마야바

일본

---

35   temple of Kwannon. 관음사(觀音寺).
36   Shiba. 시바 공원(芝公園)을 가리킨다.

시,[38] 료고쿠바시,[39] 오하시[40] 그리고 에이타이바시이다.[41] 스미다가와강 제방 위의 강변로는 넓고 경치 좋은 가도를 이루고 있어 도쿄에 며칠밖에 머물지 못하는 여행객에게 특별히 추천할 만하다. 강변로를 따라 걷노라면 강물 건너편의 서쪽 제방 위에 세워진 아름다운 사원 몇 채와 웅장한 건물들을 볼 수 있으며, 각양각색의 범선과 나룻배로 항상 북적이는 스미다가와강의 활력 넘치는 생활상에서 좋은 아이디어를 떠올릴 수도 있을 것이다.

도쿄성의 북쪽에 자리한 나머지 지역은 대부분 논으로 덮여 있지만 그 한가운데에는 그림 같은 집들이 서있다. 아스카산[42] 같은 광활한 유람지가 있는가 하면, 정결한 소촌(小村)들도 존재한다. 성의 서편에는 50개의 사원과 더불어 귀족들의 대저택이 다수 존재한다. 성의 남쪽에 위치한 구역은 17.5제곱마일쯤으로 60여 개의 사원이 있는데, 그 중 가장 눈에 띄는 것은 메구로[43] 소재 유텐지이다.[44]

최근 약 20년 동안 수차례의 대화재가 도쿄를 휩쓸었고, 이를 거울삼아 대대적인 개량사업과 도로 확장이 이루어졌다. 벽돌과 돌로 지은 건실한 주택이 줄지어 건립되고, 철제 또는 석제 위주로 다리들을 신축하였으며, 도시 내 많은 구역이 완전히 신식으로 개조되었다. 전차

---

37   Adsuma-Bashi. 오처교(吾妻橋).
38   Umaya-Bashi. 구교(厩橋).
39   Ryogoku-Bashi. 양국교(兩國橋).
40   O-Hashi. 대교(大橋).
41   Eitai-Bashi. 영대교(永代橋).
42   Asuka-yama. 비조산(飛鳥山).
43   Meguro. 목흑(目黑).
44   Yutenji. 우천사(祐天寺).

가 개통되었고, 거리는 자동차와 보행자들로 항상 붐빈다. 중심가와 그 인접 도로들은 전등으로, 나머지 곳들은 가스등과 등유램프로 조명을 밝힌다. 경마장이 우에노 공원 인근에 들어섰다. 총 200마일에 달하는 전신망이 도시 내 여러 구역을 서로 이어주는 동시에, 외부의 국내 전신망과도 연결되어 있다. 주요 가도들은 넓고 잘 관리되고 있으며, 대화재 뒤에는 매번 재건 사업이 진행되어 개선이 이루어졌다. 그러나 이 도시는 현재 과도기에 처해 있기 때문에 낯선 이색적인 현상이 나타나게 마련이다. 높다란 석조 건물들과 엉성한 목조 가옥들이 나란히 서있다. 건물만 그런 게 아니라 사람들도 그렇다. 대중들은 여전히 전통 의상을 입는 반면, 유럽식 복장을 한 사람들도 많다. 군인과 경찰은 서양식 제복을 입는다.

도쿄의 교외 지역은 정말로 그림과도 같으며, 산책이나 승마를 즐기기에 아주 그만이다. 외국인들은 여기저기서 많은 흥밋거리를 발견하게 될 것이다. 가장 아름다운 경관이 있는 곳은 도시의 북쪽과 서쪽으로, 아름다운 언덕들이 주위를 둘러싸고 있다. 그 언덕에 오르면 저 멀리 하코네의[45] 우아한 산들은 물론, 그 너머로 연중 대부분 눈으로 덮인 후지산[46] 정상이 고고한 위엄을 드러내며 우뚝 솟은 광경도 조망할 수 있다. 1895년의 공식 인구조사에 따르면 도쿄 인구는 1,342,153명이다.

현지 언론으로는 일간지 몇 종을 포함하여 100종이 넘는 신문이 있다. 대학 하나를 포함해서 총 1,225개의 각급 학교가 있다. 외국인 전

---

45 Hakone. 상근(箱根).
46 Fuji-san. 부사산(富士山).

용으로 계획된 크고 멋진 호텔이 하나 있는데, 제국호텔로 불리는 이
건물은 1890년에 개장하였다. 외국인이 경영하는 1급 호텔도 한 곳 있
는데, 상호는 메트로폴이다.

3. 요코하마[47]

요코하마는 일본 내 개항장의 선두주자로, 1859년 7월 대외 무역에
개방되었다. 혼슈섬에 속한 이곳은 도쿄만 서편의 작은 만인 요코하마
만, 북위 35° 26′ 11″와 동경 139° 39′ 20″에 위치한다. 약 18마일 떨어
진 수도와는 철도로 연결되어 있다. 이 마을은 오로지 가나가와라는[48]
작은 촌락 대신 개항장으로 선정된 덕분에 가난한 어촌에서 갑자기 부
상하게 되었지만, 방문객들에게 별다른 매력이 없다. 그렇지만 주변
경관은 언덕이 많고 쾌적하며, 맑은 날이면 75마일쯤 떨어진 후지산의
눈 덮인 정상과 우아한 능선이 매우 또렷하게 보인다. 12,370피트 높
이의 화산인 후지산은 일본문학에서 예찬되어 왔으며, 다양한 전통 예
술품의 소재이기도 하다. 요코하마에는 기와지붕을 얹은 낮은 집들이
빽빽하게 들어서 있다. 도시는 거의 비슷한 크기의 두 부분으로 나뉘
는데, 서쪽 절반은 치외 법권이 폐지되기 전까지 외국인 거류지로 알

---

47 Yokohama. 횡빈(橫濱).
48 Kanagawa. 신나천(神奈川).

요코하마

려졌던 곳이다. 도시가 터를 잡고 있는 평지 너머로 "절벽"이라 불리는 야트막한 반원형 언덕이 솟아 있는데, 거기에는 하나같이 예쁜 정원을 갖춘 각종 건축 양식의 멋진 외국인 별장과 주택이 밀집해 있다. 이 거주 구역에서는 매혹적인 경관을 감상할 수 있다. 바닷가를 따라 펼쳐진 해안도로 옆에는 다수의 이름난 저택과 호텔 그리고 유나이티드클럽이 바다를 마주보며 서있다. 도로들의 포장 상태는 우수하며, 경계석과 배수 설비도 잘 갖춰져 있다. 외국인 거류지에는 영국 국교회, 프랑스 가톨릭, 연합개신교회 그리고 몇몇 현지인 선교회 등의 교회가 있다. 여기에는 근사한 크리켓경기장도 있으며, "절벽" 지구에는 공원이 잘 정돈되어 있다. 거류지에서 2마일쯤 떨어진 곳에는 아주 좋은 경마장이 있다. 제대로 된 보트클럽이 하나 있는데, 스쿠버다이빙에 필요한 장비를 제공해 준다. 캠프힐 정상에 위치한 공회당은 극장과 여러 회의실을 갖춘 깔끔한 벽돌 건물로, 1885년에 개관하였다. 현지인 거주지 내의 주요 공공건물로는 영국영사관 맞은편의 현청(縣廳), 시계탑이 있는 시청 그리고 세관을 꼽을 수 있다. 종점이라서 편리한 기차역도 잘 설계된 훌륭한 건물이다. 1899년 8월 12일, 이세자키초[49] 구역에서 끔찍한 화재가 발생하여 17개 거리가 화염으로 초토화되고 3,237채의 주택이 파괴되었다. 현재 도시의 물 공급은 매우 원활한데, 이는 1887년 완공된 대규모 급수장 덕분이다. 항구는 바다에 크게 노출된 형상이지만 총연장 12,000피트에 달하는 두 개의 방파제가 이미 조성되어 정박지 전체를 사실상 감싸고 있으며, 그 양쪽 끝 사이로 650피트 너비의 출입구만 터져 있다. 배들이 선적과 하역을 할 수 있는 2,000피트 길이의 부두 시설도 있다. 1897년 4월 26일에 건선거 하나가 완공되었다. 널찍한 화강암 석판들을 351피트 길이로 깔아 축조한 이 도크는 앞머리까지의 거리가 입구 외벽에서는 419피트 10인치이고, 바깥쪽 수문을 기준으로 하면 400피트 3인치에 달한다. 입구의 너비는 상부 60피트 8인치, 하부 45피트 11인치이며, 깊이는 중심부가 35피트 1인치이고 앞머리 턱은 31피트 2인치이다. 화강암 바닥 부분의 수심은 만조 시 27피트 2인치, 밀물 시 평균 26피트 2인치, 그리고 썰물 때에는 평균 19피트 8인치이다. 이것은 보유 회사의 제2호 도크로서 작은 편에 속한다. 제1호 도크는 1898년 말 완공되었는데, 화강암 바닥의 길이가 478피트이고 깊이는 중심부 36피트 3인치, 앞머리 턱 34피트 1인

---

49   Iseza Kicho. 이세좌목정(伊勢佐木町). 통상적인 영문 표기는 Isezakicho.

치이며, 수심은 만조 시 28피트 10인치, 밀물 시 평균 27피트 11인치, 그리고 썰물 때에는 평균 21피트 4인치이다. 요코하마는 호텔 시설이 넉넉하다. 이곳에서 발간되는 영자 신문으로『재팬가제트』,『재팬헤럴드』,『재팬데일리메일』,『재팬데일리애드버타이저』 등의 일간지 4종과 주간지 몇 종이 있다. 1897년 12월 31일 당시 요코하마의 일본인 인구는 188,455명으로 집계되었다. 외국인 거류민은 중국인을 제외하고 2,096명이며, 그 가운데 869명이 영국인이었다. 중국인은 2,015명이었다.

1898년도 수입의 품목별 총액은 다음과 같다.

음료, 식료품	2,818,705	금속, 금속제품	10,683,235
생사	5,322,372	쌀	14,748,780
면사	5,679,092	증기선	5,023,194
면직물	6,341,161	설탕	14,449,715
약재, 약품, 화학제품	4,492,650	모, 모제품	7,890,372
염료, 물감	3,223,701	잡화	19,020,966
등유	3,016,063	[외국 상품 총수입액]	110,889,464
기계, 무기 등	8,179,458		

같은 해, 주요 수출품의 내역과 총액은 다음과 같다.

곡물, 음료, 식료품	1,894,376	차	5,389,381
금속(대부분 구리)	3,543,541	잡화	8,581,698
견사, 고치	44,174,537	[국내 상품 총수출액]	79,774,983
비단제품	16,191,450		

4. 하코다테[50]

　일본의 개항장 가운데 가장 북쪽에 위치한 이곳은 홋카이도섬 남부, 홋카이도와 혼슈를 가르는 쓰가루[51]해협에 있다. 이 항구는 북위 41° 47′8″, 동경 140°45′34″에 위치하며, 부두가 육지에 의해 거의 봉쇄된 모습이다. 이곳의 도시는 외국인들에게 "하코다테 고개"로 알려진 높이 1,106피트의 돌산 기슭과 경사면에 집중적으로 형성되어 있다. 주변 지역은 언덕이 많고 화산도 있어서 인상적이지만, 도시 자체가 가진 매력은 별로 없다. 가장 눈에 띄는 건물은 고지대에 일렬로 늘어선, 그림에서처럼 아주 높은 지붕을 얹은 멋진 사원들이다. 동쪽 끝에는 몇 개의 공원이 있으며, 규모는 작지만 흥미를 끄는 미술관도 하나 있다. 도시에 깨끗한 물을 대는 급수 시설이 1889년에 완공되었다. 하코다테의 기후는 양호하고 쾌적하다. 가장 더운 달은 8월이지만 기온이 화씨 90° 이상 올라가는 일은 드물며, 겨울에는 가끔 18°까지 내려간다. 연평균 기온은 약 48°이다. 1897년 말의 하코다테 인구는 74,000명이었다. 외국인 거류민은 118명으로, 그 중 43명이 영국인이었다.

　이곳 항구의 대외 무역은 약소하다. 총수입액은 1890년 676,534달러에서 1892년 12,101달러로 감소하였으나, 이후 매년 100% 남짓 증가하여 1898년에는 820,820엔을 기록하였다. 수출은 1897년 1,264,267엔에서 1898년 1,248,719엔으로 떨어졌다. 홋카이도의 농업 자원은 식

50　Hakodate. 함관(函館).
51　Tsugaru. 진경(津軽).

하코다테

민부(植民部)에 해당하는 개척사(開拓使)의[52] 후원 아래 어느 정도 개발
된 상태이다. 비옥한 목초지는 소를 사육하기에 매우 적합하다. 그러
나 향후 하코다테의 주된 수출 품목은 큰 가치를 지닌 광대한 연안 어
장에서 찾아야 할 것이다. 건어물과 해초의 수출량은 매년 증가하고
있으며, 대부분 중국으로 나간다. 풍부한 광물자원 역시 언젠가는 이
항구의 수출에 값진 보탬이 될 것이다. 현재 채굴 중인 대규모 탄광은
호로나이,[53] 이쿠슌베츠,[54] 소라치[55] 등 세 군데이다.

---

52 원문은 Kaitakushi(가이타쿠시). 메이지 치세 초기에 홋카이도의 행정 관리와 개발
    을 목적으로 설치된 관청으로 1869년부터 1882년까지 존속하였다.

53 황내(幌內). 원문의 Poronai(포로나이)는 Poronay와 병용된 옛 영문 표기인데, "부모
    (父母) 강(江)"을 의미하는 아이누족의 말에서 유래되었다고 한다.

54 Ikushunbetsu. 육춘별(郁春別). 나중에 기쿠슌베츠(幾春別)로 개칭되었다.

55 Sorachi. 공지(空知).

하코다테는 수도 도쿄와 전신망으로 연결되어 있다. 오타루와[56] 삿포로[57] 사이를 오가는 22마일 길이의 대중교통용 철도가 1880년 11월 18일 개통되었고, 이후 대규모 탄광이 여럿 있는 호로나이까지 연장되어 총 56마일로 늘어났다. 여기에 7마일의 이쿠슌베츠 지선(支線)이 추가되었고, 1892년 7월에는 탄광 지대와 홋카이도섬 남동쪽의 항구 무로란을[58] 잇는 143마일의 또 다른 노선이 완공, 개통되었다.

5. 오사카[59]

오사카는 크기와 상업적 중요도에서 일본 제2의 도시이며, 시내를 가로지르는 운하 덕분에 "극동의 베네치아"라는 그럴 듯한 별칭을 얻었다. 이 도시는 오밀조밀 잘 배치되어 있다. 도로들은 질서정연하고 깨끗하며, 활기가 넘친다. 오사카는 선진적이고 혁신적인 도시이면서도 일본 고유의 색채를 간직한 곳이라서 외국인 방문객에게는 흥미로운 것이 많다. 이곳은 셋쓰[60] 지방에 있으며, 바닷가에서 5마일쯤 떨어

---

56 Otaru. 소준(小樽). 삿포로 북서쪽의 항구도시로, 석수만(石狩灣)과 마주보고 있다.
57 Sapporo. 찰황(札幌). 홋카이도의 중심 도시이다.
58 Muroran. 실난(室蘭).
59 Osaka. 대판(大阪).
60 Settsu. 섭주(摂州). 먼 옛날에는 쓰노쿠니(津国)라고 했는데, 율령제의 실시로 셋쓰 시사(摂津職)가 설치되면서 셋쓰로 불리게 되었다고 한다.

오사카

진 아지가와강(江)의[61] 제방 위에 건설되었다. 이 강은 작은 배들밖에 다닐 수 없기 때문에 오사카의 대외 교역은 고베를 잇는 철도가 뚫리면서 감소하기 시작하였다. 오사카에 있던 외국 기업들이 거의 모두 고베로 옮겨갔다. 오사카에서 가장 인상적인 동시에 흥미로운 것은 유명한 쇼군 도요토미 히데요시가[62] 1583년에 세운 성이다. 이 건물은 도쿄성보다 면적은 조금 작지만 훨씬 더 웅장하고 인상 깊은 외관을 지니고 있으며, 일본에서 나고야성 다음으로 가장 아름다고 유서 깊은

---

61   Ajikawa. 안치천(安治川).
62   Toyotomi Hideyoshi. 풍신수길(豊臣秀吉, 1536~1598).

중세풍 성채의 표본이다. 지금은 오사카 주둔부대가 점유하고 있는데, 6대 군사 관구 중 하나가 여기에 본부를 두고 있으며, 내부에 대규모 병기창도 있다. 이 도시는 현청(縣廳)을 둔 다른 지방들과는 달리 부청(府廳)이라고 불리는 지방 정부의 소재지이다. 오사카에는 면방적공장, 조선소, 제철소 등의 수많은 기업체들과 함께 국영 조폐국이 들어서 있다. 활발하게 가동 중인 이 조폐국은 세계적 수준의 주화들을 찍어내고 있다. 무역 현황을 보면, 1897년에는 수입 4,424,742엔, 수출 2,342,437엔이었으나, 이듬해에는 수입이 3,555,937엔으로 감소하고 수출은 3,165,082엔으로 증가하였다. 1895년 12월 당시 오사카의 주민은 490,009명이었다. 1897년 12월 31일에 중국인을 제외한 외국인 거류민의 수는 121명이었다. 영국인과 미국인 거류민이 104명인데, 몇몇은 제외하곤 모두 선교사들이다.

6. 고베 · 효고[63]

고베는 1892년까지 인접 도시 효고의 대외 무역항이었으며, 1868년에 국제 무역에 개방되었다. 효고 또한 1892년 10월 일본 정부에 의해 개항장으로 공표되었다. 고베 항은 널리 알려진 내해(內海)로[64] 나아가

---

[63] Kobe, 신호(神戶). Hyogo, 병고(兵庫).
[64] 세토나이카이(瀬戶內海)를 가리키는 것으로, 혼슈(本州), 규슈(九州), 시코쿠(四國) 등

고베

는 초입의 이즈미 여울[65] 위쪽에 반듯하게 자리 잡고 있다. 부두 시설
이 훌륭하여 아주 큰 배도 안전하게 정박할 수 있다. 이 두 도시는 하얀
돛으로 뒤덮인 내해를 마주하고 있으며, 뒤편으로는 약 1마일 거리에
높은 언덕이 그림처럼 솟아있다. 이 언덕에는 해발 2,500피트쯤 되는
곳도 있고, 경사면 일부는 소나무로 덮여 있다. 고베와 효고는 그 언덕
들과 내해 사이의 길고 좁은 지대를 따라 약 3마일에 걸쳐 펼쳐진다.
고베의 외국인 구역은 잘 정돈되어 있다. 도로가 넓고 깨끗하며, 가스
조명이 갖춰져 있다. 제방 위에 돌을 깔아 조성한 해안도로는 고베 구

으로 둘러싸인 바다이다.
65　Idzumi-nada. 이즈미나다(和泉灘).

석구석으로 뻗어간다. 깔끔하게 지어진 외국인 주택들, 그리고 조계에서 도보로 3분 거리의 기차역 산노미야에키는[66] 외관이 실로 영국적이다. 철도의 종착역은 고베의 다른 쪽 끝에 있어 효고와 접하며, 그 역 인근에는 다수의 운송업체들이 있다. 훌륭한 스포츠클럽과 널찍한 공설운동장도 하나씩 있다. 연합개신교회는 과거 조계지였던 곳에 세워졌다. 그 뒤편 언덕에는 1898년 새로 생긴 영국 성공회 소속의 올세인츠 교회가[67] 있고, 현지인들의 개신교 예배당은 고베 시내에 있다. 일급 호텔은 두 군데인데, 하나는 동양식이고 하나는 서양식이다. 외국어 일간지로는 『고베크로니클』과 『고베헤럴드』가 있고, 현지인 신문도 1~2종 있다. 1895년 12월 당시 고베와 효고의 인구는 161,406명이었다. 1899년에 고베의 외국인 거류민은 2,000명이 넘었고, 그 중 절반 이상이 중국인이었다. 그 외에 영국인 534명, 독일인 136명 그리고 미국인이 155명이었다.

효고의 구(舊)도시와 고베를 가르는 경계는 튼튼한 돌다리가 놓여 있는 미나토가와강뿐이다.[68] 효고에는 흥미로운 구경거리가 별로 없다. 고베에 비해 도로와 상점들이 낙후되어 있고 인구도 훨씬 적으며, 거의 정체 수준이다. 신코지 사원에는[69] 거대한 청동 불상이 있어 한 번쯤 가볼 만하다. 사원 인근의 작은 숲에는 1286년 세워진 일본의 영웅 다이라노 기요모리[70] 추모비가 그것에 얽힌 역사적 사건들로 인해 관

---

66   Sannomiya railway station. 삼궁역(三宮驛).
67   All Saints Church.
68   river Minato. 주천(湊川).
69   Temple of Shinkoji. 진광사(真光寺)를 이르는 것으로 추정된다.
70   Kiyomori. 평청성(平清盛, 1118~1181). 헤이안 시대(平安時代) 말기에 무장(武將) 최

심을 불러일으킨다. 미나토가와강의 고베 쪽 제방 위에는 구스노키 마사시게를[71] 기리는 사원이 하나 있는데, 그는 일본 역사에서 충성심과 용맹을 상징하는 인물로서 미카도의 권력 회복을 위한 일련의 전쟁에서 패배하여 1336년 목숨을 잃었다. 효고의 국영 조선소는 2,000톤급 선박을 견인, 수용할 수 있는 인양선가(引揚船架)를 갖추고 있다. 수력으로 작동되는 이 시설은 수면 윗부분의 300피트를 포함하여 총연장 900피트이고 너비가 38피트이며, 경사도는 5%이다.

남북 양방향으로 뻗은 이 도시의 우수한 철도 교통망은 현지 항구의 급속한 성장과 고베 쪽으로의 무역 집중이라는 자연스러운 결과를 가져왔다.

1898년도의 품목별 수입 내역은 다음과 같다.

생사	37,979,497	쌀	28,814,804
면사	2,868,496	설탕	8,739,320
면직물	4,922,114	모, 모제품	5,147,458
약재, 화학제품 등	3,195,833	잡화	18,324,109
곡물, 씨앗	5,128,495	[외국 상품 총수입액]	138,072,813
등유	3,537,934		
기계, 시계, 무기 등	8,639,274		
금속, 금속제품	10,775,479		

초로 최고 관직인 다이조다이진(太政大臣)의 지위에 오르고 딸 도쿠코(德子)를 다카쿠라(高倉) 천황에게 입궁시키는 등, 당대 최고의 실권자였다.

71 남목정성(楠木正成, 1294~1336). 14세기의 무장으로, 1331년 발생한 겐코의 난(元弘の乱) 또는 겐코의 변(元弘の変)으로 불리는 내전 당시 천황 편에서 가마쿠라(鎌倉) 바쿠후에 맞서 싸웠다. 일본에서 전통적으로 '충성스런 사무라이의 이상(理想)'으로 일컬어지는데, 원문의 Kusunski는 Kusunoki를 잘못 적은 것으로 보인다.

다음은 같은 해 주요 품목의 수출 내역이다(단위는 엔, 총액만 '달러'임).

장뇌	1,163,851	차	2,789,331
면사	17,625,130	옷감, 의류	4,523,769
성냥	6,089,882	잡화	11,764,605
깔개	3,887,991	[현지 생산품 총수출액]	$ 59,041,655
금속(대부분 구리)	4,745,698		
쌀	4,601,773		
짚 끈	1,849,625		

1898~1899년에 고베와 효고에서 선적된 차의 양은 13,948,634파운드
이다. 이것은 사실상 모두 미국과 캐나다로 나갔다. 엔화로 표시된 아래
표의 금액 내역은 고베·효고 대외 무역의 급속한 증가를 보여 준다.

	수입	수출	[합계]
1891	25,700,501	21,733,718	47,434,219
1892	30,698,176	21,295,740	51,993,916
1893	41,294,176	24,968,974	66,263,250
1894	56,910,503	29,438,113	86,348,616
1895	63,098,427	38,307,955	101,406,382
1896	82,546,593	40,317,817	122,864,413
1897	110,741,830	51,408,080	162,149,910
1898	138,133,798	60,119,645	198,253,440

7. 나가사키[72]

　나가사키는 매우 오랜 연륜을 지닌 도시로, 유럽과 동아시아 지역 간 교류의 초창기 시절에 일본을 상대로 한 외국인 무역의 최대 거점이었다. 이곳은 규슈섬 남서 해안의 명당자리에 위치하고 있다.

　이 도시는 일본 제국 내의 그리스도교가 절멸되고 그 신도들이 몰살당한 1637년의 역사적 현장으로서, 우울한 호기심을 자아낸다. 항구 어귀에는 유명한 다카호코시마섬이[73] 있는데, 여기서 수천 명의 그리스도교 순교자들은 십자가를 밟고 지나가는 대신 높은 벼랑에서 떨어져 죽는 쪽을 선택하였다. 나가사키에서 멀지 않은 촌락인 모테기에서도[74] 37,000명의 그리스도 교인들이 자신들을 굴복시키기 위해 파견된 군대에 저항하다가 죽음을 당하였다. 그리스도교가 박멸되고 외국인들이 추방되면서 대일 교역의 특권은 네덜란드인에게만 부여되었다. 하지만 그들의 활동은 데지마라고[75] 불리는 나가사키의 작은 지점에 한정되었다. 1858년의 조약에[76] 의해 나가사키는 이듬해 7월 1일부로 영국인들의 무역에 개방되는 항구 가운데 하나가 되었다.

72　Nagasaki. 장기(長崎).
73　고모도(高鉾島). 원문은 근대 서양인들이 부르던 이름 Island of Pappenberg로 되어 있는데, Pappenberg는 Papenberg의 오기이다.
74　무목(茂木). 원문의 Mogi는 Motegi와 함께 인명에 쓰이는 일본어 발음표기인데, 저자의 착오로 보인다.
75　Deshima. 출도(出島). 보통 Dejima로 적으며, 옛날에는 Decima, Desjima, Dezima, Disma, Disima 등의 표기도 있었다. 바쿠후의 쇄국정책의 일환으로 건설되어 1636년에 완공된 인공섬인데, 1904년에 매립되어 육지화되었다.
76　일영수호통상조약(日英修好通商條約)을 가리킨다.

나가사키

초행자라면 나가사키항에 들어서자마자 눈앞에 드러나는 도시의 절묘한 입지와 언덕을 따라 펼쳐진 아름다운 경관에 감탄하지 않을 수 없을 것이다. 항구는 육지에 둘러싸인 작은 만으로서, 내부 깊숙이 몇 개의 소소한 만들을 거느리고 있다. 전체 길이는 3마일 정도 되고, 폭은 0.5마일에서 1마일까지 다양하다. 현재 간척 사업이 진행 중인데, 과거 외국인들에 할양된 적이 있었던 데지마와 우메가사키의[77] 앞바다를 매립하고 항구를 더 깊게 준설할 계획이다. 공사비는 4백만 엔으로 추산되며, 5년 뒤 완공될 예정이다. 도시는 부두 동편에 조성되어

---

77 매향기(梅香崎). 원문은 한때 이곳에 주재하였던 러시아 외교대표부의 표기법을 그대로 차용한 Megasaki. 올바른 영문표기는 Umegasaki.

있다. 길이는 약 2마일이고, 폭은 가장 넓은 곳이 3/4마일쯤 된다. 외국인 구역은 남쪽 방면에서 본래의 도시와 합류하고 있다. 주요 상가들은 부두와 마주보는 해안도로에 위치하고, 그 뒤편으로 해안도로와 평행으로 달리는 도로가 몇 개 있으며, 언덕에는 개인 주택이 다수 들어서 있다. 이곳에는 영국 개신교 예배당과 로마가톨릭교회, 2개의 클럽, 그리고 프리메이슨 집회소가 하나 있다. 대표적인 호텔은 1898년에 개업한 나가사키호텔로, 해안도로에 위치한 3층짜리 벽돌 건물이다. 좀더 작은 호텔도 여럿 있는데, 그 중 벨뷔호텔과[78] 클리프하우스 두 곳이 제일 크다. 나가사키의 도크는 1894년에 확장 공사를 해서 길이 500피트, 흘수 26피트 규모의 선박들을 수용할 수 있게 되었다. 이 도크에는 매우 완벽하게 조립, 장착된 대형 기관 설비들이 구비되어 있다. 이 설비들은 원래 일본 정부가 축조하였지만, 지금은 도크와 마찬가지로 미쓰비시회사[79] 소유이다. 급수 시설은 최근에 완공되었다. 저수지는 9,000만 갤런의 물을 저장하며, 3개의 여과탱크와 1개의 급수장이 있다. 현재 규슈 철도가 완공되어 모지와[80] 구마모토를[81] 잇는 본선과 나란히 나가사키로 통하는 지선이 운행되고 있다. 나가사키의 기후는 온화하고 살기 좋다. 인근에는 건강에 유익한 휴양지가 여럿 있는데, 가장 유명한 곳은 운젠다케산이다.[82]

---

78   Belle Vue Hotel. '전망 좋은 호텔' 정도의 의미이다.
79   Mitsu Bishi Company. 합자회사미쓰비시조선소를 가리킨다. 미쓰비시(三菱) 그룹의 창업주인 이와사키 야타로(岩崎弥太郎, 1835~1885)가 1884년에 국영 나가사키 제철소를 임차하여 나가사키조선소로 개명한 뒤 1887년에 완전히 매입하였는데, 이것이 1893년에 이름을 다시 바꾼 것이다.
80   Moji. 문사(門司). 규슈 지방 기타규슈시(市)의 동쪽 끝에 위치한 항구이다.
81   Kumamoto. 웅본(熊本). 규슈의 중심 도시이다.

이곳의 무역은 개항 이후 수년간 꾸준히 발전하였다. 하지만 이후 여러 가지 이유로 쇠퇴하였는데, 교역이 점점 요코하마로 몰리게 된 것이 아마도 주된 요인일 것이다. 그럼에도 불구하고 대외 무역은 최근 10년간 꾸준히 증가하여 교역량이 두 배로 늘었다. 같은 기간 동안 수입은 무려 10배 증가하였다. 더욱이 규슈 내륙 지역과 연결되는 철도가 1898년에 완공, 개통되었으므로 이곳 항구는 더 크게 번성할 것으로 예상된다. 주요 수입 품목은 면제품과 모직물이다. 주요 수출품은 석탄, 차, 장뇌, 쌀, 목랍(木蠟), 담배, 건어물 등이다. 나가사키 주변에는 생산성이 매우 높은 탄광도 몇 군데 있는데, 그 중 가장 중요한 것은 다카시마 탄광이다.[83]

나가사키의 수입액은 1897년 13,601,234엔에서 1898년 19,698,646엔으로, 수출액은 1897년 5,542,013엔에서 1898년 6,587,276엔으로 각각 증가하였다. 주요 수출품은 석탄이다.

1898년에 나가사키의 인구는 808,439명이었다. 1898년도 영사관 보고서에 따르면, 나가사키의 외국인 거류민은 중국인을 제외하고 606명이었으며, 그 중 40명이 영국인이고 466명은 다른 유럽인들과 미국인이었다. 『나가사키프레스』라는 소규모 외국인 일간지 1종이 발간되고 있다.

---

82 Mount Unzen. 운선악(雲仙岳). 규슈 지방 시마바라(島原)반도 중앙부의 유황온천이 있는 활화산 지대로, 1637년의 "시마바라의 난" 당시 개종을 거부하는 많은 천주교도들이 "화산 지옥"으로 불리던 이곳에서 고문당하고 순교했다고 한다.

83 Takasima mine. 다카시마섬(高島)에 있다.

8. 타이완[84]

1) 개관

아시아에서 가장 큰 축에 속하는 이 섬은 북위 22°~26°, 동경 120°~ 22°에 위치하며, 약 100마일 너비의 해협을 사이에 두고 중국 푸젠성 의[85] 해안과 마주보고 있다. 이곳은 일본 제도와 류큐 제도의 연장선에 있는데, 1895년 일본 제국에 통합되었다. 이 섬은 유럽인 가운데 처음 으로 이곳에 온 포르투갈인들로부터 "아름다운 섬"을 뜻하는 포르모사 라는 이름을 얻었지만, 1661년부터 1894년까지 이곳을 자국에 귀속시 켰던 중국인들은 타이완 ─ "큰 만(灣)" ─ 이라고 불렀다. 전해오는 이 야기에 따르면, 1620년에 일본인들이 이 섬에 식민지를 개척하려고 시 도했으나 이미 많은 중국인들이 정착해 있었다고 한다. 1634년에 네덜 란드인들이 상륙하여 몇몇 거류지를 세웠으며, 지금도 그 흔적들이 남 아있다. 그러나 이들은 당시 서부 타이완의 통치권을 장악하고 있던 중국의 해적 우두머리 콕싱아에[86] 의해 1661년 축출되었다. 하지만 22 년 후, 그를 계승한 손자가 술수에 넘어가서 이 섬의 지배권을 중국 황

---

84 Formosa. 대만(臺灣). 통상적인 영문 표기는 Taiwan.
85 Fukien. 복건성(福建省, Fuzhen).
86 Koxinga. 정성공(鄭成功, 1624~1662)을 가리킨다. 중국 명·청 교체기의 명나라 장 수로 훗날 '해적' 활동을 했다. 남명(南明)의 융무제(隆武帝)로부터 명 황실의 성씨인 주(朱)를 하사받았지만 국성야(國姓爺)로 더 널리 알려졌는데, '콕싱아'는 네덜란드인 들이 그 별칭의 민남어(閩南語) 발음을 옮겨 적은 것이다.

제한테 넘기고 권좌에서 물러났다. 이 섬은 시모노세키 조약에[87] 따라 일본에 이양되었는데, 공식적인 항복 의례는 1895년 6월 1일 지룽[88] 외곽에 정박한 배 위에서 거행되었다. 그렇지만 이곳에 주재하던 중국 관리들은 공화국을 선포하고 저항에 나섰다. 통킹에서[89] 악명을 떨친 바 있던 "흑기장군(黑旗將軍)" 유영복을[90] 중심으로 남부 지방에서 끝까지 버틴 이 반란군은 10월 말에 가서야 완전히 진압되었다. 류융푸는 10월 15일 가오슝이[91] 포화에 휩싸이고 같은 달 21일 안핑마저[92] 맥없이 함락되자 도주하여 몸을 숨겼다.

　타이완은 길이가 260마일이고, 폭은 가장 넓은 곳이 60～70마일이다. 마치 섬의 척추와도 같은 형상을 띤 산맥이 남북을 가로지르고 있는데,[93] 이 산악지대의 최고봉은 높이 11,300피트의 쉐산산(雪山)이다.[94] 이 산맥의 서쪽 경사면은 동쪽보다 완만하다. 군데군데 울창한

87　treaty of Shimonoseki. 하관조약(下關條約). 1895년 4월 17일, 청일전쟁의 전후 처리를 위해 중국과 일본이 시모노세키에서 체결한 강화조약으로, 이를 통해 중국은 조선에 대한 일본의 지배권을 인정하게 되었다.

88　Kelung. 기룽(基隆, Jilong). 20세기 초 서양에서는 원문과 같이 Kelung으로 통용되었으며, 그 외에 Kiloung, Kilang, Keelung, Kirun, Kiirun 등으로 다양하게 표기되어 왔다. 현지인들은 오랫동안 계롱(雞籠, '케랑' 또는 '쾌랑')이라고 써왔다.

89　Tonkin. 북베트남 송꼬이강 삼각주에 넓게 펼쳐진 지역이다.

90　Liu Yung-fu. 류융푸(劉永福, 1837～1917). 통상적인 영문표기는 Liu Yongfu. 이른바 흑기군(黑旗軍)의 사령관으로, 1870～1880년대에 북베트남－"통킹"－에서 프랑스 군대와 싸워 명성을 얻었다. 1895년 당경송(唐景崧, 1841～1903)을 도와 타이완을 침략한 일본군과 전투를 벌였고, 1895년에는 그의 뒤를 이어 단명한 타이완공화국의 두 번째이자 마지막 지도자로 취임했다.

91　고웅(高雄, Kaohsiung). 원문은 옛 지명 타구(打狗)를 발음대로 적은 Takow인데, 과거에는 Takao나 Takau 등도 함께 쓰였었다.

92　Anping. 안핑(安平).

93　쉐산산맥(雪山山脈)을 가리킨다.

94　원문은 Mount Sylvia(실비아산).

계곡이 있고, 그 아래로는 중국인들이 정착한 드넓은 평원이 기복을 이루며 펼쳐진다. 산맥에 의해 형성된 분계선의 동부 전역에는 원주민 종족이 살고 있다. 이들은 중국 정부에 대한 복종을 거부하고 외곽지대의 중국인 거류지를 빈번하게 습격하지만, 일본인들에게는 우호적인 태도를 보여 왔다. 야만스럽고 호전적인 이 족속은 말레이인 및 폴리네시아인과 같은 부류에 속하며, 주로 사냥을 해서 먹고 산다. 타이완의 중국인 인구는 약 250만 명으로 추산되며, 원주민의 수는 당연히 산정이 불가능하다. 타이완의 산물은 아주 다양한데, 어디서나 식물류가 특히 풍성해서 이곳 토양의 비옥함을 입증해 준다. 주로 경작되고 수출되는 품목은 설탕, 차, 장뇌 등이다. 서식 동물로는 곰, 원숭이, 사슴, 멧돼지, 오소리, 담비, 천산갑 등이 꼽히며, 그 외에 작은 동물들도 있다. 조류는 그리 많지 않고, 초목이 무성한 것에 비하면 뱀도 예상 외로 흔치 않다. 이 섬의 광물자원은 매우 풍부한 것으로 보인다. 금은 현재 개울 바닥에서 채취되고 있고, 섬 북부의 지룽 인근에는 탄광과 유황천이 있다. 그러나 섬의 내륙은 여전히 미개척 상태이다. 타이완의 중대한 결점 한 가지는 쓸 만한 부두가 부족하다는 것인데, 이는 타이완해협에 부는 위력적인 계절풍을 고려할 때 특히 심각한 의미를 지닌다. 동쪽에는 부두 자체가 드물고, 그나마도 협소하고 접근성이 나쁘다. 서해안의 부두들 역시 거의 모두가 항구 밖의 자유 정박지보다 나을 것이 없다. 타이완의 수도는 타이베이로[95] 되어 있지만, 인구 면에서 가장 큰 도시는 타이난푸이다.[96] 개방된 항구는 남쪽의 가오슝과 타

---

95 Taipeh. 대북(臺北, Taipei).
96 Tainan-fu. 대남부(臺南府).

이난푸, 북쪽의 단수이와 지룽 등 모두 네 곳이다. 지룽은 1884~1885년의 수개월 간 프랑스의 쿠르베[97] 제독에게 점령되었다가 1885년 6월 21일 해방되었다. 타이완은 강이 몇 개 되지 않는데다 얕고 구불구불해서 바닥이 평평한 작은 배들만 겨우 다닐 수 있다. 경치는 아름다우며, 겨울에는 기후가 매우 쾌적하다. 그러나 습도가 높은 다른 계절에는 무덥고, 말라리아가 창궐한다. 철도는 지룽에서 신주까지[98] 깔려 있는데, 남쪽 지역으로 연장될 예정이다.

2) 단수이,[99] 지룽[100]

단수이항은 비옥한 타이완섬의 북서부, 북위 25° 10′와 동경 101° 26′에 위치한다. 이곳은 재미없는 곳이다. 타이완의 다른 모든 곳과 마찬가지로 단수이의 부두 역시 항구의 성장을 크게 저해하는 골칫거리인 모래톱이 존재한다. 준설 작업을 하면 접근성이 훨씬 좋아질 수 있을 것이다. 후베이라고[101] 불리는 이곳의 촌락은 강의 북쪽, 모래톱에서 2마일쯤 떨어진 곳에 있다. 1884년 10월에 쿠르베 제독이 지휘하는 프

97　Anatole-Amédée-Prosper Courbet(1827~1885). 프랑스의 해군 제독으로, 통킹 전투(1883~86)와 중불전쟁(1884~1885)을 승리로 이끌었던 인물이다.

98　신죽(新竹, Hsinchu). 원문 표기인 Teckcham은 1626년 이곳에 온 스페인 선교사들이 당시 지명 텍참(竹塹, Tek-khàm)을 발음 그대로 옮긴 데에서 유래하는 것으로, 1878년에 현재의 신주로 개명되었다.

99　Tamsui. 담수(淡水, Danshui). 이곳은 과거에 Tamshuy, Tamshui, Tamsoui, Tan-sui 등등으로 다양하게 영문 표기되었다.

100　Kelung. 기륭(基隆, Jilong).

101　Hûbei. 호북(湖北).

랑스 함대가 단수이에 포격을 가했지만, 점령하지는 못했다. 일본인들이 1895년 6월 7일에 이곳을 차지하였다. 차는 언덕 지대에서 재배되어 1897년 20,302,590파운드, 1898년 20,126,816파운드를 수출하였다. 단수이, 지룽 및 이들에 속한 임시 항구들의 대외 무역 총액은 1896년에 1,592,413파운드, 1897년에 1,972,380파운드였으며, 그 이듬해에는 2,181,589파운드를 기록하였다.

지룽항은 단수이의 북동쪽, 북위 25° 6′과 동경 121° 47′에 있다. 약 20여 마일의 거리를 두고 떨어져 있는 포키, 페튼[102] 두 곳 사이의 만에서 안쪽으로 들어간 해변에 위치하는데, 산줄기를 배경으로 선명하고 빼어난 경관을 보여준다. 한때 스페인인 거류지였지만 그 뒤 네덜란드인들이 이곳을 점령하였으며, 타이완의 왕으로 자처하던 해적 우두머리 콕싱아 휘하의 중국인들에게 넘겨줄 때까지 지배하였다. 지룽은 미미한 촌락임에도 불구하고 샤먼,[103] 취안저우,[104] 푸저우[105] 등을 상대로 오랫동안 대규모 역내 무역을 벌여 왔다. 주요 생산품은 예로부터 석탄인데, 지금은 전량이 현지 수요로 흡수된다. 인근 계곡에는 황(黃)도 풍부하다. 지룽은 타이완의 다른 항구들과 같은 시기에 외국인 무역에 개방되었다. 항구 영역은 부스다오섬과[106] 이미지포인트를[107] 연

---

102 Foki and Peton.
103 하문(廈門, Xiamen). 원문은 Amoy(아모이)인데, 이는 이곳에 처음 온 포르투갈 상인들이 당시 이곳의 지명 '下門'의 장저우어(漳州話) 발음 "에무이"를 옮겨 적는 과정에서 발생한 착오가 굳어진 결과라고 한다.
104 Chin-chew. 천주(泉州, Quanzhou). 과거에는 Chinchew, Chincheu, Chin-cheu, Chinchu, Choanchew, T'swan-chau 등으로 다양하게 영문 표기되었다.
105 Foochow. 복주(福州, Fuzhou).
106 포십도(布什島, Bushidao). 원문 표기 Bush Island(부시아일랜드)는 이 섬의 중국어 발음을 옮겨 적은 것이다.

결하는 직선의 안쪽으로 설정되어 있다. 그런데 1884년 8월 5일 레스페스[108] 제독 휘하의 프랑스 함대가 항구에 포격을 가하고 점령했으며, 마을 위쪽의 요새들은 이 때 폐허가 되었다. 그리하여 프랑스군이 주둔하게 되었고, 이러한 상황은 1885년 6월 텐진에서[109] 강화조약이 조인될 때까지 지속되었다. 1895년 6월 3일에는 일본인들이 이곳을 점령하였다. 현재 대대적인 부두 개선사업이 진행 중이다. 지룽과 수도 타이베이를 잇는 철도가 운행 중인데, 향후 타이난푸까지 연장될 예정이다. 1895년 말 서해안의 단수이 남쪽 117마일 지점에 있는 루강[110] (혹은 로코)[111] 쪽이 임시 수출입 항구로 지정되었고, 이듬해 3월에는 단수이 남쪽 36마일 지점의 한 곳도 유사한 방식으로 일본인 소유 상선들의 무역에 개방되었다.

---

107 Image Point. '사진 찍기 좋은 곳' 포토포인트(Photo Point)와 같은 표현으로, 여기서는 주상절리(柱狀節理)를 비롯한 부스다오섬의 해안 절경이 잘 건너다보이는 만(灣) 반대편의 한 지점으로 추정된다.

108 Sébastien-Nicolas-Joachim Lespès(1828~1897). 프랑스의 해군 제독으로 중불전쟁 당시 쿠르베가 지휘하는 극동함대의 부사령관으로 활동하였다.

109 Tientsin. 천진(天津, Tianjin).

110 녹항(鹿港, Lugang). 이 지명은 네덜란드 상인들이 활동하던 시절에 사슴 가죽을 많이 수출한 것에서 유래되었다. 과거 영어 문헌에서는 원문의 Luikong을 비롯하여 Lok-kang, Lokang, Lo-kiang 등이 쓰였는데, 모두 옛 타이완 이름인 Lok-a-kang(鹿仔港)에서 딴 것이었다. 타이완 정부는 2011년에 본토식 표기를 버리고 Lukang을 쓰기로 결정하였다.

111 Rokko. 녹항(鹿港)에 대한 일본식 지칭으로, 일본이 타이완을 통치하던 시기에 사용되었다.

3) 타이난푸,[112] 가오슝,[113] 안핑[114]

타이난푸는 1889년까지 타이완으로 알려져 있던 도시로, 북위 23° 6′
와 동경 129° 5′에 위치한 타이완섬의 상업 중심지이다. 동양의 도시치
고는 제법 깨끗하고, 도로 포장도 양호하다. 성벽의 둘레는 5마일 정도
된다. 타이난푸의 무역항은 안핑으로, 동쪽으로 약 3마일 떨어진 해안
에 있으며 개천들을 통해 교외 지역과 연결된다. 안핑항은 자유 정박지
로, 선박들은 해안에서 1마일쯤 떨어진 곳에 닻을 내릴 수밖에 없다. 11
월 1일부터 5월 말까지는 정박의 안전성이 완전히 보장되지만, 남서계
절풍 기간에는 거대한 파도가 밀려와서 선적이나 하역이 곤란하며 때
로는 불가능할 정도이다. 최근 들어 안핑의 중요성이 커지자 외국계 기
업들이 이제까지 중요하게 여겼던 가오슝 대신 이곳에 거점을 마련하
고 있다. 안핑은 바닷바람 덕분에 여름에도 시원한 기후가 자랑거리다.
10월 1일부터 4월 말까지는 비가 조금만 내리거나 전혀 내리지 않으며,
기온 역시 더할 나위 없이 적당하다. 타이난푸의 주요 수출품은 설탕으
로 1897년에 770,510헌드레드웨이트,[115] 1898년에 792,983헌드레드웨
이트를 각각 수출하였다. 이 항구의 대외 무역 총액은 1897년 612,284
파운드에서 1898년 784,627파운드로 증가하였다.

---

112 Tainan-fu. 대남부(臺南府).
113 고웅(高雄, Kaohsiung). 원문은 이곳의 옛 지명 다거우(打狗, Dagou)의 옛날식 영문
     표기인 Takow.
114 Anping. 안평(安平).
115 hundredweight. 영미식 중량 단위의 하나로, 영국에서는 112파운드 그리고 미국에
     서는 100파운드로 통용된다.

가오슝은 안핑 남쪽 24마일 지점에 있는 항구이다. 이곳은 설탕 수출의 중심지로, 수입 무역은 거의 이루어지지 않는다.

타이난푸, 가오슝 그리고 안핑은 일본에 맞서 싸운 흑기장군 유영복의 마지막 보루였다. 가오슝은 10월 15일에 포격을 받아 변변한 저항도 못하고 무너졌으며, 타이난푸와 안핑은 같은 달 21일에 함락되었다.

제3장
한국

1. 개요

한국은 현지어로 조선이라고 하며, 중국의 북쪽에 위치한 반도로서 중국과 일본 사이에 낀 형상이다. 동서 양편에 일본해와 황해를 두고 북위 34°와 43° 사이에 걸쳐 있다. 한국의 영토는 북쪽으로 만주, 북동쪽으로 시베리아, 동쪽으로 일본해, 서쪽으로 황해 그리고 남쪽으로는 한국해협에[1] 의해 둘러싸여 있다. 해안선의 길이는 1,740마일이고, 반도 주위의 섬들을 합하면 영국과 거의 비슷한 면적이다. 한국이라는 이름은 일본어 고라이에서[2] (중국어로는 카오리)[3] 유래하며, 황해를 처음 항해한

---

1   Channel of Corea. 대한해협을 가리킨다.
2   Korai.

포르투갈인들은 이곳을 코리아라고[4] 불렀다. 조선을 번역하면 '고요한 아침'이[5] 된다. 반도의 동부는 구불구불한 산맥이고, 그 서쪽은 경사면을 이룬다. 주요 하천들은 자연히 서부에서 볼 수 있으며, 대부분의 항구역시 서해안에 있다. 한국에는 '도(道)'라고 불리는 지방이 8개 있다. 평안, 황해, 경기(수도 포함), 충청, 전라, 경상, 강원 그리고 함경이 그것이다. 기후는 살기 좋고 온화하다. 북쪽은 쾌적하고, 남쪽은 여름 바람이 더 많아서 따뜻하다. 서울을 흐르는 한강은 1년에 2개월 동안 종종 결빙되곤 한다. 호랑이, 표범, 야생 사슴, 멧돼지 등의 동물이 서식하고, 남쪽에서는 원숭이들이 발견된다. 말의 사육은 정책적으로 관리되고 있으며, 황소는 식용으로 대량 사육된다. 염소는 드물고, 양은 제사용으로 전량 중국에서 수입한다. 꿩, 독수리, 매, 두루미, 황새 등이 흔하다. 토양은 대부분 비옥하고, 광물도 풍부한 것으로 보인다. 한국의 역사는 이웃 나라들의 경우와 마찬가지로 안개 속으로 사라졌지만, 현지와 중국의 전승에 따르면 기원전 1122년 키시[6] 또는 키츠라는[7] 이름의 중국 귀족이 추종자들을 데리고 한국으로 이주하여 사회 질서를 세우고 최초의 군주가 되었다고 한다. 그의 후손들은 기원전 4세기까지 통치하였다고 전해진다. 현재의 왕조는 태조 이성계에[8] 의해 세워진 것으로, 자수성가한

---

3   Kaoli.
4   Koria.
5   Morning Calm.
6   Kishi. 기자(箕子)의 일본어 발음 '기시'를 영어로 표기한 것이다. 우리말 영문 표기는 Gija 또는 Kija.
7   Kitsze. 기자의 중국어 발음에 대한 옛 영문표기이다. 영국의 중국어학자 웨이드 경 (Sir Thomas Francis Wade, 1818~1895)의 만다린어 표기법에 따르면 Chi-tzu이며, 오늘날의 통상적인 중국어 영문 표기는 Jizi 또는 Qizi이다.
8   Ni Taijo. 이(李) 태조(太祖).

젊은 군인이었던 그는 왕(王) 왕조를 축출하는데 성공하였다. 서울로 알려져 있는 한양이 수도로 선정된 것도 바로 이 때 14세기의 일이었다. 국왕 이희(李熙)[9] 폐하는 현재 왕조의 제28대 통치자이다.[10] 왕국은 국왕과 그 휘하의 재상 3명과 6조 — 이조, 호조, 예조, 병조, 형조, 공조 — 에 의해 통치된다. 일반적인 통치 절차는 베이징의 예를 본뜬 것이다. 국가 세입은 토지세를 근간으로 하며, 약 200,000파운드로 추정된다.

수 세기 동안 한국인들은 자신들과의 교류를 꾀하는 외국인들의 모든 시도를 성공적으로 물리쳤다. 국왕은 이전까지 중국 황제의 봉신(封臣)이었다. 일본 황제도 그가 자신에게 충성을 바쳐야 한다고 주장하였지만, 1876년 일본과 체결한 강화도조약은 이 나라를 독립국으로 인정하였다. 한편 중국은 이 조약 및 한국이 독립 왕국으로서 외국 열강과 맺은 다른 조약들에 동의하면서도 자국의 종주권을 계속해서 주장하는 비일관성을 드러냈다. 일본인들이 부산과 원산의 항구에 들어와 자리를 잡으면서 대외 교류에 대한 편견은 점차 누그러졌으며, 한국 정부는 1882년 5월 22일 인천에서[11] 미국을 대표한 슈펠트[12] 제독과 우호통상조약에[13] 조인하였다. 영국과의 조약은 1883년 11월 26일 해리 파크

9   Li Fin. '희(熙)'는 흥선군(興宣君) 이하응(李昰應)의 둘째 아들로 왕위에 오른 고종(高宗, 1852~1919. 재위는 1863~1907)의 어린 시절 이름 '재황(載晃)'을 개명한 것이다.

10   '황제' 고종은 공식적으로 조선의 26대 왕인데, 저자는 폐주(廢主) 연산군과 광해군도 셈에 넣은 듯하다.

11   Jenchuan.

12   Robert Wilson Shufeldt(1822~1895). 미국의 해군 제독 겸 외교관으로, 미국 대표 자격으로 1882년(고종19) 조미수호통상조약 — 일명 '슈펠트 조약' — 에 조인하였다.

13   조미수호통상조약(朝美修好通商條約, Treaty of Peace, Amity, Commerce and Navigation)을 가리킨다. 중국 북양통상대신 이홍장(李鴻章, 1823~1901)의 주선으로 조선 측 전권대신 신헌(申櫶)과 미국 측 전권대사 슈펠트의 서명으로 체결된 총 14개 조의 조약이다.

스 경이[14] 서명을 하였고, 이듬해에는 독일과 러시아 그리고 다음에는 프랑스, 이탈리아, 오스트리아 등과의 조약이 차례로 체결되었다. 최근의 한국 정부 조사에 따르면 전체 인구는 10,518,937명이었다. 대외 교역은 꾸준한 성장을 보여 주고 있다. 해관(海關)을 통해 파악된 무역 총액은 1893년 7,986,840달러를 기록한 뒤, 1896년 12,842,509달러, 1897년 23,511,350달러, 그 이듬해에는 24,702,237달러로 계속 증가하였다. 주요 수입 품목은 면(綿)제품이고, 주요 수출 품목은 쌀, 짐승의 가죽과 뼈, 콩, 금 등이다. 금 수출은 매년 증가하여 1897년에 240,047파운드를 기록하였는데, 금광 하나를 개발하는 데에 100,000파운드가 넘게 투자되었다고 한다.

1894년 남부 지방에서 반란이[15] 일어나자 정부는 중국에 원조를 요청하였으며, 이에 중국 군대가 질서 회복을 위해 파견되었다. 일본도 군대를 파견하였고, 한국 정부를 개혁하는 일에 함께 협력하자고 중국에 제안하였다. 그러나 중국은 거절하였고, 이로 인해 전쟁이 일어났다. 그리고 일본은 한국에서 중국을 몰아냈으며, 중국 본토로 쳐들어갔다.

1896년의 한 보고서에서 영국 영사는 한국의 재정 상황과 관련하여 다음과 같이 말했다.

작년에는 세출의 신중한 관리와 절감을 통해 재정적 균형을 회복하고 유지하였으며, 현재 국고에는 국가 부채의 대부분을 상환하기에 충분한 여유분이 있다. 주요 세입 항목은 토지세, 가옥세, 인삼세, 금(金)거래세 등으로

---

14   Sir Harry Smith Parkes(1828~1885).
15   갑오농민봉기를 이른다.

도합 400만 달러가량의 예산을 구성한다. 한편 지방의 수입과 지출은 어느 정도 현지 관리에 맡겨진다. 좀 더 엄격한 감독이 이루어지고 정규적인 회계 체계가 구축된다면 중앙 정부의 세입은 분명히 크게 증대될 수 있을 것이다.

이듬해인 1897년의 보고서에서 그 영사는 "이 나라의 재정은 만족스러운 상태를 유지하고 있다. 일본에서 빌린 300만 엔 중에서 200만 엔이 상환되었으며, 올해를 마감하는 시점에서 국고 잔액은 국가의 나머지 부채를 감당하기에 충분하다"라고 서술하였다. 그러나 그 다음해인 1898년도의 보고서는 썩 만족스럽지 못한 것으로, 영사는 다음과 같이 논평하였다.

한국의 재정은 더 이상 1~2년 전과 같이 만족할 만한 상태가 아니다. 국고는 사실상 텅텅 비었고, 매달 말이면 군대의 봉급과 기타 부담금의 지불과 관련한 어려움이 반복되고 있다. 아직까지는 정부가 체납 상태에 빠지지 않았지만, 자체 수입이 아니라 전년도의 이월금으로 지탱하고 있다. 정부의 재정 기조는 뚜렷한 하향세를 보이고 있는데, 미래를 내다볼 때 나쁜 징조가 아닐 수 없다.

1896년에 인천과 서울을 연결하는 철도 공사가 시작되었다. 그러나 원래의 미국인 부설권 소유자한테서 그 노선을 인수하기로 합의한 일본인 투자조합이 재정적인 곤란에 빠졌으며, 이로 인해 사업은 더디게 진행되고 있다. 서울에서 부산까지의 약 300마일 거리를 잇는 또 다른 노선도 계약이 체결되었지만, 예비 조사 수준 이상의 진척은 아직 없다.

2. 서울[16]

수도 한양은 외국인들에게 서울 ― 이것은 단순히 '수도'를 가리키는 현지 용어일 뿐이다 ― 로 더 잘 알려져 있다. 이 도시는 경기도의 거의 한가운데 자리 잡고 있으며, 한강에서 북쪽으로 약 3마일 그리고 그 어귀로부터는 35마일쯤 떨어진 곳에 위치한다. 좌표는 북위 37° 30′, 동경 127° 4′이다. 한양은 '한강 위의 요새'를 의미한다. 도시는 총안(銃眼)이 설치된 다양한 높이의 성벽으로 둘러싸여 있는데, 벽의 평균 높이는 약 20피트이다. 개천들 위에는 아치 모양의 돌다리가 놓여 있다. 반듯하지는 않은 직사각형 모양의 이 도시는 북동에서 남서 방면으로 흘러내린 계곡에 세로 방향으로 펼쳐져 있다. 가옥들은 높이가 약 8~9피트로, 돌이나 진흙으로 만들어졌다. 대부분 기와지붕을 얹고 있으며, 그 내부는 깨끗하다. 왜냐하면 한국인들은 집에 들어가기 전에 일본인들처럼 신발을 벗기 때문이다. 도시는 동서 방향으로 뻗은 약 100피트 폭의 긴 중심 가도에 의해 거의 비슷한 크기의 두 부분으로 나뉜다. 성벽이 둘러진 북부 지대에는 왕궁과 주요 상급 관청들이 들어서 있다. 이 지대는 앞서의 중심 가도를 수직으로 가로지르는 너비 약 50피트의 도로에 의해 다시 동쪽 구역과 서쪽 구역으로 구분된다. 두 도로의 교차점에는 높이 약 7피트의 거대한 종과 이것의 이름을 따서 종각 ― "종치는 곳" ― 이라고[17] 부르는 정자가 있다. 이 지점이 도시의 중심으로 간주된다. 그리고 여기

---

16   Seoul.
17   Chong-kak(the "Bell Kiosk").

1900 동아시아, 서양인들의 답사 리포트

광화문(O. E. Ehlers, *Im Osten Asiens*, 1896, 독일)[18]

에서 중심 가도와 같은 너비의 또 다른 대로가 남서쪽으로 가지를 친다. 이렇게 '종치는 곳'에서 뻗어 나간 4개의 대로를 '종로'라고 한다.[19] 이곳 도시 중심부에서 눈에 띄는 또 다른 특색은 2층 높이로 줄지어 늘어선 커다란 도매상점들인데, 1층은 문이 도로가 아닌 안쪽의 작은 마당으로 통하는 소형 점포들로 나뉘어져 있다. 과거에는 대로들의 폭이 훨씬 좁았다. 거의 모든 가옥 앞쪽에 수공업 작업장이나 상점 용도의 엉성한 판잣집들이 들어서 있었기 때문이다. 이것들로 인해 거리가 초라하고 지저분하게 보이기도 했는데, 현재 몇몇 주요 도로에서는 그 흉물 같은 장애물들이 깨끗이 사라졌다. 이를 두고 영국 영사는 1896년도 보고서에서

---

18 이하 한국 관련 사진들은 옮긴이들이 임의로 추가한 것이다. 모두 1900년 전후에 촬영되었는데, 흔쾌히 복사본 자료들을 제공해준 명지대 홍순민 교수께 감사드린다.
19 Chong-ro or "Bell roads". 조선시대에 '종길'로도 불린 종로는 종각의 종루십자가(鐘樓十字街)에서 사대문으로 통하는 동서남북의 네 갈래 대로를 통칭하는 말이었다.

사람들이 점점 양호한 도로와 깨끗한 환경의 이점을 터득하는 중이라고 말했다. 널찍한 시장 하나가 도시에서 가장 번화한 지역에 개설되어 있으며, 중심지의 적당한 곳에 시장을 2~3개 더 만드는 계획을 추진 중이다. 탁지부(度支部)는[20] 도로의 유지와 개선을 위해 연간 50,000달러를 배정하였으며, 1897년에는 배수 설비에도 비슷한 액수의 예산이 책정되었다. 상점은 작고 멋이 없으며, 사치품이나 신기한 물건도 없다. 이 도시의 인구는 15만 명에서 24만 명까지로 다양하게 추정되며, 공식 보고된 가옥의 수는 30,000채이다. 1899년에는 서울의 주요 도로를 따라 3마일

1901년 종로(E. B. Holmes, *Burton Holmes Travelogues*, 1920, 미국)

---

20 Finance Department. 국가 재정 전반을 담당하였던 대한제국의 부처로, 기존의 탁지아문(度支衙門)이 1895년(고종 32년)에 개칭된 것이다.

을 달리고, 이어서 외곽으로 3~4마일 더 나아가는 전차가 개통되었다. 인천과 서울을 잇는 철도가 현재 건설 중이다.

3. 인천(仁川)²¹

일본인들에게 진센으로 알려진 한국 서해안의 이 항구는 염하(鹽河)[22] 입구, 북위 37° 28′ 30″와 동경 126° 37′에 위치한다. 한강 하구의 월미도(月尾島)[23] 바로 동쪽에 가까이 붙어 있으며, 행정적으로 경기도에 속한다. 영국 영사는 1896년도 보고서에서 다음과 같이 말하고 있다.

13년 전 초라한 오두막 15채가 전부였던 제물포가 이제는 거대하고 번성하는 상업 중심지가 되었다. 쇄석(碎石)을 간 넓은 도로와 멋지고 웅장한 건물들이 들어섰고, 일본인과 중국인이 대부분을 차지하는 6~7천 명의

---

21 원문은 Chemulpo, port of Jenchuan, called also Jinsen and Inchiun, 다시 말해서 "제물포, 젠추안 항, 진센과 인천으로도 불림"이라는 특이하게 긴 제목으로 되어 있다. Chemulpo는 1883년 개항 이후 널리 사용된 인천의 별칭으로 Jemulpo와 혼용된다. Jenchuan은 광둥어 발음 표기이고, Jinsen은 일제 강점기에 일본식으로 개명된 것이며, Inchiun은 Inchon으로 표기가 바뀌었다가 지금은 Incheon으로 거의 정착되었다.
22 한강 하류의 말단으로 서해와 만나는 지점까지의 구간이다. 원문 표기는 Salée River(살레강)인데, '짠' 혹은 '소금기 있는' 강을 의미한다.
23 원문은 1866년에 조선을 침공하여 병인양요(丙寅洋擾)를 일으킨 프랑스 함대의 지휘관 로즈(Pierre-Gustave Roze, 1812~1883) 제독의 이름을 딴 영어식 지명 Roze Island(로즈아일랜드)로 되어 있다.

81

제물포 항구와 세관(R. Zabel, *Meine Hochzeistsreise durch Korea Während des Russisch-Japanischen Krieges*, 1906, 독일)

외국인을 포용하고 있다. 중국인 및 일본인 거류지는 완전히 들어찼으며, 그 외 일반 외국인 거류지의[24] 땅값도 터무니없을 정도로 올랐다.

이곳에는 외국 영사들과 한국인 관리 1명, 지주 대표 3명 등으로 구성된 시(市)위원회가 있다. 외부 정박지에는 어떠한 크기의 선박도 접근할 수 있고, 내부 정박지에는 통상적으로 현지 교역을 담당하는 연안 선박과 증기선만 들어올 수 있다. 흘수가 10피트 이하인 배라면 강을 거슬러 마포까지 운항할 수 있다. 그러나 계절에 따라서는 모래톱 때문에 강물이 상당히 줄어드는 지점이 몇 군데 생겨나므로, 강을 정기 운항하는 증기선은 흘수가 6피트를 초과하지 않는 것이라야 한다.

---

24 general foreign settlement. 외국인 일반에 공동 개방된 구역으로 '각국조계(各國租界)'라고 하며, 문맥에 따라 '각국거류지'로 쓰기도 한다.

제물포의 어느 거리 풍경(E. F. G. Hatch, *Far Eastern Impressions*, 1904, 영국)

1885년 11월에 중국을 출발하여 이곳 항구와 서울에 이르는 육상 전신선(電信線)이 개통되었다. 인천과 서울을 잇는 철도는 공사가 진행 중이다. 기후는 양호하며 옌타이하고[25] 비슷하다. 1898년의 외국인 인구는 5,718명 — 일본인 4,301명과 중국인 1,344명 포함 — 이었고, 현지인은 7,669명으로 추산되었다.

  이곳 항구는 1883년 1월 1일 일본인의 무역에 개방되었고, 같은 해 6월 16일에는 외국인들의 무역에 전면 개방되었다. 무역 상황은 1897년의 경우 수입 5,868,605달러와 수출 3,643,066달러였고, 1898년에는 수

---

25   연태(烟台, Yantai). 원문은 식민지 시절의 이름인 Chefoo — 지부(芝罘) — 로 되어있다.

입 7,785,651달러와 수출 2,319,478달러였다. 무역 총액은 1897년 9,710,870달러에서 1898년 10,853,851달러로 다소 증가하였다.

인천의 부도심은 항구에서 10리(里) 떨어진 곳에 위치하고 있다.

4. 원산(元山. 겐산 또는 웬산)[26]

이 항구는 한국 북동 해안의 영흥만(永興灣)에[27] 위치한다. 부산과 블라디보스토크 중간쯤의 함경남도 남쪽 귀퉁이에 있다. 1880년 5월 1일 일본인들에게, 그리고 1883년 11월에는 다른 나라들에도 무역을 개방하였다. 일본인들은 겐산이라 하고, 중국인들은 웬산이라고 부른다. 현지인 마을은 항구가 무역에 개방된 이후 크게 성장하여 지금은 주민수가 무려 20,000명에 달한다. 이 촌락은 만의 남쪽 해안을 따라 형성되어 있으며, 서울에서 두만강까지 가는 간선 도로가 이곳을 통과한다. 시장은 한 달에 다섯 번 열리며, 농산물과 외국산 수입품이 거래된다. 세관은 현지인 마을에서 약 1마일 떨어진 외국인 거류지의 중심부에 설치되어 있다. 일본인 거류지는 잘 정돈되어 있으며, 200채 가량의 가옥에 약

26　Wonsan(Gensan or Yuensan). Gensan은 일본식 표기로서 Genzan과 혼용되었으며, Yuensan은 Yuan shan, Yonghunghang 등과 함께 쓰였던 중국식 표기이다.

27　원문은 18세기 말엽 사할린과 일본 근해에 이어 한국 동해안을 탐사했던 영국 해군장교 브로턴(William Robert Broughton, 1762~1821)의 이름을 딴 Broughton Bay(브로턴만).

1,500명이 거주한다. 중국인은 100명이고, 유럽과 미국 출신 거류민은 20명 정도이다. 부두 시설은 양호하다. 널찍하고 접근성이 좋으며, 방파제와 정박장이 훌륭하게 갖춰져 있고, 수심도 적당하다. 가장 추운 달인 1월이면 현지인 마을 앞쪽의 항구 한 귀퉁이가 간혹 얼어붙기도 하지만, 선적과 하역이 이루어지는 구역이 항해를 방해할 정도로 두껍게 어는 경우는 전혀 없다. 원산 주변의 농촌 지역은 매우 기름진 토양으로, 경작이 행해지고 있다. 항구에서 조금 떨어진 곳에는 구리와 기타 광물을 채굴하는 광산들이 있으며, 인근 산지에서는 금도 발견된다. 주위 일대에서 이 항구로 몰아오는 소떼는 대단히 우량하고 수효가 많은데, 아주 저렴한 가격에 구매할 수 있다. 이 가축은 짐을 나르고 농사짓는 데에 이용된다. 원산과 서울 간의 전신선이 1891년 7월 개통되었다.

　무역은 일본, 상하이 및 블라디보스토크를 정기적으로 오가는 증기선들이 담당한다. 외국과의 무역은 1898년에 수입 1,512,963달러, 수출 245,138달러였다. 같은 해 국내 항구들과의 거래 내역은 수입 450,093달러, 수출 763,106달러였다. 따라서 이곳 항구의 1898년 교역 총액은 2,971,297달러인데, 이전 기록을 보면 1895년 2,816,306달러, 1896년 1,411,898달러 그리고 1897년 3,071,7 26달러였다. 주요 수출 품목은 가죽, 콩류, 사금(砂金), 건어물, 피혁 등이다. 1898년에 현지에서 생산되어 해외 수출된 금은 972,702달러어치였는데, 이것은 상품 수출 통계에 포함되지 않는다. 주요 수입품은 면직물과 견직물, 금속, 염료 등이다.

5. 부산(釜山)[28]

후산[29] 또는 한국인들이 부산이라고[30] 부르는 이곳은 한국의 남동 지방인 경상도의 중심 항구로서, 북위 35° 6′ 6″와 동경 129° 3′ 2″에 위치한다. 1876년에 일본인 무역에 개방되었고, 1883년에는 서양 국 가들에도 열렸다. 현지인 마을에는 550여 채의 가옥에 약 5,000명의 주민이 거주한다. 일본인 거류지는 현지인 마을에서 조금 떨어진 절영 도(絶影島)[31] — '사슴섬'[32] — 의 맞은편에 있다. 이곳은 영사가 관장하 며, 선거를 통해 구성되는 시위원회가 그를 보조한다. 치안 유지는 유 럽식 제복을 착용한 경찰이 담당한다. 인근 언덕들에서 흘러내린 물이 급수전과 수도관을 통해 거류지 전역에 공급된다. 1898년의 외국인 거 류민은 6,356명으로, 그 중 6,249명이 일본인이고 85명이 중국인이며, 유럽인은 22명이었다. 부산의 한국인 촌락은 성곽도시로서, 항구 꼭대 기에 위치한다. 이곳에는 쌀을 저장하는 정부 곡물창고와 몇 채의 보 잘 것 없는 가옥들 그리고 지휘관인 하급 장교의 숙소 등이 있다. 부두 시설은 양호하고 널찍하며, 아무리 큰 선박도 수용할 수 있을 정도로 수심이 깊다. 이 지역의 기후는 사람 살기에 아주 적당하고 건강에도

28 Fusan.
29 Fusan. 부산(釜山)을 일본식 발음으로 표기한 것이다.
30 Pusan. 이것은 2000년 이전의 영문 표기이고, 지금은 보통 Busan으로 적는다.
31 Island of Cholyongdo. 영도를 가리킨다. 예로부터 국마장(國馬場)으로 유명하여 목 도(牧島)로 불렸는데, 절영도라는 별칭과 관련해서는 이곳에서 사육된 명마가 너무 빨 라 그림자조차 볼 수 없다고 해서 붙였다는 설과 그 명마가 달리면 그림자도 못 따라 올 정도로 빨랐다 — '그림자(影)를 끊는다(絶)' — 고 해서 붙였다는 설이 전해진다.
32 Deer Island. 서양인들이 영도를 부르던 또 다른 별칭이다.

부산의 신식 경찰들(A. Hamilton, *En Corée*, 1905, 프랑스)

대단히 좋다고 한다. 해수욕을 즐기기에 완벽한 조건을 갖추고 있고, 동래 인근에는 양질의 온천이 있다. 동래부(東萊府)는 행정 도시이자 지역 상권의 중심지로, 부산에서 8마일 정도 떨어져 있다. 이곳의 인구는 33,160명이며, 1883년 7월에 해관 지부가 설치되었다. 정기적으로 운항하는 증기선들이 이곳 항구를 일본, 상하이, 중국 북부 등지의 항구들 및 블라디보스토크와 연결하고 있다. 1883년 11월에는 부산과 일본을 잇는 해저 전신선이 가설되었다. 대외 수입액은 1896년 1,937,040달러, 1897년 2,706,000달러, 1898년 2,447,000달러였고, 수출액은 1896년 2,604,000달러, 1897년 4,700,000달러, 1898년 2,812,000달러를 각각 기록하였다.

6. 목포(木浦)[33]

목포는 진남포와 마찬가지로 어전회의의 결의에 따라 1897년 10월 1
일 외국인 무역에 개방된 항구이다. 전라도에 속하며, 대형 선박 30~40
척이 정박할 수 있는 훌륭한 부두 시설을 가지고 있다. 전라도에서는 벼
농사가 대규모로 행해지고 있는데, 한국에서 가장 부유한 지방이라는
명성을 갖고 있다. 목포는 전라도 거의 전역을 지나는 어느 하천의[34] 어
귀에 위치한다. 1898년의 영사 보고서에는 다음과 같이 기록되어 있다.

목포는 18개월 전 개항한 이후로 크게 변모하였다. 당시에는 논과 갯벌
에 둘러싸인 한국인의 오두막 몇 채가 전부였다. 약 225개의 필지로 이루
어진 외국인 거류지는 거의 모두 매각되었고, 갯벌은 도로가 잘 정비된 도
회지로 빠르게 변신하고 있다. 이곳에는 1,200여 명의 일본인이 정착해 있
으며, 중국인 거류민 숫자도 상당하다.

---

33 Mokpo.
34 영산강(榮山江)을 가리킨다.

7. 진남포(鎭南浦)[35]

이 항구는 어전회의에서 통과된 결의에 따라 1897년 10월 1일 외국인 무역에 개방되었다. 대동강 하구에서 약 20마일 거슬러 올라간 북쪽 제방 위에 자리하고 있으며, 평안도(平安道)의[36] 남서쪽 끝부분에 해당한다. 이곳은 왕국 제3의 도시이자 40,000명의 인구를 지닌 평양에서 뱃길로 약 40마일 거리에 있으므로 대규모 상업활동의 무대가 될 것으로 예상된다. 평안도 지방은 농업 및 광물자원이 풍부한데, 광물자원은 현재 외국 기업에 의해 개발되고 있다.

8. 평양(平壤)[37]

평양은 같은 이름을 지닌 도(道)의[38] 수도이고, 제국의 셋째 가는 도시로서 중요한 위치를 점한다. 이곳은 무역 시장으로 개방되었으며,

35 Chinnampo. 평안남도 평양에서 남서쪽으로 50킬로미터 떨어진 항구도시이다. 1952년에 남포(南浦)로 개명되었으며, 1980년에 직할시 그리고 2010년에 특별시로 승격되었다고 한다.
36 원문은 province of Pingyang(평양도)으로 잘못 표기되어 있다.
37 Pingyang. 현재의 통상적인 영문 표기는 Pyongyang.
38 앞에서와 마찬가지로 '평양'을 '평안'과 혼동한 결과로 보인다.

용도별로 지정된 구역 내에서는 어디서나 현지 규정에 따른 외국인의 거주, 교역, 토지와 가옥의 임차 등이 가능하다. 하지만 그 경계는 1899년 현재 확정되지 않은 상태였다. 평양에서 거래되는 모든 외국 상품의 관세가 진남포에서 징수되므로 이곳에는 세관이 설치되지 않을 것이다. 평양에 거주하는 외국인으로는 미국인 선교사 17명, 프랑스 선교사 1명, 일본인 약 150명 그리고 중국인 60명 등이 있다.

평양 대동문(E. Ch. Cotes, *Signs and Portents in the Far East*, 1907, 영국-미국)

9. 군산(群山)³⁹

군산은 1899년 5월 1일자로 외국인 무역에 신규 개방된 항구들 가운데 하나이다. 한국 서해안에서 전라도와 충청도 사이의 경계를 이루며 길게 흐르는 금강(錦江)⁴⁰ 하구에 있으며, 인천과 목포의 중간쯤에 위치한다. 전라도와 충청도 두 지방은 풍부한 농산물 공급지로 이름이 나서 왕국의 곡창으로 불린다. 주요 수출품은 쌀, 밀, 콩류, 각종 의약품, 소가죽, 모시, 종이, 죽세공품, 둥글부채와 접부채, 병풍과 깔개, 해산물, 말린 전복, 각종 생선과 해초 등이다.

이 항구는 세곡미(稅穀米)의 반출 거점으로 유명했는데, 정부에 조세로 납부된 쌀이 이곳에 한데 모인 후 수도로 운반되곤 하였다.

주요 수입품은 셔츠용 직물, 한랭사(寒冷紗), 면포, 성냥, 등유 등으로 일찍이 개항 이전부터 들어오고 있었으며, 이곳을 거쳐 다른 국내 시장들로 유통되었다. 이러한 상품의 수입은 무역항으로서 군산이 지닌 미래를 보장해줄 정도로 개항 이후 꾸준히 증가해왔다. 주민 구성을 보면, 한국인 1,200명 외에 일본인 150명과 약간의 중국인이 있다.

^{한국}

---

39 Kunsan. 현재 일반적인 영문 표기는 Gunsan.
40 원문은 금강의 옛 이름 가운데 하나인 Yong Dang River(용당강, 龍塘江).

10. 성진(城津)[41]

이 항구는 한국 북동 해안의 함경북도에 있고, 원산과의 거리는 약 120마일이다. 1899년 5월 1일 외국인 무역에 개방되었다. 현지인 마을은 해변 가까이에 조성되어 있으며, 성벽의 잔해와 망루들로 미루어볼 때 과거에는 요새 지역이었던 것 같다. 외국인 거류지는 현지인 마을 안에 들어설 예정인데, 북쪽 너머로 확장될 것이다. 현지인 주민은 500명쯤 된다. 인근의 시장은 북쪽으로 40리 정도 올라가야 있으며, 서울과 두만강을 잇는 간선도로가 약 10리 거리에 있다. 세관은 거류지 근처, 성진만의 한쪽 면을 차지하는 작은 반도의 목 부분에 들어서있다. 외국인으로는 40명가량의 일본인이 있는데, 대부분 소상점주와 막노동꾼으로 아직도 한국인들의 집에서 거주한다. 부두 시설은 자유정박지보다 나을 것이 없을 정도로 열악하다. 북동에서 남동 방면으로 크게 노출된 지형이라 안쪽에서 가벼운 바람만 불어와도 배와 해안지대 사이의 교통이 단절될 위험이 있다. 정박장은 아주 쉽게 접근할 수 있지만 넓지는 않으며, 흘수 10피트 정도의 선박이라면 해변으로부터 1/4마일 거리 이내에 닻을 내릴 수 있다. 연중 대부분 안개가 끼며, 기온은 사시사철 온난하다. 성진 주변 지역에서는 대개 농사를 짓는데, 주요 작물은 콩이다. 사람들 말에 따르면 그리 멀지 않은 곳에 금, 구

---

41 Song Chin. 1899년 개항 이전부터 원산과 블라디보스토크 간 해상교통의 기항지이자 일본 쪽으로 향하는 북한 지역의 주요 항구로서 중요성이 컸던 곳인데, 1951년에 현지 출신인 김책(金策, 1903~1951)의 이름을 따서 김책시로 개명되었다.

리, 석탄 그리고 아주 품질이 좋은 화강암이 묻혀 있다고 한다. 거류지에서 30리쯤 가면 각종 질병에 효험이 아주 크다고들 하는 온천이 존재한다. 소는 매우 우량하고 수효가 많으며, 저렴한 값에 구입할 수 있다. 많은 일본 어선들이 연안지대에서 조업 중인데, 높은 어획고를 올리는 것으로 보인다. 교역은 소형 연안 증기선들에 의존하고 있으며, 주요 거래처는 원산항이다. 콩류, 소가죽, 해산물 등이 주로 나가고, 들여오는 것은 대개 면제품과 등유 그리고 성냥이다.

제4장
중국

1. 개요

1) 황제와 황실

중국의 광서제(光緒帝)는[1] 도광제(道光帝)의[2] 일곱 번째 아들인 순 왕자의[3] 아들이다. 그는 1875년 1월 12일 홍역에 걸려 후사 없이 죽은 사촌 동치제(同治帝)를[4] 계승하였다.

---

1 Kuang Sü. 중국 청나라의 제11대 황제(재위 1875~1908)이며, 실권은 서태후(西太后, 1835~1908)한테 있었다.
2 Emperor Tao Kuang. 청나라의 제8대 황제(재위 1820~1850).
3 Prince Ch'un. 순현친왕(醇賢親王, 1840~1891)을 가리킨다.
4 Emperor Tung Chi. 청나라의 제10대 황제(재위 1861~1875).

현 군주의 즉위를 알리는 포고문은 다음과 같았다 : "황제 폐하께서 자신의 뒤를 이을 후손 없이 용을 타고 하늘로 올라가셨으므로, 순 왕자의 아들인 재첨을[5] 황제 문종(文宗) 함(함풍)의[6] 아들로 입양시켜 보위를 승계하도록 함으로써 위대한 황통을 잇게 하는 길밖에 없다. 그러므로 순 왕자 혁현의[7] 아들 재첨으로 하여금 황제 문종 함의 아들로 입양되고 보위에 오르게 함으로써 위대한 황통을 계승하도록 하는 바이다." 현 군주는 1644년에 토착 왕조 명(明)의 뒤를 이은 만주 대청(大淸)[8] 왕조의 제9대[9] 중국 황제이다. 제위 상속법은 따로 존재하지 않고, 각 군주가 황실 내에서 자신의 후계자를 지정하는 것이 관례이다. 이전 황제는 후계자를 지정하지 못한 채 18세의 나이로 급사하였다. 이는 과부가 된 태후가[10] 순 왕자와 한 통속이 되어 일으킨 궁정 음모의 소산으로, 결국은 순 왕자의 어린 아들이 새 황제로 선포되었다. 광서제(光緒帝)는 1871년생으로 1887년 2월부터 친정(親政)을 시작하였으며, 1889년 2월 26일에 태후의 조카딸 예허나라와[11] 결혼하고 곧이어 3월 4일 즉위식을 가졌다. 1898년 9월 21일 궁정 쿠데타가[12] 발생하자 태

---

5   Tsai Tien. 자이톈(載湉). 광서제의 본래 이름이다.
6   Emperor Wêng Tsung Hien(Hien Fung). 문종(文宗)은 청나라 9대 황제인 함풍제(咸豊帝, 재위 1850~1861)의 묘호(廟號)이다.
7   Yih Huan. 이쉔(奕譞). '순 왕자' 순현친왕의 원래 이름이다.
8   Ta-tsing(Sublime Purity).
9   이는 후금(後金) 시기의 두 황제 태조 천명제(天命帝) 누르하치(1616~1626 재위)와 태종 천총제(天聰帝) 홍타이지(1626~1636 재위)를 제외한 셈법으로, 청조 전체를 놓고 보면 제11대가 된다.
10 서태후(西太后, 1835~1908)를 이른다.
11 Yeh-ho-na-la. 보통 Yehenara로 영문 표기. 광서제의 부인 융유태후(隆裕太后, 1868~1913)의 성씨인 엽혁나랍(葉赫那拉)을 만주어 발음대로 쓴 것이다.
12 광서제가 캉유웨이(康有爲, 1858~1927), 량치차오(梁啓超, 1873~1929) 등의 변법자강(變法自彊) 정책을 수용하여 무술변법(戊戌變法) 개혁을 시도하자 그에 반대하는 수

후는 광서제의 건강 악화를 구실로 또 다시 섭정을 시작하였는데, 그 이후 지금까지 황제의 이름을 내세워 통치하고 있다.

2) 정부와 세입

제국의 기본 법령은 '대청 왕조의 규율 총서'를[13] 의미하는 『대청회전(大淸會典)』에[14] 나와 있는데, 국가 체제는 가족 제도에 기반을 둔 것으로 규정된다. 황제는 현세적인 동시에 영적인 지배자이며, 제국의 최고 종교지도자로서 자신의 직속 대리인들과 각료들을 거느리고 중요한 종교 의식을 거행할 수 있는 유일한 존재이다. 공금으로 유지되는 성직자 계급은 없으며, 국교라고 할 만한 유교(儒敎) 소속의 성직자도 없다.

제국의 행정은 만주족 2인과 한족 2인, 도합 4인으로 구성된 내각의[15] 최고 감독권 아래 있으며, 그 외에 '큰 대학' 한림원(翰林院)에서[16] 파견된 보좌관 2인이[17] 혹시라도 『대청회전』과 공자(孔子)의 경전들에 수록된 제국의 민법과 종교 규범에 어긋나는 일은 없는지 감시하는 역할을 수행하였다. 이들 6인은 대학사(大學士)로 불렸는데, 각료급이다.

구파가 서태후를 중심으로 일으킨 쿠데타로, 광서제는 패배하여 서태후에 의해 강제 유폐되었다.

13   Collected Regulations of the Great Pure Dynasty.
14   Ta-tsing Huei-tien.
15   Interior Council Chamber. 청 제국 최고의 정무기구였다.
16   Han-lin, or Great College.
17   협판대학사(協辦大學士)를 이르는 것으로, 만주족과 한족(漢族) 각 1명이 임명되었다.

이들의 지휘 아래 다음과 같은 7개 부처가 있어 각기 만주족과 한족이 공동 운영한다. ① 이부(吏部): 민간 인사담당 부서로, 모든 문관들의 품행과 행정실무를 관장한다. ② 호부(戶部): 세입 담당부서로, 재정 업무 전반을 통제한다. ③ 예부(禮部): 의례 및 예식 담당부서로, 국민들이 법률과 관례를 준수하도록 단속한다. ④ 병부(兵部): 군사 담당부서로, 군대 행정을 관장한다. ⑤ 공부(工部): 공공사업 담당부서이다. ⑥ 형부(刑部): 형벌을 집행한다. ⑦ 군기처(軍機處).[18] 이것들과 더불어 외교 담당부서인 총리아문(總理衙門)이[19] 있다. 한편, 정부의 간섭을 받지 않으며 따라서 이론상 중앙 행정의 상위에 위치한 부서로 공공 검열을 담당하는 도찰원(都察院)[20]이 있다. 이것은 40~50명으로 구성되는데, 만주족과 한족 각각 1명씩 총 2명이 장(長)을 맡는다. 이 부서의 모든 구성원에게는 제국의 오랜 관습에 따라 군주에게 어떠한 간언(諫言)도 올릴 수 있는 특권이 주어진다. 6개 정부 부서의 모임 어디에나 감찰관[21] 1명의 입회가 필수적이다.

중국의 공적 세입 총액은 알려져 있지 않으며, 다만 아주 다양하게 추정되고 있을 뿐이다. 정확한 수치를 얻을 수 있는 유일한 기록인 해관(海關) 수납장부에 의하면 그것은 1898년에 22,503,397냥이었다.[22]

---

18 Board of Admiralty. 1733년 옹정제(雍正帝)에 의해 설립되어 1911년까지 존속한 최고 정무기관이자 사실상의 최종 정책 결정 부서로, 영어권에는 보통 '최고회의'라는 의미를 지닌 "Grand Council"로 지칭되었다.

19 Tsung-li Yamên.

20 Tu-cha Yuan, or Board of Public Censors. 청 제국의 최고 감찰기관으로 과거시험, 소금 전매, 세곡 운송, 국가 창고 등을 감독하였다. 도어사(都御史) 2인을 정점으로 부도어사 4인 및 중앙과 지방의 어사 56인으로 구성되는데, 만주족과 한족 동수(同數)로 규정되어 있었다.

21 censor. 감찰어사(監察御史)를 이르는 것으로 보인다.

22 여기서 '냥'은 tael — 테일 — 의 약자인 Tls.로 적혀있다. 본서에서 중국의 무역과 관

영국 영사를 역임한 파커 씨가[23] 1896년에 출간한 여타의 주요 수납 내역은 토지세 2,000만 냥, 소금 1,000만 냥, 이금(釐金)[24] 1,500만 냥, 국내 관세 300만 냥, 기타 300만 냥 등이었다. 여기에 300만 냥 정도로 평가되는 곡물 공납(貢納)을 더하면 추정 세입 총액은 7,700만 냥이 된다. 이상에서 언급한 금액들은 정부 회계에 납입된 것이지만, 그 외에 훨씬 더 많은 금액이 관리들에 의해 백성들한테서 징수된다. 외국인의 통제 아래 있는 해관의 경우를 제외하고는, 조금이라도 변화를 보여주는 세입 항목은 하나도 없다. 토지세, 소금 수입, 국내 이금세 등의 세입원이 이루 말할 수 없을 정도로 증대했다는 것은 누구나 아는 이야기인데도 그것들은 기록상 모두 10년 전과 거의 같은 수치를 나타내고 있다.

중국은 1874년 말 제국 정부의 보증 하에 관세 수입을 담보로 홍콩상하이은행을[25] 통해 연리 8%의 627,675파운드 차관 계약을 체결하였다. 그 이전까지 중국은 외채가 없었다. 그 뒤에도 주로 홍콩상하이은행의 중개로 비교적 소액의 차관 계약이 다수 이루어졌으며, 그 중 몇 건은 상환을 마쳤다. 1894년까지는 중국의 외채 총액이 그리 크지 않

런된 금액은 모두 "해관 냥"(海關兩, Haiguan Tael, customs tael)으로 Haikwan taels 혹은 줄여서 Hk. Tls.로 표기되고 있다. 이것 1냥은 은(銀) 1⅓ oz(1.22 ozt, 37.8그램)로, 대중들 사이에서 흔히 통용되던 '관습 냥'과 다르다. 예컨대, "상하이 냥"은 1.09 ozt로서 33.9그램이고, "광둥 냥"은 37.5그램이며, 홍콩에서는 "해관 냥"과 같았다. 이런 차이는 중국에서 통화로서의 냥이 중앙정부 제조는 없고 지방마다 다양한 무게와 형태의 은괴 — 원보(元寶) — 를 만들어 사용했던 것에서 비롯되는데, 이것들 간의 교환비율은 관례적으로 숙지되어 있었다고 한다.

23 Mr. Edward H. Parker(1849~1926).
24 Lekin. 보통 lekin으로 표기하는 이것은 화물에 대한 일종의 내국(內國) 관세이다. 청조(淸朝) 말에서 중화민국 초기까지 국내 지역을 오가거나 통과하는 물품 또는 상거래에 부과되었다.
25 Hongkong and Shanghai Bank. 당시의 정식 명칭은 향항상해회풍은행유한공사(香港上海滙豐銀行有限公司)로, 오늘날 중국홍콩상하이은행(HSBC)의 전신이다.

았다. 하지만 그 이후에는 청일전쟁에 소요된 전비와 2억 냥—환율은 1냥 당 3실링 3¼펜스—에 달하는 배상금, 랴오둥반도의[26] 환수에 드는 2,000만 냥 등의 비용을 충당하기 위해 거액의 대출을 받지 않으면 안 되었다. 청일전쟁 배상금의 마지막 분납금은 1898년에 지급되었고, 현재 중국의 외채 총액은 55,755,000파운드이다. 그 주요 내역은 1895년 러시아, 1896년 영국·독일, 그리고 1898년 영국·독일 등으로부터 각각 1,600만 파운드씩 빌린 것이다. 최근 철도 건설을 위한 몇 건의 소액 대출 계약이 외국 은행들의 중개로 성사되었는데 모두 합쳐도 400만 파운드가 안 된다. 이 대출금들은 확실히 본래의 목적에 쓰인 것으로 보이며, 철도 노선들이 효율적으로 운용되기만 한다면 순조롭게 상환될 것이다. 몇몇 계약에서는 철도 노선이 은행에 담보로 저당 잡혀 있는데, 관련 은행들은 외국인 경리담당관을 이미 선임해둔 상태이다.

3) 영토와 인구

중국 본토의 면적은 1,336,841제곱마일에 이른다. 모두 18개의 성(省)으로 나뉘어져 있는데, 각 지방의 크기와 인구는 아래와 같다. '＊' 표시된 것은 1882년도 중국 정부의 공식 자료이고 '＊＊' 표시된 것은 1879년 자료이며, 푸젠성의[27] 경우는 1844년의 인구조사를 토대로 추산한 것이다.

---

26 Liaotung Peninsula. 요동반도(遼東半島).
27 Fohkien. 복건성(福建省, Fuzhen).
28 Chihli. 통상적인 표기는 Zhili. 문자 그대로 '직접 예속됨'을 의미하는 일종의 직할령

성(省)	수도	면적 (제곱마일)	추정 인구	제곱마일당 인구
즈리성 (直隸省, 직례성)**[28]	베이징(北京, 북경)	58,949	17,937,000	304
산둥성(山東省, 산동성)*	지난(濟南, 제남)	53,762	36,247,835	557
산시성(山西省, 산서성)*	타이위안 (太原, 태원)	56,268	12,211,453	221
허난성(河南省, 하남성)*	카이펑(開封, 개봉)	66,913	22,115,827	340
장쑤성(江蘇省, 강소성)*	난징(南京, 남경)	92,961	20,905,171	470
안후이성(安徽省, 안휘성)*			20,596,288	425
장시성(江西省, 강서성)**	난창(南昌, 남창)	72,176	24,534,118	340
저장성(浙江省, 절강성)*	항저우(杭州, 항주)	.39,150	11,588,692	296
푸젠성(福建省, 복건성)	푸저우(福州, 복주)	38,500	22,190,556	574
후베이성(湖北省, 호북성)*	우한(武漢, 무한)	144,770	22,190,556	473
후난성(湖南省, 호남성)*	장사(長沙, 장사)		21,002,604	282
산시성(陝西省, 섬서성)**	시안(西安, 서안)	192,850	8,432,193	126
간쑤성(甘肅省, 감숙성)	란저우(蘭州, 난주)		9,285,377	74
쓰촨성(四川省, 사천성)*	청두(成都, 성도)	166,800	67,712,897	406
광둥성(廣東省, 광동성)*	광저우 (廣州, 광주)[29]	79,456	29,706,249	377
광시성(廣西省, 광서성)**	구이린 (桂林, 계림)[30]	78,250	5,151,327	65
구이저우성 (貴州省, 귀주성)**	구이양(貴陽, 귀양)	64,554	7,669,181	118
윈난성(雲南省, 운남성)**	윈난(雲南, 운남)[31]	107,969	11,721,576	108
[합계]		1,312,328	383,253,029	292

으로, 난징이 명(明)의 수도였던 시절에 남직례(南直隸)와 북직례(北直隸)로 처음 설정
되었다. 청대에 들어와 북직례를 직례로 개칭한 뒤 18세기에 오늘날의 베이징, 톈진,
허베이성, 랴오닝성(遼寧省) 서부, 허난성 북부, 내몽고 자치구 등을 포괄하는 영역으
로 재조정하였다.

29 Canton. 광주(廣州, Guangzhou).
30 Kwelin. 광시성의 수도가 지금은 난닝(南寧)이지만 명청(明淸) 시대 한때는 구이린이
    었다.
31 Yunnan. 오늘날 쿤밍(昆明)의 옛 이름이다.

중국의 인구 통계는 갖가지 동양식 계산법을 따른 것으로 신뢰될 수 없다는 점을 유념할 필요가 있다. 중국 인구만큼 외국인 통계학자와 현지인 통계학자 사이에 이견이 큰 주제도 없다. 전문가들의 추정치는 2억 5천만 명에서 4억 4천만 명까지로 다양하다.

1898년 현재 중국 내 외국인 인구는 총 13,431명으로, 영국인 5,148명, 미국인 2,056명, 프랑스인 920명, 독일인 1,043명, 스웨덴인과 노르웨이인 200명, 이탈리아인 141명, 스페인인 395명, 덴마크인 162명, 일본인 1,694명, 포르투갈인(거의 모두 마카오 태생) 1,082명 등이며, 기타 국적 보유자는 극소수이다. 개항장에서 영업하는 외국인 상사는 모두 773개이며, 그 분포는 영국 398개, 독일 107개, 미국 43개, 프랑스 37개 등이다.

중국의 주요 속령은 면적 1,288,035제곱마일에 인구 약 200만 명인 몽골과 면적 362,313제곱마일에 인구 약 1,500만 명인 만주가 있다. 한족의 만주지역 이주가 줄기차게 급속히 진행되고 있으며, 현지에서도 이들이 만주족을 수적으로 크게 능가한다. 티베트도 실질적으로 중국의 속령인데, 면적은 643,734제곱마일이고 인구는 600만 명이다. 이곳은 라싸에[32] 거주하는 달라이 라마가 통치하지만 베이징의 중앙 정부에 예속되어 있다.

---

32 Lhassa. 납살(拉薩).

(4) 육군과 해군

중국의 상비군은 크게 두 부분으로 나뉜다. 하나는 지배 왕조와 더 직접적인 관계에 있는 만주족 신민(臣民)이고 다른 하나는 한족(漢族)과 기타 종족이다. 전자는 제국 정부가 믿고 의지할 수 있는 주력 집단으로, 이른바 팔기군(八旗軍)을 구성한다. 이 군대는 모든 대도시에 주둔하며, 민간인들과는 성벽과 요새로 격리되어 있다. 최근 보고에 따르면 제국 군대는 총 85만 명으로, 만주족 병력 678개 중대와 몽골족 병력 211개 중대, 일종의 민병대로 12만 명에 이르는 토착 한족 보병 등으로 구성되어 있다. 그러나 이들 수치는 중국인들에게서 흘러나온 것으로, 전혀 신빙성이 없다. 육군은 외국식 훈련을 받은 몇몇 여단을 제외하곤 조직, 장비, 인사 및 보급 측면에서 매우 비효율적이며, 유럽이나 인도 혹은 일본의 군대와 비교해 보면 오합지졸이나 다름없다. 토착 한족 병사들은 통상적으로 부대 막사가 아닌 자기 집에 거주하며, 대부분 일반 직업에 종사한다.

해군력의 경우, 1884년 발발한 청불(淸佛) 전쟁 이전까지는 푸저우의[33] 마웨이조선소와[34] 상하이에서 외국 모델을 본떠 만든 소형 포함이 고작이었지만, 그 이후 크게 강화되었다. 그러나 일본이 중국에 처절한 패배를 안긴 압록강 해전(海戰)에서[35] 전함 5척을 잃었으며, 잔여

---

[33] Foochow. 복주(福州, Fuzhou). 옛 영어 문헌에는 Foo-Chow, Fuchow Fūtsu, Fuh-Chow, Hock Chew, Hokchew 등으로도 표기되었다.

[34] Mamoi Arsenal. 마미조선창(馬尾造船廠).

[35] engagement at Yalu. 일반적인 영문 표기는 Battle of the Yalu River. 보통 황해해전(黃海海戰)으로 불리는 이 전투는 청일전쟁이 한창이던 1894년 9월 17일 일본해군 연

중국

함대는 1895년 2월 웨이하이가 함락될 때 나포 당하거나 파괴되었다. 이에 1895년에 독일 슈테틴[36] 소재 풀칸조선소로부터[37] 배수량 2,950 톤급의 순양함(巡洋艦)[38] 3척이 도입되었고, 여기에 1899년 엘즈윅에 서[39] 건조된 같은 크기의 고성능 슬루프 함정[40] 2척이 추가되었다. 이 전함들이 소형 호위함 2척, 훈련용 전함 2척 그리고 엘바우회사 제작의 구축함 4척 등과 더불어 북양함대(北洋艦隊)를[41] 구성한다. 이 전함들은 수송용 또는 반란 도시에 대한 포격용으로 진가를 발휘할 수 있겠지만, 중국 북부의 바다에는 해군 기지나 정박 시설이 없는데다가 선박의 상태가 부실하고 관리자들이 태만하기 때문에 강력한 투지를 지닌 외적과 싸울 때는 거의 무용지물이 될 것이다.

합함대와 청나라 북양함대 사이에 벌어진 것으로, 근대적인 장갑함이 실전에 투입된 최초의 전투로 알려져 있다. 이 해전의 결과, 청나라 해군은 큰 손실을 입고 무력화되어 제해권을 상실하였다.

36 Stettin. 베를린의 외항(外港) 기능을 하던 독일의 도시로, 2차 대전 이후 폴란드에 이양되어 슈체친(Szczecin)이 되었다. 원문 표기 — Stetten(슈테텐) — 는 착오로 보인다.

37 Vulcan Works. 통상적으로 Vulcan Iron Works라고 일컫는데, 산업혁명 이후 영국, 유럽 대륙, 미국 등지에 로마신화에 나오는 '불과 대장장이의 신' 불카누스의 이름을 딴 이 명패의 철공소가 다수 설립되었다.

38 cruiser. 항공모함보다 작고 구축함(驅逐艦)보다는 큰 중간급의 다목적 전투함으로, 순항 거리가 길고 속력이 빠른 것이 특징이다.

39 전함과 대포를 비롯한 무기 전문기업인 영국 암스트롱미첼회사(Armstrong Mitchell & Company)의 본부가 있던 곳이다.

40 sloop. 앞 갑판에만 함포를 설치한 해전용(海戰用) 범선 또는 증기선 함정의 총칭이다.

41 Pei Yang Squadron or Northern Fleet. 청나라의 근대화된 4개 함대(북양, 남양, 복건, 광동) 가운데 가장 우수한 것으로 1871년 창설되었으며, 1880년대 당시 톤수 기준으로 아시아 최대이자 세계 8위의 강력한 함대였다.

5) 무역과 산업

대외 무역에 개방된 항구는 뉴촹, 톈진, 옌타이, 상하이, 쑤저우, 전장, 난징, 우후, 주장, 한커우, 웨양, 징저우, 이창, 충칭, 항저우, 닝보, 원저우, 싼두, 푸저우, 샤먼, 산터우,[42] 광저우, 싼수이, 우저우, 난닝, 충저우, 그리고 베이하이 등이다.[43] 룽저우, 멍쯔, 푸얼, 허커우 등은[44] 통킹 및 미얀마와의 국경 요지들로서, 국제 세관의 관할 하에 있다. 수입 무역은 홍콩 식민지를 제외하곤 주로 상하이, 광저우, 톈진에서 이루어지며, 수출 물량은 대부분 상하이, 한커우, 푸저우, 광저우 등의 항구를 거쳐 나간다. 다음은 정부 해관을 통해 파악된 중국의 연간 무역량이다(금액 단위는 '해관 냥'이고 1898년은 예외임).

		대외 순수입	대외 순수출	[대외 무역 총액]	국내 상품 순수입
1885		88,200,018	65,005,711	153,205,729	57,117,407
1890		127,093,481	87,144,480	214,237,961	74,017,519
1891		134,003,863	100,947,849	234,951,712	80,085,179
1892		135,101,198	102,583,525	237,684,723	76,717,666
1893		151,362,819	116,632,311	267,995,130	80,079,118
1894		162,102,911	128,104,522	290,207,433	80,377,259
1895		171,696,715	143,293,211	314,989,926	83,405,382
1896		202,589,994	131,081,421	333,671,415	86,488,288

---

42 Swatow. 산두(汕頭, Shantou). 간혹 Santow로 표기하기도 한다.
43 우장(牛莊), 천진(天津), 지부(芝罘), 상해(上海), 소주(蘇州), 진강(鎭江), 남경(南京), 무호(蕪湖), 구강(九江), 한구(漢口), 악주(岳州), 사시(沙市), 의창(宜昌), 중경(重慶), 항주(杭州), 영파(寧波), 온주(溫州), 삼도(三都), 복주(福州), 하문(廈門), 산두(汕頭), 광주(廣州), 삼수(三水), 오주(梧州), 남녕(南寧), 경주(瓊州), 북해(北海).
44 용주(龍州), 몽자(蒙自), 보이[普洱, 원문은 옛 이름인 Szemao(쓰마오, 思茅)], 하구(河口).

1897		202,828,625	163,501,358	366,329,983	91,443,935
1898		209,579,334	159,037,149	368,616,483	101,680,963
1898	달러	316,464,794	240,146,095	556,610,889	153,538,254
	파운드	30,236,185	22,944,422	53,180,607	14,669,597

[달러] 멕시코 달러, 환율 1.51 [파운드] 환율 2실링 10⅝펜스

다음은 1898년 외국을 상대로 직수출, 직수입한 상품의 총액이다(단위는 해관 냥). 중국 정크선들을 통한 인접 국가들과의 무역은 해관의 통제 범위를 벗어난 것으로, 여기에는 포함되어 있지 않다.

국가	수입	수출	[합계]
홍콩	97,214,017	62,083,512	159,297,529
영국	34,962,474	10,715,952	45,678,426
일본(타이완 포함)	27,376,063	16,092,778	43,468,841
러시아를 제외한 유럽 대륙	9,397,792	25,929,114	35,326,906
인도	19,135,546	1,324,125	20,459,671
미국	17,163,312	11,986,771	29,150,083
러시아(해로 및 육로)	1,754,088	17,798,207	19,552,295
"해협"과 기타 영국 식민지	4,805,634	3,719,470	8,525,104
마카오	3,347,717	5,381,959	8,729,676
기타 국가	3,588,704	4,005,261	7,593,965
[합계]	218,745,347	159,037,149	377,782,496

수입품 가운데 총 9,166,013해관냥 상당이 외국으로 재수출되었는데, 국가별로는 미국 3,015,388냥, 한국 1,605,458냥, 러시아령 만주 1,382,506냥, 일본(타이완 포함) 1,213,359냥, 홍콩 1,287,298냥, 기타 662,004냥 등이었다.

다음은 1898년 외국에서 수입한 물품들의 총액으로, 해외로 재수출

된 부분은 뺀 것이다(금액 단위는 해관 냥).

면제품	77,618,824	면화	2,839,730
아편	29,255,903	성냥	2,597,072
등유	11,914,699	인삼	2,545,210
쌀	10,448,838	해산물, 해초	2,071,609
금속	9,787,077	밀가루	1,774,712
설탕	9,018,967	기계	1,758,615
석탄	5,280,620	잡화	3,631,538
모제품	3,190,169	[합계]	209,579,334
생선, 수산품	3,161,900		

한국 이외의 외국으로 재수출된 외국 상품은 타이완산 차 3,757,362
냥, 면제품 2,762,525냥, 석탄 406,430냥, 금속 259,938냥, 설탕 360,118
냥, 잡화 1,619,640냥 등이었다.

재수출된 외국 상품을 제외한 대외 수출의 내역은 다음과 같다(금액
단위는 해관 냥).

비단	45,412,818	의류, 부츠, 신발	1,982,672
차	28,879,482	종이	1,741,707
비단 제품	10,691,101	식료품, 채소	1,590,204
콩, 콩깻묵	7,828,885	도자기	1,504,307
담뱃잎	3,839,240	소	1,432,382
가죽, 뿔	3,836,413	잡화	32,350,870
깔개, 깔개 재료	3,683,094	[합계]	159,037,149
면화	3,151,161		
짚 끈45	3,131,791		
모피, 모피양탄자	3,073,332		
식물성 기름	2,461,799		
설탕	2,445,891		

임시통관증을 붙인 차량에 실려 내륙을 오간 상품들의 경우, 반입된
것은 36,404,858냥이고 반출된 것은 5,751,434냥이었다.

국가	입항 및 통관	톤수	금액(냥)	비율(%) 톤수	비율(%) 관세
영국	22,609	21,265,966	508,241,936	62.12	56.54
독일	1,831	1,685,098	52,185,211	4.92	9.15
일본	2,262	1,569,134	30,073,053	4.58	3.35
스웨덴, 노르웨이	498	440,554	11,619,821	1.29	1.16
프랑스	577	420,078	19,307,270	1.23	2.49
미국	743	239,152	4,327,530	0.70	0.87
러시아	118	178,768	6,142,666	0.52	1.63
덴마크	268	144,481	2,735,275	0.42	0.50
오스트리아	16	44,936	1,070,232	0.13	0.22
네덜란드	18	16,492	635,212	0.05	0.08
기타 국가	174	41,349	1,138,631	0.12	0.38
중국	23,547	8,187,572	334,422,970	23.92	23.63
[합계]	52,661	34,233,580	971,899,807	100.00	100.00

해외 및 연안의 운송 교역 내역을 선적별로 구분하면 아래와 같은
데, 러시아의 경우는 캬흐타를[46] 경유하여 육상 운반된 차(茶)가 포함
된 것이다.

1898년에 입항, 통관된 선박은 증기선 43,164척(총 32,896,014톤)과 범
선 9,467척(총 1,337,566톤)이었다.

---

45   Straw Braid. 짚으로 꼬아서 만든 끈으로, 폭은 0.6~2.5cm가 많고 굵은 것은 7cm까
지 된다. 보통 '차이나 스트로 브레이드'라고 하는데, 주요 산지는 중국 중부와 남부
지역이다. 통풍성이 좋은데다가 자연스럽고 소박한 느낌을 주기 때문에 모자, 핸드
백, 실내장식 등에 널리 활용된다.
46   Kiakhta. 과거에는 주로 Kiachta라고 영문 표기했으며, 지금은 보통 Kyakhta로 쓴다.

외국 선박의 총연안교역량은 수출 273,192,029냥, 수입 311,759,269 냥이었으며, 개항장을 통한 중국 현지 생산물의 순수입 — 재수출되지 않은 상품 — 이 101,680,963냥 그리고 수출은 71,296,364냥이었다.

같은 해에 제국 해관이 올린 수입은 22,503,396해관 냥으로, 그 내역은 다음과 같다.

	수입 관세	수출 관세	연안 무역 관세	아편 관세	아편 이금	톤세	기항료
대외	4,943,268	6,054,002	677,369	1,226,859	3,266,990	551,398	
국내	786,640	2,249,809	507,432	744,236	716,192	61,463	
[합계]	5,729,908	8,303,811	1,184,801	1,971,095	3,983,182	612,861	717,738

중국에는 도로가 사통팔달로 나 있기는 하지만 대개 자연히 생긴 길이거나 혹은 사람들의 통행로 정도에 불과하기 때문에 상품 운송이 더디고 힘들다. 지난 번 기근 때 산시성, 허난성, 산둥성 등지에서[47] 그렇게 많은 사람이 죽은 것도 교통수단이 불완전하기 때문이었다. 똑같은 이유에서 산시성의 엄청난 광물자원도 실제로는 없는 것이나 마찬가지인데, 올해(1900년) 이 지역에서 1880년대에 겪었던 기근의 공포가 재현될 우려가 있다는 것은 충분히 근거 있는 말이다. 그러나 어쨌든 엄청난 국내 무역이 육로를 통해, 그리고 수많은 운하와 운항 가능한 강을 통해 광범위하게 이루어지고 있다. 그리고 중국에서 가장 많은 인구가 사는 지역은 철도를 놓기에 아주 적합한 곳들이다. 1876년 어느 영국 회사에 의해 착공된 이 나라 최초의 철도가 바로 상하이와 우쑹

---

[47] 산서성(山西省), 하남성(河南省), 산동성(山東省).

109

을[48] 잇는 길이 10마일의 노선이었다. 이 단거리 철도는 이후 중국 정부가 매입했지만, 1877년 10월 21일 폐쇄되었다. 철도에 관한 기본 원칙이 완전하게 수용된 것은 그 이후의 일이다. 몇몇 노선은 이미 운행되고 있으며, 현재 여러 주요 노선이 기획 중이다. 전차는 1881년에 탕산 부근의 카이핑 탄광에서 운하 제방까지 석탄을 운반하는 몇 마일 길이의 노선이 개설되었는데, 이것은 그 후 톈진, 다구[49] 방면과 랴오둥만 북서쪽 끝자락의 진저우 방면까지 각각 연장되었다.[50] 지금은 이 전차 선로를 진저우에서 뉴창까지 늘리는 공사가 빠르게 진행되고 있어 아마도 1900년이 되면 중국 북부 지방의 두 개항장이 철도로 연결되는 것을 볼 수 있을 것이다. 베이징과 톈진을 잇는 노선은 1897년 개설되었다. 베이징 쪽 종착역은 도시 외곽 2마일쯤의 마자바오에[51] 있는데, 여기에서 단거리 전차 노선을 통해 주요 성문 가운데 한 곳과 연결된다. 이처럼 교통망이 매우 빠르게 발전하여 1898~1899년에 노선이 두 배로 늘어났다. "마르코 폴로 다리" 루거우차오에서[52] 출발하는 길이 약 80마일의 노선이 남쪽으로 직례성의 수도인 바오딩푸까지[53] 뻗어 있다. 베이징과 한커우를 잇는 장거리 대륙횡단로의 근간을 이루는 이 철도는 1899년 10월 영국인 건설업자들로부터 벨기에 기업에 양도되었으며, 현재 정상 운행되고 있다. 1898년에 상하이와 우쑹을 연

48 Woosung. 오송(吳淞).
49 Taku. 대고(大沽).
50 언급된 지명을 차례로 나열하면, 당산(唐山), 개평(開平), 천진(天津), 대고(大沽), 금주(錦州).
51 Machiapu. 마가보(馬家堡, Majiabao).
52 Lukouchiao(or Marco Polo's Bridge). 노구교(盧溝橋, Lugouqiao).
53 Paotingfu. 보정부(保定府, Baodingfu).

결하는 길이 약 14마일의 노선이 개통되었다. 똑같은 두 종점 사이에 처음 개설되었던 철로가 해체된 지 21년 만의 일이다. 현재 운행 중인 철도의 전체 길이는 450마일 가량 된다. 한커우와 바오딩푸를 잇는 길이 650마일의 간선 철도를 건설하는 계약은 어느 벨기에 기업에게 돌아갔다. 이 노선은 기존의 바오딩푸-루거우차오 노선과 합류하여 베이징까지 연결된다. 건설 공사는 한커우와 바오딩푸 양쪽에서 동시에 시작되었는데, 1889년에는 벨기에 기술자들이 대거 도착하였다. 황허강[54] 철교와 허난성의 푸뉴산[55] 횡단 철도는 몇 가지 기술적인 어려움에 부딪힐지도 모른다. 미중(美中)개발회사는[56] 양쯔강[57] 남쪽 제방의 한커우 바로 맞은편에 위치한 우창과[58] 광저우를 연결하는 철도의 건설 허가를 받았다. 영중(英中)회사는[59] 이 사업에 미중(美中)개발회사와 공동 참여하는 한편, 광저우와 홍콩의 주룽을[60] 잇는 노선의 부설권을 획득했다. 독일인 사업권자들은 자국민들의 거류지가 있는 자오저우로부터[61] 각각 산둥성 내륙의 지난푸와[62] 이저우에[63] 이르는 2개 철도

54　Yellow River. 황허(黃河, Huang He).
55　Fuh Niw Mountains. 복우산(伏牛山, Funiu Shan).
56　American-China Development Company. 미국 기업으로, 중국에서의 철도, 광산 등의 이권 획득을 목적으로 1895년 12월 설립되었다.
57　Yangtsze. 양자강(揚子江, Yangzi Jiang). 흔히 창장강(長江, Chang Jiang)으로 일컬어진다.
58　Wuchang, 무창(武昌).
59　British-Chinese Corporation. 1832년 영국의 자딘(William Jardine, 1784-1843)과 매디슨(James Matheson, 1796-1878)이 공동 설립한 자딘매디슨회사(Jardine, Matheson, and Co.)가 홍콩상하이은행(HSBC)과 합작해서 세운 철도건설회사이다. 거대기업인 자딘매디슨회사는 동아시아에서 이화양행(怡和洋行) 혹은 사전양행(渣甸洋行)으로 불렸다.
60　Kowloon. 구룡(九龍, Jiulong).
61　Kiaochau. 교주(膠州, Jiaozhou).
62　Chinanfu. 제남부(濟南府).
63　Ichou. 기주(沂州, Yizhou).

의 건설 허가를 얻었다. 한 영국·독일 합작기업은 톈진과 전장을 잇는 노선의 부설권을 취득했는데, 북쪽 부분은 독일인들 그리고 남쪽 부분은 영국인들이 각각 맡았다. 상하이를 출발해서 쑤저우를[64] 지나 난징까지 간 다음에 북서쪽의 한커우·베이징 간의 루한선과 합류하는 노선, 그리고 쑤저우에서 출발하여 항저우를 지나 닝보에 이르는 노선은 한 영국 기업에 부설권이 돌아갔다. 광저우와 쓰촨성의 수도인 청두를[65] 잇는 노선도 진작부터 논의되고 있다. 버마와 쓰촨성 내 양쯔강 유역을 연결하는 철도의 적절한 경로를 찾아내기 위한 조사가 진행되어 왔으며, 최적의 노선을 건설하기 위한 최종 계획안이 조만간 실행에 옮겨질 것으로 예상된다. 프랑스인들은 중국·통킹 국경 인근의 라오까이와[66] 쿤밍을[67] 잇는 철도 부설권을 확보했는데, 현재 공사 시행을 위한 입찰이 진행 중이다. 프랑스인들은 룽저우와 난닝 및 난닝과 베이하이를 연결하는 철도 부설권도 따냈지만, 이 노선들이 교역로를 프랑스 식민지로부터 시장강[68] 방면으로 돌려놓을 가능성이 있으므로 그 사업이 실행될지는 의문이다. 영국·이탈리아 합작기업은 허난성의 석탄 및 철 채굴권과 함께 이곳 광산들을 운항 가능한 하천과 연결하는 철도의 부설을 허가받았다. 이 계약을 토대로 타이위안으로

---

64 Soochow. 소주(蘇州, Suzhou)
65 Chengtu, the provincial capital of Szechuen. 사천성(四川省)의 수도 성도(成都).
66 Laokay. 베트남어 표기는 Lào Cai, 한자로는 老街(노가). 베트남 북서부 라오까이성(省)의 성도(省都)로, 중국 윈난성의 허커우(河口)와 마주보는 국경 도시이다. 주요 군사 거점이자 하노이와 윈난성의 쿤밍을 잇는 뎬웨(滇越) — '滇(전)'은 雲南省의 별칭이다 — 철도가 지나는 교통의 요지이다.
67 곤명(昆明, Kunming). 원문의 Yunnan — 윈난(雲南) — 은 쿤밍의 옛 이름이다.
68 West River. 서강(西江, Xijiang). 윈난성에서 시작하여 남중국해로 흘러드는 하천으로, 중국 남부 일대 하천 운송의 동맥 역할을 한다.

부터 시안푸에 이르는 노선과 상양으로 가는 지선이 기획되고 있다.[69] 만주에서는 러시아가 뤼순[70] 및 다롄만을[71] 시베리아 횡단 철도로 연결하는 노선을 건설 중이며, 여러 방면의 지선도 계획하고 있다. 한편 러시아는 1899년에 중국 관리들을 설득하여 만주 국경에서 북경에 이르는 중국의 북방 노선들에 자국의 궤간(軌間)을 적용하려 했다가 실패한 바 있다. 북경을 출발하여 캬흐타,[72] 다시 캬흐타에서 장자커우를[73] 거쳐 이르쿠츠크까지 가는 새로운 철도의 도면 작업도 이미 시작되었다. 이 사업에 필요한 자재들을 나르기 위해 바다를 통해 운반된 화물의 하역 항구인 뉴좡을 시발로 철도 공사가 진행되고 있다. 전신은 1882년 12월에 톈진과 상하이 사이에 처음 개통되었고, 지금은 그 선들이 제국의 모든 주요 도시를 서로 연결시켜 주고 있다.

69 이 도시들을 표기 순서대로 적으면 태원(太原, Taiyuan), 서안부(西安府, Xi'anfu), 양양(襄陽, Xiangyang)이다.
70 여순(旅順). 원문에는 Port Arthur로 나오는데, 이 '포트아더'라는 지명은 제2차 아편전쟁 끝 무렵인 1860년 8월에 이곳을 탐사한 영국 해군 소함대 소속 중위 아더(William Arthur)의 이름에서 유래되었다고 한다.
71 Tailienwan. 대련만(大連灣, Dalian Wan).
72 원문은 Kiatcha인데, 이는 이곳 Kyakhta의 옛 표기인 Kiachta를 잘못 옮겨 적은 것으로 보인다.
73 장가구(張家口, Zhangjiakou). 원문에는 Kalgan으로 나오는데, 이 '칼간'은 장자커우에 대한 옛 몽골식 지명 객랍간(喀拉干)의 몽골 발음을 영문 표기한 것으로, 유럽인들 사이에서는 20세기 중엽까지 이 이름이 통용되었다.

2. 베이징[74]

현재 중국의 수도이다. 과거에는 이름 그대로 '북쪽의 수도'일 뿐이었으나, 이미 이 '중국(中國)'의[75] 진정한 수도가 된 지 오래이다. 베이징은 하이허강[76] 물줄기로부터 남서쪽으로 13마일, 하이허강 하구에서는 약 110마일 떨어진 모래 평원에 위치하며, 북위 39° 54′, 동경 116° 27′으로 나폴리와 거의 같은 위도 상에 있다. 운하가 하나 있어 베이징과 하이허강을 이어 준다. 베이징은 입지 상으로 광대한 제국의 수도가 되기에 적합하지 않으며, 대규모 제조업이나 산업의 중심지가 되기에도 장소가 마땅치 않다. 중국 전역의 각종 생산물이 자연스럽게 정부 소재지인 이곳으로 몰려오지만, 이 수도가 내어주는 것은 금은(金銀) 말고는 거의 없다.

베이징에 대해 서술하면서 데니스 박사는 다음과 같은 짤막한 역사 스케치를 남겼다 : "과거 베이징 남부 일원에 존재하던 도시는 연(燕) 왕국의 수도였다. 기원전 222년경 이 왕국은 진(秦) 왕조에 의해 전복되었으며, 나라의 본거지도 다른 곳으로 바뀌었다. 936년경 진(晉)으로부터[77] 거란족의[78] 수중으로 넘어간 이 도시는 2년쯤 후 이 종족의 남

---

74 Peking. 북경(北京, Beijing).
75 Central Kingdom. '中國'을 문자 그대로 영역한 것으로, 과거에 'China'의 별칭으로 간혹 사용되었다.
76 해허(海河, Haihe). 원문은 백허(白河)의 중국어 발음을 빈 Pei-ho인데, Peiho, Pei 등과 더불어 과거에 쓰던 영어 표기이다.
77 *Chins.* 오대(五代) 가운데 하나인 후진(後晉, 936~947)을 가리킨다.
78 *Khaitans*, 일반적인 영문 표기는 Khitans. 그 외에 Kitans, Kidans, Khitais 등으로도 쓴다.

베이징

쪽 수도가 되었다. 그런 다음에는 금(金) 왕조가 거란족을 복속시켜서
이 도시를 차지하고는 서도(西都)라고 불렀다. 금의 제4대 군주는[79]
1151년경 조정을 이곳으로 옮기고 중도(中都)라고 이름 붙였다. 1215년
이 도시는 칭기즈칸에 의해 함락되었다. 1264년에는 쿠빌라이 칸이 이
곳에 자신의 거처를 정하고 중도라고 명명하였는데, 백성들은 대개 순
텐푸라고[80] 불렀다. 1267년에 이 도시는 당시 위치에서 북쪽으로 3리(1
마일) 옮겨졌고, '큰 궁전'이란 의미의 대도(大都)로 불리게 되었다. 이때
의 옛 구역은 오늘날 베이징성으로 알려져 있는 것과 일치하는데, 북
시(北市)와 남시(南市), 혹은 좀 더 일반적으로는 안 성('성 안') 또는 바깥
성('성 밖')이라는 용어가 사용되게 되었다. 하지만 몽골 왕조를 계승한
토착인 황제들은 더 이상 베이징을 통치의 본거지로 삼지 않았다. 얼

---

79 해릉왕(海陵王, 재위 1149~1161)을 이른다.
80 Shun t'ien-fu. 순천부(順天府, Shuntianfu).

마 후 조정은 난징으로 옮겨갔으며, 그에 따라 난징이 제국 제1의 도시로 여겨지게 되었던 것이다. 그러다가 1421년 명(明)의 제3대 황제 영락제(永樂帝)가[81] 다시 베이징에 조정을 세웠고, 그 이후로 베이징은 중국의 수도 지위를 줄곧 유지해 오고 있다."

오늘날 베이징은 북부와 남부, 즉 만주족 구역과 한족 구역으로 나뉜다. 전자는 조금씩 계속 한족에게 잠식되고 있어서 수도 안에서 순전히 만주족만 있는 구역은 조만간 크게 줄어들 것이다. 도시 남부의 거주민은 거의 전부가 한족이다. 베이징의 전체적인 윤곽은 대략 직사각형 위에 겹쳐 놓인 정사각형으로 그려볼 수 있는데, 전자는 만주족 도시이고 후자는 한족 도시이다. 도시 전체는 당연히 성벽으로 둘러싸여 있다. 만주족 구역의 성곽은 대단히 견고하다. 평균 높이 50피트에 폭이 40피트이고, 약 60야드마다 지지대 역할을 하는 부벽(扶壁)이 있다. 성벽은 벽돌을 쌓아 두 겹으로 축조한 것인데, 그 사이의 공간은 흙과 콘크리트로 채워져 있으며, 위쪽 난간에는 구멍을 뚫어 총안(銃眼) 장치를 갖추었다. 각 대문마다 위로 3층 불탑이 세워져 있다. 한족 구역의 성벽은 높이가 약 30피트이고 폭은 지하 25피트, 지상 15피트이다. 도시의 두 구역을 감싸는 성벽의 전체 둘레는 20마일이 조금 넘는다.

만주족 구역은, 윌리엄스[82] 박사의 말에 따르면, 동심원을 이루는 3개의 닫힌 공간으로 구성되어 있는데, 각기 고유의 담장이 둘러져 있다. 금성(禁城) 즉 "금지된 도시"라고 불리는 가장 안쪽에는 황제의 궁

---

81   Yung Lo(1360~1424. 재위는 1402~1424). 통상적인 영문 표기는 Yongle(또는 Yong-lo) Emperor.

82   Samuel Wells Williams(1812~1884). 19세기 미국의 관리이자 선교사 겸 언어학자, 중국학연구자로, 중국에 관해 다수의 저술을 남겼다. 중국명은 웨이싼웨이(衛三畏).

궐과 이를 에워싼 건물들이, 바로 너머로는 몇몇 정부 관청과 관료 사택들이, 그리고 가장 바깥쪽에는 가옥들 및 중심가에 늘어선 상점들이 있다. 한족 구역은 베이징의 상업 지대이지만, 관광객들의 흥미를 끌 만한 면모는 거의 보이지 않는다. 한편 '금지된 도시'로 알려진 닫힌 공간은 그 이름이 말해주듯 모든 외국인 방문자의 접근이 불허된다. 관광객들의 주된 관심을 끌 만한 것은 수많은 사원과 성벽, 국립 천문대, 외국 영사관, 골동품점 등이다. 이곳 중국 수도의 도로 상태는 지극히 열악하다. 건기에는 유해한 먼지에 발이 푹푹 빠진다. 그런가 하면, 우기에는 끊임없는 수레바퀴 행렬 때문에 통행로의 흙이 닳아서 없어질 정도이며, 그 길을 따라 도랑물이 밀려들어 흠뻑 젖기 십상이다. 1899년에는 영사관 거리를 청소하고, 평평하게 다지고, 쇄석을 까는 등의 대대적인 개량 사업이 진행되었는데, 이는 최근 3세기를 통틀어 가장 큰 도시 개혁이었다. 전문가들은 해마다 시간 낭비, 노임, 노새와 수레 비용 등으로 날리는 돈이 모든 간선 도로를 쇄석으로 포장하는 데에 들어갈 금액보다 더 크다고 말한다. 혼잡한 교통과 수레를 이용한 운송이 개인들에게 얼마나 큰 불편을 끼치는가는 경험해 보지 않은 사람은 상상도 못한다. 베이징에는 뭔가 쇠락한 분위기가 느껴진다. 그것은 아주 훌륭한 사원들에까지 퍼져 있으며, 모든 방문객에게 마치 퇴폐한 제국의 상징인 양 강한 느낌으로 전해진다. 베이징의 인구는 정확하게 알려지지 않았다. 그러나 중국 내 어떤 평가에 따르면 만주족 구역에 90만 명, 한족 구역에 40만 명, 도합 130만 명이 살고 있다고 한다. 그러나 이것은 아마도 크게 과장된 듯싶다. 베이징과 직접 연결되는 대외 무역은 없다. 소수에 불과한 외국인 주민은 각 영사관과 해관 근무자, 베이징 대학 교수, 선교 단체 종사자 등으로 구성되어 있다. 1884년 8월, 이 도시는 퉁저우를[83] 거쳐 톈진에 이르는 육상 회선을 매개로 세계 각지와의 직통 전신 소통을 개시하였다. 1899년에는 오스트리아 영사관, 홍콩상하이은행 등이 들어설 요지에 2층짜리 대형 건물들이 건립되었는데, 이는 10년 전만 해도 불가능하다고 여겨졌을 만큼 획기적인 사건이었다. 불멸의 신이나 천자(天子)의 거처가 아닌데도 집을 높게 올리는 것은 반드시 '풍수(風水)'의[84] 진노를 불러오므로 삼가야 한다는 유서 깊은 관례를 깨뜨렸기 때문이다. 1900년 3월 15일, 홍콩상하이은행이 들어있던 건물이 화재로 전소되었다. 이것은 순전히 우연한 원인에 의한 것일 뿐, 풍수와는 아무런 관련이 없다. 그런데도 1897년 개통된 톈진 행 노선의 베이징 종착역은 사람들의 편견 때문에 여전히 성 바깥에 있다. 성문은 매일 저녁 일몰에 맞춰 가차 없이 닫히며, 철도 혹은 다른 교통수단을 이용하는 여행자들의 편의는 전혀 고려되지 않는다.

---

83   Tungchow. 퉁주(通州, Tongzhou).
84   *feng-shui.*

3. 톈진[85]

톈진은 대운하(大運河)와 하이허강이 만나는 지점의 북위 39° 4′, 동경 117° 3′ 56″에 위치한다. 베이징에서는 육로로 약 80마일 떨어져 있다. 그러나 두 도시 사이의 교통량이 많으므로 베이징으로부터 13마일 거리인 퉁저우까지는 하이허강의 뱃길을 이용하고, 거기서부터는 한때 웅장하였으나 지금은 스러져가는 석조 방죽을 따라 수레로 이동한다. 하지만 현재의 교통 상황을 보면 1897년의 첫 철도 노선 개막과 함께 급속히 철도로 전환되고 있으며, 1898년 11월에는 철로의 복선화가 이루어졌다. 과거에 톈진은 전혀 중요한 곳이 아니었다. 명 말기인 1644년 당시 2등급 군사 주둔지에 불과했으며, 최근까지도 역사적으로 중요하게 손꼽을 만한 것은 거의 없었다. 그러나 대운하의 북쪽 종점에 위치하였던 연고로 상업적 중요성이 점점 커지면서 17세기말에는 거대한 물류 중심지로 성장했다. 바다에서 들어오는 정크선들의 하이허강 운항은 톈진까지만 가능하다. 바로 그렇기 때문에 톈진은 모래 퇴적에 따른 수심의 상승으로 인해 대운하를 통한 대량 운송이 곤란하게 되자 수도로 상납되는 엄청난 연공(年貢) 미곡의 집산지가 되었다. 이 도시의 교역도 당장은 하이허강에 토사가 쌓여서 위협받는 상황이지만, 린드 씨의 감독 아래 1898년부터 시작된 대대적인 하천 개선 사업이 현재 막바지 단계에 와 있다. 그렇기는 해도 지속적인

---

85   Tientsin. 천진(天津, Tianjin).

119

텐진

준설 사업을 통해 다구 쪽의 모래톱을 제거하는 적절한 조치가 취해지기 전에는 어느 것도 항구적인 해결책이 못 된다는 것이 일반적인 여론이다. 그런가 하면 만조에 맞춰 운하와 강물을 모두 막아버린다면 하천 운항이 1900년 이전의 정상적인 상태로 회복될 수 있으리란 전망도 나오고 있다.

1858~1861년 서양 연합군의 원정 당시, 이 도시는 수도의 군사적 요지이자 훌륭한 보루라는 점이 입증되어 그 중요성이 크게 높아졌다. 1858년 6월 26일에 엘진 경이[86] 전쟁을 끝내기 위한, 그러나 불행하게도 전쟁의 연장을 가져오게 된, 조약에[87] 서명한 곳도 바로 여기였다.

120

그 조약이 조인된 사원은 서문(西門)에서 약 1마일 떨어져 있는데, 지금은 소총 탄약 제조창들로 둘러싸인 작은 무기고 내에 폐쇄되어 있다. 이곳은 늘 전해져 내려오는 흥미로운 이야기가 얽힌 큰 종을 보기 위해서라도 한번 가 볼 만하다.

이 도시의 무역 활동과 중요도는 이홍장의[88] 오랜 총독 재직 기간 동안 크게 증대되었다. 그는 제국 전역에서 악명이 높던 톈진 사람들의 난폭성을 정력적인 통치술로 재빠르게 제어했는데, 그가 이곳을 자신의 주요 거처이자 육군과 해군의 다양한 교육 실험장으로 삼으면서 톈진은 새로운 학문과 국가 개혁의 핵심 도시로 주목받게 되었다. 1874~1894년의 20년 동안 중국의 외교는 사실상 톈진을 중심으로 전개되었다. 유럽인들에게 이 도시는 1870년 6월 21일 발생한 '자비(慈悲)의 자매회'[89] 소속 프랑스 수녀들과 기타 외국인들에 대한 학살 사건 때문에 언제까지나 오명(汚名)으로 기억될 것이다. 이 사건은 극도로 끔찍한 잔인성을 드러냈는데, 언제나 그렇듯이 폭동을 사주한 정치 선동가들은 별다른 처벌을 받지 않았다. 이 때 파괴된 로마가톨릭 대성당은 재건 공사를 거쳐 1897년에 새롭게 봉헌되었으며, 현재 강둑 위의 전망 좋은 곳에 자리 잡고 있다. 모든 선교 단체와 다수의 외국 상사들이 이곳 도

중국

---

86 Lord Elgin. 제12대 엘진 백작(Earl of Elgin) 제임스 브루스(James Bruce, 1811~1863)이다. 1857년 영국 국왕의 특사 겸 전권대사로 중국에 파견되어 2차 아편전쟁에서 광저우 포격을 지휘하였고, 영국 정부를 대표하여 톈진 조약에 서명하였다.
87 톈진 조약을 가리킨다.
88 Li Hung-chang. 리홍장(李鴻章, Li Hongzhang, 1823~1901). 1870년부터 25년간 직례 총독 겸 북양대신으로 활동하였다.
89 Religious Sisters of Mercy(R.S.M.). 1831년 아일랜드 더블린에서 창립된 가톨릭 여성 교단이다.

시에 지부를 두고 있다.

인구는 100만 명이라고들 하지만, 그렇게 큰 수치를 뒷받침하는 통계적 근거는 없다. 도시 면적은 인구 18만 명의 포츠머스보다 훨씬 작고, 집들은 예외 없이 단층이다. 그러나 교외는 매우 넓으며, 다른 곳들과 마찬가지로 마을이 어디서 시작되어서 어디서 끝나는지가 분명치 않다. 도시의 성벽은 정사각형을 이루고 있으며, 각 꼭짓점 사이의 길이는 4,000피트 가량이다. 텐진의 부동산 가격은 외국인들이 들어오면서 어디서나 폭등하였는데, 해마다 새로운 산업 분야가 들어서고 있어 여전히 오름세를 보이고 있다.

이홍장은 1870년대에 당경성[90] 씨한테 텐진에서 남동쪽으로 60마일 떨어진 퉁산[91] 광산의 석탄 운반용 궤도 부설을 허가하였다. 이것을 시발로 텐진의 철도는 이후 군사적인 목적 아래 산하이관까지[92] 확장되었고, 거기서부터 랴오둥만을 돌아 진저우까지 뻗어 나갔다. 1900년이면 이 노선이 뉴좡까지 연장되는 것을 볼 수 있을 것이다. 베이징 방면 노선은 1897년에 개설되었는데, 1898~1899년에 이르러 복선화 공사를 하지 않으면 안 될 정도로 큰 성공을 거두었다. 수도에서 7마일쯤 떨어진 펑타이에서는[93] 한커우까지 가는 대륙 횡단 철도의 지선이 갈라져 나간다. 이 지선은 이미 직례성의 수도 바오딩푸까지 완공되어

---

90 탕징싱(唐景星, Tang Jingxing, 1832~1892). 원문은 Tong Kingsing과 병용된 광둥어 영문표기 Tong Kin-seng. '景星'은 '鏡心'과 함께 쓰던 호(號)이며, 당정추(唐廷樞, Tang Tingshu)라는 이름으로도 종종 불렸다. 청 말기의 거상으로 이른바 '만청(晚淸) 4대 매판(買辦)'의 하나였다.

91 Tong Shan. 둥산(銅山, Tongshan).

92 Shanhaikwan. 산해관(山海關, Shanhaiguan).

93 Feng-tai. 펑타이(豊台, Fengtai).

현재 운행 중이며, 향후의 지속 여부는 벨기에인들의 손에 달려 있다. 총 435마일의 철도가 물자와 승객의 운송용으로 구비되어 있다. 어디서나 그러하듯 철도의 존재는 예상하였거나 또는 예상치 못했던 많은 일을 낳았다. 산하이관 인근의 농부들은 과일과 채소를 톈진에 공급하고 있다. 광저우를 대상으로 하는 대규모 땅콩 무역이 창출되었으며, 석탄이 중국인 가정에서 널리 쓰이게 되었다. 외국인 거류민들은 북직례만의[94] 베이다이허에서[95] 일급 수원지를 개발하고 있으며, 도시의 모든 산업에 활기가 넘친다. 벽돌 건물이 사방에서 솟아나는 반면, 침울한 듯 보이는 흙벽돌 오두막은 줄어들고 있다.

외국인들은 강가에 있는 영국, 프랑스, 독일 등의 3개 조계(租界)에 거주하는데, 전체 면적은 500에이커에 못 미친다. 일본인들은 시모노세키 조약에 따라 현재(1900년) 조계를 조성하고 있다. 조계지 내 곳곳에서 매우 광범위한 건설 작업이 진행 중인데, 우수한 도로와 경찰서, 저유소, 가스등 등은 이미 들어섰다. 영국인 자치 협의회는 1889년에 멋진 공회당을 완공하였다. 인근에는 홍콩 빅토리아공원을 본떠 멋지게 꾸며 희년(禧年)에[96] 개장한 공원이 있다. 10에이커 규모의 근사한 운동장도 공사 중이며, 3마일 떨어진 곳에는 최고급 경마장이 있다. 호텔 두 곳(애스터하우스[97]와 글로브[98]), 클럽 두 곳(톈진클럽, 독일인 중심의 콩

94   Gulf of Pechihli. 베이즈리만(北直隷灣, Beizhili Wan). 20세기 초까지 통용된 지명으로, 현재의 보하이만(渤海灣)이다.
95   Pei-tai-ho. 북대하(北載河, Beidaihe).
96   Jubilee. 영국 빅토리아 여왕(재위 1837~1901)의 즉위 50주년 경축 연도인 1887년을 이른다.
97   Astor House Hotel. 스코틀랜드 출신 리차즈(Peter Felix Richards, 1808~1868)가 1846년 상하이에서 처음 설립한 리차즈호텔레스토랑(Richards Hotel and Restaurant, 礼查

코디아클럽), 극장 한 곳, 훌륭한 도서관 한 곳, 교회 세 곳(로마가톨릭, 영국국교회, 연합개신교회) 등이 있으며, 술집은 없다.

양조업은 가장 규모가 큰 토착 산업 중 하나로, 주로 고량(高粱) ― 수수 ― 이나 기장으로 만든다. 이것은 주정(酒精)이지만 '술'이라 불리며, 남부 지방으로 대량 수출된다. 바닷물을 증발시켜 거칠고 굵은 소금을 만드는 작업은 다구 인근에서 이루어진다. 생산된 소금은 현지인 마을 바로 아래쪽에 있는 강둑을 따라 쌓아 놓는데, 이따금 견디기 힘들 정도로 매우 불쾌한 악취를 풍긴다. 소금의 교역은 정부가 독점한다. 양탄자, 신발, 유리, 저급(低級) 도자기, 폭죽 등도 대량 생산되지만, 오늘날의 톈진은 본질적으로 제조보다는 집산과 분배의 물류 중심지이다. 주요 수출품은 석탄, 강모(剛毛), 짚 끈, 염소 가죽, 모피, 술 그리고 코코노르와[99] 간쑤[100] 등지에서 들여온 양모 등등이다.

해외 수출은 최근에 시작되었는데, 주로 외국인들이 담당한다. 외국 상사들이 관여하는 주요 산업은 양모의 세척과 방적 그리고 강모 분류 등이며, 러시아인들은 예외적으로 차(茶) 중계에만 주력한다. 수입품은 일상 용품들이다. 직물류가 가장 많고, 사막 지대와 시베리아의 주민들을 위한 차, 석유, 성냥, 바늘 등이 그 뒤를 잇는다. 톈진 사람들에게 알려져 있는 유일한 예술품은 공들여 빚은 진흙 인형이다. 이것에 색깔을 칠하면 실로 경탄할 만한 조각품이 되지만, 유난히 잘 부서지

飯店)을 1859년에 개명한 것이다. 이때에도 중국 이름 '리차 반점'은 계속 유지하였으며, 1959년 푸장호텔(Pujiang Hotel, 浦江飯店)이라는 새 간판으로 영업을 재개하였다.

98   Globe.

99   Kokonor. 칭하이성(靑海省)을 가리킨다. 보통 Kokonur로 영문 표기되는 영국식 지명인데, 그 지방의 염호(鹽湖)인 칭하이의 몽골식 발음에서 유래되었다.

100   Kansuh. 감숙성(甘肅省). 일반적인 영문 표기는 Gansu.

는 성질 때문에 운반이 곤란하다.

석탄 수출 무역은 빠르게 팽창하고 있는데, 1898년에는 218,618톤이 선적되었다. 교역이 전체적으로 급속하게 증가하고 있다. 이는 톈진이 직례성, 산시(山西)성,[101] 산시(陝西)성,[102] 간쑤성, 그리고 일부 허난성 등 인구가 거의 1억 명에 달하는 이들 지역에서 행해지는 모든 무역의 사실상 유일한 해상 출구라는 점에 비추어 볼 때 놀라운 일이 아니다. 재수출을 제외한 순무역액은 1896년 51,316,367냥, 1897년 55,059,017 냥, 1898년 63,064,148냥이었다. 1898년에는 해외 순수입이 32,579,514 냥이었고, 국내 총수입은 28,198,595냥인데, 재수출을 뺀 순수입은 8,390,950냥이었다. 수출 무역은 20년 전에는 사실상 전무하였으나, 작년에는 재수출을 제외하고도 12,093,684냥에 달했다. 관세 수입은 전년도에 비해 43,375냥 증가한 1,016,412냥이었다. 아편의 수입은 토산품과의 경쟁으로 인해 자취를 감추는 추세이다. 그 규모는 1896년 1,170 피컬에서 1897년 928피컬 그리고 1898년에는 912피컬로 각각 감소하였다.

중국

---

101 Shansi. 산서(Shanxi)성. 약칭은 진(晋)이며, 성도(省都)는 타이위안(太原)이다.
102 Shensi. 섬서(Shaanxi)성. 산(陝) 또는 친(秦)으로 약칭하기도 하며, 성도는 시안(西安)이다.

4. 다구[103]

이 촌락은 톈진에서 약 67마일 떨어진 곳으로, 하이허강의 남안(南岸) 어귀에 위치하고 있다. 땅이 아주 평평해서 초행객은 강의 출입구를 찾아내기가 어렵다. 정박장은 두 군데로, 바깥쪽과 안쪽에 하나씩 있다. 앞의 것은 세관 정크선들로부터 바다 쪽 모래톱 밖까지 3마일에, 뒤의 것은 세관 방파제까지 남북으로 걸쳐 있다. 마을은 궁핍하여 상점이 거의 없고, 요새를 제외하면 흥미로운 건물도 없다. 유일한 외국인 거류민은 세관 직원들과 도선사(導船士) 몇몇뿐이다. 철도는 강 상류 쪽으로 2마일 떨어진 인근 도시 탕구와[104] 톈진을 연결하는 노선이 1888년에 완공되었다.

다구는 현지의 군사 요새와 영불 연합 해군 사이에 벌어졌던 교전 때문에 기억될 만한 곳이다. 최초의 공격은 1858년 5월 20일 마이클 시모어 경이[105] 지휘하는 영국 함대에 의해 가해졌다. 요새는 함락되었으며, 엘진 경이 톈진으로 진격해서 6월 26일 그 유명한 톈진 조약에 서명하였다. 1859년 6월에 영국 군대가 두 번째 공격을 감행하였으나 처절한 실패로 끝났다. 세 번째 공격은 1860년 8월 21일에 실시되었다. 요새가 무너지고 강을 가로질러 설치된 방책이 파괴되자 영국 전함들은 기세등등하게 톈진으로 입항하였다. 모래톱 주변의 수위는 밀물 시

103 Taku. 대고(大沽, Dagu).
104 Tungku. 당고(塘沽, Tanggu).
105 Sir Michael Seymour(1802~1887).

에 대략 2피트 내지 14피트 정도가 된다. 증기선들은 항해하기에 충분할 정도로 물이 찰 때까지 외곽에 정박해야만 하는 경우가 더러 있다.

5. 베이다이허[106]

베이다이허는 북직례만에 있는 수원지로, 이곳의 급수 시설은 지난 수년간 톈진의 여러 외국인 거류민 사회가 정력적으로 사업을 벌여 완공한 것이다. 이곳은 북위 39° 49′와 동경 119° 30′ 지점에 위치하며, 만리장성이 바다와 만나는 산하이관 서편에서 남서쪽으로 약 22마일 떨어져 있다. 톈진과는 철도로 157마일 거리이다. 9마일만 가면 친황다오[107] 항구가 나오는데, 청 제국 정부가 개항장 설치 의향을 공표했던 곳이 바로 여기다. 사람들은 친황다오섬이 외국 자본의 도움을 받아 대형 해양 증기선들이 어떠한 날씨에도 1년 내내 접안할 수 있는 수심 깊고 안전한 부동항으로 개발되기를 기대한다. 그러나 이 계획이 실현되려면 실로 엄청난 규모의 공사와 비용이 필요할 것이다. 내륙 지역은 석탄과 철이 풍부하며, 톈진이나 베이징으로 연결되는 철도 교통이 잘 갖춰져 있다. 항구 시설만 구비한다면 친황다오섬은 얼마 안 가서 매우 중요한 상업 거점이 될 것이다. 주변의 땅은 모두 어느 폐쇄

---

106 Pei-tai-ho. 북대하(北載河, Beidaihe).
107 Cheng Wang Kow. 진황도(秦皇島, Qinhuangdao).

적인 중국인 기업조합이 장악하고 있다. 텐진이나 탕구의 입장에서는 이곳의 성공이 자신들의 이익에 불리하게 작용할 수도 있으므로 크게 후원할 것 같지는 않다. 개항장 영역은 만(灣)에서 얕은 지대 쪽의 갯벌을 따라 9마일 확대되었으며, 거기서 다시 뻗어나가 베이다이허에 들어선 외국인 거류지를 3~4제곱마일 포함하고 있다. 급수장이 개항장 경계 내에 위치한다는 사실은 곧 모든 토지 구입이 합법적임을 의미한다. 또한 그것은 가까운 장래에 외국인들의 자치를 일정수준 보장해주게 될 것인데, 현재 이 권리를 제국 정부로부터 얻어내려는 움직임이 전개되고 있다. 이곳의 외국인 사회는 이미 잠정적인 합의를 보았으며, 공동 위생 관리를 위한 자진 납세에도 동의한 바 있다.

현재 베이다이허는 베이징, 텐진 그리고 다구하고만 철도로 연결되어 있으나, 올해 안에 뉴창 방면의 노선도 개통될 것이다. 기차역은 각 거류지들에서 4~6마일 떨어진 곳에 있어 가마 또는 당나귀를 타거나 아니면 걸어서 가야 한다. 도로가 마치 웨이드[108] 장군이 스코틀랜드 고지대에 깔았던 것처럼 부실하기 때문에 수레는 이용할 수 없다. 각양각색의 풍광을 지닌 해변이 6마일쯤 펼쳐져 있으며, 5월 중순에서 10월 초순까지 쾌적한 해수욕을 즐길 수 있다. 이 지역은 해안에서부터 곧장 오르막이 시작되어 계단처럼 고지대 쪽으로 펼쳐져 있으며, 대부분의 주택이 해발 50~100피트에 들어서 있다. 서쪽 끝 부분은 로터스힐이[109] 있어 변화무쌍한 모습을 보이는데, 이것은 12마일 떨어진 내륙의

---

108 George Wade(1673~1748). 영국의 육군 원수로, 다수의 국내외 주요 전쟁에서 승리를 거두었다고 한다.

109 Lotus Hills. 롄펑산(聯峰山)을 이른다. 3개의 작은 봉우리로 이루어진 이 산은 전역이 오늘날 롄화스 공원(蓮花石公園)으로 되어 있다. 연꽃 형상의 바위가 많기 때문에 그

페타힐에서[110] 갈라져 나와 바다까지 죽 늘어서 있는 화강암 암벽을 가리킨다. 로터스힐 정상의 높이는 약 400피트이다. 토양은 대부분 화강암이 부서져 생긴 모래 종류로 되어 있는데, 매우 건조하지만 비옥하며 말라리아균이 서식하지 못한다. 이곳의 수질은 훌륭하다. 그러나 외국인들과 부주의한 중국인 하인들이 한꺼번에 이용하고 있어 신속히 대책이 마련되지 않는다면 수질 오염이 초래될 수도 있다. 가옥은 1896년에 약 20채이던 것이 1899년에는 약 100채로 증가하였다. 작년 여름 이곳의 주민은 400명을 약간 넘었는데, 톈진이나 베이징에서 온 사람들과 직례성의 선교기관 종사자가 주류를 이룬다. 주거 구역으로는 큰 것 세 군데와 작은 것 두 군데가 있다. 웨스트쇼어, 로키포인트, 이스트클리프 등이 큰 부류에 속한다. 톈진과 베이징에서 온 대다수 일반인들은 웨스트쇼어에 산다. 이곳은 로터스힐이나 기차역과 가깝다는 이점을 지니고 있으며, 바로 옆에는 더 멋진 풍경이 펼쳐져 있다. 단점은 해변이 모래밖에 없어 좀 밋밋하다는 것과 해수욕을 즐기기 위한 여건이 미흡하다는 것이다. 특히 해파리가 따갑게 쏘아대고 인접한 다허강의[111] 물빛이 종종 변한다고들 한다. 하지만 두 가지 단점 모두 과장된 이야기이다. 선교사들은 주로 로키포인트에 산다. 여기서 그들은 협회를 구성하여 토지 임대와 위생 관리, 일요일 예배 등을 조율하고 있다. 이 협회 사무실 서쪽으로는 현재 세속인이 대거 정착하고 있는데, 중심적인 위치와 더 멋진 해변 그리고 해수욕장이 가진 매력에 이끌린 사람들이다.

런 이름이 붙었다고 하는데, 연산(蓮山)을 뜻하는 원문 표기도 마찬가지인 듯하다.
110 Pettah Hill. 상산(象山)으로 추정되는데, 서양인들에게는 엘리펀트힐(Elephant Hill)로 소개되고 있다.
111 River Tai. 대허(大河, Dahe). 황허강의 별칭이다.

이스트클리프는 원래 선교용으로 투자된 구역이었지만 지금은 일반 거류지이다. 기차역에서 가장 멀고, 장소 한 곳을 제외하곤 해수욕하기에도 마땅치 않다. 하지만 그렇기는 해도 육지와 바다의 경관이 장엄하고, 남향인 다른 거주 구역들과 달리 정동향(正東向)이다. 비는 7월과 8월 초순에 많이 내리지만, 모래가 많은 토양이라 폭우가 내린 뒤에도 금방 외출할 수 있다. 이곳의 기온은 한여름 기준으로 베이징이나 톈진의 경우보다 4~10° 낮다. 바람은 거의 남풍이고 또 바다에서 불어오기 때문에 뜨거운 바람은 전혀 없다.

6. 뉴좡[112]

뉴좡은 대외 무역에 개방된 중국 항구 중 가장 북쪽에 있는 것으로, 만주의 선양[113] 지방에 위치한다. 현지인들은 이곳을 잉커우라고[114] 부르는데, 랴오허강[115] 어귀에서부터 약 3마일에 걸쳐 있다. 랴오허강

Newchwang. 우좡(牛莊, Niuzhuang). 그러나 저자가 실제로 소개하는 곳은 잉커우(營口)이다. 1858년의 톈진 조약에서 뉴좡을 개항하기로 했지만 그 후 영국인들이 현지 실사를 한 결과 랴오허강 어귀에서 약 48킬로미터나 들어간데다가 수심도 얕아 항구로는 부적합하다고 판단해서 바다에 가까운 잉커우를 '뉴좡' 개항장으로 삼았기 때문이다.

[113] 심양(瀋陽, Shenyang). 원문은 심양의 옛 이름인 Shing-king(盛京, Shengjing).

[114] Ying-tz. 영구(營口, Yingkou).

[115] River Liao. 요하(遼河, Liao He).

동아시아, 서양인들의 답사 리포트

은 북직례만과 잇닿은 랴오둥만으로 흘러들어간다.

이곳은 항구가 개방되기 전까지 거의 알려지지 않았다. 하지만 그 후로는 한족들이 만주로 대거 이주해서 지금은 토착민들보다 한족의 수가 많다. 잉커우라는 말은 군사 기지를 의미하는 것으로, 항구도 과거에는 군사용으로만 이용되었다. 1858~1860년에 영국 함대가 다롄만으로 집결하였고, 1861년 초에는 외국인 거류지가 건설되었다. 뉴촹 마을은 잉커우에서 약 30마일 거리에 있다. 인구가 희소하고 흥밋거리도 없는 곳이지만, 철도의 등장으로 중요성이 급속히 증대되고 있다. 산하이관 철도를 뉴촹까지 연장하는 계획이 이미 인가되었으며, 다른 한편에서는 러시아인들이 다롄과 뤼순을 시베리아 횡단 철도와 연결하는 노선의 건설에 필요한 물자 운반용 철도를 놓고 있는 중이다.

뉴촹 항구 주위의 농촌 지역은 볼품없고 황량해서 배를 타고 강을 거슬러 올라가면 정말 무미건조하기 짝이 없는 광경이 여행자의 눈앞에 펼쳐진다. 잉커우는 음산한 습지에 둘러싸여 있고, 경작지에서는 주로 콩이 생산된다. 강은 연중 3개월 이상 얼음으로 덮여 있는데, 이 기간 동안 주민들은 외부 세계와 완전히 단절된다. 그러나 기후는 쾌적하며 건강에 좋다. 인구는 60,000명으로 추산된다.

항구를 통한 주요 무역 품목은 콩과 콩깻묵으로, 1898년 각각 4,220,963 피컬과 3,695,821피컬이 수출되었다. 아편의 순수입은 1879년 2,453피컬에서 1898년 92피컬로 감소하였다. 지난 수년간 아편 수입이 거의 지속적으로 감소 추세를 보이고 있는데, 이는 만주에서 양귀비가 널리 그리고 성공적으로 재배되고 있기 때문이다. 총무역액은 1897년 26,358,671냥에서 1898년 32,441,315냥으로 증가하였다.

7. 다롄만(灣)[116]

다롄만은 랴오둥반도의 뤼순 북동쪽에 있는 만이다. 이곳은 1898년에 러시아가 중국한테서 임차하여 개설한 자유무역항이다. 만주 철도를 통해 시베리아 횡단 철도와 연결될 예정인데, 향후 이곳이 시베리아 철도의 실질적인 종점이 될 것이다. 다롄만은 탁 트인 곳으로, 폭과 길이가 각각 6마일이며, 동풍이 불어온다. 1860년 중국과의 분쟁 당시 영국 함대와 수송선들이 닻을 내린 장소가 바로 이곳의 입구에 해당하는 빅토리만이었다.

8. 뤼순[117]

뤼순은 '섭정의 칼'[118] 랴오둥반도의 끝자락에 있다. 과거에는 중국의 주요 해군 기지였지만 일본과의 전쟁[119] 때 함락되어 방어 시설과

---

116 Talienwan. 대련만(大連灣, Dalianwan).
117 여순(旅順, Lüshun). 원문은 Port Arthur.
118 Regent's sword.
119 청일전쟁(淸日戰爭, 1894.7~1895.4)을 가리킨다. 보통 중국에서는 중일갑오전쟁(中日甲午戰爭), 일본에서는 일청전쟁(日淸戰爭), 서양에서는 제1차 중일전쟁(First Sino-Japanese War)이라고 부른다.

군사 진지들이 파괴되었다. 1898년에는 러시아가 뤼순과 다롄만 조차
권을 획득하였고, 현재 이곳을 보강해서 대규모 해군기지로 만드는 작
업이 신속하게 진행되고 있다. 향후 만주 철도를 통해 시베리아 횡단
철도와 연결될 예정이다.

9. 옌타이[120]

옌타이는 산둥성에 있는데, 외국인들은 이곳 개항장에 지부라는 이
름을 붙여서 부른다. 옌타이의 원래 영역은 부두 맞은편으로, 북위 37°
33′ 20″, 동경 121° 25′ 2″이다. 이곳 항구는 1863년 대외 무역에 개
방되었다. 각국 영사관의 책자에 기록된 외국인의 수는 약 400명이며,
그 가운데 절반 이상을 차지하는 선교사들은 내륙에 거주한다. 옌타이
에는 거류지나 조계가 없다. 그러나 공인된 외국인 구역이 있어 잘 관
리되고 있으며, 양질의 깨끗한 도로와 제대로 된 조명 시설을 갖추고
있다. 범용위원회(汎用委員會)가[121] 구성되어 외국인 구역의 이익을 도
모하고 있는데, 필요한 자금은 거류민들의 자발적 기부를 통해 조달한
다. 현지인들은 질서를 아주 잘 지키며, 외국인들에게 친절하다. 좋은

---

120 연태(烟台, Yantai). 원문에는 Chih-fou, Chi-Fu 등과 함께 식민지 시대에 쓰였던 Che-
   foo로 나와있는데 이는 당시 북쪽 변두리에 있던 섬의 이름 즈푸(芝罘, Zhifu)에서 따
   온 것이다.
121 General Purposes Committee.

호텔이 3개 있고, 훌륭한 하숙집도 최소 세 군데 있는데, 이곳들은 모두 7월부터 9월 말까지 방문객들로 만원을 이룬다. 기후는 쾌적하다. 겨울은 12월 초부터 3월 말까지로, 매우 춥다. 4~6월은 덥지도 않고 아주 좋으며, 7~8월은 덥고 비가 온다. 9~11월에는 실로 완벽한 가을 날씨가 찾아와 시원한 바람이 불며, 낮에는 따뜻하고 밤에는 춥다. 늦가을과 겨울에는 북풍이 강하게 불어서 항구 외곽에 증기선을 정박시키는 것이 안전하긴 하지만 불편하다. 여름과 가을에는 해수욕, 잔디 구장에서의 테니스, 피크닉 등 여흥거리가 다양하며, 훌륭한 클럽도 한 군데 있다. 9월 말경에는 경마대회도 개최된다. 옌타이는 상하이에서 이틀거리로, 여름이면 인도차이나증기선회사,[122] 중국상인증기선회사,[123] 중국항운회사[124] 등의 선박이 두 곳을 왕복 운행한다. 1894년 8월 중국과 일본의 전쟁이 선포된 이래 여러 외국 해군의 선박들로 매우 붐비고 있는데, 이러한 모습은 이곳이 한국과 인접하여 있으므로 지속될 것이다. 그리하여 현재 옌타이는 카디프에서[125] 대량 유입되는 석탄을 보관하고 이를 외국 전함들에 공급하는 거점이 되고 있다.

<hr>

[122] Indo-China S. N. Co. 정식 명칭은 Indo-China Steam Navigation Company Ltd.(ICSNC). 자딘매디슨회사가 1873년에 설립한 자회사(子會社)로 홍콩에 본부가 있었으며, 당시 동아시아 최대의 무역상사 중 하나였다.
[123] China Merchants S. N. Co. 정식 명칭은 China Merchants' Steam Navigation Company. 원명인 윤선초상국(輪船招商局)의 영문 표기이다. 1872년 이홍장의 주도로 상하이에서 설립된 중국 최초의 근대적 증기선 회사로, 최대 30여 척의 선박을 보유했으며, 하천과 바다에서 여객 및 화물(특히 정부 물자) 운송 사업을 하였다.
[124] China Navigation Co. 이는 China Navigation Company Limited(CNCo)를 가리키는 것으로, 영국의 사업가 스와이어(John Samuel Swire, 1825~1898)가 양쯔강 일대의 증기선 항운 시장을 겨냥하여 1872년 런던에서 설립한 상선회사이다. 창립 자본금은 36만 파운드이고 본부는 싱가포르에 있었다.
[125] Cardiff. 영국 웨일즈 지방의 주요 항구이다.

1894∼1895년 겨울, 이 항구는 일본과 가깝다는 점과 일본에 의해 점령될 가능성이 있다는 점 때문에 뜨거운 관심을 받았다. 한편 1876년에는 얼마 전 작고한 토머스 웨이드 경과[126] 전(前) 직례 총독 이홍장이 지부 조약을[127] 체결한 바 있다. 최근 중국 당국이 서쪽 해안에 도로를 건설한 덕분에 종전까지 항구의 선적 사업이 안고 있던 많은 문제점들이 해소되었다. 얼마 전에는 굴지의 양조회사가 이곳에 업체를 설립하였다. 이 지역의 토양은 그러한 업종에 딱 알맞은데, 극동 최초인 그 양조사업 소유주들의 향후 성공 여부가 커다란 관심을 모으고 있다.

엔타이의 무역은 증가 추세에 있다. 주요 생산물은 콩깻묵과 콩으로, 중국 남부의 항구들로 해마다 대량 수출된다. 이 두 품목의 순수출은 1897년 각각 1,298,334피컬과 93,102피컬, 1898년 각각 975,521피컬과 77,759피컬을 기록하였다. 그 밖의 주요 수출품으로는 비단과 짚끈, 국수 등이 있다. 아편 수입은 1879년 3,536피컬에서 1898년 498피컬로 떨어지는 등, 거래가 점차 쇠퇴하고 있다. 재수출품을 제외한 이 항구의 총무역액은 1896년 19,533,953냥, 1897년 22,051,976냥, 1898년 26,238,774냥이었다.

중국

---

126 Sir Thomas Francis Wade(1818∼1895). 영국의 외교관이자 중국학자로, 1867년에 영문으로 된 최초의 중국어 교본을 출판하였다.
127 Chefoo Convention. 즈푸 조약(芝罘條約).

· 10. 웨이하이[128]

웨이하이는 산둥반도 끝자락에 인접한 북직례만 남쪽 지대에 있다. 북서쪽으로 뤼순과 약 115마일 떨어져 있으며, 독일이 장악한 남서쪽 항구 도시 자오저우와도 같은 거리이다. 과거 이곳은 강력한 방비를 갖춘 중국의 해군 기지였다.[129] 그러나 1895년 1월 30일 일본에 의해 함락되었고,[130] 1898년 배상금을 완납할 때까지 점령당했다. 일본군이 철수하기 이전에 영국은 이곳을 추후 임차하여 양도받는다고 하는 내용의 협정을 중국과 체결하였다. 이에 따라 1898년 5월 24일 영국 국기가 정식으로 게양되었는데, 영국 측 대표로 지부 영사 홉킨스와[131] 군함 나르시서스호의 선장 킹-홀,[132] 그리고 중국 측 대표로 도대(道臺)인[133] '위안'과 군함 푸치호의[134] 선장 '린'이 각각 행사에 참석하였다.

이 항구는 둘레 18마일 가량의 둥근 만으로 되어 있다. 북쪽에 방벽 역할을 하는 류궁다오섬이[135] 있다. 이 섬은 동서 길이가 약 2마일이고, 남북 방향의 너비는 가장 넓은 곳이 1마일로, 조롱박과 흡사한 형

---

128 위해(威海, Weihai). 원문은 Wei-hai-wei(威海衛)로, 영국이 이곳을 조차하였던 1898~1930년에 쓰였다.

129 청조(清朝) 북양함대(北洋艦隊)의 본부가 옌타이에 있었다.

130 흔히 청일전쟁의 마지막 결전으로 일컬어지는 "웨이하이웨이 전투"의 결과이다.

131 Lionel C. Hopkins(1854~1952).

132 George King-Hall(1850~1939).

133 Taotai. 통상적인 영문 표기는 daotai. 청 시대의 지방관 도원(道員)의 속칭으로, 그냥 도(道)라고 약칭하기도 한다. 성(省) 산하 부(府)와 현(縣)의 행정 전반을 감독하고 순회 감찰하는 역할을 하였다.

134 *Foochi.* 푸젠(福建) 함대 소속 어뢰정 푸칭(福靖, Fu-ching)의 오기로 추측된다.

135 Liukungtao. 유공도(劉公島, Liugongdao).

태이다. 류궁다오섬의 해안 지대는 높이 500피트 가량의 언덕을 경계로 북쪽은 가파른 절벽이며, 남쪽은 모래사장이다. 항구의 전체적인 외관은 약 1,600피트 높이의 언덕에 둘러싸여 있는 만의 모습으로, 그림 같이 아름답다. 웨이하이 시내는 만의 북서쪽 귀퉁이에 위치하며, 약 4,000명의 주민이 살고 있다.

부두 시설은 훌륭하다. 출입로는 북쪽과 동쪽의 두 곳으로, 19피트 이상의 수심이 필요한 선박들은 동쪽 출입구로 입항할 수 없다. 섬으로부터 수백 야드 거리까지는 아주 큰 배들도 문제없이 정박할 수 있다. 섬에 있는 모든 정부 건물은 수리를 마쳤거나 수리 중이다. 그 가운데 가장 큰 건물은 퀸즈하우스인데,[136] 과거에는 중국의 관청 아문(衙門)이었지만 지금은 회의실, 영국인 판무관(辦務官)의 사택 등으로 사용된다. 판무관이 매일 오전 법을 집행하는 곳도 바로 여기이다. 그 다음으로 큰 건물은 현재 장교 클럽으로 사용되고 있는 것이다. 이 건물의 일부는 얼마 전까지 딩 제독의[137] 사저로서, 그가 자결한 장소로 추정된다. 그 외에 주요 건물로는 군인 식당, 하사관 클럽, 막사 등이 있다. 또한 통행하는 선박들에 신호를 보내는 신호소(信號所)도 하나 있다. 소량이지만 금, 운모, 은, 납 등의 광물이 발견되어 곧 채굴 작업에 들어갈 예정이다. 섬 건너편 육지에서는 사냥도 제법 할 수 있으며, 여름에는 이곳과 류궁다오섬 어디서나 수영을 즐길 수 있다. 육지 쪽에서는 유황

---

136 Queen's House.
137 Admiral Ting. 북양함대 사령관이었던 정여창(丁汝昌, Ding Ruchang, 1836~1895)을 가리킨다. 그는 1875년 이홍장의 천거로 북양함대에 들어가 1888년 최고 지위인 수사제독(水師提督)에 올랐으며, 청일전쟁 말기 일본과의 해전에서 패배하자 류궁다오섬에서 음독 자결하였다.

온천도 발견되었다. 스포츠 모임으로는 크리켓, 축구, 하키, 폴로 및 테니스 클럽들이 있다. 기후는 어느 개항장보다 좋다고들 한다.

11. 자오저우[138]

산둥성에 있는 자오저우는 독일인 선교사 2명이 살해된 것에 대한 보상으로 독일의 소함대가 1897년 11월 14일 점령하였고, 이듬해 9월 2일 자유항으로 선포되었다. 독일이 중국으로부터 이곳을 99년간 임차하여 보유하고 있다. 자오저우는 수출입 관세가 없다는 점에서 자유무역항이기는 하지만, 중국 세관의 지점이 하나 허용되어 이곳과 다른 중국 항구들과의 교역 상황을 점검한다. 여기에는 에벌린곶에서[139] 북서쪽으로 2마일 가량 들어간 넓은 만이 있다. 출입로의 너비는 1.75마일이 채 안 되고, 동쪽으로는 바위투성이 해안에 낮은 곳이 있다. 반도 끄트머리에서 2마일쯤 가면 칭다오라는[140] 촌락이 있는데, 풀이 무성한 육지 가까이의 작은 도서로 '푸른 섬'을 의미한다. 출입로 서쪽의 또 다른 곳에는 최고 약 600피트 높이에 이르는 언덕들이 늘어서 있다. 이곳 해

---

138 교주(膠州, Jiaozhou). 원문은 Kiaochau로, 과거에 Kiaochow, Kiauchau, Kiao-Chau 등과 함께 사용되었는데, 독일어 표기인 Kiautschou에서 따온 것이다. 이곳은 자오저우만 및 그 인근 지대와 더불어 1898년 독일에 99년간 조차되었다가 1914년에 제1차 세계대전이 일어나면서 환수되었다.
139 Cape Evelyn.
140 Chingtao. 청도(青島, Qingdao).

자오저우

안의 동쪽은 바위가 많고 위험하지만, 서쪽에는 멋진 모래 해변이 펼쳐
져 있다. 자오저우만은 매우 크다. 그렇기 때문에 입구 쪽에서 바라보
면 약 15~20마일 떨어진 가장 높은 지대 정도만 눈에 들어오는데, 북쪽
해안으로 갈수록 수심이 점차 얕아진다. 자오저우 시내는 만의 북서쪽
귀퉁이에 있다. 대형 선박을 위한 정박장이 2개 있다. 동쪽 곶을 돌아서
북부에 자리한 것이 더 크고 시설도 좋으며, 남부의 칭다오섬에 있는 것
은 좀 작다. 언덕은 대부분 바위, 자갈, 석회암 등으로 이루어져 있는데,
대규모 녹지화 사업 계획이 수립된 상태이다. 산지와 평원 사이의 북동
부 계곡은 매우 기름진 충적층 토양으로, 경작에 아주 적합하다. 밀, 보
리, 기장, 옥수수, 인디언옥수수[141] 등과 기타 소량의 각종 곡물이 재배
되고 있다. 내륙으로 들어가는 2개 철도 노선에 이미 승인이 나있는 등,

---

141 Indian corn. 알갱이가 큰 변종 옥수수의 하나이다. '부싯돌 옥수수(flint corn)'라고
    불릴 만큼 딱딱하기 때문에 식용으로는 대개 죽을 쑤어 먹으며, 색채가 다양해서 장
    신구 제작이나 식탁 장식 등에도 쓰인다.

자오저우가 대규모 상업 거점으로 급변하리란 전망은 어디에서나 드러나고 있다. 칭다오섬의 외국인 주거 구역도 잘 정비되어 있으며, 훌륭한 외국인 호텔도 하나 들어섰다. 1899년 10월에는 프로이센의 왕자 하인리히가[142] 산둥 철도 기공식에서 첫 삽을 떴다. 『독일아시아전망대』라는[143] 제하의 일간 및 주간 독일어 신문이 하나 발행된다. 기후는 온화하며, 기막히게 좋은 해수욕장이 있으므로 머지않아 상하이 거류민들의 여름 휴양지가 될 것으로 예상된다.

12. 상하이[144]

1) 개관

상하이는 영국과 맺은 난징 조약에 따라 해외 무역에 개방된 5개 항구 중 가장 북쪽에 있다. 북위 31° 15´, 동경 121° 29´으로 장쑤성[145] 남동쪽 끄트머리에 황푸강과 우쑹강[146] ― 유럽인들은 이 강을 "쑤저우

---

142 Prince Henry. 알베르트 하인리히(Albert W. Heinrich, 1862~1919)로, 프로이센 황제 빌헬름 2세(Wilhelm II, 1859~1941)의 동생이다.
143 *Deutsch Asiatischen Warte.*
144 Shanghai. 상해(上海).
145 Kiang-su. 강소성(江蘇省, Jiangsu).
146 rivers Hwang-po and Woosung. 황포강(黃浦江, Huangpu)과 오송강(吳淞江, Wusong).

운하"라고[147] 부른다 — 의 합류점에 위치하며, 최근 문을 연 개항장 우쑹이 약 20마일 남쪽에 있다. 이곳에서 합쳐진 물은 양쯔강 하구로 흘러나가는데, 현재 한 부동산 개발회사가 외국인 거류민들을 위한 구역을 이미 획정해 놓은 상태이다. 상하이는 드넓은 평원에 자리 잡고 있다. 가장 가까이에 있는 언덕은 서쪽으로 30마일 떨어져 있으며, 높이가 300피트밖에 안 된다. 토양은 충적토로 매우 비옥해서 다양한 먹거리와 기타 산물을 제공한다. 장쑤성의 평원은 "중국의 정원(庭園)"이라고 불려 왔다. 이곳의 인구 밀도는 1제곱마일 당 800명이라는 수치가 과장된 것이 아닐 정도로 중국 어느 지역보다도 높다. 인근 지역의 주요 생산물로는 쌀을 비롯한 곡물류와 목화 등이다. 쌀은 서부와 북부에서, 목화는 서부와 남부에서 각각 재배된다. 그러나 최근 목화의 수요가 급증하고 방직공장이 가동되기 시작하였다. 이로 인해 쌀 경작지대는 상하이에서 점점 더 먼 곳으로 밀려나고, 목화가 그 자리를 잠식해 들어가는 추세이다. 사방으로 뻗은 여러 강, 운하, 개천 등이 있어 육상 교통망이 고도로 발달하여 있지만, 승마와 산책을 마음대로 즐기기에는 장애가 많다. 뽕나무는 주위 어디에서도 재배되지 않지만, 밀과 보리, 쌀, 각종 푸른 채소, 양배추, 순무, 당근, 멜론, 오이, 감자, 참마, 고추, 가지, 갓 등은 풍성하다. 과일 중에서는 복숭아 종류가 유명하며, 자두와 딸기, 앵두, 모과, 감 등도 흔하다. 사과와 배, 포도, 밤, 호두는 북쪽에서, 오렌지와 바나나는 남쪽에서 대량으로 유입된다. 대나무가 어디서나 눈에 띠며, 소나무와 편백나무, 버드나무, 느릅나무 등

---

[147] Soochow Creek. 쑤저우와 상하이를 잇는 우쑹강의 별칭 쑤저우허(蘇州河)에서 따온 것으로 보인다.

도 마찬가지로 널려 있다. 사람들이 좋아하는 꽃은 국화와 모란이다. 외국인 거류지의 공원과 개인 정원에는 장미, 튤립, 팬지, 히아신스, 푸크시아, 제라늄 등을 비롯하여 다양한 유럽산 일년생 화초들이 매우 잘 가꿔져 있다. 조류 가운데는 까마귀와 까치, 제비, 참새가 많고, 다양한 품종의 종달새와 되새, 개똥지빠귀 등도 흔하다. 장쑤성에는 대체로 깃털 달린 동물이 많지만, 네 발 달린 짐승은 적다. 상하이 주변의 동식물군에 대해 좀 더 상세한 정보가 필요할 경우, 일반 독자들은 윌리엄스가 쓴『중국』을,[148] 학생들은 왕립아시아학회도서관에 소장된 학술 저작들과 정기간행물을 참고하는 것이 좋다.

시내와 외국인 거류지에서 마주보이는 강은[149] 과거에 협소한 운하였지만 25년 전쯤에는 썰물 때의 너비가 1,800피트에 달했다. 그러나 이후 급격히 좁아져서 지금은 그 폭이 겨우 1,200피트밖에 안 된다. 쑤저우 운하 즉, 우쑹강은 그 폭이 옛날 기록에 보면 적어도 3마일이었으나 지금은 100야드에도 못 미친다.[150] 강의 모래톱으로 들어오는 바닷물의 평균 수심은 밀물 때 19피트이며, 최근 가장 깊을 때는 23피트까지 된다. 이 모래톱은 바다에서 들어오는 증기선을 좌초시키곤 하기 때문에 선주와 상인에게 막대한 손실을 입히는 요인이 되고 있다. 이

---

148 "Middle Kingdom". 영어권에서 간혹 사용되던 이 표기는 '中國'의 '中'을 문자 그대로 새겨서 옮긴 것들 가운데 하나이다.
149 황푸강을 가리킨다.
150 우쑹강은 원래 타이후 호(太湖)에서 흘러나오는 하천 중에서 가장 큰 것이었는데, 명대(明代) 초기에 이미 토사의 퇴적으로 선박 통행이 곤란하게 되었다. 이에 중앙 정부가 타이 호 주변에서 하천 개량사업을 벌였고, 그 결과 우쑹강의 지류였던 황푸강이 오히려 주류(主流)의 위치를 점하게 되었다. 이처럼 우쑹강이 거꾸로 황푸강의 지류가 된 것을 두고 중국에서는 "황포탈송(黃浦奪淞)"이라고 일컫는다.

곳의 준설 작업을 중국 당국에 여러 차례 설득한 끝에 그러한 폐해를 제거하려는 시도가 이루어지기도 하였다. 그러나 몇 달간 작업을 벌인 결과, 이 실험은 효과가 없는 것으로 판명되어 1892년 9월에 최종 폐기 되었다. 1894년에는 유럽인 전문가의 자문을 얻기 위해 중국 당국이 낸 10,000냥을 포함하여 17,350냥을 갹출하였다. 그리하여 1897년 봄, 이 문제에 대한 조사 및 보고서 작성 용역을 상공회의소 중개로 네덜란드의 토목기술자 더레이케[151] 씨와 계약하였다. 그는 해관 산하 연안감시부의 도움을 받아 강과 모래톱을 면밀하게 연구하였으며, 마침내 지난해(1899년) 그의 보고서가 출간되어 배포되었다. 그리고 이에 근거하여 관리위원회를 설립해야 한다는 제의도 나왔다. 하지만 아직까지 확정된 것은 없으며, 더레이케 씨의 계획을 실행하려면 장차 상당한 비용이 들 것으로 보인다.

바다를 통해 상하이로 들어오는 길은 현재 훌륭한 조명과 부표 설비를 갖추고 있어 수시로 움직이는 모래섬과 모래톱으로 인한 위험을 최대한 막아주고 있다. 해관 소속 토목설비 부서의 감독 아래 웨스트볼케이노, 노스새들,[152] 귀츨라프, 본햄, 구이산다오섬,[153] 우쑹 등지에 등대가 건립되어 운영 중에 있다. 우쑹 남쪽을 흐르는 양쯔강에는 등대선도 2척 있다.

---

151 Johannes de Rijke(1842~1913). 네덜란드의 도시공학자로 메이지 시대 일본 정부의 외국인 자문관으로 있으면서 상하이의 양쯔강 항운 환경 개선안(1876년), 황허강 홍수 제어 프로젝트(1901년) 등, 중국과 관련된 토목사업에도 참여하였다.
152 North Saddle.
153 귀산도(龜山島, Guishandao). 원문은 Steep Islands(스팁섬). 서양인들 사이에서는 Turtle Island(거북섬)이라 불리기도 했었다.

바다에서 바라본 상하이

2) 역사

상하이는 기원전 249년에도 존재했던 것으로 전해진다. '위쪽 상류'
또는 '바다 근처'라는 뜻을 지닌 이곳 상하이는 일찍이 11세기에 세관
이 설치될 정도로 꽤 중요한 곳이었고, 14세기에는 3등급 도시에 해당
하는 현(縣)이 되었다. 성벽은 16세기 후반 일본인들의 침략을 받던 시
기에 축조된 것으로, 둘레가 3.5마일에 이르며 대문이 7개 있다. 이곳
은 외국인들의 침입이 있기 이전부터 매우 오랜 세월 동안 중요한 교
역 거점이었으며, 심지어 2,000년 전에도 대규모 면직물 생산지로 이
름을 날렸다. 1832년, 지금은 없어진 린지회사의[154] 사장 린지 씨와[155]
귀츨라프 목사가[156] 무역 거래를 트려는 목적으로 로드앰허스트호

---

154 Lindsay & Co.
155 Mr. Hugh H. Lindsay(1802~1881).
156 원문은 Rev. Chas. Gutzlaff인데, 이는 독일 출신 선교사 귀츨라프(Karl Friedrich

를[157] 타고 상하이를 방문한 적이 있다. 린지 씨는 7일 동안 매일 400척 이상의 범선이 입항하는 것을 직접 세어보았으며, 또 널찍한 부두와 큰 창고가 있는 것도 목격하였다고 말한다. 그로부터 3년 후 이곳을 방문한 메드허스트[158] 목사는 린지 씨의 말이 사실임을 확인해 주었다. 1842년 6월 13일, 중장(中將) 계급의 부(副)제독 윌리엄 파커 경이[159] 지휘하는 영국 함대와 휴 고프 경[160] 휘하의 병력 4,000명이 대포 175문이 배치된 우쑹 요새를 함락시키고 바오산 현을[161] 점령하였다. 19일 영국군은 소소한 저항을 뚫고 상하이를 손에 넣었으며, 대포 406문을 노획하였다. 중국인들은 도시 방어를 위해 큰 준비를 갖춰 놓고 있었지만, 이미 관리들과 많은 주민이 전날 저녁에 도피한 상태였다. 사람들은 이내 되돌아와서 생업에 복귀하였다. 영국군은 여세를 몰아 전장과 한커우를 함락하였고, 곧이어 난징 조약이 체결되어 산터우,[162] 샤먼, 푸저우, 닝보, 상하이 등지의 교역을 개방시켰다. 영국군은 6월 23일 이 도시에서 철수하였다.

중국

August Gützlaff, 1803~1851)의 영어식 표기이다('Chas'는 Karl의 영문명 'Charles'의 약자). 그는 태국(1828년)과 한국(1832년)에서 활동한 초창기 개신교 선교사 중 하나로, 1차 아편전쟁 당시 영국 외교관의 통역을 맡기도 하였다.

157 Lord Amherst.

158 Rev. Dr. Medhurst. 메드허스트(Walter Henry Medhurst, 1796~1857)는 중국에서 활동한 영국 조합교회파(Congregationalist) 선교사로, 성경을 중국어로 번역한 초창기 인물 중 하나이다. 동명(同名)의 그의 아들이 상하이, 항저우, 푸저우, 한커우 등지의 영국 영사를 지냈는데, 영국의 이익 보호를 위한 '포함 외교(砲艦外交, gunboat diplomacy)'의 열렬한 옹호자였다.

159 Sir William Parker(1781~1866). 영국의 해군 장교로, 1차 아편전쟁 당시 1841~1842년간 영국 해군의 인도·중국 함대(East Indies and China Station) 사령관으로 재직하였다.

160 Sir Hugh Gough(1779~1869). 제1차 아편전쟁에서 영국 지상군 사령관을 맡았다.

161 hsien (district) city of Paoshan. 보산(寶山, Baoshan) 현(縣).

162 Swatow. 산두(汕頭, Shantou).

초대 영국 영사 밸푸어가[163] 자국민들의 거류지로 선정한 구역은 성벽에서 북쪽으로 약 1.5 마일 떨어진 양징방과[164] 쑤저우 운하 사이의 땅으로, 강 너머에서부터 양징방과 쑤저우 운하를 이어주는 개천 '방비수로(防備水路)'까지 뻗어 있다. 그러므로 섬이라 불러도 무방한 형태를 이루고 있는데, 면적은 1제곱마일 정도이다. 이곳 항구는 1843년 11월 17일 개항장으로 공식 선포되었다. 여기는 수많은 연못과 개울이 널린 습지가 대부분이어서 여러 해에 걸쳐 배수 및 정지(整地) 작업이 진행되었다. 그 기간 동안 영국 영사관은 시내에 머물렀지만 외국인들은 시내와 강 사이에 위치한 교외 지역 난다오에서[165] 살았다. 그 후 2년이 지나자 거류지에 주택 몇 채가 지어졌으며, 1849년에 이르면 대부분의 외국인이 그 안에 주거를 마련하게 되었다. 이 무렵 25개 회사가 설립되어 있었고, 외국인 거류민은 성인 여성 7명을 포함하여 100명이었다. 같은 해에 영국 성공회 교회가 들어서고, 11월 21일에는 둥자두에서[166] 로마가톨릭 대성당이 착공되었다. 프랑스인들은 1849년에 성벽과 영국인 거류지 사이의 땅을 동일한 조건으로 확보하였다. 그리고 1853년에 시내를 장악했던 반도들을 몰아내는 일에 조력한 대가로 남쪽으로 약 1마일 뻗어 있는 성벽과 강 사이 땅을 추가로 얻었다. 이후 그들은 매입을 통해 강

163　George Balfour(1809~1894) 영국의 군인이자 정치인으로 상하이의 영국 조차지와 관련한 협상 대표였으며, 1872~1892년에 하원의원을 지냈다.

164　양경빈(洋經浜, Yangjing Bang). 과거에는 원문의 Yang-king-pang과 함께 Yang-ching-pang으로도 표기하였다. 이것은 원래 북쪽의 영국 조차지와 남쪽의 프랑스 조차지의 경계 지대를 지칭하였는데, 그곳의 작은 하천('쑤저우 운하')을 메운 매립지 혹은 서양인 거류지들을 가리키는 용어로도 사용되었다. 여러 국적의 사람들이 섞이면서 영어를 기본으로 하고 중국어가 가미된 "양징방 영어(洋涇浜英語, Yangjing Bang English)"가 생성되기도 하였다.

165　Namtao. 남도(南道, Nandao).

166　Tunkadoo. 동가도(董家渡, Dongjiadu).

으로부터 서쪽으로 1마일 떨어진 닝보사원까지[167] 조계를 확장하였다. 이 영역을 쉬자후이까지[168] 넓히려는 협상도 시도되었다. 이곳은 예수회 선교사들과 이들을 통해 개종한 신자들이 주로 거주하던 마을로서 프랑스 조계의 간선도로 끄트머리 쪽, 제방으로부터는 5마일 떨어진 위치에 있었다. 이와 관련한 프랑스인들의 성과는 제한적인 것이어서 1899년에 구(舊) 묘지까지만 약간 더 확대하였을 뿐인데, 그 정확한 면적은 아직 확정되지 않았다. 그 다음에는 미국인들이 홍커우라고[169] 불리는 구역에서 쑤저우 운하 바로 북쪽의 땅을 임차하였다. 그리하여 현재 외국인들이 점유하고 있는 땅은 강 좌안에 약 5마일에 걸쳐 펼쳐져 있다. 영국인 거류지와 홍커우 구역의 지가(地價)는 1880년에 각각 6,118,265냥과 1,945,325냥, 1890년에는 각각 12,397,810냥과 4,806,448냥으로 평가되었다. 그런데 1896년에 오게 되면 그 평가액이 각각 18,532,573냥과 10,379,735냥으로, 합산하면 28,912,308냥이었다. 이 수치는 1880년 이래 땅값이 258% 이상 올랐음을 보여준다. 16년 전과 비교해서 영국인 거류지의 땅값이 3배 올랐다면, 홍커우 구역 안의 것은 5배 이상 상승하였다. 땅값은 특히 1895년 하반기에 크게 상승하였으며, 그 추세는 작년까지 4년간 지속되었다. 그 주된 원인으로는 외국의 보호막 아래 안전한 투자처를 찾는 토착 자본이 유입된 것, 면직 및 견직 공장과 기타 산업 시

---

167 Ningpo Joss-house. 'joss house'는 중국의 전통 사찰을 지칭하는 옛 영어 명사로, 'Joss'는 "god"의 포르투갈어 deus가 와전된 것이라고 한다. 이 점을 고려하면 '신당(神堂)' 혹은 '신전(神殿)' 정도로 이해하여도 무방할 듯하다.

168 서가회(徐家匯, Xujiahui). 원문의 표기인 Sicawei는 Ziccawei와 더불어 상하이, 장쑤성 남부, 저장성 등지의 중국어 방언인 오어(吳語) 발음을 상하이 거주 영국인들이 영어로 옮겨 적은 것이다. 프랑스 거류민들은 주로 Zikawei라고 썼다고 한다.

169 Hongkew. 홍구(虹口, Hongkou).

설이 대거 들어서서 인구가 크게 증가한 것 등을 꼽을 수 있다. 1898년 영국인 거류지 내 외국인 주택 482채의 임대료는 605,778냥이었고 홍커우의 외국인 주택 700채의 임대료는 383,854냥이었다. 이와 대조적으로 영국인 거류지 내 현지인 주택 13,821채의 임대료는 2,192,459냥이었고, 홍커우의 현지인 주택 20,126채의 경우는 1,188,847냥이었다. 이것들을 모두 합친 주택 재산의 연간 임대료 평가액은 4,370,938냥이었다. 최근 4년간 10,000채 이상의 주택이 신축되었다. 프랑스 조계의 경우, 1899년의 지가 평가액은 4,664,942냥이었고, 외국인 주택의 임대료는 83,500냥 그리고 현지인 주택의 임대료는 506,250냥으로 각각 평가되었다. 영국인과 프랑스인 거류지는 1899년에 새로 확장된 곳을 제외하곤 모두 건설공사가 끝났으며, 홍커우 내의 빈터들도 속속 채워지고 있다. 현재 거류지 안팎의 최고급 외국인 주택들 중에는 중국인이 사는 곳이 많은데, 이들은 대부분 은퇴한 관리와 상인이다.

1899년에 거류지의 영역을 대폭 늘려 달라는 청원서가 중국 주재 영사단은 물론, 현지인 관리들과 유력인사들의 지지를 받아 베이징으로 송부되었다. 이 사안은 오랫동안 시간을 끌다가 결국 난징 총독에게 위임되었고, 원래 요구대로 승인 처리되었다. 그에 따라 새로 편입된 영역을 놓고 자치협의회가 도로 건설 등을 위한 조사를 활발히 벌이고 있다. 치안은 이미 확보된 상태이다. 현재 거류지의 정확한 경계는 다음과 같다: 북쪽으로는 샤오사 나루에서부터 서쪽의 '방비수로' 입구까지의 약 70야드에 걸친 쑤저우 운하, 거기서 다시 북쪽으로 상하이-바오산 현 접경 언저리까지이다. 동쪽으로는 그 언저리에서 양징방 어귀까지 이르는 황푸강이다. 남쪽으로는 양징방 어귀부터 '방비수로'

입구, 그리고 거기서 옌안시루의[170] 북방 지선을 따라 서쪽 방향으로 징안춘[171] 뒤편의 셴눙탄까지이다.[172] 서쪽 경계는 셴눙탄에서 북쪽 방향으로 쑤저우 운하에 있는 샤오사 나루까지이다. 일본은 1896년 조약에 따라 상하이에 독자적인 조계지 권리를 얻었지만, 이와 관련된 명확한 요구는 아직 제시하지 않고 있다. 외곽 도로들에 맞닿은 땅과 강 건너편 제방에 위치한 푸둥[173] 일대의 땅도 대부분 외국인들에게 임대된 상태이다. 그러나 최근에는 현지인들이 각국 거류지 내의 부동산을 다량으로 매입하고 있다. 모든 땅은 명목상 중국 황제의 소유이지만, 1무(畝) 당 동전 1,500개 — 약 1달러 50센트 — 를 매년 세금으로 내면 영구적으로 임차할 수 있다. 거류지의 땅은 원(原) 소유자한테서 1무에 약 50달러를 주고 구매한 것인데, 이는 당시 시가의 최소 2배가 되는 액수였다. 그 가운데 일부 필지들은 그 후 1무당 10,000∼16,000 달러에 거래되어 왔다. 6무가 대략 1에이커이다.

대외무역항으로서 상하이의 성장은 완만하였다. 하지만 1861년 톈진 조약에 의해 양쯔강과 북방 항구들이 개방되면서 큰 탄력을 얻었으며, 일본의 개항과 더불어 한층 더 발전하게 되었다. 1848년 3월 상하이 인근에 있던 몇몇 선교사들이 공격을 당하는 사건이 일어났다. 이

170 Great Western Road. 연안서로(延安西路, Yan'an Xi Lu).
171 징안춘(靜安村, Jing'ancun). 원문 표기 — Bubbling Well village — 는 현지의 용천(湧泉)에 착안하여 서양인들이 붙인 지명으로, 난징시루(南京西路)와 징안궁위안(靜安公园)의 옛 이름 Bubbling Well Road, Bubbling Well Cemetery 등도 마찬가지다. 불교 고찰 징안시(靜安寺)에서 이름을 딴 이 마을은 오늘날 상하이 도심 구역 징안취(靜安区)로 되어 있다.
172 선눙단(先農壇, Xian Nong Tan). 원문은 Temple of Agriculture.
173 Pootung. 포둥(浦東, Pudong). 황푸강(黃浦江)의 동쪽을 뜻하는 지명이다.

중국

에 영국 영사 올콕 씨는[174] 항구를 봉쇄하고 곡물을 적재한 범선 1,100척의 출항을 금지하였다. 북부 방면으로의 곡물 수송을 차단하는 이러한 강경 조치에 중국 관리들은 바짝 긴장했는데, 이 사태는 군함 1척이 난징으로 파견된 후에야 해결되었다. 외국인들의 출현 이래 발생한 최초의 중대한 사건은 태평천국의 난이 벌어지던 1853년 8월 7일에 삼합회(三合會) 반란군이[175] 도시를 점령한 것이었다. 이들은 황제파(皇帝派)에[176] 의해 반복적인 포위 공격을 당하면서도 17개월을 버텨냈다. 이 사태로 인해 외국인 거류지 안으로 피신하려는 난민이 다수 발생하였고, 땅값이 대단히 큰 폭으로 뛰었다. 당시 외국인 거류민들은 훗날 토머스 경이 되는 '캡틴' 웨이드의 지휘 아래 자원병 부대를 형성하여 실제로 훌륭한 역할을 해냈다. 1854년 4월 4일 벌어진 "진흙탕 전투"에서 이 자원병들은 해군과 합세하여, 병력이 총 300명에 불과하고 야포도 1문뿐이었음에도 불구하고, 10,000명에 달하는 반란군을 거류지 인근 지역으로부터 몰아내고 이들의 야영 시설을 불태웠다. 자원병 2명과 미국인 1명이 사망하고 10명이 부상을 입었다. 현지인 시 당국은 도시를 점령당한 까닭에 한동안 세금을 징수할 여력이 없었다. 그에 따라 1854년 7월, 외국인의 감독 하에 세금이 반드시 징수되어야 한다는 협

174　Mr. Rutherford Alcock(1809~1897).
175　Triad rebels. 이 사건은 반청복명(反淸復明)을 기치로 1760년에 결성되었다고 하는 천지회(天地會)의 상하이 지부격인 소도회(小刀會)가 태평천국(太平天國)의 난을 틈타 봉기한 것을 이른다. 이 비밀결사는 삼합회와 연결되었던 것으로 추정되는데, 삼합회의 영문명 'triad'는 홍콩 주재 영국 당국에서 그 조직원들이 사용하던 삼각형 문양에 주목해서 붙였다고 한다.
176　Imperialists. 반란 진압에 나선 청나라 군대를 지칭하는 것으로, 영국과 프랑스가 이들을 군사적으로 지원하였다.

약이 중국 측의 도대와 영국-프랑스-미국의 3개국 영사 간에 체결되었다. 이 방식은 결과적으로 중국 정부에 대단히 유리하게 작용하였고, 그리하여 차후 톈진 조약과 모든 개항장에 확대 적용되었다. 1861년 외국인 세관 감독관 직이 설치되었는데 그 본부는, 당초 규정에 따르면 지금도 마땅히 그래야 하지만, 수년간 상하이에 있었다. 1861년에는 태평천국 군대가 상하이로 접근해서 쉬자후이에 위치한 예수회 건물들을 점거하고 이곳 도시와 거류지에 위협을 가했다. 1860년 5월 25일에 쑤저우가 함락되자 그 도시와 주변 지역의 주민들이 몸을 피해 상하이로 대거 몰려들었다. 이로 인해 현지인 인구가 급격히 증가하였다. 그 수효는 40만 명에서 100만 명까지로 다양하게 추산되었지만, 실제는 아마도 그보다 좀 적었을 것이다. 1861년이 되자 식료품 가격이 이전 수년간에 비해 4배로 뛰었다. 반란 세력을 상하이로부터 먼 거리에 묶어두려는 작전이 시도되었다. 영국군 해병 분견대와 인도연대를 성벽에 배치하는 한편, 프랑스 해병대는 프랑스인 거류지 방면의 성문들을 방어하였다. 1861년 8월에 도시가 공격을 받았다. 이에 응전하여 프랑스군은 성벽과 강 사이의 교외 지역에 포격을 가했으며, 반도들은 결국 물러갔다. 12월에는 10만 명에 이르는 반란군이 또다시 거류지들을 위협하였다. 접근로마다 바리케이드가 세워졌고, 45,000냥을 들여서 '방비수로'를 정비, 강화하였다. 1862년이 끝날 무렵 반란 세력은 영국군에 의해 상하이 반경 30마일 밖으로 밀려나 있었다. 땅값이 엄청나게 올라 외국인이 원래 1에이커 당 50파운드면 살 수 있던 부지가 10,000파운드에 팔렸다는 이야기가 나돌았다. 이 때 영국인 거류지에 있던 오래된 경마장과 크리켓운동장도 엄청난 이익을 남기고

팔려서 출자자들이 원금을 환불받은 뒤에도 잔고가 45,000냥이나 되었다. 출자자들은 이 돈을 일반 대중을 위해 오직 레크리에이션만을 목적으로 하는 기금의 설립에 너그러이 전액 헌납하였다. 그러나 불행하게도 그 중 30,000냥을 재무담당자가 제멋대로 자신이 공동 출자자로 있던 클럽에 대출해 주었다. 하지만 그 출자자들은 클럽에서 나오는 이윤으로 대출금을 전혀 상환할 수 없는 형편에 이르렀다. 그러자 레크리에이션 기금을 대표하는 이사들이 1869년에 그 클럽의 건물과 비품들을 몰수하였는데, 그 건물은 지금도 기금에 귀속되어 있다. 경마장 안의 부지를 매입해 둔 것 말고도 이 기금은 다른 여러 대중 단체들을 지원하는 데에 있어 매우 유용한 기능을 담당하여 왔다. 경마장 부지는 현재 자치협의회에 임대된 상태인데, 훈련 기간 동안에만 운영되는 장애물경기장을 제외하고는 모두 대중용 위락 공간으로 개방되어 있다.

한편 이곳의 현지인 당국은 극심한 압박에 시달리던 시기에 워드라는[177] 이름의 한 미국인 모험가를 고용한 적이 있었다. 그는 외국 선박에서 이탈한 무리들과 상하이로 몰려와 있던 온갖 국적의 무뢰한들을 모으고, 이들을 보조인력으로 삼아 현지인 연대 하나를 훈련시켰다. 이 부대는 워드가 사망한 뒤 미국 출신의 또 다른 하층민 출신인 버즈빈이라는[178] 사람의 휘하에 들어가게 되었는데, 버즈빈은 얼마 뒤 자

---

177 Frederick Townsend Ward(1831~1862). 미국 해군 출신의 전문 용병이다. 특히 태평천국의 난 당시, 상하이에서 중국인을 포함한 다양한 국적의 동서양 청년들을 모아 직접 훈련시키고 무장시켜서 조직한 외인부대(Foreign Arms Corps)를 이끌고 친청(親淸) 군사 활동을 벌였다.

178 Henry Andres Burgevine(1836~1865). 프랑스 혈통의 미국 해군 출신 용병으로, 중

신의 봉사 대상을 반란군 측으로 바꿨다. 청 제국 정부는 이 거칠고 기강이 없는 군대가 통제 불능이라는 사실을 깨닫고 해군 제독 제임스 호프 경에게[179] 간청한 끝에 훗날 장군의 지위에 오르는 고든[180] 소령을 그 지휘관으로 임명하겠다는 승낙을 받아냈다. 고든에 의해 규율에 복종하도록 길들여진 그 군대는 현재 반란 진압에 있어서 최대의 전과(戰果)를 올리고 있다. 실제로 사람들은 '상승군(常勝軍)'이라는[181] 이름을 얻게 된 이 급조된 무리의 도움이 없었더라면 태평천국 세력을 결코 이겨낼 수 없었을 것이라고 믿고 있다. 그들이 거둔 가장 혁혁한 전과는 1863년 11월 27일 요충 도시인 쑤저우를 탈환한 것으로, 반란은 이로써 사실상 종결되었다. 하지만 중국 내 반란을 진압하는 일에 외국인들이 돕는 것이 과연 현명한가에 대해서는 의문의 여지가 많다. 고도의 판단력을 지닌 사람들 가운데 다수는 쇠락하고 있는 왕조가 전복되면 중화 제국의 문명이 훨씬 더 나은 진보의 기회를 갖게 될 것이라는 생각을 갖고 있기 때문이다. 확실히 유럽 국가들로서는 그저 중립을 약속하는 대가로 거의 모든 요구 조건을 관철시킬 수도 있었다.

국 이름은 바이지원(白齊文)이었다. 태평천국의 난 당시 워드의 뒤를 이은 외인부대 사령관으로 여러 차례 큰 공을 세웠지만 얼마 안가서 배신하고 반란군 편으로 넘어갔다. 1865년, 미국에 갔다가 중국으로 돌아오던 중 청 당국에 체포되어 바다에 던져져 죽었다.

179 Sir James Hope(1808~1881). 1857년 영국 해군의 '인도 · 중국 함대' 사령관으로 취임한 뒤 2차 아편전쟁 등에서 지휘관으로 활동하였다.

180 Charles George Gordon(1833~1885). 영국의 해군 장교이다. 태평천국의 난에서 소수 병력으로 적의 대군을 상대로 연전연승하였고, 그 덕분에 그가 지휘하던 부대는 상승군(常勝軍, Ever Victorious Army)이라는 별칭을 얻게 되었다고 한다.

181 Ever Victorious Army. 1860년부터 1864년까지 존속했던 한 청군(淸軍) 부대의 별칭으로, 특히 태평천국의 난을 진압하는 데에 큰 역할을 하였다. 유럽과 미국 장교단의 지도 하에 서양식 전쟁 기법과 전술, 전략을 전수받은 최초의 중국 군대였다.

한편, 그 연대 소속 전몰 장교들의 추모비가 해안도로 북단에 세워져 있다. 1860년부터 1866년까지 상하이에는 1개 영국 연대와 2개 인도 연대 그리고 1개 포대가 주둔하였다.

이 때 이후로는 뭔가 기록으로 남길 만한 역사적 사건이 거의 없었다. 1870년 성탄절 전날, 영국 공사관이 화재로 불타고 기록물 대부분이 완전히 소실되었다. 1874년 5월에는 닝보상인조합 소유의 구(舊) 묘역에 관통 도로를 건설하려는 협의회 방침이 알려지면서 프랑스인 거류지에서 폭동이 일어났다. 유럽인 1~2명이 심하게 다치고, 현지인 8명이 목숨을 잃었다. 외국인 소유 건물도 상당수 파괴되었다. 1898년 7월 16~17일, 또 다른 폭동이 발생하였다. 프랑스인 거류지 당국이 닝보사원을 없애기로 결정한 것이 그 발단이었다. 프랑스인 자원병들이 소집되고 전함 병력도 상륙하였다. 이렇게 해서 폭동은 신속하게 진압되었으며, 현지인 15명이 죽거나 다쳤다고 보도되었다. 1879년 8월 프랑스 조계에서 대규모 화재가 발생하여 주택 221채가 파괴되고 150만 냥 가량의 피해를 낳았다. 1894년에는 강둑을 따라 늘어선 현지인 도시의 외곽 지대에서 발생한 화재로 밀집되어 있던 수많은 지저분한 오두막집들이 일소되었다. 이 말끔한 청소를 중국 현지 관리들은 외국인 거류지의 도로를 본떠 넓은 해안도로를 만드는 기회로 활용하였다. 이 해안도로는 프랑스 조계지의 해안도로 남쪽 귀퉁이부터 강을 따라 3.5마일 이어지면서 가오창먀오에[182] 있는 병기창(兵器廠)까지 뻗어있는데, 1897년 10월 도대가 참석한 가운데 정식으로 개통되었다. 해안도로의

---

182 Kao Chang Miao. 고창묘(高昌廟, Gaochangmiao).

관리와 현지인들의 도시 문제 처리를 담당하는 협의회가 구성되어 있다. 현재 이 협의회 의장은 그 유명한 진계동[183] 장군이며, 그의 사무실은 징안루에[184] 위치한 외무국 내에 있다. 이곳의 치안은 시크 교도와 한족으로 구성된 특수부대가 담당한다. 1897년 4월 5~6일 손수레 세금의 인상이 빌미가 되어 폭동이 발생했다. 이것은 자원병과 항구에 정박 중이던 군함의 수병들에 의해 진압되었으며, 인명 피해는 없었다. 영사와 협의회가 손수레 조합의 요구에 굴복하였지만 대중들은 4월 7일에 궐기대회를 열었다. 지금까지 거류지에서 열린 집회 가운데 가장 컸던 이 집회에서 당국의 조치에 대해 강력한 비난이 제기되었고, 이에 협의회 의원들은 전원 사임하였다. 새로운 협의회가 선거를 통해 구성되었고, 과세가 강행되어 프랑스 조계 협의회는 원래 예정된 비율대로 세금을 인상하였다. 외국인 거류지들은 1893년 11월 17~18일에 50주년 축제를 열었다. 이를 기념하는 메달도 제작되었는데, 당시 50만 명에 달하는 방문객이 상하이를 찾았던 것으로 추정된다.

3) 행정

여느 개항장과 마찬가지로 외국인들은 사법적인 문제와 관련해서 자국 영사의 직접적인 통제를 받는다. 영국인 거류민들은 1865년 9월

---

[183] Tcheng Ki Tong(1851~1907). 천지퉁(陳季同, Chen Jitong, 1851~1907). 청 말엽의 고위 외교관 겸 장군이다. 학자로도 활동한 그는 중국인 최초의 프랑스어 작가로 꼽히고 있다.

[184] Bubbling Well Road. 정안로(靜安路, Jing'anlu).

업무를 개시한 최고법원의[185] 관할 아래 있다. 영국 여왕 폐하의 신민들은 매년 2달러의 인두세를 납부해야 하며, 그 대신 영사관에 이름을 등록하고 원고로서 법정에 나가 발언할 수 있는 등의 특권을 갖는다. 다른 몇몇 영사관들에서는 등록을 의무화하고 있는데, 비용은 면제된다. 외국인 거류지들 내의 중국인 주민은 자국의 법을 적용받으며, 이른바 혼합법정에[186] 의해 관장된다. 이것은 1864년 해리 파크스 경의[187] 주도로 설립되었는데, 처음에는 영국 영사관 안에 설치되어 있었다. 그것은 부지사에 해당하는 직급의 관리에 의해 주재되며, 주요 영사관에서 나온 외국인 입회인들이 소송을 참관한다. 법정의 운영 방식은 만족스럽지 않은데, 민사소송의 경우 특히 그러하다. 판사가 자신의 결정을 집행할 만큼의 충분한 권력을 갖고 있지 못하기 때문이다. 이 문제에 대해서는 베이징 당국도 여러 해 전부터 관심을 기울이고 있는 듯하다. 프랑스 조계의 경우에는 영사관 내에 독자적인 혼합법정을 운영한다. 1870년에 설치된 영사법정도 있는데, 자치협의회를 상대로도 소송을 제기할 수 있도록 하려는 취지인 만큼 이곳 판사들은

---

185 Supreme Court. 공식 명칭은 처음에 "British Supreme Court for China and Japan"였는데, 이후 "British Supreme Court for China"로 정착되었다. 이것은 중국, 일본, 한국에서 제기되는 영국인 상대의 소송을 "치외법권의 원칙에 입각하여" 재판하기 위해 설치되었으며, 이 극동 3국의 영국 영사법정에서 올라온 항소심도 다루었다.

186 Mixed Court. 공식 명칭은 "International Mixed Court". 1차 아편전쟁을 종결한 남경조약(1842.8.29)의 산물이다. 상하이의 영·미 '국제' 조계와 프랑스 조계 내의 중국인 및 비(非)조약국 국적자의 경우 중국법의 적용을 받되 중국인 판사와 외국인 입회인 혹은 배석판사로 구성되는 이 법정에서 재판을 받게 되어 있었는데, 이것을 입회재판(入會裁判)이라고도 한다.

187 Sir Harry Parkes(1828~1885). 영국의 외교관으로 특사, 전권공사 겸 총영사로 청 제국(1883~85)과 일본(1865~83)에서 활동했고, 1884년에는 주한 공사를 지냈다. 애로 호 사건(1856.10)을 부풀려서 2차 아편전쟁을 일으키도록 부추긴 장본인으로 알려져 있다.

매년 영사들에 의해 선출된다.

내부 문제와 관련해서 거류민들은 「토지 규정」에[188] 의거하여 협의
회를 통한 자치를 실시한다. 이 규정은 본시 1845년에 영국 영사가 작
성한 것으로, 이후 여러 차례 개정되었다. 1854년, 영국 영사인 뷀푸어
와 현지 당국 간에 합의된 최초의 종합 「토지 규정」— 말하자면 "도시
헌장" 같은 것이다 — 에 따라 모든 외국 국적 보유자들은 설정된 경계
구역 내에서 토지를 임차할 수 있게 되었다. 그리고 1863년에는 소위
'미국인 거류지'가 영국인 거류지와 합쳐져서 하나의 자치체가 되었다.
원래 영국 영사가 지명하는 "3명의 정직한 영국 상인"으로 이루어진
"도로배수로위원회"가 있었다. 이것이 1855년에 토지 임차인들에 의해
선출되는 "자치협의회"로 바뀌었으며, 1870년에는 개정된 「토지 규정」
이 발효되어 임대료 500냥에 대한 지방세를 납부하는 가구주 또는 시
가 500냥 이상의 토지 소유자에 의해 매년 1월 선출되는 "양징방 이북
상하이 외국인공동체협의회"가[189] 되었다. 이 협의회는 현재 다양한
국적을 가진 의원 9명으로 구성되어 있다. 이들은 의장과 부의장을 직
접 선출하며, 보수는 없다. 그러나 자치 업무가 엄청나게 늘어서 의원
들, 특히 의장에게 과도한 시간적 부담을 주고 있으므로 뭔가 새로운
조정이 필요하다. 1897년에 사무국이 강화되면서 효율성이 증진되었
지만, 협의회 체제를 변화시키는 방향의 조치는 아직 마련되지 않고 있
다. 1879년 11월에 「토지 규정」의 개정을 위한 거류민위원회가 지명되
었으며, 이들의 작업 결과는 1881년 5월 지방세 납부자들에 의해 검토

---

188 "Land Regulations"
189 Council for the Foreign Community of Shanghai North of the Yang-king-pang.

되고 승인되었다. 그러나 이는 중국 내에 사실상 하등의 이해관계도 갖고 있지 않은 소국(小國)들에게 영국에 부여된 것과 동등한 발언권을 주는 '협동 정책'으로 인해 17년간이나 보류되었다. 「토지 규정」은 재개정되어 1898년 3월 지방세 납부자들의 승인을 받았다. 그리고 11월에는 추가 사항과 변경 내용 및 내규에 대한 베이징 주재 외교단의 승인이 협의회에 공식 통보되었으며, 영-미국인 거류지에서 법적 효력을 지니게 되었다. 이로써 의회는 조례 제정을 위해, 또한 도로의 신규 건설과 기존 도로의 연장 및 확장 그리고 공공사업이나 위생 관리를 목적으로 설정되었던 부지의 확대 등에 필수적으로 요구되는 땅을 확보하기 위해, 거의 20년간 그토록 손에 넣고자 애썼던 권한을 비로소 가질 수 있게 되었다. 외국인 임차인들, 그리고 이들과 관계된 현지인 소유주들의 권리는 아주 세심하게 보호되고 있다. 나아가 이를 목적으로 3인의 토지위원으로 구성되는 이사회가 조직될 예정이다. 그 이사들 가운데 1명은 협의회가 지명하고, 1명은 거류지 내에 등록된 지주들이 임명하며, 1명은 지방세 납부자들의 회의 결정에 따라 선임될 것이다. 사실 이 기구는 태평천국의 난 당시 방비위원회가[190] 제안한 적이 있었다. 외국인 거류지들과 그 자유 지대 주위의 현지인 도시 구역을 조약 가맹 열강의 보호막 안에 두기 위한 것이었는데, 토지 임차인들과 거류민들한테서 거의 만장일치의 지지를 받았었다. 이 제안은 청 제국 정부가 지방에서 모든 힘을 상실한 상태에 놓여있었기 때문에 전적으로 합당한 것이었는데, 만약에 실행되었더라면 상하이는 중국의 중심 도시가 되었을 것이다. 또한 이 제안이 촉매로 작용해서 중화제국 전체에 결국은

---

190 Defence Committee.

엄청난 이익을 안겨주었을 것이라고 해도 과언이 아니다. 프랑스 조계에서는 1862년에 독자적인 협의회가 선거를 통해 구성되었으며, 현재 1868년 통과된 「프랑스 조계 자치 조직 규정」에[191] 의거하여 운영되고 있다. 구성원은 4명의 프랑스인과 4명의 외국인인데, 이들은 2년 임기로 선출되고 매년 절반이 교체된다. 이들의 결의는 총영사가 승인해야만 효력을 가진다. 의원을 선출할 수 있는 자격은 조계 내 모든 지주, 연간 1,000프랑 이상의 임대료를 내는 세입자, 연간 수입이 4,000프랑 이상인 거류민 등이다. 이는 다른 거류지들의 선거권보다 훨씬 더 "보통 선거"에 근접한 것으로서 주목할 만한 일이나, 새 규정이 적용되면 투표권자가 상당히 줄어들 것이다. 양징방 이북 구역의 경우 의원들의 최소 자격 요건은 연간 50냥의 지방세 납부자, 임대료 1,200냥에 대한 지방세 납부 가구주 정도이다. 프랑스 조계에서는 자격 요건이 금전과 관련된 것인데, 그 액수는 대략 비슷하다. 프랑스인 거류지를 다른 거류지들과 합병하려는 노력이 몇 차례 있었지만 아직까지 성사되지는 못했다. 프랑스 조계에 적용되는 규정을 개정하는 문제가 한동안 고려된 적도 있다. 매년 2월이나 3월에 열리는 지방세납부자회의에서는 예산을 표결하고, 추진 예정인 정책과 관련된 방침들을 신임 의원들에게 전달한다. 지방세 납부자들의 특별회의를 거치지 않고는 어떤 중요한 조치도 시행될 수 없다. 협의회는 방위, 재정, 감사, 공공사업 등의 분과 위원회로 나뉘어져 있다. 이 국제주의적인 행정 체계는 다년간에 걸쳐 원활하게 그리고 적은 비용으로 작동되어 왔으며, 그 결과 상하이는 당당히 "모범 거류지"라는 명성을 얻었다.

---

191 "Règlement d'Organisation Municipale de la Concession Française"

4) 재정

1898년 영-미국인 거류지의 경상 세입은 753,270.05냥이다. 그 내역은 다음과 같다.

	냥
토지세-0.5%	140,291.37
일반 지방세-외국인 주택, 10%	94,071.57
일반 지방세-현지인 주택, 10%	239,735.33
부두 사용료-도대의 기부금 14,000달러 포함	69,900.75
면허세-주로 차량들과 아편판매점	209,271.03
[합계]	753,270.05

경상 세출 753,098.86냥은 아래 표와 같이 여러 부서에 분배되었다.

1898년도 채권 발행액은 총 240,000냥이고, 여기에 1897~1898년의 수지 결산 이월금 4,735.90냥이 더해졌다. 이 수입금으로 공공사업에 40,047.85냥, 도로와 교량에 95,681.82냥, 경찰서·시장·훈련장 등에 대한 소소한 지원 비용으로 66,961.05냥을 각각 지출하였다. 결국 2,404.58냥의 적자가 발생하였고, 이는 1899년도 특별 회계로 넘겨졌다.

1898년 말 자치체의 부채는 1,324,245.35냥, 자산은 1,439,365.75냥이었다. 여유분 115,120.40냥은 다소 적어 보일 수도 있지만, 통상적으로 자치체에서는 필요한 자금을 얼마든지 5% 금리로 끌어올 수 있다. 하지만 1898년의 대출 이자는 6%였다. 1899년도의 경상 세입은 767,300냥, 경상 세출은 763,610냥으로 산정되었다. 채권 발행을 통하여 얻은 특별 세입은 145,000냥이었고, 특별 세출은 144,605냥이었다. 1898년에는

	냥
경찰국	182,556.10
위생국-병원과 시장 포함	89,326.19
조명 46,798.53냥, 급수 13,086.17냥	59,884.70
공공사업 및 조사사업-공원, 묘지, 외곽도로 포함	212,119.44
토지 및 건물 10,943.44냥, 창고 및 보관 10,894.59냥	21,838.03
사무국-법률 관계 및 기타 일반	63,382.75
1888년과 1890~1898의 대출 이자	39,490.36
자원병 16,486.58냥, 소방서 10,378.10냥, 악대 7,636.61냥	34,501.29
교육 11,500.00냥, 박물관 500냥, 도서관 1,000냥	13,000.00
1888년과 1890년의 사채 대출금 상환	37,000.00
[합계]	753,098.86

외국인 주택에 대한 토지세와 지방세가 각각 25% 인상되었다.

프랑스 조계의 경우 1898년도 세입은 196,638.55냥으로, 그 내역은 다음과 같다.

	냥
토지세-0.4%	18,522.45
외국인 주택에 대한 세금-4%	3,115.96
현지인 주택에 대한 세금-8%	40,564.72
면허세-차량, 매음굴, 아편판매점	64,736.21
청소세, 조명세, 기타 세금	31,211.45
도대의 기부금과 부두 사용료	16,532.56
잡수입-전등 가입비 10,954냥 포함	21,955.20
[합계]	196,638.55

한편, 세출은 1897년에 총 229,369.42냥이었고, 그 내역은 다음과 같다.

	냥
사무국(직원 및 일반 비용)	20,492.66
공공사업	116,946.60
경찰국	43,917.86
급수 7,479.90냥, 조명 15,520.53냥	23,000.43
위생 3,799.58냥, 교육 2,517.03냥	6,316.61
자원병 3,100.74냥, 소방대 2,820.00냥, 악대 1,500.00냥	7,420.74
병원, 고아원	2,477.00
전신, 전화, 관측소 등	5,752.56
잡비 1,503.69냥, '예상 외 지출' 1,541.27냥	3,044.96
[합계]	229,369.42

1898년도의 세입과 세출은 각각 187,975.12냥으로 산정되었다.

5) 인구

외국인 인구는 1865년까지 급속하게 증가하였으나, 이후 10년간 눈에 띄게 감소하였다. 1865년 인구조사 당시 외국인은 3개 거류지 내의 주민 2,757명, 영국 육군과 해군 1,851명, 해운업 종사자 981명 등, 총 5,589명이었다. 영-미국인 거류지의 경우, 그 수치는 1870년 1,666명, 1876년 1,673명, 1880년 2,197명, 1885년 3,673명, 그리고 1890년 3,821명이었다. 1895년 6월 24일의 인구조사에 따르면, 양징방 이북 외국인 거류지들에는 영국인 구역 1,295명, 홍커우 2,903명, 도로 외곽과 푸둥 486명 등 4,684명의 외국인이 살고 있었다. 이들 중 2,068명은 남성이고 1,227명은 여성, 그리고 1,389명은 어린이였다. 한편 1876년에는 남성

1,086명, 여성 296명, 어린이 291명이었고, 1885년에는 각각 1,775명, 1,011명, 887명이었다. 외국인 인구의 내부적인 변동 추이는 매우 특기할 만하다. 성인 남성의 경우, 1870~1880년에 감소하다가 이후 5년간 50% 이상 증가하였다. 전체 외국인 인구는 1876~1885년의 9년간 2배 이상으로 늘어났지만, 이후 5년 동안에는 고작 148명 증가에 그쳤고 그중 144명이 어린이였다. 인구 증가는 홍커우에서 가장 두드러졌다. 1895년 이곳의 인구는 1876년의 5배로 늘어난 반면, 영국인 거류지의 인구는 1885년 수치에도 못 미쳤다. 프랑스 조계의 경우 1895년 6월 24일 현재 외국인 인구는 남성 190명, 여성 78명, 어린이 162명 등으로 총 430명이었는데, 1890년에는 444명이었다. 흥미로운 사실은 15세 미만의 어린이 중 단 26명만 남아이고, 136명이 여아라는 점이다. 1895년에 전체 거류지 내 외국인의 국적별 구성은 영국인 2,002명, 포르투갈인 741명, 독일인과 오스트리아인 399명, 미국인 357명, 프랑스인 281명, 스페인인 154명, 덴마크인 89명, 이탈리아인 88명, 스웨덴인과 노르웨이인 82명, 러시아인 31명, 기타 유럽 각국 출신 111명, 유라시아인[192] 322명, 일본인 268명, 인도인 127명, 그리고 마닐라인과 기타 아시아인이 62명이었다. 성인 남성 인구는 1870년 인구조사 이래 고작 61.5% 증가한 반면, 여성과 어린이의 숫자는 각각 6배와 9배 늘어났다. 1898년에는 외국인 인구가 5,240명으로 집계되었다. 이상의 수치들은 유동 인구를 제외한 것인데, 유동 인구의 숫자는 1885년 893명, 1890년 1,009명이었고, 지난 번 인구조사 당시에는 1,306명이었다. 중국인은 외국인 거

---

192 Eurasians. 원래 영국령 인도의 영국인과 인도인 간 혼혈아를 가리켰는데, 점차 서양 백인과 아시아인 사이의 출생자들에 대한 지칭으로 일반화되었다.

류지 내의 거주권이 없으며 또 실제로 「토지 규정」 원안에서도 그들의 거주를 명백히 금지하였다. 그런데 20,000여 명의 중국인이 1854년에 반란군을 피해 경계 안으로 들어와 피난처를 구했다. 그리고 1860년 태평천국 군대가 이 도시를 포위하였을 당시, 외국인 거류지들 안에 적어도 50만 명의 현지인이 있었다고들 한다. 이들이 외국인들의 보호막 아래에서 "가렴주구"를 벗어나 얼마간 생활상의 편의를 맛보는 동안, 외국인들은 그들대로 자기네 땅에 대해 훨씬 높은 임대료를 받을 수 있었다. 뿐만 아니라 이들은 현지인의 가옥이 매우 수지맞는 투자 대상임을 발견하였으며, 그리하여 중국인들의 거주에 어떠한 반대도 표명하지 않았다. 3개 거류지 내의 중국인은 1870년 75,047명, 1880년 107,812명 그리고 1890년에 168,129명이 있었다. 1895년 6월의 인구조사에 따르면 그 숫자는 영국인 거류지에 116,204명, 홍커우에 103,102명, 이 2개 거류지 내 외국 상관 일대에 6,991명, 거류지 경계선 내의 촌락과 오두막에 8,429명, 각종 선박에 6,269명으로, 총 240,995명이었다. 5년간 약 43.3% 증가한 셈인데, 1898년 집계된 현지인 숫자는 317,000명이었다. 프랑스 조계 내의 현지인은, 동일한 자료에 의하면, 1890년 34,722명에서 1895년 45,758명으로 증가하였다. 그 외에 선박에서 거주하는 인구가 약 6,000명 있었다. 결국 3개 거류지 내부 및 해상(海上)의 중국인은 도합 293,000명 정도이며, 그 중 절반 이상이 성인 남성이다. 중국인의 수는 지난 번 인구조사일 이래 매년 20% 비율로 증가하여 온 것으로 추산된다. 현지인이나 외국인 가릴 것 없이 식비와 생활비가 일제히 대폭 인상되었음에도 불구하고 임대료가 보통 30~60% 상승하였으며, 심지어 100%나 오른 경우도 여럿 있었다. 대다수 중국인은 다른 지방에서 이주해 온 사람들이다. 이들은 다양한 업종에서 필요로 하는 숙련 혹은 비숙련 노동자로, 높은 임금에 이끌려 외국인들의 발자국을 따라왔다. 현지인 도시의 인구는 약125,000명으로 추정된다. 각 거류지 내부와 그 외곽의 도로변에 넓게 들어선 현지인 주거 지대의 치안 질서는 양징방 이북의 경우 유럽인 90명과 인도인 153명 및 현지인 550명으로 구성된 경찰력에 의해, 그리고 프랑스 조계의 경우 유럽인 42명과 현지인 71명의 경찰력에 의해 각각 놀랄 만한 수준으로 잘 유지되고 있다. 주민 600명당 1명의 경찰관이 있는 셈이다. 현지인들에 대한 재판은 현지 관계 당국에서 관할하며, 중국 내 어디서나 그렇듯이 상하이에서도 뇌물이 통하는 것은 의심의 여지가 없다. 그러므로 이처럼 작은 경찰 병력을 조직화하고 효율적으로 운영하는 데에 따르는 어려움은 클 수밖에 없다. 하지만 여기만큼 생명과 재산이 안전한 곳은 거의 없다. 1899년 8월 어느 날 경찰의 최고 책임자가 했던 말에 의하면, 지난 24시간 동안 보고된 범법자가 단 한 명도 없는데 이러한 치안 상황은 이곳만한 인구를 가진 세계 어느 도시에서도 경험할 수 없는 특별한 것이라고 한다.

6) 기후

상하이의 기후는 일반적으로 건강에 꽤 좋다는 평판을 받는다. 육지나 바다에서 생활하는 외국인들의 지난 20년간 사망률은 1881년의 30.8‰과 1897년의 16.4‰ 사이를 오르내렸다. 1898년의 사망률은 16.7‰이었다. 이따금 콜레라가 일부에서 발생하곤 하는데, 부두에 정박 중인 선박

인 경우가 많다. 이 질병으로 인한 외국인 사망자가 제일 많이 기록된
것은 1890년의 32명이었다. 그 가운데 11명은 거류민이었다. 1892~
1894년과 1897~1898년에는 콜레라로 인한 사망자 중에서 외국인 거
류민은 없었다. 그 숫자가 1895년에는 20명이고 1896년에는 10명인데,
거류민 사망자는 각각 11명과 3명이었다. 홍역으로 인한 외국인 사망자
는 1896년에 19명으로 가장 많았는데, 그 중 8명이 거류민이었다. 그리
고 1897년과 1898년에도 각각 2명의 외국인이 홍역으로 죽었다. 겨울
에는 홍역과 장티푸스가 중국인들 사이에서 자주 발병한다. 육지 인구
의 사망률은 1898년에 1천 명당 16.2명 즉, 16.2‰이었는데, 연례 인구
조사가 실시되지 않고 있음을 고려하여 추산한다면 1880년의 25‰부터
1884년과 1897년의 14.5‰까지 다양하였을 것으로 보인다. 이 비율은
유럽 대도시들의 경우와 비교해서 양호한 수준이다. 보건 당국은 최근
보고서에서 "사망 신고 75건 중 어떠한 의미로든 기후와 관련이 있다고
말할 수 있는 것은 9건뿐이다"라고 말하고 있다. 중국 당국은 1898년에
"영-미국인 거류지" 내의 현지인 가운데 3,129명이 사망했다고 보고하
였다. 이를 비율로 따지면 9.87‰인데, 실제 사망률에 크게 미달하는 수
치라는 점에는 의문의 여지가 없다. 콜레라에 의한 사망 기록은 1895년
928건, 1896년 18건, 1897년 2건 등이고, 1898년에는 없었다. 홍역으로
인한 사망은 1895년 138건, 1896년 316건, 1897년 92건 그리고 1898년
에 63건이었다. 기온은 화씨 25°에서 103°까지 변동을 보이며, 지난 8년
동안의 평균 기온은 59.2°였는데, 계절별로는 겨울 39.1°, 봄 50.9°, 여름
78.2°, 가을 62.6°이다. 상하이는 연평균 기온을 놓고 볼 때 로마와 가장
비슷하지만, 겨울의 기온은 런던과 거의 같다. 10~11월은 세계 어느 곳

에서나 볼 수 있는 건조하고 맑고 쾌적한 날씨가 보통이다. 그러나 한겨울에 접어들면 매우 차갑고 살을 에는 북동풍이 불어온다. 1878년 1월 17일에는 우쑹 일대의 강이 꽁꽁 얼어붙었다. 7~8월의 열기는 간혹 못 참을 정도지만, 한 번에 며칠 동안만 지속되는 것이 보통이다. 근래에 들어와 매우 혹독한 강풍이 더 잦아지고 있다. 기압계에 표시된 1898년의 연평균 기압은 30.01인치였다. 최근 8년간 상하이의 연평균 강우일은 124일로 겨울에 55일, 여름에 69일 동안 비가 내렸다. 같은 기간의 연평균 강우량은 32.464인치였는데, 가장 많은 비가 내린 것은 1875년 10월 24일로, 3시간 반 동안 7인치를 기록하였다. 지진은 이따금 발생하지만 심각한 피해를 낳은 적은 없는 것으로 알려져 있다.

7) 스케치

영국인과 프랑스인 거류지의 도로들은 모두 수직으로 교차하며 동서남북으로 나 있는데, 대부분 두 거류지의 경계까지 뻗어있다. 초창기에는 폭이 22피트였으나, 이후 많은 비용을 들여 대부분 확장되었다. 오늘날 도로는, 적어도 간선도로들의 경우, 토양이 무른데도 불구하고 놀라울 만큼 잘 정비되어 있다. 자치협의회는 현재 상하이 남서쪽 약 150마일 거리에 있는 저장성의 핑차오[193] 소재 채석장을 임차하여 도로 건설용 최고급 석재를 연간 1,700톤 채취하고 있다. 토양의 성

---

193 Pingchiao, in Chekiang. 절강성(浙江省) 평교(平橋).

질 때문에 외국식 건물을 세우려면 많은 비용이 드는 말뚝박기 또는 콘크리트 기초공사를 먼저 해야 하는데, 모든 석재는 원거리에서 가져올 수밖에 없다. 영국인 거류지와 홍커우 사이의 쑤저우 운하에는 현재 7개의 다리가 놓여 있으며, 이 가운데 4개는 운송 교통에 적합하다. 그리고 프랑스 조계는 양징방을 가로지르는 8개 교량을 통해 다른 거류지와 연결된다. 여기에 지하 수로를 만들고 운하를 매립해서 그 위를 따라 넓은 간선도로를 만들자는 제안이 나오고 있는데, 현재 이 계획에 관한 보고서가 준비 중이다. 전원 지대까지 뻗어나간 멋진 주행로가 몇 개 있다. 약 6마일 거리의 쉬자후이로 가는 것이 2개이고, 또 하나는 쑤저우 운하의 제방을 따라 제스필드로 이어지는 5마일 길이의 도로이다. 넓은 간선도로인 양수푸루도 있는데,[194] 하천을 따라 5마일 길이로 펼쳐진 이 도로는 장차 우쑹까지 연장될 예정이다. 제스필드 길과 양수푸루 길 각각의 종점은 현재 서로 다른 방향에서 외국인 거류지의 경계를 표시하고 있다. 도로를 몇 개 더 개설하자는 제안이 전부터 있었다. 그러나 외국인들이 높은 토지 비용을 지불할 준비가 되어 있음에도 불구하고 현지 관리들의 반대로 지금껏 건설이 가로막혀 있다. 하지만 거류지들에 대한 확장 승인이 이미 나와 있으므로 자치협의회는 현재 인접한 특정 구역들에다가 도로를 건설하고 감독할 권리가 있다. 태평천국 군대가 상하이에 접근하였을 때, 영국군 당국은 중국 정부의 비용으로 포병대 통행을 위한 도로를 몇 개 만든 적이

---

194 Yangtsepoo Road. 양수포로(楊樹浦路, Yangshupu Lu). 양수푸는 과거 Yangtzepoo, Yangtszepoo 등으로도 영문 표기했었는데, 지금은 보통 Yangshupu 또는 줄여서 Yangpu로 쓴다. '양수'는 포플러 나무로, 이 나무가 늘어서 있던 그 옛 길은 오늘날 란저우루(蘭州路, Lanzhou Lu)이다.

있다. 이 가운데 하나는 외곽 전원 지대로 17마일 뻗어 있었다. 그러나 거류지에 가까운 것들을 제외한 나머지 도로는 현재 농경지로 변해 있다. 거류지 전면의 갯벌은 간척 사업을 하고 지면을 높여서 잔디와 관목을 심었으며, 그 결과 쾌적하고 널찍한 산책로가 조성되어 있다. 몇 년 전에 심은 나무들이 지금은 꽤 높이 자랐고, 유난히 깊은 인상을 주는 건물도 몇 채 더 완공되어 영국이나 프랑스 조계의 해안도로는 동양 어느 곳에 있는 것들 못지않게 근사하다.

외국인 주택은 거의 모두가 몇 무(畝)씩 되는 넓은 정원을 가지고 있다. 많은 외국인 주택이 외곽 도로변에 들어섰으며, 지금도 대대적으로 건설되고 있다. 특히 징안루, 쉬자후이루, 신자루[195] 등의 도로 주변에 집중되어 있는데, 이 일대는 거류지에서 밖으로 나가는 주요 출구이자 다른 대다수 도로들의 분기 지점이다. 이 도로들은 양쪽에 나무가 심어져 있어 어디에나 5마일 가량 이어지는 멋진 가도가 줄줄이 늘어서 있다. 작지만 훌륭하게 설계되고 감탄할 만큼 잘 보존되고 있는 공원은 1868년 무렵 조성된 것으로, 영국 영사관 전면의 강변 매립지에 있으며, 갯벌 간척사업을 통해 면적이 크게 확대되었다. 중국인들을 위한 일반 공원은 쑤저우 운하의 둑을 따라 8무 규모로 조성되었는데, 1890년 12월 문을 열었다. 여기에는 화초류와 양치식물을 두루 갖춘 온실이 있다. 또 가로 364피트, 세로 216피트인 공원 한 곳이 훙커우에 조성되어 있다. 대중용 공설운동장은 철저한 배수 설비와 잔디밭을 구비하고 있으며, 스포츠 용도가 아닌 공간에는 화단들이 깔끔하게

---

195 Sinza Road. 신갑로(新閘路, Xinzha Lu).

정돈되어 있다. 이것들은 모두 1899년 왕립식물원에서[196] 파견된 정원
사에 의해 관리되고 있다.

　각 거류지 내의 배수 설비를 위한 이런저런 사업에 엄청난 금액이
낭비되어 왔는데, 숙련된 관리인의 부재가 주된 원인이었다. 그 사안
이 지닌 주된 어려움들은 지대가 낮고 평평한 데에서 기인하는 것으로,
비록 많은 과제가 남아 있긴 하지만 현재 상당 수준 해결된 상태이다.
전신을 통한 화재경보 체계도 두루 잘 갖춰져 있다. 급수 시설의 경우
독점권을 유지하려는 자치협의회의 과욕으로 인해 오랫동안 개통이
지연되었으나, 현재는 공사(公社)가 설립되어 정화된 물을 적절한 가격
에 지속적으로 공급하고 있다. 프랑스 조계는 독자적인 급수 체계를
가동하기 시작했으며, 현지인 도시를 위한 중국의 급수 시설은 1899년
에 완공되었다. 전기 조명은 1882년 도입되어 141개의 호등(弧燈)이 주
요 간선도로와 부두를 밝히고 있다. 1893년에는 자치체가 전기회사의
자산과 사업권을 매입하였지만, 전등 담당부서의 운영 실적은 그다지
만족스럽지 않았다. 그에 따라 자치협의회는 1899년에 입찰 광고를 내
서 그 설비를 매입하여 운영할 사설 업체를 물색하였다. 프랑스 조계
의 자치체는 뛰어난 전등 서비스를 제공하고 있으며, 현지인 구역에
속하는 해안도로의 조명은 중국 전등회사가 맡고 있다.

　상하이는 여러 채의 멋진 건물과 다양한 건축 양식이 자랑거리이다.
길버트 스코트 경의[197] 설계로 건립된 트리니티 대성당은[198] 유럽 외

196　원문은 영국 왕립식물원(Royal Botanic Gardens)이 런던 교외의 큐(Kew) 구역에 위
　　　치한 데에서 유래된 속칭 Kew Gardens.

197　Sir George Gilbert Scott(1811~1878). 영국의 건축가로, 특히 고딕양식을 되살려서
　　　유명한 교회 건축물을 여럿 남겼다.

부의 근대 교회 건축물 가운데 최상급에 속하는 것으로 알려져 있다. 1866년 5월 16일에 주춧돌이 놓였으며, 1869년 8월 1일에 일반 대중을 위한 첫 예배가 열렸다. 13세기 고딕양식으로 길이 152피트에 너비 58.5피트이며, 내부 바닥에서 꼭대기까지의 높이는 54피트이다. 1892년 10월 4일에 첨탑을 세우고 그 끝에 십자가를 안치함으로써 최종 완공을 보았다. 이로써 전체 높이가 160피트에 달하게 되었는데, 첨탑 부분 역시 건물 본체와 마찬가지로 붉은 벽돌로 축조되었고 석조 장식들이 부착되어 있다. 첨탑의 초석은 1891년 8월 19일 중국 중부를 관할하는 주교가 와서 놓았다. 프랑스 조계에는 1862년에 건립된 멋진 로마가톨릭교회인 성 요셉 교회가 있고, 훙커우에도 성심교회(聖心敎會)로[199] 알려진 또 다른 성당이 있다. 쑤저우 운하 쪽에 연합개신교회가 있고, 윈난루에는[200] 미국 감리교 선교회 소속으로 첨탑과 종을 갖춘 멋진 교회가 있다. 런던 선교회와 미국 성공회 소속의 예배당이 각각 한 곳, 푸둥의 매우 아름답고 위치가 좋은 (그러나 장례식 외에는 이용되지 않는) 선원교회(船員敎會),[201] 그리고 현지인을 위한 몇 군데의 예배당 등이 있다. 예수회 신부들은 쉬자후이에 큼직한 선교원 하나와 여러 고아원들을 두고 있는데, 이곳에서의 선교 활동은 100년 전부터 이어져

---

198 Trinity Cathedral. 정식 명칭은 Holy Trinity Cathedral이며, 중국식 이름은 성삼일주교좌당(聖三一主敎座堂, Shengsanyi Zhujiaozuotang)이다. 중국 최초의 영국국교회(聖公會) 주교좌성당(大聖堂)으로, 상하이의 영국인들 사이에서는 "Red Church"로 통칭되었다. 1949년에 강제 폐쇄되었다가 근래에 상해성삼일당(上海聖三一堂, Shanghai sheng sanyi tang)으로 다시 문을 열었다.

199 Church of the Sacred Heart.

200 Yunnan Road. 운남로(雲南路).

201 Seamen's Church.

왔다. 현재의 교회는 1851년 세워진 것이다. 이 선교회 건물에는 자연사 등을 주제로 하는 박물관 외에, 천문대와 기상대를 겸하는 관측소가 하나 딸려 있다. 프랑스 조계의 해안도로에 위치한 시보구(時報球)가[202] 이 관측소와 연결되어 있는데, 신부들은 상호 연락을 위해 상하이의 쉬자후이와 우쑹을 잇는 마르코니[203] 식 무선 전신 설비의 도입을 고대하고 있다. 현재 앞에서 언급한 관측소를 주축으로 중국의 해역 전체를 포괄하는 종합 기상관측 체계가 운영되고 있다. 상하이클럽은 영국 조계 해안도로 끝 쪽의 크고 정교한 건물을 보유하고 있다. 여기에 12만 냥이 들었는데, 그로 인해 3명의 계약자가 파산했다고 전해진다. 이 클럽은 1864년에 개장한 것으로, 다채롭고 독특한 발자취를 보여준다. 해안도로의 반대편 끄트머리에 있는 현재의 영국대사관과 최고법원 건물은 1873년에 문을 열었다. 인근에는 얼마 전 완공된 멋진 프리메이슨회관이 있다. 그 외에 눈에 띄는 건물로는 홍콩상하이은행, 인도호주중국칙허은행,[204] 청 제국 철도국 등을 꼽을 수 있다. 박물관 길에 위치한 라이시엄극장은[205] 700석의 객석을 갖춘 말쑥한 건물로, 1874년 1월에 개관하였다. 독일인 클럽 콩코디아의 회원들도 광둥루의[206] 본부 건물에 부속된 멋진 소극장을 보유하고 있다. 1893년 완

---

202 time-ball. 일반 대중들에게 시간을 알려주는 공공 시설물로, 영국은 오후 1시 그리고 미국에서는 정오에 '공'을 떨어뜨려서 시간을 알렸다.

203 Guglielmo Marconi(1874~1937). 이탈리아의 무선 전신 발명가.

204 Chartered Bank of India, Australia and China. 빅토리아 여왕으로부터 칙허장(Royal Charter)을 받아 1853년 런던에서 설립된 은행으로, 보통 칙허은행(Chartered Bank)으로 불렸다. 1969년에 아프리카를 거점으로 하는 스탠다드은행(Standard Bank)과 합병됨에 따라 오늘날의 스탠다드차타드은행(Standard Chartered Bank)이 탄생하게 되었다.

205 Lyceum Theatre.

공된 신축 세관은 해안도로 위의 옛 건물 자리에 있다. 이것은 빨간 벽돌로 지은 튜더 양식의 건물로, 닝보에서 나는 녹색 석재로 외장 처리되어 있으며, 프랑스제 타일을 씌운 지붕이 매우 높다. 이 건물들은 해안도로를 따라 135피트, 그리고 훙커우루 길(虹口路)에서는 155피트에 걸쳐 각각 늘어서 있다. 그 중심이 되는 건물의 한가운데에는 사면에 시계가 부착된 110피트 높이의 시계탑이 있다. 이 시계들은 웨스트민스터사원의 것과 동일한 차임벨을 울리는데, 주위 건물들은 우뚝 솟은 모습이 아주 멋진 이 시계탑을 가운데 두고 양편으로 나뉜다. 체임버스 씨가[207] 설계한 이 신축 건물은 해안도로에 인상 깊은 외관 하나를 더해주고 있다. 또 다른 훌륭한 건물은 푸저우루에[208] 있는 경찰본부이다. 빨간 벽돌로 짓고 석재로 장식한 크고 널찍한 건물이지만, 앞쪽과 주위 공간이 협소해서 전체 모습이 돋보이지 않는다. 신축 공회당과 공설시장이 1899년 완공되었는데, 이것들은 공공 기금으로 건립된 최초의 대중용 건물이다. 이 건물들은 요지에 위치한다. 네 개의 도로가 그 주위를 에워싸고 있는데, 정면의 주요 출입구는 영국인 거류지의 중심 대로인 난징루[209] 쪽으로 나 있다. 이 구역은 당초 계획에 따라 두 부분으로 나뉘어 있다. 난징루와 마주보는 절반은 유럽인 사회를 위한 공회당과 시장으로, 나머지 뒤쪽 부분은 중국인 시장으로 각각 이용된다. 중국인 시장은 가로 156피트, 세로 140피트 규모로, 철과 강철만을 사용해서 지은 개방형 2층 건물이다. 바닥은 콘크리트이고 지

---

206 Canton Road. 광동로(廣東路).
207 Mr. John Chambers(?~1903).
208 Foochow Road. 복주로(福州路).
209 Nanking Road. 남경로(南京路).

붕은 유리로 되어 있는데, 북쪽의 태양광만 들어오게끔 만들어졌다. 위층과 아래층은 네 귀퉁이에 설치된 계단을 통해 연결되며, 그 위로 지름 40피트의 팔각형 돔이 솟아있다. 앞쪽 건물은 **빨간** 벽돌로 지어졌고, 석재로 외장 처리되어 있다. 1층은 가로 156피트, 세로 80피트 규모의 유럽인 전용 시장과 나란히 동일한 용도를 지닌 가로 156피트, 세로 45피트 크기의 상가가 있다. 이 건물이 지닌 독특하고 인상적인 외양을 하나 꼽자면 난징루 쪽의 입구부터 2층의 공회당까지 이어지는 멋들어진 계단이다. 계단 양쪽의 벽면과 아치는 깔끔한 **빨간** 벽돌을 쌓고 석재 장식을 붙여 마감처리를 하였다. 그리고 층계는 콘크리트 바닥에 작은 기둥들을 박고 그 위에 석제 난간을 설치하였으며, 현관과 층계참에는 채색 타일을 깔았다. 공회당은 상하이 자원군의 훈련에도 활용된다. 길이 156피트에 너비 40피트 그리고 지붕 들보까지의 높이가 26피트인 공회당은 인상적인 외관을 지녔으며, 건물의 한쪽 절반을 가로질러 튼튼한 목조 관람석이 설치되어 있다. 이 공간의 바닥은 콘크리트와 철제 장선(長線) 위에 티크를 깔아 조성되었다. 개구식(開口式) 목조 지붕 밑으로는 중도리에 골이 패인 판자들을 붙인 천정이 거의 건물 꼭대기까지 솟아 있다. 창문은 '대성당 유리'로[210] 되어있으며, 실내 창호와 데이도는[211] 광택을 낸 티크로 처리하였다. 난방은 미국식 대형 난로를 사용하며, 환기에 특별한 주의를 기울이고 있다. 이 공회당과 인접하여 공청회, 자원군클럽, 기타 등등의 다목적으로 이용

---

210 cathedral glass. 대성당 창문에 흔히 쓰이는 재료로서, 장식 무늬가 들어간 반투명의 판유리를 일컫는다.
211 dado. 벽의 아랫부분으로, 특히 그 윗부분과 다른 색깔 또는 재질로 조성된 것을 이른다.

상하이 해안도로

되는 다른 큰 방들이 있다. 건물 조명은 어디서나 백열등에 의존하는
데, 공회당만 해도 300촉광(燭光)의 백열등 6개와 다수의 보조 조명을
갖추고 있다. 동쪽과 서쪽 양편의 도로들이 협소한 까닭에 이 건물 구
역이 멋진 외관을 드러내 보여줄 가능성이 크게 제약되기는 하지만,
건물들은 전체적으로 효율적인 집합을 이루고 있다. 이들 건물을 올리
는 데 18개월이 소요되었다. 자치체 소속 토목기사 메인 씨가 설계, 감
독하고 상하이 소재 모리슨그래턴회사의 영국왕립건축가협회 회원 그
래턴 씨가 공동 건축가 겸 시공자로 참여해서 완성되었다. 1899년에
완공된 혼합법정 신관은 평판이 좋지 않던 이전의 건물을 대체한 인상
적인 건물이다. 쿤밍에서 중국인에 의해 살해된 영국 공사관 직원 마

175

거리 씨를[212] 위한 추모비가 1880년 6월에 제막되었다. 1890년에는 베이징 주재 영국대사였던 고(故) 해리 파크스 경의 동상이 세워졌다. 1896년 7월 25일 산둥 해안에서 태풍으로 실종된 독일 포함 이틀리스호 승무원들의 영웅적인 죽음을 기리는 청동 기념비가 1898년 11월 베이징루[213] 끝 지점의 해안도로 위에 건립되었다. 프랑스 조계의 주요 건물은 공회당과 영사관이다. 1862년 5월 17일 난차오[214] 공격을 지휘하다가 전사한 프로테 제독의[215] 동상이 시청 앞에 있다. 프랑스 조계의 공설 시장은 널찍하고 잘 지어져 있으며, 위생 시설이 완벽하다.

8) 기관

이곳의 기관으로서 특기할 만한 것들 가운데 자원방위군이[216] 있다. 야전포병, 경기병(輕騎兵), 독일인 중대 하나를 포함한 3개 소총 중대, 1898년 결성된 1개 해군 중대 등으로 구성되어 있다. 이 부대는 1861년에 처음 결성된 뒤 점차 쇠퇴하다가, 1870년 톈진 대학살 이후 외부의 공격에 대한 두려움으로 인해 큰 공을 들여 재건되었다. 수효가 다시 감소하기도 하였으나 홀리데이 소령이 주도한 지난번의 재정비 작업이 성공을 거두었다. 그리하여 현재 지역방위대와 악대를 제외하고

---

212 Mr. Augustus R. Margary(1846~1875).
213 Peking Road. 북경로(北京路).
214 Nan-yao. 남교(南橋, Nanqiao 또는 Nan-Jao).
215 Admiral Protet. 프로테(Auguste Léopold Protet, 1808~1862)는 프랑스의 해군 제독으로, 태평천국의 난 당시 반란군과의 교전 중에 전사하였다.
216 Volunteer Defence Force.

300명이 넘는 병력이 있는데, 거의 대부분이 동원 가능하다. 보병들은 리메트포드 소총으로[217] 무장하고 있다. 이와 별도로 프랑스 총영사의 명령을 받는 자원병 중대 하나가 1897년 5월 조직되었다. 소방대는 유급 전담 기사(技士) 1명 외엔 모두 무급 자원자로 구성되는데, 4개 소방차 중대와 1개의 "갈고리-사다리 중대"를 두고 있다. 이들은 세계 최고 수준의 자원소방대로 널리 두각을 나타내고 있다. 외국인 전용 병원이 한 군데 있다. 이 건물은 1877년에 완공된 것인데도 벌써 부족한 점이 드러나 최근 몇몇 시설을 추가한 바 있다. 숙련된 간호사들이 배치된 자치체 공설요양소도 하나 있다. 그 외에 현지인을 위한 병원 몇 곳과 전염병 전문 공립병원 세 곳 그리고 백신과 혈청을 구비한 공립 보건소 한 곳 등이 있다. 기타 공공기관으로는 20,000여 권의 장서를 갖춘 회원제 도서관, 박물관을 중심으로 활동하는 왕립아시아학회 지부, 프리메이슨클럽, 선원 회관, 중국인을 위한 기술학교,[218] 선원을 위한 도서관 겸 박물관, 자치체의 비용 지원을 받으며 여름철에 매일 공원 연주를 하는 취주악대, 1.25 마일의 경주로를 갖춘 경마클럽, 징안루에 위치한 컨트리클럽, 파시클럽,[219] 포르투갈인 클럽, 세관클럽, 포니페이퍼헌트클럽,[220] 크리켓클럽, 사격클럽, 요트클럽, 야구클럽, 테니스

---

217 Lee—Metford rifle. 영국의 무기발명가 리(William James Paris Lee, 1831~1904)와 메트포드(Ellis Metford, 1824~1899)가 공동 개발한 영국 육군의 주력 소총으로, 1888년에 기존의 마티니헨리(Martini-Henry)를 대체하였다.
218 Polytechnic Institution.
219 Parsee. 원래 '페르시아인'을 뜻하는 페르시아어인데, 통상적으로 8세기경 이슬람 세력의 박해를 피해 국외로 이주한 조로아스터교 신도 혹은 그 자손을 지칭한다.
220 Pony Paper Hunt. 사냥과 크로스컨트리 경주를 결합한 스포츠로, 말 대신 조랑말을 타고 한다.

클럽, 골프클럽, 빙상클럽, 축구클럽, 수영클럽, 그리고 기타 각종 클럽들, 교향악단과 합창단, 영국인 및 프랑스인의 아마추어 극단, 그 외에 오락과 여가를 목적으로 하는 여러 모임들이 있다. 프리메이슨 조직은 10~11개 있으며, 회원은 500명이 넘는다. 이들은 1876년에 북중국 지역 총본부를[221] 결성하고 그 거점을 상하이에 두었다.

9) 산업

상하이에는 도크가 5개 있다. 하나는 시내와 마주보는 둥자두에 있는데, 전체 길이가 380피트이며, 만조 때 수심은 21피트이다. 훙커우에 있는 구(舊) 도크는 길이 400피트에 만조 때 수심이 18피트이다. 푸둥 부두 쪽의 저지대 끄트머리에는 보이드회사가[222] 신축한 도크가 있다. 이 시설은 길이 450피트, 바닥과 상단의 너비가 각각 50피트와 134피트, 입구 양쪽 기둥 사이의 간격이 80피트, 만조 때의 수심은 22피트로서, 이 도크와 관련된 시설물들이 16에이커에 걸쳐 배치되어 있다. 부두 경계에서 아래로 약 1마일 떨어진 푸둥 쪽에 파넘이[223] 축조한 "코즈모폴리턴"이란 이름의 도크가 있는데, 길이가 560피트이고 입구 너비는 82피트이다. 1896년에는 사업체가 하나 더 조직되어 더 큰 다섯 번

---

221 Grand Lodge, 대(大)로지.
222 Messrs. Boyd & Co.
223 Farnham. 정식 이름은 S. C. Farnham & Co., 상하이의 명물 가운데 하나인 와이바이두차오(外白渡橋. 일명 Garden Bridge 혹은 Soochow Creek Bridge)를 세운 건축토건 회사이다.

째 도크를 만들고 "오리엔탈 도크"라는 이름을 붙여 이미 가동에 들어 갔다. 현재 모든 증기선과 대부분의 범선이 다양한 공설, 사설 부두에 서 선적과 하역 작업을 수행하고 있다. 부두회사조합의 부지는 약 0.75 마일에 걸쳐있다. 중국 정부는 현지인들의 구(舊) 도시에서 조금 떨어 진 가오창먀오에 조병창, 도크, 조선소 등을 보유하고 있는데, 이 시설 은 1867년에 조그만 소총 공장으로 출범하였다. 1871년에 그레이트노 던전신회사[224] 그리고 1884년에는 이스턴익스텐션전신회사가[225] 각각 전선을 설치함에 따라 현재 상하이는 독립된 3개의 선을 통해 유럽과 교신하고 있다. 1881년 12월 상하이와 톈진을 잇는 육상 전신이 개통 되었다. 이것은 그 후 베이징까지 연장되었으며, 1894년에는 러시아의 내륙 전신망을 통해 시베리아를 거쳐 유럽과 연결되었다. 서쪽 방면으 로 카슈가르까지[226] 이어진 전신망도 하나 있다. 남으로는 윈난 지방 국경의 라오까이까지 뻗어 있는데, 여기서 프랑스령 통킹의 전신망과 연결되는 한편 버마 전신을 통해 바모까지[227] 연결된다. 1876년 6월, 우쑹으로 가는 철도가 한 외국인 회사에 의해 개통되었다. 하지만 이것 은 16개월간 운행된 후 중국 당국에 매각, 인수되었다. 그 짧은 기간 동 안 이 철도는 승객 운송만으로도 공사비를 회수하였으며, 비록 소액이

---

[224] Great Northern Telegraph Company. 덴마크의 금융업자 겸 공학자인 티에트겐 (Carl Frederik Tietgen, 1829~1901)이 전(全)세계적인 전신회사를 목표로 1869년 덴 마크에 설립한 회사이다. 오늘날 보청기, 블루투스 헤드셋, 마이크 등등을 생산하는 세계 유수의 음향기기 전문 그룹인 "GN Store Nord A/S"의 모태이다.

[225] Eastern Extension Company. 정식 명칭은 Eastern Extension Telegraph Company.

[226] Kashgar. 중국 신장웨이우얼(新疆維吾爾) 자치구 서남단 국경 지대의 "오아시스 도 시"이다. 옛 중국식 이름은 수러(疏勒)이고 근대에 들어와 카스가얼(喀什噶爾)로 굳어 지게 되었는데, 그냥 '카스'로도 부른다.

[227] Bhamo. 미얀마 카친(Kachin) 주에 있는 도시이다.

지만 배당금을 지불할 수 있을 만큼 충분한 이익을 냈다. 1895년이 끝
나갈 무렵 지방 당국에 의해 상하이와 쑤저우 간 약 80마일 길이의 철
도 건설을 승인하는 칙령이 하달되었다. 이 철도는 지금 공사 중인데,
상하이·우쑹 구간은 1898년 9월 1일 개통되어 이미 운행되고 있다. 이
노선을 현재의 우쑹 종점으로부터 운하를 가로질러 원래의 우쑹 내부
까지 연장하는 공사가 진행 중인데, 최종 종착역은 옛 요새들과 바로
인접한 프린세스 나루가[228] 될 것이다. 상하이 쪽의 종착역은 거류지와
너무 멀리 떨어져 있기 때문에 우쑹에서 오는 화물을 처리하는 데에는
이 철도가 별로 소용이 없다. 이 노선은 전장과 난징까지 연장될 예정
이다. 거류지들 내의 전차 사업은 종종 제안되어 왔으나, 최근 1896년
만 해도 지방세 납부자들이 승인을 거부하였다. 하지만 1898년 3월의
연례회의에 다시 상정되었으며, 1899년에는 입찰 공고가 났다. 증기선
의 경우, 지역 내에 거점을 둔 5개 노선이 연안과 양쯔강에서 운행되고
있다. 최근 수년간 많은 공장이 현지 당국과 외국의 후원을 받아 생겨
났다. 만일 외국인들이 운영하는 제조업체에 대한 현지 관리들의 맹목
적이고 강력한 반대가 없었더라면, 또 외국산 기계류의 수입을 금지하
지 않았더라면, 이미 오래 전에 그렇게 되었을 것이다. 조약에 기계류
를 수입할 수 있는 권리가 뚜렷이 명시되어 있음에도 불구하고, 영국
정부는 그 권리의 행사를 주저하였다. 그러나 일본인들은 전쟁을 마무
리하는 1895년 조약에 각별히 기계류의 수입을 허용하는 문구를 끼워
넣는 소득을 얻었다. 그 결과 5개의 면방적·면방직 회사가 설립되었

---

228 Princess Wharf.

다. 그 중 둘은 자딘매디슨회사와[229] 아메리카무역회사가[230] 각각 투자하였고, 또 하나는 일버트회사의[231] 관리를 받는 것이었으며, 나머지 2개는 각각 아놀드카버그회사와[232] 피어론다니엘회사가[233] 세운 것이었다. 이들 외국 기업이 건립한 공장들은 각기 4만에서 6만에 이르는 방추를 보유하였다. 현재 가동되고 있거나 건축 중인 공장의 숫자를 놓고 볼 때 이곳은 랭커셔의 어느 번창하는 구역과 다름없는 모습으로 급속히 변하고 있다. 1898년 말 당시 가동 중인 면직공장은 9개로, 약 167,000개의 방추를 보유하였다. 중국인은 4개 공장, 약 146,000개의 방추를 소유하였다. 그러나 외국인이 소유한 방추들의 동시 가동률은, 비수기와 성수기를 종합적으로 고려할 때, 아마도 평균 60~70%를 초과하지 않았을 것이다. 우쑹에서 상하이로 들어오다 보면, 현지인 소유의 사업체인 상하이면직물관리소[234] 산하의 대형 공장들이 눈길을 끈다. 옛 시설물은 1893년에 화재로 무너졌고, 현재 건물들은 1895년 완공되었다. 이것들은 상하이에 건립된 최초의 공장으로, 전임 총독 리훙장도 큰 관심을 기울이고 있다. 강변에 늘어선 이 공장들 위쪽으로 앞에서 언급한 일버트회사, 자딘매디슨회사, 아놀드카버그회사 등의 공

229　Messrs. Jardine, Matheson & Co. 영국의 자딘(William Jardine, 1784~1843)과 매디슨(James Matheson, 1796~1878)이 1832년 공동 설립한 기업으로, 동아시아에서는 이화양행(怡和洋行) 또는 사전양행(渣甸洋行)으로 널리 알려졌다.

230　American Trading Company.

231　Messrs. Ilbert & Co.

232　Messrs. Arnhold, Karberg & Co. 유대인 혈통의 독일계 영국인 아놀드(Jacob Arnhold, 1893~1903)가 카버그(Peter Karberg)와 함께 1866년 광둥성 사몐다오(沙面島)섬에 설립한 독일 기업이다.

233　Messrs. Fearon, Daniel & Co.

234　Shanghai Cotton Cloth Administration.

장이 늘어서 있다. 한편 그 반대편의 푸둥 쪽 강변에는 인터내셔널면직제조회사의[235] 커다란 공장이 바쁘게 돌아가고 있다. 외국인 또는 현지인 소유의 조면(繰綿) 공장도 다수 있다. 여기서 가공된 면화는 일본으로 대량 수출된다. 상하이의 25개 견사공장은 도합 8,000개의 세척용 수조(水槽)를 갖추고 있는데, 그 중 5개는 외국인이 경영한다. 1898년 당시 자체 용량을 완전 가동한 곳은 거의 없었으며, 대부분 아주 간헐적으로만 작업하였다. 수출은 1피컬(133⅓파운드) 들이 꾸러미를 기준으로 1895년에 6,276개, 1896년에 5,293개 그리고 1897년에 11,429개 나갔다. 이들 견사공장 중 단 하나만 개인기업 소유이며, 나머지는 모두 외국인 또는 중국인 회사가 보유하고 있다. 현지인 20,000명에게 일자리를 제공하는 이 견사공장들은, 300개의 세척용 수조를 갖춘 제스필드 소재의 대형 공장인 홍창제사(興創製絲)를[236] 제외하고는, 모두 홍커우와 신자[237] 일대에 흩어져 있다. 여타 산업 중에서 특기할 만한 것으로는 깃털세척공장, 방수패킹공장, 현지인 소유의 제지공장 1개, 그리고 중국인 소유의 성냥공장 2개 등을 들 수 있는데, 이 성냥공장들은 성냥갑 100그로스 들이 상자를 매일 도합 80개 가량 출하하고 있다.[238] 대형 제분공장(밀을 빻는 곳으로, 고급 밀가루를 만들어낸다고들 한다), 등유저장소, 통조림공장 등도 있고, 그 외에 다양한 산업이 수적으로 급속히 증가하고 있다. 상하이는 조만간 봄베이를 제치고 아시아 최대의 제조업 중심지가 될 전망이 높다.

---

235 International Cotton Manufacturing Co.
236 Hing Chong Filature.
237 Sinza. 신갑(新閘).
238 100그로스 들이 1상자가 1,200갑이므로 80상자는 96,000갑이 된다.

홍커우의 애스터하우스호텔과 영국 조계의 센트럴호텔, 프랑스 조계의 오텔데콜로니[239] 등과 그 외의 많은 2등급 여관들이 동양 어느 항구에도 뒤지지 않는 숙박의 편의를 제공한다. 일간지는 5개이다. 조간으로 『노스차이나데일리뉴스』,[240] 『상하이데일리프레스』,[241] 『중국의 메아리』[242] 등이 있고, 석간으로는 『상하이머큐리』와[243] 『차이나가제트』가[244] 있다. 또한 주간지가 4개 있는데,『동아시아로이드』,[245] 『노스차이나헤럴드』, 『중화제국』,[246] 『유니언』 등이 그것이다. 현지인의 일간지는 4개로,『순보(旬報)』, 『회보(回報)』, 『신문보(新聞報)』, 그리고 개혁 운동을 대변하는 『중외일보(中外日報)』 등이다.[247] 이들 신문은 동전 10개 또는 8개에 팔리는데, 이는 약 1파딩에[248] 해당한다. 어떤 것들은 하루에 10,000부 유통되기도 한다. 우편서비스 측면에서 상하이는 아마도 공급 과잉일 것이다. 영국, 프랑스, 미국, 일본, 독일, 러시아 그리고 청 제국의 우체국이 두루 있기 때문이다. 맨 끝의 청 제국 우체국은 해관의 후원을 받아 설립되어 운영되고 있는데, 자치체 내부의 우편도 1898년에 거기에 통합되었다. 여기서는 소액 송금과 편지의 등기 업무를 담당한다. 중국 같은 나라에서 불가피하게 발생하는 난점들을 극복

중국

---

239 Hôtel des Colonies. 우리말로 직역하자면 "식민지 호텔" 정도가 된다.
240 North China Daily News.
241 Shanghai Daily Press.
242 L'Echo de Chine. 프랑스어 신문이다.
243 Shanghai Mercury.
244 China Gazette. 영자(英字) 중국 관보(官報)이다.
245 Ostasiatische Lloyd. 중국 최초의 독일어 신문이다.
246 Celestial Empire. 사전적 의미로는 '중국 왕조'를 이르는 것으로 되어 있다.
247 원문은 순서대로 *Shun-pao, Hu-pao, Sin-wan-pao, Universal Gazette.*
248 farthing. 영국의 옛 화폐 단위로 청동화(靑銅貨) 1/4 페니를 가리키는데, 1961년에 없어졌다.

하기까지는 필시 여러 해가 걸릴 것이다. 그리고 외국인들은 자신이 쓴 편지의 비밀 유지와 관련하여, 근거가 있든 없든 간에 의혹을 품고 있다. 중국은 국제우편협정에 가입 신청을 낼 것으로 알려져 있다. 상하이는 1874년에 영국 선박들의 선적항이 되었다. 모든 외국인 상회, 심지어 개인 주택까지도 근사한 중국식 이름을 가져야만 하며, 오로지 그 이름으로만 현지인들에게 알려진다. 그렇긴 해도 이 제도는 그 나름의 편리성을 지닌 것으로 보인다. 4,308대가 넘는 인력거, 승객이나 화물을 나르는 외바퀴 손수레 4,379대, 조랑말 701필, 마차 543대 등등이 거류지들 안에서 손님을 찾아다니고 있고, 거류지 바깥에도 많이 있다.

상하이의 통화는 1⅓ 온스의 은냥(銀兩)으로, 무게가 50냥 정도 되는 '신발' 모양의 틀에 부어 주조된다. 외국 은행들은 냥이나 달러 어느 것과도 교환이 가능하도록 1달러 및 그 이상의 가치가 표시된 은행권들을 발행한다. 소액 거래는 안전한 멕시코 달러,[249] 이보다 더 작은 보조화폐격의 지방 은화와 동전 등으로 이루어진다. 거류지 내에는 8개의 외국 은행과 다수의 토착 은행이 있다. 1896년, 황제의 칙령에 의거하여 중국과 유럽이 공동 관리하는 중국통상은행(中國通商銀行)이[250] 문을 열었다.

---

249 Mexican dollar. 16세기 이래 멕시코에서 주조되던 은화로, 질이 고르고 중량이 정확하여 아메리카와 아시아에서 무역 화폐로 널리 유통되었다. '멕시코 은(銀)' 또는 '묵은(墨銀)'이라는 별칭으로 불리기도 하였다.

250 Imperial Chinese Bank. 정식 영문명은 Imperial Bank of China. 설립은 청국 정부가 하였고, 경영과 관리는 홍콩상하이은행 출신의 영국인 메이트랜드(Andrew Maitland)에게 맡겨졌다. 1913년에 청의 마지막 황제 푸이(溥儀, 1906~1967)가 폐위됨에 따라 영문명이 Commercial Bank of China로 변경되었다.

10) 무역과 상업

상하이는 양쯔강 일원과 북중국 및 한국 항구들의 교역에 있어 거대한 상업 중심지 역할을 하고 있는데, 이는 일본에 대해서도 어느 정도 마찬가지이다. 1868년의 수출입 총액은 6,500만 냥이었다. 무역은 매년 꾸준히 증가하여 1881년에 141,921,357 해관 냥에 달했으나, 그 뒤로는 크게 쇠퇴하여 1884년에는 무역 총액이 1881년보다 20% 떨어졌다. 하지만 이후 급속한 회복세를 보였는데, 최근 8년간 세관통계국이 공표한 외국 선박들의 수출입 총액은 다음 쪽의 표와 같다.

외국산 아편의 수입량은 중국 현지의 아편 생산과 이에 대한 수요가 모두 증가함에 따라 최근 크게 줄어들었다. 오늘날 토산(土産) 아편의 품질은 이전보다 훨씬 우수하고 세금도 수입 아편에 비해 한결 가볍다. 그런데도 1898년의 수입량은 30,229피컬로, 1897년보다 2,700피컬 증가하였다. 국제 세관의 보고서에 나타나듯이 1895년에 유입된 토산 아편의 양은 1893년도에 비해 4배가 넘는 10,413피컬이었다. 그 양이

	해관 냥	멕시코 달러 환율	멕시코 달러	파운드화 환율	파운드(£)
1891	165,543,862	1.53	$253,282,109	4실링 11펜스	40,696,199
1892	166,827,502	1.54	$256,914,353	4실링 4$\frac{1}{4}$펜스	36,319,946
1893	177,017,836	1.54	$272,607,467	3실링 11$\frac{1}{4}$펜스	34,850,386
1894	195,622,371	1.51	$295,389,780	3실링 2$\frac{3}{8}$펜스,	31,279,202
1895	218,733,283	1.53	$334,661,923	3실링 3$\frac{1}{4}$펜스	35,772,006
1896	226,912,516	1.53	$347,176,149	3실링 4펜스	37,818,752
1897	265,678,990	1.50	$398,518,485	2실링 11$\frac{3}{4}$펜스	39,575,099
1898	251,205,837	1.51	$379,320,814	2실링 10$\frac{3}{8}$펜스	36,241,775

1898년에는 흉작과 본토 내륙에서의 수요 증가로 인해 7,850피컬로 줄었다. 그러나 상하이로 유입되는 현지 생산 아편 가운데 상당량이 해관의 감시망에서 벗어나 있다는 점을 유념하지 않으면 안 된다. 현지에서 재배된 아편의 해외 수출은 이제 막 시작되었다. 수년간 매년 25% 이상 증가하였던 면제품과 면사의 수입은 은(銀) 가격의 상승으로 인해 1893년에 크게 줄었다. 그러나 이후 1896년에는 6,450만 냥을 기록하여 전년도에 비해 금액 기준으로 52.75%라는 놀라운 증가세를 보이며 회복되었다. 하지만 1898년에는 5,500만 냥으로 다시 떨어졌다. 셔츠 제작용 평직포(平織布)와 도톰한 능직포(綾織布)의 경우는 현재 미국산이 영국 제품을 수적으로 크게 압도하고 있는데, 그 이유는 미국으로부터의 운송비가 영국의 경우에 비해 훨씬 낮기 때문이라고들 한다. 양모 수입량은 서서히 증가하다가 1896년에 와서는 전년도보다 57%나 증가하였다. 하지만 1897년에 14% 줄어들고 1898년에는 전년도보다 39%나 감소한 것에서 볼 수 있듯이 그 추세는 지속되지 못했는데, 이는 면직물의 경우도 마찬가지였다. 금속류의 수입은 지난 10년간 연평균 5% 가량 증가하였으며, 10% 이상의 변동을 보인 적은 없었다. 그러나 다른 대부분의 수입품과 마찬가지로 1896년에 현저하게 늘어나 전년도에 비해 금액 기준으로 44.75% 증가하였다. 1897년에는 20% 감소하고, 1898년에는 23% 늘어났다. 등유의 수입은 1896년 42,821,383 갤런, 1897년 67,359,323 갤런, 그리고 1898년 69,056,545 갤런이었다. 미국산 등유 수입은 1894년 3,625만 갤런이던 것이 1895년에는 1,600만 갤런으로, 전년에 비해 절반 이하로 줄었다. 그러나 이후에는 다시 해마다 늘어나서 1898년에는 4,200만 갤런을 상회하였다. 러시아산의 경우통(桶) 등유가 1894년 400만 갤런에서 1897년 1,750만 갤런으로 증가했다가 이듬해 800만 갤런으로 떨어졌다. 러시아산 유조(油槽) 등유는 1894년 300만 갤런에서 1897년 741만 갤런으로 증가했다가 이듬해 549만 갤런으로 감소하였다. 수마트라 등유의 1898년 수입량은 전년도에 비해 2배 늘어난 1,325만 갤런으로, 모두 비포장(非包裝) 상태로 들여왔다. 설탕의 수입은 1892년 247,894피컬이던 것이 1894년에는 1,250,000피컬로 뛰었으며, 이후 거의 비슷한 수준을 유지하고 있다. 1898년에는 1,138,152피컬이 수입되었는데, 그 중 514,994피컬은 정제된 것으로 거의 전량 홍콩에서 들어왔다. 석탄은 1898년에 50만 톤이 넘게 수입되었는데, 그 중 47만 6천 톤이 일본에서 온 것이다.

중국 현지 생산물의 1897년 한 해 외국 수출은 1896년보다 2,350만 냥이 늘어난 7,800만 냥 이상을 기록했으나, 1898년에는 6,900만 냥으로 떨어졌다. 감소세를 보인 품목은 주로 면화, 견사, 차, 짚 끈 등으로, 모두 그 전년도에 비정상적으로 대량 수출되었던 것이다. 유례없이 높게 매겨진 면화 가격, 견사와 짚 끈의 현격한 품질 저하 등이 수출 감소의 원인이었다. 생사(生絲) 수출은 1896년 48,472피컬이던 것이 1897년 63,979피컬, 1898년 65,133피컬로 각각 증가하였다. 은의 순수입액은 1895년에 3,660만 냥이던 것이 1896년 660만 냥 그리고 1897년 400만 냥 등으로 감소하였지만, 1898년에는 일본에서 총중량이 1,000만 냥 이상 나가는 은괴(銀塊)가 들어오면서 900만 냥으로 증가하였다. 금의 순수출은 최근 수년간 크게 늘어나서 1895년 685만 냥이던 것이 1896년 720만 냥, 1897년 867만 냥, 그리고 1898년에는 851만 냥을 기록하였다.

다음 표에 제시된 것은 지난 6년 동안의 차(茶)와 비단류 수출 내역이

다.(단위는 피컬)

	홍차	전차(磚茶)	녹차
1893	281,339	353,910	234,072
1894	304,267	338,028	230,215
1895	358,631	412,694	240,689
1896	151,850	175,398	217,425
1897	261,166	507,039	204,358
1898	320,994	466,421	185,880

	견사	야잠견[251]	부잠사[252]	고치
1893	57,674	6,034	40,628	6,887
1894	60,657	9,909	48,191	6,703
1895	68,384	10,065	37,743	7,973
1896	46,329	9,487	25,877	7,939
1897	64,914	12,166	33,900	8,845
1898	56,605	11,737	41,720	6,795

1898년에 수입된 외국 상품의 선적지는 다음과 같이 요약될 수 있다.

	해관 냥		해관 냥
영국	32,814,335	영국령 아메리카	1,940,914
홍콩	27,625,216	"해협"[253] 및 호주	1,787,497
인도	18,943,142	기타 국가	1,654,392
미국	16,057,183	중국의 다른 항구들	525,216
일본 · 타이완	15,808,048	[합계]	127,156,897
유럽 대륙	10,000,954		

---

251 wild silk, 野蠶絹. 야생 누에고치에서 얻는 것으로 멧누에고치실이라고도 하는데, 집누에고치실 - 가잠견(家蠶絹)--보다 품질이 떨어진다.

252 waste silk, 副蠶絲. 부스러기고치실 또는 토막실(silk waste)이라고도 불린다.

다음은 같은 해에 수입된 주요 외국 상품들과 그 금액이다.

	해관 냥		해관 냥
면제품	35,375,318	쌀	510,223
면사	19,991,195	유리, 유리제품	483,029
아편	17,581,710	해삼	458,716
등유	8,353,160	바늘	448,722
금속류	7,083,568	제비집	404,893
설탕	5,593,448	가정용품	401,301
석탄	4,107,870	상어 지느러미	375,010
모제품	2,400,431	시멘트	369,464
인삼	1,561,059	깔개, 깔개 재료	356,120
면화(원면)	1,361,000	가방	285,908
기계류	1,306,522	종이	282,300
염료, 물감	1,056,150	의약품	266,651
담뱃잎, 잎담배 등	783,178	견사, 비단제품	262,996
해조류	744,456	벽시계, 손목시계	247,421
포도주, 맥주, 증류주	680,217	문구류	236,610
백단유(白檀油)	671,883	밀가루	226,401
가죽 및 가죽제품	650,796	인디고	212,051
목재	625,896	뿔	203,380
성냥	601,843	잡화	9,517,653
비누	542,863	[합계]	127,156,897
철도 설비	535,395		

전체 외국산 수입품에서 97,730,387 해관냥어치가 재수출되었다. 그 내역을 행선지별로 보면 양쯔강 항구들이 43,400,556냥이고, 뤼순, 웨이하이, 자오저우를 포함한 북부 항구들이 38,530,001냥, 닝보와 남부 항구

들이 1,105,493냥, 홍콩 688,143냥, 러시아를 제외한 유럽 대륙 28,650냥, 영국 84,564냥, 그리고 기타 해외 국가 108,363냥 등이다. 따라서 현지에서 소비되거나 비축된 외국산 수입품은 액수로 29,426,510냥이다.

2,395,704냥에 상당하는 수입품이 임시통관증을 받아 내륙으로 운송되었다.

중국 현지 생산물 가운데 76,090,915 해관 냥에 해당하는 물품이 외국 선박에 실려 상하이로 유입되었다. 이를 선적지별로 세분하면 양쯔강 항구들이 44,981,483냥, 북부 항구들이 15,791,918냥, 남부 항구들이 15,317,514냥 등인데, 거의 대부분 반출되어 순유입은 11,259,760냥을 기록하였다.

1898년에 외국, 홍콩 및 중국의 다른 항구들로 수출 또는 반출된 현지 생산물의 가격 총액은 다음과 같다.

	해관 냥		해관 냥
비단	29,348,659	아편	1,050,921
차	15,376,151	오배자(五倍子)	843,276
견직물	8,866,562	쌀	794,051
면화(원면)	6,362,658	(자유 거래)	194,376
면제품, 면사	3,615,717	(공납 물품)	2,510,807
가죽, 뿔	3,296,043	서적(인쇄본)	759,469
짚끈	3,063,448	강모(剛毛)	759,108
모피, 모피양탄자	3,060,115	사향	668,818
담뱃잎	2,821,302	땅콩	576,070
옷감, 난징 산(産) 면포	2,625,198	버섯	570,229
기름(식물성)	2,431,473	대황(大黃)	508,054
콩, 콩깻묵	2,191,358	모시	504,914

190

종이	2,160,381	바니시	469,957
양모	1,401,903	도자기	437,887
사기(沙器)	1,595,952	국수	429,247
종자	1,246,018	깃털	391,185
설탕	1,146,903	잡화	7,436,860
의약품	1,131,605	[합계]	112,789,180
대마	1,072,354		
밀랍	1,070,151		

그리고 위 품목들의 행선지는 다음 표와 같다.

	해관 냥		해관 냥
유럽 대륙	26,964,550	영국령 북아메리카	356,593
미국, 샌드위치 제도[254]	10,975,853	기타 외국	72,012
영국	8,546,020	[대외 수출 총액]	69,084,804
일본	8,140,826		
홍콩	8,006,972	중국 북부 항구	23,998,711
러시아령 만주	2,488,214	중국 남부 항구	12,270,439
인도, 버마	1,296,386	양쯔강 항구	7,435,226
페르시아, 이집트 등	1,005,133	[중국 항구로의 유출 총액]	43,704,376
한국	828,724		
동남아시아 "해협", 호주	403,521		

임시통관증을 달고 운반된 수출용 물품은 거의 모두 부잠사(副蠶絲)와 고치로서 2,843,181냥어치였다. 이 액수는 전년도인 1897년에 비해 139,670냥 감소한 것이었다.

---

254 Sandwich Islands. 지금의 하와이 일원으로, 1778년 이곳에 온 제임스 쿡(James Cook, 1728~1779) 선장이 자신의 항해를 후원한 제4대 샌드위치(Sandwich) 백작의 이름을 따서 그렇게 명명하였다고 전해진다.

1898년에 입항과 출항을 망라한 전체 운송교역을 선적(船籍) 기준으로 정리하면 아래의 표와 같다.

	증기선	톤수	범선	톤수	선박합계	총톤수	관세 (냥)
영국	2,989	4,300,536	127	197,742	3,116	4,498,278	3,741,159
일본	593	575,663	4	170	602	575,833	371,940
독일	383	505,392	7	11,710	390	516,463	1,125,834
프랑스	117	226,108	-	-	117	226,108	404,592
스웨덴, 노르웨이	133	137,713	-	-	133	137,713	90,931
미국	46	116,158	43	43,292	89	159,450	76,278
러시아	42	83,372	4	672	46	84,044	35,348
덴마크, 네덜란드 등	52	58,029	5	4,624	57	62,653	49,065
오스트리아	16	44,936	-	-	16	44,936	47,808
중국	1,580	1,759,998	664	139,552	2,244	1,899,550	555,328
아편 거래							405,911
[합계]	5,956	7,807,905	854	397,123	6,810	8,205,028	6,907,194

이 가운데 바닥짐만 실은 경우를 살펴보면, 증기선 120척과 기타 선박 13척이 입항하였고, 증기선 330척과 범선 76척이 출항하였다.

같은 해에 세관이 거둬들인 수입 총액은 6,907,194 해관 냥으로, 그 내역은 다음과 같다.

	해관 냥		해관 냥
수입 관세	3,895,212	톤세	401,021
수출 관세	1,190,899	기항료	99,098
연안교역 관세	242,684	아편 이금	1,078,280

가격 총액을 놓고 볼 때 외국산 수입품으로서 전체 개항장으로 간 것과 홍콩이나 마카오를 떠나 비(非)개항장들로 간 것의 50%, 그리고 대외 수출의 43.5% 가량이 상하이를 경유하였다. 그러므로 외국 선박을 통해 이루어지는 중국 무역의 절반 이상을 이 "중국의 상업 수도"가 담당하는 셈인데, 연안 교역의 경우는 거의 모두가 그렇다.

13. 쑤저우[255]

쑤저우는 장쑤성의 수도이다. 상하이로부터 서쪽으로 약 80마일 떨어진 지점에서 약간 북쪽으로 올라간 곳에 위치하며, 훌륭한 내륙 운하를 통해 상하이와 연결되어 있다. 쑤저우는 남북 3.5마일, 동서 2.5마일 길이의 직사각형 모양으로, 드넓은 타이후호의[256] 동쪽 수변(水邊)에서 멀지 않다. 성벽 바깥으로 항저우와 전장을 잇는 대운하의 남쪽 구간이 펼쳐져 있는데, 그 외에 여러 개천과 운하가 사방으로 뻗어 있어 많은 인근 촌락들과의 교통이 용이하다. 쑤저우는 인구가 50만 명이 넘는 주요 제조업 중심지로, 새틴과 다양한 비단 자수 제품이 양대 산물이다. 이와 아울러 쑤저우는 견직물, 아마포, 면직물, 종이, 칠기 등과 더불어 철·상아·나무·뿔·유리 수공품을 생산한다. 개항 이

---

255   Soochow. 소주(蘇州, Suzhou).
256   Taihu lake. 태호(太湖).

중국

래 외국식 기법에 입각한 제조업이 도입되어 현재 2개의 면직공장과 몇 개의 견사공장이 자동되고 있다. 태평천국의 난 전까지만 해도 쑤저우는 항저우와 함께 중국에서 가장 아름다운 도시라는 명성이 자자하였으나, 1860년 5월 25일 이곳을 점령한 반란군에 의해 거의 다 파괴되었다. 1863년 11월 27일 고든 소령 — 훗날 장군으로 승진한다 — 이 이곳을 수복함으로써 반란군에 최초로 유효한 타격을 가했다. 그 끔찍했던 시기가 지나간 뒤 쑤저우는 크게 되살아났으며, 비록 과거의 전성기에는 아직 미치지 못하지만 다시금 인구가 넘치고 번창하는 곳이 되어 있다. 이곳은 1896년 9월 26일 체결된 일본과의 조약에 따라 대외 무역 개방이 선포되었다. 외국인 거류지로 선정된 장소는 남쪽 성벽 아래 구역이다. 다시 말해서 운하 바로 건너편에 있는 띠 모양의 땅으로, 길이 1⅓ 마일에 너비는 1/4 마일이다. 그 중 서쪽 부분은 일본인 거류지로 예약되어 있다. 정부는 운하 제방을 따라 거류지 전역을 지나는 양질의 차도를 조성하였다. 그 길 위로 마차와 인력거가 오가며, 날씨가 맑은 날이면 시내를 벗어나 산책이나 드라이브를 즐기는 사람들로 붐빈다. 국제 세관을 통관한 이곳 항구의 순무역액은 1897년 1,473,453냥에서 1898년 1,527,424냥으로 증가하였다. 그러나 이는 항구의 전체 교역 가운데 작은 일부에 지나지 않으며, 상거래의 대부분은 중국 국내 세관을 거쳐 이루어진다.

14. 전장[257]

전장 혹은 전장푸 항구는 톈진 조약에 의해 외국 무역에 개방되었다. 양쯔강 하구에서 약 150마일 떨어진 것으로, 대운하가 강으로 흘러들어가는 지점에 위치해 있다.

전장의 역사에는 흥미로운 내용이 별로 없다. 이 도시는 '강(江) 수비대'를 뜻하는 지명이 말해주듯이, 중국 남부의 모든 공미(貢米)가 육로를 통하여 베이징으로 운송되던 과거 한때 군사적 측면에서 대단한 요지였다. 1842년 7월, 영국군이 이곳을 점령하였다. 언제나 그렇듯이 물자의 차단은 커다란 효과가 있었고, 그렇게 해서 확보된 우월적 지위 덕분에 영국은 얼마 안 가서 중국 중앙 정부로부터 원하는 결과를 얻어낼 수 있었다. 그것은 1개월 뒤 난징 조약의 체결로 나타났다. 1853년 4월에 태평천국 반도들이 입성하여 1857년까지 줄곧 점령하였지만, 그들은 15년 전 중국 정부가 영국에 항복한 것과 동일한 원인으로 인해 퇴각할 수밖에 없었다.

이곳 도시는 대운하의 한쪽 어귀와 양쯔강의 우측 제방 사이에 걸쳐 있다. 대부분의 주택은 평지에 있다. 하지만 그 주위를 둘러싼 언덕들이 아름다운 풍경을 연출하는데, 자오산다오섬[258] 절벽의 경관이 한데 어우러져 그 멋을 한층 더해주고 있다. 반란군이 퇴각할 당시 이곳 도시는 거의 완벽하게 파괴된 상태였으며, 지금도 과거의 휘황찬란한 모습을

---

257 Chinkiang. 진강(鎭江, Zhenjiang).
258 island of Ts'io-shan. 초산도(焦山島, Jiaoshandao).

되찾지 못하고 있다. 도시는 성벽으로 둘러싸여 있으며, 위협적인 외양의 포대들이 강 쪽에서의 접근 상황을 예의 주시하고 있다. 외국인 거류지는 대운하 어귀에서부터 강둑을 따라 펼쳐진 구역을 점하고 있다. 깔끔한 해안도로가 깔린 이 소형 거류지에는 클럽 하나, 그리고 개신교와 가톨릭의 작은 교회들이 있다. 1889년 2월 5일 대규모 폭동이 일어나서 외국인 주택과 건물의 절반 가량이 현지인 폭도들에 의하여 파괴되는 사태가 발생하였다. 전장의 인구는 140,000명으로 추정된다.

1898년의 외국 상품 순수입액은 12,650,707냥인데, 전년도인 1897년에는 13,310,870냥이었다. 전장으로 수입된 아편은 1898년 2,953피컬, 1897년 2,950피컬, 1884년에는 10,900피컬로, 더 낮은 세금이 부과되는 현지 생산 마약과의 경쟁 때문에 아편무역이 쇠퇴하고 있다. 이곳 항구의 순무역액은 1898년에 23,143,548냥을 기록하였는데, 1897년에는 24,145,341냥이었고, 1896년에는 22,950,209냥이었다.

15. 난징[259]

'남쪽의 수도'라고 하는 이 도시의 현재 지명은 여러 차례에 걸쳐 제국의 수도였던 것에서 유래하는데, 15세기가 개막될 무렵 명 왕조의

---

[259] Nanking. 남경(南京, Nanjing).

수도가 된 것이 그 마지막이었다. 또한 이곳은 장녕[260] 현의 중심 도시였기 때문에 장녕푸로도 알려져 있으며, '장난'이라는 지명 아래 통합된[261] 여러 지방의 정부 소재지이기도 하였다. 정부는 오직 하나의 수도만을 인정하므로, 공문서에서 이 도시를 난징이라고 칭하는 것은 적절하지 않은 일로 간주된다. 장녕푸 외에 진링,[262] 다시 말해서 "황금무덤"이라는 우아한 중국식 이름도 흔히 사용된다. 기원전 5~6세기부터 지금까지 이곳은 성곽 도시이다. 난징은 1858년 프랑스와의 조약에서 무역을 개방해야 할 양쯔강 유역의 항구 가운데 하나로 지정되었으나, 1899년 5월까지 정식 개방되지 않았다.

난징은 양쯔강 남쪽 제방 위에 있는데, 전장에서 강 상류 쪽으로 45마일 그리고 상하이와는 205마일 각각 떨어져 있다. 강 쪽에서 도시를 바라보면 그것을 둘러싸고 있는 높은 회색 벽돌 성벽의 기다란 줄 외에는 거의 눈에 띠는 것이 없다. 성벽은 높이가 40피트에서 90피트까지로 다양하고, 두께는 20~40피트이며, 둘레는 22마일에 이른다. 성벽들이 광대한 지역을 에워싸고 있으며, 그 대부분은 넓은 경작지이다. 주거구역은 남쪽과 서쪽 방면에 펼쳐져 있는데, 강둑과는 몇 마일 거리가 있다. 난징이 지녔던 건축학적 미라든가 중요성은 태평천국 반도들의 점령 당시 혹은 그 이전에 소멸되었거나 아니면 폐허 상태로 추락하였

---

260 Kiang Ning. 강녕(江寧, Jiangning).
261 Kiang Nan. 강남(江南, Jiangnan). 전통적으로 양쯔강 하류 이남의 인접 지역들을 총칭하는 지명이었는데, 장쑤·안후이성 남부와 장시·저장성 북부가 여기에 포함되며, 주요 도시로는 상하이, 난닝, 닝보, 항저우, 쑤저우, 우시(無錫, Wuxi), 장저우, 사오싱(紹興, Shaoxing) 등이 있다.
262 Kin Ling. 금릉(金陵, Jinling).

다. 중국에서 가장 아름다운 불탑이자 세계적으로도 유명한 자기탑(瓷器塔)이[263] 그 혼란의 와중에 완전 파괴되었고, 지금은 한때 난징의 자랑거리였던 이 구조물의 벽돌 잔해들만 부서져 흩어진 채 남아 있다. 이 탑은 도시의 남쪽 성벽 바깥에 서 있었다. 명 왕조를 개창한 홍무제(洪武帝)[264] — 1398년에 사망하였다 — 의 유명한 능은[265] 명대(明代)의 것으로 알려진 여러 고분 및 기념비들과 함께 동쪽 성벽 바로 바깥에 있다. 도시 내부와 인근 지역에는 홍무제가 거처했던 궁궐의 잔해를 비롯하여 흥미로운 유적이 많다. 난징은 1842년에 처음으로 유럽인들이 주목하게 되었는데, 그 때가 바로 영국이 중국과 첫 조약을 맺은 해였다. 태평천국의 난 당시 여기만큼 고초를 겪은 곳도 없다. 1853년 3월 19일에 태평천국 군대의 공격으로 맨 처음 함락되었으며, 오랫동안 점령된 상태에 있었다. 그 후 1864년 7월 19일 청 제국 군대가 이곳을 수복하였는데, 이는 반도들에게 치명타를 안겼다.

난징이 반란 기간 동안의 핍박으로 인한 탈진 상태에서 조금 회복되기는 했지만, 상업 요지로서의 위상은 아직까지 전혀 복구하지 못하고 있다. 해군대학이 1890년 이곳에서 개교하였고, 그 덕분에 많은 건물들이 들어섰다. 12명의 교사와 교관이 채용되었는데, 이 가운데 3명은 외국인이다. 오랫동안 외국인들이 관장하던 조병창과 화약공장은 지

---

263 Porcelain Tower. "난징의 파고다"라는 별칭의 탑 류리타(琉璃塔, Liulita)를 가리킨다. 15세기 명나라 때 보은사(報恩寺) 경내에 9층으로 축조된 뒤 태평천국의 난으로 거의 파괴된 것을 2010년 완다그룹[만달집단(萬達集團)]의 회장 왕젠린(王健林)이 1억 5,600만 달러의 거액을 희사하여 얼마 전 복원되었다.

264 Emperor Hung Wu. 명 태조(明太祖) 주원장(朱元璋, 1328∼1398)이다.

265 흔히 '명효릉'이라 불리는 효릉(孝陵)을 가리키는 것으로, 2003년에 세계문화유산으로 지정되었다.

금 현지인들이 관리를 맡고 있는데, 모두 남문(南門) 바로 밖에 위치해 있다. 선교사들의 후원으로 3개 병원과 많은 학교들이 운영된다. 증기선 정박장부터 시작해서 시내를 가로질러 남쪽 성벽 안쪽의 퉁지먼에[266] 이르기까지 쇄석도로가 깔려 있다. 이 길을 오가는 마차와 인력거에 사람들은 크게 만족하고 있으며, 도시의 다른 곳에도 이와 유사한 도로를 만들자는 제안이 많이 나오고 있다. 총독 정부의 소재지였을 뿐만 아니라 역사적 연고를 많이 간직한 곳이기 때문에 난징이 지닌 중요성은 여전히 크다. 그리고 이제 대외 무역에 개방되었으므로 잃어버린 위엄을 어느 정도 되찾을 것임은 의문의 여지가 없다.

16. 우후[267]

이 항구는 지부 조약에 따라 1877년 4월 1일 대외 무역에 개방되었다. 안후이성에[268] 속하는 이곳은 양쯔강 강변에 위치하고 있으며, 전장과 주장의 중간쯤에 있는데 전장에 좀 더 가깝다. 마을은 번창하고 분주한 모습을 보이며, 무역하기에 안성맞춤인 곳에 자리하고 있다. 이는 주로 내륙과의 수로 교통이 지닌 장점 덕분이다. 수심이 겨울에

---

266 Tung-Tsi Gate. 통제문(通濟門, Tongjimen).
267 Wuhu. 우후(蕪湖)
268 province of An-hwei. 안후이성(安徽省, Anhui).

는 5~6피트, 여름에는 10~12피트인 큰 운하가 있어 이 항구를 50마일 떨어진 안후이성 남부의 주요 도시 닝궈푸하고[269] 연결시켜 준다. 그런가 하면, 또 다른 운하가 내륙 남서 방면으로 거대한 차 생산지인 타이핑[270] 현까지 8마일 넘게 뻗어 있다. 이 운하는 여름에만 운항이 가능한데, 비단 산지인 난링과 징셴을[271] 통과하는 만큼 언젠가는 중요하게 될 것이다. 난링과 징셴의 비단 생산 구역은 우후에서 50마일 이내에 위치해 있다. 닝궈푸와 타이핑 현으로 이어지는 것들 외에, 쉬안 및 둥푸와[272] 교통하는 운하가 2개 더 있다.

우후가 지닌 이러한 여러 수운(水運) 시설들로 미루어 볼 때 이곳이 물류 시장임을 알 수 있을 것이다. 1898년도 외국산 수입품의 순가치는 3,921,205냥인데, 그 전년도에는 3,708,869냥이었다. 석탄은 언젠가 우후의 대량 수출 품목이 될 것이다. 이 지역의 거대한 탄광에 토착 및 외국 자본이 투자되어 왔기 때문이다. 세관 감독관은 1898년의 보고서에서 이 산업의 현황을 다음과 같이 요약하였다 : "중국상인증기선회사는 몇몇 석탄 구역에 관심을 갖고 있으며, 광산을 개장하기 위해 거액을 지출하여 왔다. 그러나 적절한 기계 설비와 관리 체계의 미흡으로 인해 지금까지의 생산량은 미미하다. 부유한 현지인 합작기업인 전장회사는[273] 정부로부터 몇몇 구역의 광산 개설 허가를 얻었고,

---

269 Ning-kuoh-fu. 영국부(寧國府, Ningguofu).

270 Taiping. 태평(太平).

271 Nanling and Kinghsien. 남릉(南陵, Nanling)과 경현(涇縣, Jingxian).

272 Su-an and Tung-pó. 선(宣, Xuān)과 동포(董鋪, Dongpu). 전자는 쉬안청(宣城)을 가리키며, 후자는 허페이(合肥, Hefei) 소재 동포저수지[董鋪水庫]를 이르는 듯한데 실제로는 제법 규모가 있는 호수이다.

273 Chin Kang Company.

가까운 시일 내에 이 보유 자산을 개발하려는 목적으로 시굴을 진행하여 왔다. 현재 규모가 좀 더 작은 다수의 회사들이 위에서 언급한 회사에 사용료를 지불하고 허가를 얻어 가동 중에 있다. 외국 자본을 대표하는 두 기업 양쯔토지투자유한회사와[274] 이리(伊犁)석탄광산유한회사가[275] 우후와 바로 인접한 지대에 최고의 가치를 지닌 광산들을 다량 매입하였다. 이들이 보유한 광산 가운데 몇몇은 운항 가능한 수로와 가까운 거리에 위치하고 있다." 우후에서는 대규모 목재 교역이 이루어지고 있으나, 다른 모든 거래와 마찬가지로 중국인들의 수중에 있다. 1898년 이곳 항구의 순무역액은 10,180,529냥인데, 1897년과 1896년에는 각각 8,888,361냥과 11,624,828냥이었다.

마을이 꽤 깔끔하게 조성되어 있으며, 도로는 대다수 중국 도시들의 경우에 비해 다소 넓고, 포장 상태도 양호한 편이다. 영국인 거류지로 선정된 땅은 앞쪽에 있는 강물이 깊어서 원래 목적에 아주 훌륭하게 부합하는 위치에 있다. 그러나 아직 활용되지는 않고 있으며, 외국인 주택도 몇 채 안 된다. 우후의 인구는 80,750명으로 추정된다. 이 도시는 1891년 6월에 있었던 무시무시한 반(反)선교사 폭동의 무대였다.

274 Yangtsze Land and Investment Company, Limited.
275 I Li Coal and Mining Company, Limited.

17. 주장[276]

장시성의[277] 수도 주장은 포양호[278] 출구에서 가까운 양쯔강 유역에 있다. 지리적으로 한커우와 약 187마일, 상하이와는 445마일 떨어져 있다. 태평천국의 난 이전만 해도 주장은 번잡하고 인구가 많은 도시였다. 그러나 1853년에 그 반란세력에게 점령당했으며, 청 제국 군대에 의해 수복되기 전에 이미 거의 다 파괴되었다. 그러나 외국인 거류지가 자리를 잡으면서 인구는 신속히 회복되었으며, 이후 지속적으로 급증하였다. 현재의 인구는 55,000명으로 추산된다.

도시는 강 가까이에 건설되어 있으며, 그 제방을 따라 성벽이 500야드 가량 이어진다. 성벽의 둘레는 약 5마일이고 그 내부 가운데의 한 구역은 여전히 비어 있다. 이 도시에는 흥미를 끌 만한 특징이 없다. 북쪽과 서쪽에 넓은 호수 몇 개가 있고, 그 뒤로 몇 마일 떨어진 곳에 웅장한 산등성이가 버티고 있다. 외국인 거류지는 도시의 서쪽에 깔끔하게 조성되어 있다. 이곳에는 가로수가 줄지어 늘어선 작은 해안도로, 클럽, 조그만 개신교회, 그리고 작년에 문을 연 로마가톨릭 대성당 등이 하나씩 있다.

주장의 개항이 수로를 통해 녹차 생산지와 연결되는 이곳의 입지를 고려한 결과임은 두말할 나위가 없다. 그러나 사람들이 이 항구에 대

---

276 Kewkiang. 구강(九江, Jiujiang).
277 province of Kiang-si. 강서성(江西省, Jiangxi).
278 Poyang Lake. 파양호(鄱陽湖).

해 품고 있던 여러 가지 기대는 전혀 온전하게 충족되지 않았다. 1898년도 차의 총수출량 200,686피컬 중 40,299피컬, 그 전년도에는 전체 192,942피컬 가운데 38,734피컬을 녹차가 차지하였다. 1896년의 전체 차 수출은 230,367피컬이었다. 주장은 징더전에[279] 있는 유명한 도자기 공장에서 만든 제품을 선적하는 항구로서, 1898년에 그 도자기를 48,646피컬 수출하였다. 1898년 이곳 항구를 통해 이루어진 순무역액은 17,500,552냥이고, 그 전년도에는 14,865,563냥이었다.

18. 한커우[280]

한커우는 한수이강이[281] 양쯔강으로 유입되는 지점의 북위 30° 32′ 51″, 동경 114° 19′ 55″에 위치한다. 과거에 이곳은 바로 인접한 후베이[282]성의 현청 소재지 가운데 하나인 한양의[283] 일개 변두리로만 여겨졌지만, 지금은 한커우가 더 오랜 역사를 지닌 한양을 부와 중요도 모두에서 앞질렀다. 이 두 도시는 양쯔강 남쪽 제방 위의 성도(省都) 우창푸

---

279 Kin-tê-chên. 경덕진(景德鎮, Jingdezhen). 1,700년이 넘는 유구한 도예의 역사를 지닌 고도(古都)로서 "중국 도자기의 수도(首都)"로 널리 알려져 있다.
280 Hankow. 한구(漢口, Hankou).
281 river Han. 한수(漢水, Hanshui).
282 Hupeh. 호북(湖北, Hubei).
283 Hanyang. 한양(漢陽).

한커우

와[284] 직접 마주보고 있다. 한커우와 상하이는 약 600마일 거리이다.

한커우는 프랑스인 선교사 위크에[285] 의해 교역 장소로서 처음 주목

을 받았다. 블래키스턴 선장은[286] 자신의 저서 『양쯔강』에서 이곳과

---

284   Wuchang-fu. 무창부(武昌府).

285   Évariste Régis Huc(1813~1860). 중국에서 선교활동을 했던 프랑스 신부로, 그가 자
신의 여행 경험을 담은 책 *Souvenirs d'un voyage dans la Tartarie, le Thibet, et la Chine
pendant les années 1844, 1845 et 1846*(2 vols., Paris, 1850)는 대단히 유명해서 출간 직
후 영역본이 2종이나 나왔다[W. Hazlitt 역, *Travels in Tartary, Thibet and China,
1844-1846*(2 vols. London, 1851), Percy Sinnett 역, *A Journey through Tartary, Thibet,
and China during the Years 1844, 1845 and 1846*(2 vols., New York, 1852)].

286   Thomas Wright Blakiston(1832~1891). 영국 출신의 탐험가이자 자연사연구자로
1861년에 양쯔강을 탐사했는데, 당시까지 이 강을 가장 깊숙이 들어간 서양인이었다.

주변 지역들에 대해 다음과 같이 정확하게 묘사하고 있다 : "한커우는 적당한 간격의 낮은 언덕들로 이루어진 울퉁불퉁한 산등성이가 유난히도 평평한 지대를 양쯔강 본류(本流)의 동-서 양편으로 가로지르는 바로 그 지점에 위치한다. 한양의 타산산[287] 위에 오르면 하천들이 얕을 때조차도 거의 육지만큼이나 너른 물이 내려다보이며, 발밑으로는 폭이 거의 1마일에 달하는 웅대한 양쯔강이 흐른다. 서쪽으로부터 운하처럼 좁은 물길의 한수이강이 앞에서 말한 산등성이의 북쪽 가장자리를 휘감으며 흘러온다. 그리고는 양쯔강으로 합류하면서 이 지역의 교통로로서 한 몫을 담당한다. 북서쪽과 북쪽으로는 나무가 없는 방대한 평지가 펼쳐지는데, 강의 수면보다 아주 조금밖에 높지 않아서 이곳에 점점이 흩어져 있는 작은 촌락들은 먼 옛날 인공적으로 조성된 듯싶은 흙더미 위로 너나 할 것 없이 올라서 있다. 더 멀리 떨어진 지대에서는 한두 개의 물줄기가 들판을 가로질러 흘러서 본류로 유입된다. 시선을 양쯔강 오른편으로 돌리면 성도 너머 산등성이의 북서쪽과 남동쪽 두 방면으로 수많은 호수와 늪이 널린 모습을 볼 수 있다."

이곳 항구는 1861년 대외 무역에 개방되었다. 영국인 거류지는 성벽 내부, 도시의 동쪽 끝에 경마장과 함께 자리 잡고 있다. 그 성벽은 태평천국의 난 당시에 축조된 것이어서 제법 현대적이다. 거류지는 도로들이 넓고, 어디에나 잘 자란 가로수가 배열되어 있는 등, 깔끔하게 정돈되어 있다. 해안도로는 대단히 멋지고 쾌적한 산책로를 제공하며, 강 쪽에서 바라보면 인상적인 풍경이 눈에 들어온다. 커다란 로마가톨릭 성

---

287 Pagoda Hill. 탑산(塔山, Tashan).

당 한 곳과 작은 개신교, 그리스정교 교회 등이 있는데, 정교회 예배당
은 러시아 주민들이 지은 꽤 멋진 건물이다. 러시아인들이 소유한 전차
(磚茶) 공장 몇 개가 거류지 내에 있다. 테니스장과 라켓볼코트, 볼링장,
당구장, 독서실, 도서관 등등이 딸린 최고급 클럽 한 군데가 운영 중이
다. 하천 증기선들이 강둑 가까이에 정박된 큰 선박들 옆을 오가는데,
해양 증기선들은 강물 한가운데에 닻을 내린다. 강의 물살은 매우 세다.
한커우의 현지인 도시는 외견상 뚜렷한 특징을 드러내지 않는다. 모든
중국 도시들과 마찬가지로 이곳 역시 좁은 길들이 복잡하게 뒤엉켜 있
다. 한커우의 인구는 80만 명으로 추산된다. 총독 장지동에[288] 의해 건
립된 면직물공장이 1892년 가동을 시작하였으며, 한양에도 큰 철공소
가 세워져 있다. 1895년 8월에는 우창조폐국이 설립되었는데, 이곳에
서 만든 주화는 제조 장소 표기만 빼곤 광저우조폐국의 주화와 똑같다.

최근 몇 년간 한커우에서 외국인들이 거둔 이익은 눈에 띠게 늘어났
는데, 주된 증가 요인은 한커우와 베이징을 잇는 간선(幹線) '루한 철도'
의 착공이었다. 이 공사 계약은 1897년에 벨기에 기업이 따낸 것으로,
그 이전 수년간 협의가 진행되었었다. 수도와 연결될 직통 철도라든가
향후 이곳 지방의 전면 개방에 따라 이 항구가 지니게 될 중요성에 주목
한 독일, 프랑스, 러시아, 일본 등이 1895년 이래 조계를 확보하여 왔다.
더욱이 영국은 기존 조계의 확장 승인까지 받아냈다. 그리하여 이전까
지는 영국인 조계 앞쪽으로 길이 0.5마일에 불과한 해안도로가 하나 있
었지만, 지금은 여러 조계들이 앞쪽의 강변을 따라 2마일 넘게 줄줄이

---

288 Chang Chih-tung. 장즈둥(張之洞, Zhang Zhidong, 1837~1909). 청말의 이른바 4대
명신(四大名臣) 가운데 하나로, 광시, 후광(湖廣), 양광(兩廣) 등지의 총독을 지냈다.

이어져 있다. 도로들은 이미 개설되었고, 건축 공사가 빠른 속도로 진행 중이며, 이곳 항구는 1898년에 사상 최대의 교역량을 기록하였다.

차는 주요 수출품이다. 1898년 한커우의 차 수출은 "주장 차"의 재수출 물량을 포함해서 478,338피컬에 달했는데, 그 중 288,193피컬은 중국의 다른 항구들로 나갔다. 전차의 수출은 447,006피컬이었다. 1897년에 선적된 차는 410,019피컬이었다. 아편 수입은 1897년에 518피컬이던 것이 1898년에는 469피컬이었다. 이 항구에서 소비된 아편의 70%는 중국산으로 추정되며, 외국산의 수입은 감소하고 있다. 한커우에서는 임시 통관제에 의한 무역이 다른 어느 항구보다 광범위하게 이루어지고 있다. 그 금액은 1898년에 9,100,606냥으로, 1897년과 1896년에는 각각 9,467,427냥과 6,737,406냥이었다. 1898년도 순무역액은 53,771,445냥으로, 1897년과 1896년에는 각각 49,720,630냥과 44,306,493냥이었다.

19. 웨양[289]

웨양은 인구가 15,000~20,000명 정도이고, 둥팅호의[290] 배수구(排水口)에 인접한 북위 29° 23ˊ, 동경 113° 8ˊ에 위치한다. 예로부터 이곳은

---

289 악양(岳陽, Yueyang). 원문은 웨양의 과거 지명인 웨저우(岳州, Yuezhou)의 옛 영문 표기인 Yochow.
290 Tungting Lake. 동정호(洞庭湖, Dongtinghu).

실질적으로 후난[291]성의 모든 교역이 이루어지는 곳이다. 하지만 그렇다고 해서 이 도시의 번영에 뭔가 보탬이 되는 것은 전혀 없다. 교역 물품들은 수입세와 수출세를 이미 납부한 다음에 이곳을 단순히 통과만 하기 때문이다. 이 도시는 후난 지방의 관문일 뿐, 그 이상은 결코 아니다.

후난성에서는 대외 무역이 금지되어 왔다. 이는 티베트가 탐험가들에게 '금지된 땅'인 것과 마찬가지이며, 그렇기 때문에 이 지방의 중요성은 미지의 것들 특유의 매력을 숨긴 채 상상 속에서만 어렴풋이 그려지곤 했었다. 사람들 또한 다른 어느 중국인들보다 사납고 포악하다는 평판을 받아왔다. 그들은 확실히 독립심이 강하며 반(反)외세적이다. 지난 40년간 제국의 군대에 들어간 이 지방 사람들은 확고부동한 용맹성을 안팎으로 입증하였다. 또 이들은 오만한 자기 은둔을 고집함으로써 어리석게도 무지한 상태에 빠졌다. 앞에서 지적한 이곳 사람들의 남다른 특질은 그러한 용맹성과 무지에서 비롯된 편협한 감정에 간힌 결과이다. 하지만 30년 이상의 경력을 지닌 어떤 선교사는 최근 후난성을 여행한 뒤에 그들의 씩씩하고 자존적인 성품에 깊은 감명을 받았다고 하는데, 다른 선교사들도 같은 의견이었다. 그들은 대단히 애국적이나, 그 애국심은 제국 전체에 대한 것이라기보다 후난성을 향한 것이다.

이 지방은 다양한 형태의 부(富)를 갖춘 풍요로운 곳이지만, 주민들은 자랑스러워하면서도 겸손하게 낮추며 "산 셋, 물 여섯, 농사터 하나"

---

291 Hunan. 호남(湖南).

를 가지고 있을 뿐이라고 말한다. 쌀은 주요 작물 가운데 하나로, 매년 평균 100만 피컬에 달하는 양을 후베이성과 구이저우성으로[292] 내보낸다. 한커우로 실려 가는 후난성의 차는 연간 소(小)상자[293] 60만 개 분량에 달한다. 창더를[294] 경유해서 내려가는 목재는 공식적으로 연간 600만 냥어치에 이르는데, 실제로는 아마 그 이상일 것이다. 면화도 대량 생산된다. 산림 지대에는 대형 탄광들이 있어 무연탄과 역청탄이 채굴되며, 철 또한 매장되어 있는 것으로 전해진다. 황, 안티몬, 니켈 및 기타 광물들은 현재 수출까지 되고 있으며, 그 성장 가능성이 매우 크다는 점에는 의문의 여지가 없다.

웨양 현지의 교역은 별로 규모가 크지 않으며, 항구가 외국인 거류민들에 개방된다고 해도 크게 발전할 것 같지는 않다. 이곳이 뭔가 중요성을 띠게 된다면 그것은 후난성의 관문이기 때문이다. 다시 말해서, 한커우를 오가는 증기선들로부터 정크선이나 다른 경량(輕量) 선박들이 화물을 넘겨받아 후난성의 진정한 상업 중심지인 샹장강[295] 유역의 창사와 샹탄[296] 그리고 위안장강[297] 유역의 창더— 이 두 강은 둥팅호로 흘러들어간다 — 으로 운반하는데, 그 환적(換積)의 둘도 없는 최적지가 바로 웨양이다. 이 도시들의 인구는 확인할 수 없지만, 여행자들의 보고에 따르면 각기 강둑을 따라 약 5마일에 걸쳐 있다고 한다.

292 Kueichow. 귀주(貴州, Guizhou).
293 half-chest. 차(茶) 등의 포장에 쓰는 나무궤짝 형태의 용기로, 크기가 체스트(chest, 108파운드)의 절반쯤 되는 소형 상자이다.
294 Changteh. 상덕(常德, Changde).
295 Siang River. 상강(湘江, Xiangjiang).
296 Changsha and Siangtan. 장사(長沙)와 상담(湘潭, Xiangtan).
297 Yuen River. 원강(沅江, Yuanjiang).

웨양 위쪽으로는 얕은 수심으로 인한 것 외에는 운항에 어려움이 없다. 그 유명한 둥팅호, 여름철에 이것은 분명히 호수다. 그러나 겨울에는 광대한 충적토 지반에 의해 서로 분리된, 널찍하고 얕으며 구불구불한 수로들의 집합체이다. 이 호수는 오직 동쪽 가장자리를 따라서만 항운에 이용되는데, 이 물길이 웨양에서 샹장강 어귀로 가는 직통로이다. 샹장강의 모래톱이 썰물일 때 3~4피트인데 비해, 위안장강의 모래톱은 3피트 미만이라고 한다. 위안장강으로 진입하는 정크선들은 일반적으로 샹장강 삼각주의 꼬불꼬불한 여러 물길을 통해 나아간다. 호수를 가로질러 직접 접근하는 방식은 피하고 있는데, 이는 아마도 바람이 여의치 않으므로 운항 중인 정크선들을 둑 위에서 밧줄로 끌어당겨주어야만 하기 때문일 것이다. 그러나 또 어쩌면 뱃길을 찾기가 쉽지 않아서일 수도 있다. 소형 증기선들은 현재 웨양과 장사를 오가는 승객들만 태울 뿐이며, 화물운반선을 예인하려는 시도는 아직까지 없다.

웨양은 해안 절벽 위에 아주 그림 같은 모습으로 자리 잡고 있다. 그러나 이곳은 운송 무역에 적합하지 않으며, 작은 배들을 위한 대피소도 갖추고 있지 않다. 그래서 개항 장소는 북쪽으로 5마일 떨어지고 양쯔강과 단 1마일 거리에 있는 청린으로[298] 선정되었는데, 이곳에는 작은 운하가 있어서 화물선들에 필요한 대피소를 제공하며 증기선들이 정박하기에 좋다. 중국 정부는 여기에 국제 거류지 용도로 구역을 설정해 두었으며, 이를 위해 직접 도로를 부설하고 경찰도 배치하였다.

---

298 Chenglin. 정린(程林).

여기에는 범람 한계선 이상으로 지면을 높였으되 지나치게 높지는 않은 평탄한 사업용 부지가 조성되어 있으며, 좀 더 높은 지대에는 외국인 주택용으로 양호하고 쾌적한 터가 마련되어 있다.

20. 징저우[299]

징저우는 1895년 일본과의 조약에 따라 대외 무역에 개방된 항구들 중 하나인데, 개항이 공식적으로 선포된 날은 1896년 10월 1일이다. 이곳 항구는 이창에서 남쪽으로 약 85마일 떨어진, 중국 중부 지역에서 가장 중요한 2개의 상업로가 동서-남북으로 교차하는 지점에 위치한다. 인구는 1896년 실시된 인구조사에 따르면 73,400명이고, 유동 인구는 전혀 기록이 없지만 10,000명 이상일 것으로 추정된다. 마을 자체는 비슷한 크기의 다른 현지인 촌락들과 아주 흡사하다. 강의 수면보다 낮은 땅에 위치하고 있기 때문에 마을 위쪽에서 아래쪽까지 수 마일에 걸쳐 조성된 거대한 제방의 보호를 받고 있다. 징저우는 한때 중요한 물류 중심지였지만, 이창이 대외 무역에 개방된 후 물동량이 대거 그 쪽으로 넘어갔다. 징저우가 처음 개방되었을 때는 물류 거점으로서의 중요성을 되찾을 것으로 기대되었지만, 이제까지의 실적을 놓고 보면 발

---

299 형주(荊州, Jingzhou). 원문은 징저우의 옛 이름인 Shasi(사스). 사스(沙市)는 1994년 징사(荊沙, Jingsha)로, 그리고 다시 1996년에 현재의 징저우로 각각 개명되었다.

전 속도가 더딘 것 같다. 1898년 5월 9~10일 격렬한 반외세 폭동이 징저우에서 일어났다. 폭도들은 세관, 세관장 사택, 세관 선박들, 중국상인회사의[300] 건물과 선박, 외국인협의회 사무실, 일본 영사관, 버터필드스와이어회사와[301] 자딘매디슨회사의 현지 대리인들이 근무하는 건물, 그리고 신축된 다수의 중국인 주택에 불을 질렀다. 이때 그들은 등유를 뿌려서 불길을 키웠으며, 외국인 거류민들은 가까스로 목숨만 건진 채 항구 밖으로 밀려났다. 세관은 같은 해 7월 1일에 다시 문을 열었다. 1898년 8월 마을 아래 강변을 따라 '중국 피트'로[302] 길이 3,800, 그리고 너비 800~1,200에 달하는 구역이 "일본 조계"로서 일본에 할양되었다. 영국 영사관은 1899년 1월 철수하였고, 영국인들의 이익은 이창에 주재하는 영사의 보호를 받게 되었다. 국제 세관을 통해 집계된 이곳 항구의 1898년도 무역 추정치는 171,110냥으로, 그 전년도보다 145,402냥 감소하였다. 그러나 운송 무역은 대부분 정크선들에 의해 이루어지는데, 이는 국제 세관의 통제 범위 밖에 있다.

---

300 China Merchants' Company. 정식 명칭은 China Merchants' Steam Navigation Company. 윤선초상국(輪船招商局)을 가리킨다.
301 Butterfield & Swire. 영국의 존 스와이어(John Samuel Swire, 1825-1898)가 버터필드(R. S. Butterfield)와 합작해서 1861년 상하이에 설립한 기업으로 4년 뒤 홍콩 지사가 설치되었다[1974년 "John Swire & Sons (H.K.) Ltd"로 개명]. 중국명은 타이구(太古, Taikoo)인데, 스와이어 그룹은 지금도 "太古" 브랜드를 내세워 홍콩을 주요 무대로 사업을 하는 시가총액 520억 2천만 달러(USD)의 거대 기업군이다.
302 Chinese feet. 중국의 전통적 길이 단위인 척(尺)을 가리킨다. 1척은 약 1/3 미터로, 영국식 길이 도량형인 푸트(foot, 0.3048 미터)와 0.5%의 오차밖에 없으므로 흔히 혼용되었다.

21. 이창[303]

이창은 지부 조약의 제1조 제3항에 의거하여 1877년 4월 1일 대외무역에 개방된 4개 항구 중 하나이다.

양쯔강 왼쪽 제방의 북위 30° 44′ 25″, 동경 111° 18′ 34″에 위치하며, 한커우에서 북쪽으로 약 393마일 그리고 이창 대협곡 입구에서 남쪽으로 10마일쯤 떨어져 있다. 흘수가 얕은 선박들은 강을 통해 이 항구로 들어오는 것이 비교적 쉽지만, 선데이아일랜드[304] 근처를 지날 때는 유동성 모래톱들이 있으니 어떤 배라도 매우 조심해야 한다. 정박지는 외국인 주거지 반대편의 왼쪽 제방에 있는데, 대체로 양호하지만 강물이 갑자기 불어나는 경우에는 반드시 2~3일마다 눈으로 닻을 확인해야만 한다. 항구는 언덕이 많은 이곳 지역의 중심지이다. 이 지역의 생산물로는 계곡 지대에서 나는 쌀과 고지에서 나는 면화, 겨울 밀, 보리 등이 있다. 유동(油桐)나무도 있는데, 일상적으로 쓰이는 동유(桐油)는 이 나무의 견과를 압착해서 얻어진다. 도시 서쪽의 산악지대 가운데 비바람이 들이치지 않는 몇몇 계곡에서는 오렌지, 레몬, 포멜로,[305] 배, 자두 그리고 매우 우수한 품질의 감이 재배되어 이곳 이창과 징저우에서 쉽게 팔려나간다. 이창은 충칭이 개항한 뒤부터 점차 중요성이 커졌다. 충칭으로 가는 모든 화물은 이곳에 하역된 다음 관허(官許) 정크선으로

중국

---

303 Ichang. 의창(宜昌, Yichang).
304 Sunday Island.
305 pomelo. 자몽과 비슷하지만 단맛이 더 강한 과일이다.

옮겨진다. 마찬가지로 충청에서 관허 정크선에 실려 들어온 뒤 강 아래쪽 방면의 여러 지점과 연안 항구들로 나가는 화물도 모두 여기에서 한 커우를 정기 운항하는 하천 증기선에 선적된다.

중국산 아편은 이곳부터 서부 일대에 걸쳐 대량 재배되는데, 생산량이 늘고 있고 품질도 좋아지고 있다. 이창의 기후는 강 하류 쪽 항구들보다 더 건조하다. 여름은 매우 덥고, 겨울은 건조하며 쾌적하다. 현지인 주민은 약 35,000명으로 추산된다. 외국인 거류민은 얼마 없다. 교육 받은 현지인 대리인들이 여기에서 사업을 벌이는 4~5개 외국 상사들을 대표하고 있다. 최근 멋진 영사관과 세관 건물이 새로 완공되어 거류지의 외관이 크게 개선되었다.

환적 화물을 제외한 이 항구의 순무역액은 1898년에 1,295,729냥이고, 1897년과 1896년에는 각각 1,794,380냥과 2,210,301냥이었다. 외국으로부터의 수입은 490,282냥이었다. 재수출을 포함한 1898년도 무역 총액은 16,089,058냥인데, 1897년에는 18,750,433냥, 1896년에는 15,089,604냥이었다.

22. 충칭[306]

　충칭은 쓰촨성은 물론이고 중국 서부 전체의 상업 수도로서, 북위 29° 33′ 30″, 동경 107° 2′에 위치한다. 대외 수입 무역이 이곳에 집중되어 있는데, 수입된 물품은 이 지방의 여러 강을 운항하는 소형 정크선들을 통해 유통된다. 황색 비단, 백밀(白蜜), 가죽, 깃털, 강모, 대황, 사향, 아편 그리고 아주 다양한 종류의 중국 약품 등의 수출품도 모두 이곳에서 접수, 분류되고 재포장되어 이창, 한커우, 징저우 등지로 선적된다. 징저우로 배송된 물품들은 그곳에서 좀더 작은 정크선들에 옮겨 실은 뒤 둥팅호를 경유해서 남부 지방들로 내보낸다.

　이 도시는 자링강과[307] 양쯔강의 분기점에서 일종의 반도를 이루는 높은 바위투성이 절벽 지대의 끝자락에 자리 잡고 있다. 양쯔강 하구로부터는 1,400마일 거리이다. 도시의 대로들은 양쯔강 강변을 따라 뻗어 있으며, 멋진 상점들이 많다. 이곳은 총안을 갖춘 석제 성벽으로 둘러싸여 있는데, 관리 상태가 양호한 이 성벽의 둘레는 약 5마일이고, 9개의 대문이 설치되어 있다. 이것은 옛날 성벽을 대체하기 위해 1761년에 축조되었다. 충칭의 기후는 음산하다. 여름은 덥고 눅눅하며, 겨울은 몹시 추울 뿐만 아니라 11월부터 3월까지 짙은 안개가 낀다. 봄과 겨울은 사실상 거의 존재하지 않는다고 할 수 있다. 강의 평균 수위는 약 70피트이다. 1892년에는 96피트, 그리고 1897년에는 101피트까지

306　Chungking. 중경(重慶, Chongqing).
307　river Kia-ling. 가릉강(嘉陵江, Jialing Jiang).

215

올라갔었는데, 이는 강물이 협곡을 적절한 속도로 통과하지 못하기 때문에 빚어진 현상이었다. 1896년 9월, 충칭에서 남쪽으로 약간 떨어진 장소에서 엄청난 산사태가 발생하였다. 이로 인해 강의 유속이 위험하리만큼 빨라져서 수로 교통을 크게 저해하였다. 현재 그에 따른 장애를 제거하기 위한 작업이 진행 중이다. 자링강의 왼쪽 제방 위에는 두 강 분기점의 남쪽 방면으로 성곽 도시인 장베이팅이[308] 충칭과 마주보며 서 있다. 이곳은 예전에는 리민푸 관할이었지만 현재는 충칭푸에 속해 있다. 이 2개 도시 및 인접한 큰 촌락들에는 약 30만 명의 주민이 있는 것으로 추정된다.

이 항구는 1891년 3월 대외 무역 개방을 공표하였으나, 실제로 사업이 개시된 날짜는 6월 18일이었다. 이때부터 외국의 공인 정크선들에 의한 대규모 수출입 무역이 진행되었다. 그러나 최근에는 반란 세력의 소요로 무역이 방해를 받고 있다. 1898년도 순무역액은 17,426,871냥이며, 1897년과 1896년에는 각각 17,971,376냥 및 13,131,569냥이었다.

증기선들은 양쯔강을 통해 이창으로부터 충칭은 물론, 민장강과[309] 양쯔강의 합류 지점인 이빈까지도[310] 운항할 수 있다. 과거 청일전쟁 이전에는 증기선들이 이창 너머로 올라갈 수 없었다. 하지만 1894년 체결된 일본과의 조약에 따라 충칭까지의 증기선 운항권이 보장되었

---

308 (city of) Kiang-Peh-ting. 강북청(江北廳, Jiangbeiting). 지금은 충칭 시 관내의 강북구(江北區)로 되어 있다.

309 Min river. 민강(岷江, Min Jiang).

310 의빈(宜賓, Yibin). 원문의 Suchau는 이빈의 옛 이름인 쉬저우(叙州, Xuzhou)의 옛 영문 표기인데, 쉬저우의 먼 옛날 지명은 룽저우(戎州, Rongzhou)로서 남북조 시대부터 전해지는 명주(名酒) 우량예(五糧液)의 발상지이다.

다. 그리하여 1898년 봄에는 리틀 씨가 소형 증기선 리추엔호를 타고 그 구간의 운항을 성공적으로 마쳤다. 그러나 이 증기선은 동력이 약했기 때문에 급류를 거슬러 올라갈 때에는 정크선들과 마찬가지로 육지에서 밧줄로 끌어줘야 했다.

23. 항저우[311]

항저우는 저장성의 수도이다. 상하이에서 남서쪽으로 150마일, 쑤저우에서 남쪽으로 120마일 떨어진 곳에 위치한다. 이 도시는 항저우만(灣) 안쪽 끄트머리의 첸탕강[312] 유역에 있는데, 여기는 수심이 너무 얕아 증기선들이 다닐 수 없다. 게다가 강 하구는 밀물로 인한 수위의 상승 현상이나 해일이 주기적으로 일어나기 때문에 운항이 더욱 위험하다. 하이닝은[313] 이 유명한 해일을 관측하기에 최적의 장소이다. 그것은 북동무역풍이 태평양의 바닷물을 중국 연안으로 엄청나게 쌓아 올려 거대한 밀물을 초래함으로써 생성된다. 항저우만은 깔때기 모양으로 되어 있으며, 대량으로 밀려드는 바닷물은 육지 쪽으로 갈수록 점점 더 한곳으로 모이다가 갑작스럽게 강물과 마주친다. 이때에 일시적

311 Hangchow. 항주(杭州, Hangzhou).
312 Chien-tang River. 전당강(錢塘江, Qiantang Jiang).
313 Haining. 해녕(海寧).

항저우

인 정지 현상으로 인해 합쳐진 물들이 마치 벽과 같은 모양을 이루게 된다. 그리하여 15피트 높이까지 치솟은 바닷물은 뒤에서 가해지는 거대한 압력에 의해 탄력을 받아 상대적으로 좁은 수로를 비집고 들어가는데, 이것이 간혹 시간당 15마일 이상의 속력으로 천둥처럼 굉음을 내며 방조제를 부수고 넘쳐 오른다. 태평천국의 난 이전에 항저우는 부와 화려함을 뽐내며 쑤저우와 함께 제국에서 가장 아름다운 도시라는 평판을 얻었지만, 그 반란세력에 의해 거의 파괴되었다. 이후 신속하게 복구되었고 인구도 다시 많아져서 번창하고 있지만, 과거 전성기 수준의 영화는 아직 회복하지 못하고 있다. 인구는 교외 지역을 포함하여 75만 명으로 추산된다. 제조업 중심지로서의 항저우는 쑤저우보다 우월하다. 이곳의 3대 업종은 상장(喪章)과 박사(薄紗)를 비롯한 견직물 제조, 각종 부채 생산, 은박지 제조 등이다. 은박지로는 은괴(銀塊) 모조품을 만드는데, 중국인들은 이것을 의례용 제물로 불태운다. 그 외에 항저우에서는 실, 끈, 염료, 의약품, 광택제 그리고 소량 제조되는 기타의 많은 품목들이 생산된다. 상하이와의 수로 교통은 지금도 매우 양호하지만, 항저우에서 20마일 떨어진 대운하의 어느 한 군데를 조금만 준설한다면 아주 작은 수고만으로도 훨씬 개선될 것이다. 80마일 가량 떨어진 닝보도 항저우에서 배를 타고 갈 수 있지만, 운하들이 그렇게 크거나 편리하지는 않다. 항저우는 일본과의 조약에 따라 1896년 9월 26일에 대외 무역 개방을 공표하였다. 증기선들이 정기적으로 상하이를 오가며, 쑤저우로는 예인(曳引) 여객선들이 다니는데 18~24시간 걸린다. 항저우의 명승지 중 하나로 그 유명한 시후 호수가[314] 있다. 여기에는 사당과 추모사원이 세워진 작은 섬들이 여기저기 흩어져 있으며, 섬과 섬을 잇는 둑길이 둘러져 있다. 사원들과 불탑들 그리고 이것들과 유사한 부류의 기념비들이 알맞은 위치에 세심하게 배치되어 있어 그림과도 같은 본연의 아름다움을 한층 더해준다. 그런가 하면, 호수의 서쪽에 접해 있는 언덕 경사면에 진달래, 인동(忍冬), 복숭아꽃, 대나무 숲, 각종 침엽수, 이빨나무, 녹나무, 큰 단풍나무 등이 한데 어우러져 이상적이리만큼 완벽한 경관을 연출하고 있다.

외국인 거류지로 설정된 구역은 대운하 동쪽 제방을 따라 1마일에 걸쳐 있다. 면적은 0.5제곱마일 이상이며, 이 도시의 성벽으로부터 약 4마일 거리에 있다. 세관, 세관장과 직원들의 사택 등은 세관 부지에 건립되어 있으며, 인상적인 외관의 경찰서 건물도 들어섰다. 외국인 거류지 반대편의 서쪽 일대에는 서양식 생산 설비를 갖춘 중국인 소유의 방직 공장이 가동되고 있다. 비록 지금은 기계가 돌아가지 않고 있지만 증기

---

314 western lake. 서호(西湖, Xi Hu).

기관을 갖춘 현지인 소유의 견사공장도 하나 있다. 국제 세관에서 파악된 이곳 항구의 순무역액은 1897년에 7,670,619냥, 1898년에 7,993,479냥이었다. 주로 거래된 상품은 아편, 주석, 일본산 구리, 등유, 비누, 설탕, 가공 담배, 광택제, 종이부채, 비단 제품, 생사 그리고 차였다. 외국 상품의 수입액은 2,086,840냥이었고, 수출액은 5,033,245냥이었다. 전차(磚茶) 무역이 1899년부터 이루어지고 있다.

24. 닝보[315]

닝보는 저장성 융장강[316] 유역의 북위 29° 55´, 동경 121° 22´에 위치한다. 이곳은 1842년 외국인들에 개방된 5개 항구 중 하나이다. 하지만 그보다 이른 시기에 닝보를 방문한 외국인들이 있었다. 1522년에 포르투갈인들이 여기서 교역을 수행하였으며, 그 가운데 다수는 이후에도 계속 정착하여 살았다. 모든 정황으로 볼 때 그들의 거류지는 곧 확대되고 성공적으로 자리를 잡을 듯했다. 그러나 포르투갈인의 불법 행위는 얼마 안 가서 정부 당국의 이목을 끌었으며, 그리하여 1542년에 저장성 총독이 거류지를 철폐하고 그 주민들을 몰살하라는 명령을 내렸다. 대규모 중국군 병력이 곧장 그곳을 포위하여 완전히 파괴하였

---

315 Ningpo. 영파(寧波, Ningbo).
316 river Yung. 용강(甬江, Yongjiang).

고, 1,200명의 포르투갈인 중 800명을 살해하였다. 그 후, 17세기 말엽 동인도회사가 닝보에서 40마일 가량 떨어진 저우산다오섬에[317] 공장을 하나 세울 때까지는 이 항구와 교역하려는 움직임이 전혀 나타나지 않았다. 게다가 이곳에 무역 시장을 열려고 했던 동인도회사의 노력마저 만족스런 결과를 얻지 못했으며, 그 공장은 고작 수년에 걸친 시도 끝에 방치되었다. 이후 오랫동안 외국인들은 이 항구에서 손을 떼었다. 1839년 영국과 중국 간에 교전이 발생하자 영국 함대가 광저우를 출발하여 북진하였다. 그리고 1841년 10월 13일에 닝보를 점령하였으며, 영국군 수비대 하나를 한동안 그곳에 주둔시켰다. 1842년 3월에 도시를 되찾으려는 중국인들의 시도가 있었으나, 영국군 포병대는 그들을 상당수 살해하고 격퇴시켰다. 영국군은 5월 7일 닝보에서 철수하였으며, 곧이어 8월의 종전 선언과 더불어 이 항구가 대외 무역에 개방되었다.

닝보는 양쪽으로 상당히 길게 뻗은 평지 위에 있다. 이곳은 둘레 5마일 가량의 공간을 성벽이 둘러싸고 있는 성곽 도시이다. 성벽은 벽돌로 지어졌으며, 높이는 약 25피트이다. 그 폭은 정상부 15피트이고, 하단부 22피트이다. 시내로는 6개의 대문을 통해서 들어갈 수 있다. 커다란 해자가 북문부터 시작해서 성벽 밑 등의 바깥쪽 측면을 따라 조성되어 있는데, 약 3마일쯤 이어지다가 교문(橋門)이라고 불리는 곳에서 끝난다. 중심대로는 동서 방향으로 뻗어있다. 몇몇 도로들 위에는 현지의 위인들을 기념하기 위해 세운 아치형 구조물들이 가로놓여 있

---

317   island of Chusan. 주산도(舟山島, Zhoushandao).

다. 닝보는 중국 제국 내에서 네 번째로 소장도서가 많은 도서관을 보유한 도시로서 높은 평판을 받아왔는데, 그것은 남문 근처에 거주하는 어떤 가문의 소유로 되어있다. 외국인 주택들이 들어선 구역은 강의 북쪽 제방 위에 있다. 닝보의 인구는 255,000명으로 추정된다.

닝보의 대외 무역은 이제까지 대량으로 이루어진 적이 없다. 상하이와 가깝다는 것이 가장 큰 요인이며, 토착 상인조합들이 외국인과의 직거래를 금지하고 있는 것도 문제이다. 1896년에 방직공장이 건립되어 같은 해 6월부터 가동에 들어갔다. 차 수출은 1896년 178,004피컬, 1897년 75,399피컬 그리고 1898년에 54,029피컬을 각각 기록하였다. 이러한 감소세는 종전까지 이곳 항구를 경유했던 푸저우의 차 무역이 항저우를 거쳐 상하이로 선적하는 현재의 방식으로 바뀐 데에서 기인한다. 해관 기록에 나오는 이 항구의 순무역액은 1898년에 14,418,534 냥인데, 1897년에는 16,042,136냥, 1896년에는 17,123,444냥이었다.

25. 원저우[318]

원저우는 지부 조약에 따라 대외 무역에 개방된 5개 항구 중 하나로, 저장성 남동부 모서리에 자리 잡은 원저우푸의 중심 도시이다. 이곳은

---

318 Wênchow. 온주(溫州, Wenzhou).

어우장강[319] 하구에서 약 20마일 떨어진 남쪽 제방 위 북위 27° 18′ 4″, 동경 120° 38′ 28″에 위치한다. 이 일대는 농사가 잘 되는 평야이지만, 5마일 정도 나아가면 사방이 높은 언덕들로 막혀있다. 성벽은 4세기에 처음 세워진 뒤, 1385년 홍무제에[320] 의해 증축 및 재건축 과정을 거쳤다고 한다. 약 4마일에 달하는 둘레에 기초를 비스듬하게 놓고 돌을 쌓아올린 것인데, 일부는 벽돌로 되어 있다. 도로들은 대부분의 중국 도시에 비해 더 넓고 곧으며, 깨끗하다. 대개 벽돌로 잘 포장된 이곳 도로들은 인근 주민들이 세심하게 보수, 관리하고 있다. 도로들이 양방향으로 내리막을 이루며 수로들까지 뻗어나가고, 이 수로들은 도시 전역에 널려있는 운하들과 연결된다. 이곳 원저우에는 큰 승방과(僧房)과 사원이 많다. 그 외에 주요 건물로는 "두 개로 이루어진 대문", 즉 쌍문(雙門)이라 부르는 중심 대문 바깥쪽의 세관, 현령과 그 휘하 관리들의 집무실이 몰려 있는 "도대의 아문(衙門)", 그리고 고아원 등인데, 모두 중심가 부근에 들어서 있다. 고아원은 1748년에 건립된 것으로, 방이 100개에 이른다. 외지인에게 가장 큰 흥미와 호기심의 대상이 될 만한 것은 도시 옆에 있는 "정복"섬의[321] 두 불탑이다. 이것들은 모두 대단히 오래된 것으로, 인근의 가옥들과 더불어 쿠빌라이 칸 휘하의 몽골군에 쫓겨 달아났던 송(宋) 왕조 마지막 황제 상흥제(祥興帝)의[322] 피신처이기도 하

---

319 Ou-kiang. 구강(甌江, Oujiang). '어우'는 원저우의 별칭이기도하다.

320 Emperor Hung Wu. 홍무제(洪武帝), 명 태조(明太祖) 주원장(朱元璋, 1328~1398).

321 "Conquest" Island. 어우장강의 작은 섬 장신위(江心嶼, Jiangxinyu)를 가리킨다. 지금은 장신구위(江心孤嶼)로 알려져 있는데, 남송십찰(南宋十刹)의 하나인 강심사(江心寺)와 동·서 쌍탑이 있고 옛 영국영사관 건물도 잔존한다.

322 Ti Ping. 제병(帝昺, Di Bing). 원래의 이름인 조병(趙昺, Zhao Bing)으로도 불리는데, 송(宋) 18대이자 남송(南宋) 9대인 이 어린 '소제(少帝)'는 1278~79년의 313일 동안 재위에 있었다.

였다. 당시 그 황제가 남긴 친필이 인접한 사원에 보존되어 오늘날까지 전해진다. 영국 영사와 외근 세관 직원들은 섬 안의 서양식 주택에 기거한다. 이곳 도시의 주민은 80,000명으로 추산된다.

원저우에는 외국인 거류지가 없으며, 여기 사는 외국인들은 거의 모두 관리나 선교사로서 미미한 숫자이다. 다량의 아편이 원저우 인근에서 생산된다. 주저우에서[323] 뗏목에 실려 강을 따라 내려온 목재, 목탄, 대나무 등의 국내 수출이 대량으로 이루어지고 있다. 이 교역의 연간 총액은 최소 200만 달러에 달할 것으로 추정된다. 이들 물품을 다루는 상점과 작업장은 서쪽 교외에 위치하는데, 이곳에는 당장 사용 가능한 대나무와 각목들이 엄청나게 많이 보관되어 있다. 원저우는 광귤 생산지로도 유명하다. 차 수출은 1897년에 13,310피컬, 1898년에 13,047피컬이었다. 국제 세관에서 확인된 이 항구의 순무역액은 1898년 1,437,729냥이며, 1897년과 그 전년에는 각각 1,255,204냥 및 1,083,221냥이었다.

---

[323] Ch'u-chow. 주주(株洲, Zhuzhou).

26. 싼두(푸닝푸)[324]

싼두는 1899년 5월 1일에 중국 정부가 자발적으로 대외 무역에 개방하였다. 이곳은 푸저우에서 북쪽으로 몇 마일 떨어진 싼사만에[325] 위치한 항구이다. 푸저우에서 선적되는 차의 상당량은 싼사 현 일대에서 온 것이다. 그러나 새로운 항구의 개방으로 돈벌이가 위협받고 있다고 여긴 짐꾼들의 반발로 인해 1899년에는 직접 선적되는 물량이 미미했다. 싼사만은 그림 같은 풍경으로 해서 일본 내해의 축소판으로 묘사되어 왔다.

27. 푸저우[326]

푸저우―또는 푸저우푸―는 푸젠성의 수도이다. 민장강(江) 북쪽 방면으로 펼쳐진 평원 위의 북위 26° 2′ 24″, 동경 119° 20′에 위치한다. 바다와의 거리는 약 34마일이며, 외국 선박들이 닻을 내리는 탑섬

---

324 Santu(Funing-fu). 삼도(三都, Sandu). 이곳은 삼도도(三都島)라는 섬이고, 푸닝(福寧)은 그 섬 서쪽 건너편 내륙 안쪽의 도시로서 지금의 닝더(寧德, Ningde)이다. 원래 닝더였는데, 청나라 옹정제 시절에 푸닝 '부(府)'로 승격되었다.
325 Samsah Basin. 삼사만(三沙灣, Sanshawan).
326 Foochow. 복주(福州, Fuzhou).

푸저우

과[327] 9마일 떨어져 있다.

외국인들은 이 일대에서 많이 재배되는 우이 차의[328] 선적을 통해 수지맞는 상업 거래를 할 수 있는 유력한 장소로서 일찌감치 푸저우에 관심을 가졌다. 이곳 항구가 개방되기 전까지 이 품목은 항상 육로를 통해 광저우로 운반된 뒤에야 배에 실렸는데, 이 여정은 길고도 험난한 것이었다. 일찍이 1830년에 동인도회사가 항구 개방을 건의하였지

---

327 Pagoda Island. 민장강 한가운데 불쑥 솟은 뤄싱산(羅星山)을 가리킨다. 그 정상에 북송 시대의 7층 석탑 뤄싱탑(羅星塔)이 있는데, 서양인들에게는 차이나 파고다(China Pagoda)로 알려져 왔다.
328 무이차(武夷茶, Wuyi tea). 원문은 영국의 차 상인들이 부르던 이름인 Bohea Tea(보히 차).

만, 1842년 난징 조약이 체결될 때까지 확실하게 결정된 것은 없었다. 현지인들과의 초창기 교류 관계는 원래 기대했던 것과 너무 거리가 멀었다. 강을 운항하는 것조차 어려웠고, 수입품을 판매할 시장이 없었으며, 여러 차례에 걸친 현지 대중들의 공격도 발생하여 이 항구는 한동안 거주하기에 적합하지 않은 곳으로 여겨졌다. 내륙으로부터 운반된 차의 수출은 항구가 개방된 뒤 10년쯤이나 지나서야 가시적인 성과를 거두기 시작하였다. 그리고 그 이후로는 선적량이 대폭 증가하여 푸저우는 차를 취급하는 중국의 주요 항구 중 하나가 되었다. 하지만 737,000피컬을 수출하며 차 무역이 최고치를 기록했던 1880년 이래 이곳의 번영 추세는 퇴조되어 갔다. 그리하여 1898년에 와서는 주요 산물인 차의 선적량이 전차 35,962피컬을 포함하여 고작 305,555피컬에 불과하였다.

이 도시는 세 개의 언덕 주위에 자리 잡고 있으며, 성벽 안쪽 구역의 둘레는 6~7마일에 이른다. 성벽은 높이가 약 30피트이고, 정상부의 폭은 12피트이다. 거리들은 좁고 지저분하다. 하지만 도시 내 관공서 구역 주변의 많은 나무들, 그리고 성벽에 둘러싸인 수목 우거진 언덕들이 전체적인 경관을 그림 같은 모습으로 만들어 주고 있다. 잘 보존된 불탑 2개가 도시 성곽 내에 서있다. 도시의 동문(東門) 부근에는 현지인들이 피부병 치료를 위해 이용하는 온천이 몇 개 있는데, 아주 효험이 있다고들 한다. 푸저우 사람들은 동석(凍石)이라[329] 불리는 재료를 이용한 기념비, 불탑, 식기 등의 축소 모형 제작, 그리고 조화(造花)

---

329 "soap—stone" 감촉이 비누 같이 부드러운 돌로, 장식품이나 공예품, 건축용 마감 재료 등으로 널리 사용된다.

라든가 신기한 새의 모형 등등의 제조에 뛰어난 재주가 있다. 도시 북쪽으로 몇 마일 가면 강이 2개의 지류로 갈라지는데, 이것들은 15마일쯤 따로 흘러가다가 탑섬 정박장의 약간 위쪽에서 합류한다. 외국인 거류지는 그렇게 해서 형성된 난타이라고 불리는 섬의[330] 북쪽 면에 있고, 장교(長橋) 혹은 만세교(萬歲橋)로[331] 알려진 강 위의 다리를 통해 도시로 진입할 수 있다.

푸저우의 기후는 연중 약 9개월이 온화하고 상쾌하다. 하지만 여름에는 기온이 화씨 74~98°의 분포를 보이므로 꽤 힘들다. 그렇더라도 여름의 열기는 3시간쯤 가마를 타고 가서 구링산의[332] 꼭대기에 오르면 피할 수 있는데, 이곳의 휴양림은 요즘 외국인 거류민들이 자주 찾는다. 이 산에서는 기온이 푸저우 시내에 있을 때보다 평균 10° 낮게 나온다. 밤에는 항상 서늘해서 편안히 지내려면 담요가 필요하다. 샤프피크에[333] 가면 해변과 해수욕장이 있는데, 이곳 역시 사람들이 많이 찾는다.

푸저우의 주변 경치는 매우 아름답다. 바다에서 민장강으로 거슬러 올라오는 과정에서 선박들은 넓은 물줄기를 뒤로 하고 진파이먼이라고[334] 불리는 곳으로 자연스레 들어가게 된다. 이곳은 폭이 0.5마일이 채 안 되지만 바위투성이의 위풍당당한 벽들로 둘러싸여 있어 매우 인

---

330 Nantai. 남태도(南台島, Nantaidao).
331 Long Bridge or Bridge of the Ten Thousand Ages.
332 Kuliang. 고령(鼓嶺, Guling).
333 Shark Peak. '탑섬'의 정박장 파고다앵커리지(Pagoda Anchorage) 인근의 언덕배기를 일컫는다.
334 Kimpai Pass. 금패문(金牌門, Jinpaimen)으로, 바다에서 푸저우로 들어갈 때 만나는 민장강의 두 갈래 중 위쪽-북(北) 쪽-의 좁은 물길이다.

상적인 외양을 연출한다. 한편, 민장먼은[335] 더 좁지만 진지(陣地)들과 계단식 농경지들을 발밑에 거느리고 높다랗게 우뚝 솟은 절벽이 있어 정말로 그림과도 같다. 그러서인지 이곳 일대는 라인강의 멋진 경관들에 비견되어 왔다. 민장강의 지류로서 강둑을 따라 언덕이 불쑥불쑥 솟아 있는 융푸강 또한 매력적인 풍광을 자랑한다. 사냥감은 푸저우 인근의 골짜기와 산림지대 어디에나 풍부하다. 호랑이와 팬더는 좀 더 먼 산마루에서 쉽게 볼 수 있는데, 이 짐승들은 간혹 도시 반경 10마일 이내에서 잡히기도 한다.

1895년 8월 1일 푸저우에서 서쪽으로 120마일 떨어진 구톈[336] 인근의 화산에서[337] 끔찍한 선교사 학살 사건이 발생하였다. 이로 인해 여성 8명이 포함된 성인 9명과 어린이 1명이 죽었으며, 또 다른 어린이 하나는 부상을 입고 며칠 후 사망하였다.

외국 선박은 최근 수년간 수심이 더욱 낮아졌고 또 운항에 여러 가지 어려운 점이 있으므로, 흘수가 아주 얕은 것을 제외하고는 탑섬에 정박하는 수밖에 없다. 게다가 현재의 정박장조차 여러 곳에 토사가 쌓이고 있다. 푸저우의 항구 영역은 시내의 다리에서부터 진파이먼까지이다. 탑섬 정박장 부근의 마웨이조선소는[338] 대규모 정부 시설로서, 대형 포함 여러 척을 건조한 바 있다. 이 조선소는 1884년 8월 23~24일에 걸쳐

335 Pass of Min-ngan. 민강문(閩江門, Minjiangmen). 원문의 Min-ngan은 Min-Gang의 오기로 보인다.
336 Kucheng. 고전(古田, Gutian).
337 Hwasang. 화산(華山, Huashan).
338 Mamoi Arsenal. 마미조선창(馬尾造船廠). 청말 양무운동의 일환으로 이홍장과 좌종당(左宗棠, 1812~1885)이 주도하여 건립한 중국 최초이자 최대의 서양식 조선소로, 푸저우조선소라고도 부른다.

중국

프랑스군의 포격을 받아 일부 파괴되었다가 복구되었다.[339] 이 시설은 현재 개조 작업이 진행 중이며, 프랑스인 전문가들의 관리를 받고 있다. 이 조선소와 연결되는 새로운 도크의 건설이 1887년 11월 뤄싱다오섬에서[340] 시작되었다. 도크는 길이가 300피트를 넘으며, 매우 강력한 펌프들과 견고한 철제 수문을 갖추고 있다. 『푸저우에코』라는[341] 소규모 일간지가 발행된다. 푸저우의 인구는 65만 명 정도로 추정된다.

국제 세관에 의해 파악된 이곳 항구의 순무역액은 1898년에 15,725,908냥인데, 1897년과 1896년에는 각각 13,556,494냥과 14,622,764냥이었다.

28. 샤먼[342]

샤먼은 톈진 조약의 비준 이전에 대외 무역에 개방된 5개 항구 중 하나이다. 이곳은 주룽강[343] 하구의 샤먼다오섬에 있으며, 북위 24° 40′,

---

339 이 사건은 중불전쟁(1883-1885)의 실질적인 개막전으로 평가되는 푸저우 전투를 말한다. "파고다앵커리지 전투"로도 알려진 이것을 중국에서는 馬江海戰, 馬江之役, 馬尾海戰 등으로 다양하게 부르는데, 쿠르베 제독이 지휘하는 프랑스 함대의 포격으로 중국의 복건함대가 궤멸 당했고 마웨이조선소 또한 ("일부"가 아니라) 거의 폐허가 될 정도로 파괴되었다.

340 나성도(羅星島, Luoxingdao). 마웨이 구역 동편에 있던 섬으로 일찍이 육지로 변했는데, 원문은 이 섬 이름의 복주어(福州語) 발음[Lô-sĭng]을 영문 표기한 Losing Island.

341 *Foochow Echo.*

342 하문(廈門, Xiamen). 원문은 서양인들 사이에서 통용되던 Amoy(아모이)로, 하문의 옛 한자 지명 '下門'의 포르투갈어 발음에서 유래되었다.

343 Pei Chi or Dragon River. 구룽강(九龍江, Jiulong Jiang).

샤먼 구랑위섬(鼓浪嶼)

동경 118°에 위치한다. 이곳은 서양 국가들과의 교역이 매우 일찍이 행해진 무대이다. 1544년 이곳에 온 포르투갈인들은 현지인들에게 잔학행위를 저질렀다. 이에 중국 당국은 그들을 강제 추방하고, 그들의 선박 13척을 불태웠다. 영국인들은 중국 정부가 광저우를 제외한 모든 항구에 대해 외국인과의 무역을 금하는 칙서를 내린 1730년까지 이곳에서 상거래를 유지하였다. 그런데 이 때 스페인 선박들은 예외적으로 인정을 받아 샤먼에서의 무역이 허용되었다. 그렇지만 다른 국적의 선박들도 계속해서 이곳을 찾았는데, 이러한 양상은 1841년 이 도시가 함락될 때까지 계속되었다. 그 후 얼마 안 가서 난징 조약이 조인되었으며, 그에 따라 모든 외국인들에게 무역이 개방되었다.

샤먼에 관해 서술하면서 윌리엄스 박사는 다음과 같이 말했다 : "샤먼이 자리하고 있는 섬은 둘레가 약 40마일이고, 이 도시 외에도 큰 마을 수십 개가 들어서 있다. 만(灣) 내부는 불탑이나 사원이 들어선 섬들이 수 없이 많아서 윤곽이 뚜렷하게 드러나며, 도시 뒤편으로도 높고 거친 언덕들 덕분에 그림 같은 경관이 연출되고 있다. 도시는 내부와 외부의 두 구역으로 이루어져 있는데, 포장도로를 통해 서로 연결된다. 바다 쪽을 향해 나아가면서 이곳에 접근할 때는 단단한 벽 위쪽으로 능선을 따라 죽 이어진 높은 바위언덕들이 이 두 구역의 경계가 된다. 도시와 교외를 모두 합친 구역의 둘레는 대략 8마일이고, 그 안에 거주하는 주민은 30만 명이다. 한편, 섬의 전체 인구는 그보다 10만 명쯤 더 많은 것으로 추정된다. 이곳 부두는 중국 연안에 있는 것들 가운데 가장 우수한 등급에 속한다. 외항에는 닻을 내리기에 좋은 깊은 바다가 있으며, 해변에서 아주 가까운 내항은 선박들에게 완벽하게 안전한 정박지를 제공한다. 조수 간만의 차는 14~16피트이다. 폭이 675야드에서 840야드에 이르는 부두의 서쪽 구역에는 구랑위라는[344] 섬이 있는데, 그림과도 같은 이곳은 3,500명의 주민이 모여 사는 작은 농촌이다. 샤먼의 동쪽으로는 금항(金港)이라는 의미를 지닌 진먼다오섬이[345] 있는데, 이곳 남쪽 해변 전면(前面)에 펼쳐지는 나지막한 풍경은 샤먼의 고지대와 확연한 대조를 이룬다. 그럼에도 이 작은 섬의 도시 인구는 현재 96,000명까지로 추산된다.

샤먼은 3등급 도시로 분류된다. 이곳은 중국 내에서 아주 더럽다고 정평이 나 있으며, 주민들도 희한하게 지저분한 것이 습관화되어 있

---

344 Kulangsu. 고랑서(鼓浪嶼, Gulangyu). 원래의 옛 이름은 원사주(圓沙洲)였는데, 이 섬의 남서쪽에 있는 암초에 파도가 부딪히면서 내는 소리가 마치 북을 치는 소리 같다고 하여 '鼓浪'으로 개명되었다고 한다.
345 Quemoy or Kinmun(Golden Harbour). 금문도(金門島, Jīnmendao).

다. 주위에는 외국인들의 흥미를 끌만한 장소가 몇 군데 있고, 35마일 떨어진 장저우푸의 중심 도시 장저우[346] 나들이도 가능하다. 구랑위섬은 샤먼에서 약 1/3 마일 거리에 있는데, 외국인들은 대부분 샤먼 쪽에서 사업을 벌이면서도 거의 모두가 이 섬에 거주하고 있다. 거류지 안에는 괜찮은 클럽이 하나 있고, 그 바로 옆에 크리켓경기장이 있다. 말끔하고 작은 영국국교회도 들어서 있다. 일본인 거류지는 1899년에 지정되었다. 샤먼에는 3개의 화강암 도크가 있는데, 제일 큰 것은 가로 310피트, 세로 60피트에 달한다. 이것들은 모두 외국인이 소유하고 관리한다. 『아모이가제트』라는[347] 이름의 1장짜리 해운(海運) 소식지가 매일 발행된다. 외국인 거류민은 280명쯤 된다.

　샤먼에서 행해지는 무역은 언제나 비교적 양호한 기조를 유지하여 왔다. 홍콩, 산터우, 푸저우 등지를 오가는 증기선들은 운행 간격이 짧고 매우 규칙적이다. 마닐라 및 해협식민지와의 직통 노선도 유지되고 있다. 차의 전체 수출량은 1898년에 150,442피컬(재수출 140,969피컬 포함)이었고, 1897년과 1896년에는 각각 144,420피컬(재수출 132,293피컬 포함) 및 213,017피컬이었다. 재수출되는 차는 대부분 타이완에서 건너온 것이다. 1898년도의 설탕 수출을 보면 외국으로 나간 것이 953피컬이고, 중국내 다른 항구들로 보낸 것이 187,041피컬이었다. 아편의 순수입은 1898년에 3,790피컬이었으며, 1897년과 1896년에는 각각 4,306피컬과 3,818피컬이었다. 국제 세관을 통해 확인된 순무역액은 1898년에 13,251,360냥, 1897년과 1896년에는 각각 12,973,616냥과 13,012,047냥이었다.

346　Chang-chow. 장주(漳州, Zhangzhou).
347　*Amoy Gazette*.

29. 산터우[348]

산터우는 톈진 조약을 통해 처음으로 외국인들에 개방되었다. 광둥성[349] 동쪽 경계선 부근 한장강[350] 하구의 북위 23° 20´ 43˝, 동경 116° 39´ 3˝에 위치한다. 이곳은 내륙으로 35마일 들어간 지방 정부 소재지 차오저우푸[351] 및 그로부터 한장강 상류로 40마일 더 떨어진 산호파의[352] 선적항이다.

산터우는 한장강의 북쪽 제방 위에 자리 잡고 있는데, 그 제방은 그 강의 지류들이 흐르는 충적토 평원의 일부이다. 맞은편의 강변은 언덕이 해안까지 연이어 뻗어 있어 경사가 매우 급하고, 흔치 않은 광경을 드러낸다. 바다로 나가는 사람들은 이들 언덕을 가리켜 "희망봉(希望峰)"이라고[353] 부른다. 여기에는 탑산(塔山)이 자리한 언덕도 솟아 있는데, 이곳으로부터 곧장 나아가면 난아오다오라는[354] 큰 섬이 펼쳐진다.

이 지방에서 대외 무역이 처음 시작된 곳은 아편 선박이 늘 정박하던 난아오다오섬이다. 하지만 이후에는 산터우에서 4마일 거리에 있는 강 바로 안쪽의 더블아일랜드섬으로[355] 장소가 옮겨졌다. 거류지 출범 초

---

348 Swatow. 산두(汕頭, Shantou).

349 Kwangtung province. 광둥(廣東, Guangdong)성.

350 river Han. 한강(漢江, Han Jiang). 고대 이래 한수(漢水, Han Shui)로 불려온 하천이다.

351 Cha'o-chow-fu. 조주부(潮州府, Chaozhou Fu).

352 San-Ho-Pa. 팅장(汀江), 메이장(梅江), 메이탄허(梅潭河)의 3개 하천이 합류하여 만드는 한장강(漢江)의 시발점 부근 싼허전(三河鎭)을 이르는 것으로 추측된다.

353 "Cape of Good Hope."

354 island of Namoa. 남오도(南澳島, Nan'ao Dao)

355 Double Island.

산터우

기에 이곳의 외국인들은 막노동꾼들을 납치해서 악명을 떨쳤었다. 이로 인해 현지인들의 극심한 반감을 샀기 때문에 외국인들은 "더블 아일랜드"섬에서 멀리 떨어진 곳에서는 누구도 안전하지 못했고, 산터우 출입도 엄격히 금지되었다. 그들은 1861년에 와서야 산터우로 들어갈 수 있었다. 산터우 주위 일원에서는 외국인들에 대한 적대감이 훨씬 오랫동안 지속되었다. 영국 영사는 법적으로 차오저우푸 내로 주거가 제한되었으며, 이후 1861년까지 그 도시의 성문 밖으로 나가려고 몇 차례 시도했지만 모두 실패하였다. 1866년 한층 호의적인 분위기 속에 산터우 방문이 성사되었다. 그러나 이곳 주민들이 성 안에 들어온 외국인들을 괴롭히고 모욕하는 행위를 그만둔 것은 몇 년 되지 않는다. 1862년에 영국 정부가 산터우에서 1마일 거리에 있는 한장강 북쪽 제방의 땅한 필지를 요청해서 승인받았지만, 이에 반대하는 주민들의 시위가 너무 격렬해서 완전히 관철되지는 못했다. 그럼에도 불구하고 외국인 주택들이 여기저기 생겨나기 시작하였는데, 대부분 산터우 시내 혹은 그 인근에 있긴 하지만 다소 분산된 모습이다. 해마다 늘어나는 항구의 교통량은 좁은 띠 모양의 항만 구역에 커다란 혼잡을 야기하였다. 그리하여 1877년 2월 이래 적어도 21.5에이커에 대한 간척공사가 진행되었는데, 그 대부분은 현재 상점과 주택으로 덮여 있다.

산터우의 기후는 매우 살기 좋다고 정평이 나 있다. 그러나 타이완 해협 남단과 마주보고 있기 때문에 태풍과 관련해서는 그리 부러워할 만한 위치에 있지 못하며, 거의 매년 중국의 남쪽 해안을 휩쓰는 그 무시무시한 폭풍이 몰고 오는 폐해에 대체로 취약하다. 산터우의 주민은 35,000명으로 추정된다.

산터우의 대외 무역은 이제까지 별로 크지 않았지만, 근년에 들어와서 다소 증가세를 보이고 있다. 설탕 무역이 상당해서 1897년도의 경우, 황설탕과 백설탕이 각각 789,298피컬 및 629,780피컬 거래되었다. 홍콩의 중국제당회사가[356] 이곳에 대규모 설탕정제공장을 보유하고 있지만 얼마 전부터 가동을 멈췄다. 대형 콩깻묵공장도 1882년에 문을 열었다. 국제 세관에서 파악된 이곳 항구의 1898년도 순무역액은 35,383,998냥인데, 1897년에는 28,398,001냥 그리고 1896년에는 27,276,480냥이었다.

---

30. 광저우[357]

광저우는 광둥성의 수도이다. 주장 또는 전주장이라[358] 불리는 강 유역의 북위 23° 7′ 10″, 동경 113° 14′ 30″에 위치한다. 이곳은 더러 "양(羊)들의 도시"라든가 "천재들의 도시"라고 불리는데, 두 이름 모두 고대 전설에서 유래한다. 이곳의 영어 표기인 '칸톤'은 실제 이름인 광둥의 외국식 변형이다. 중국 제국 내에서 최초로 생긴 도시들 가운데 하나인 이곳은 또한 성(省) 정부 소재지로서, "양광(兩廣)" — 광둥성과 광시성 — 의[359] 총독이 주재하는 곳이다. 만주족 장군도 여기에 거주하며, 그 외에 해관을 비롯하여 수많은 관공서의 주요 정부 관리들 그리고 만주족 전임(專任)의 세관장 등이 이곳에 있다.

광저우는 이러한 특혜적 상황으로 인해 진작부터 유럽 국가들이 교역을 하고자 할 때 가장 먼저 찾는 중국 항구가 되었다. 1516년에 포르투갈인들이 이곳에 왔고, 아랍인 항해사들은 일찍이 10세기부터 광저우와 서아시아 항구들 사이를 정기적으로 운항하였다. 네덜란드인들은 포르투갈인보다 약 100년 후에 모습을 드러냈지만, 그들이 차지한 자리에는 곧 영국인들이 들어서게 되었다. 영국인들은 17세기가 끝날

---

357 광주(廣州, Guangzhou). 원문은 Canton로 되어있는데, 이는 포르투갈인들이 광둥(廣東) 지방을 이르는 현지 방언 발음 '광둥'을 이곳 도시와 혼동해서 적은 Cantão(칸탕)에서 유래되었다고 한다. 사실은 이곳 지명으로도 원래부터 잘못된 표기였지만, 서양인들 사이에서 도시 명으로 그냥 굳어지게 되었다.

358 Chu-kiang or Pearl River. 주강(珠江, Zhujiang) 또는 진주강(珍珠江, Zhenzhujiang). 과거 중국에서 광둥강으로도 불렸다.

359 "The Two Kwang" (Kwangtung and Kwangsi).

무렵 대단히 수지맞는 무역을 개시하였으며, 이는 동인도회사의 중개 상들을 통해 150년 가까이 행해졌다. 동인도회사는 1684년 이곳에 공 장을 하나 설립했는데, 이후 그 공장은 세계 곳곳에서 찬양의 대상이 되었다. 1684년부터 영국으로의 차 수출이 급속하게 증가하였다. 동 인도회사의 독점은 1834년에 종말을 고했다. 1839년 영국은 현지 당 국이 외국인들에게 억압을 가함에 따라 중국에 대해 선전포고를 하기 에 이르렀다. 1841년, 광저우는 함락될 위기에 몰렸다. 하지만 영국은 이 도시를 점령하는 대신에 배상금을 받았으며, 적대 행위는 잠시 중 단되었다. 그러나 이때의 교훈은 불행하게도 효과가 없었으며, 중국 당국의 거만함은 수그러들지 않고 지속되었다. 이로 인해 영국군의 전 투가 중국 중부에서 다시 이어졌고, 그 결과 1842년 8월 29일 난징 조 약이 체결되었다. 이로써 광저우에서의 이른바 공행(公行)[360] 독점이 폐지되었고, 4개 항구가 추가적으로 대외 무역에 개방되었다. 그럼에 도 불구하고 이 조약의 조항들은 "양들의 도시"에서 계속 무시되었으 며, 외국인들의 성벽 내 진입은 여전히 불허되었다. 이처럼 괴롭힘과 모욕이 지루하게 이어지자 마침내 1856년 10월, 마이클 시모어 경이 함대를 이끌고 전투를 재개하였다. 그러자 2개월쯤 뒤 이에 대한 보복 으로 한 무리의 폭도들이 외국인 주택들을 휩쓸어가며 약탈하고 불태 웠다. 1857년 12월, 영국에서 특파된 원정대가 찰스 스트로벤지 경 의[361] 지휘 하에 이 도시를 공격하여 같은 달 29일에 함락시켰다. 프랑

---

360 Co-Hong. 광저우를 거점으로 하는 청 말엽 중국의 특권적인 수입 독점 상인조합이
     다. 그 중국인 조합원인 '홍(hong)'은 항상(行商, hangshang)으로, 그의 외국인 거래
     상대는 "해양 무역업자"를 의미하는 양항(洋行, yanghang)으로 불렸다고 한다.
361 Sir Charles Thomas van Straubenzee(1812~1892). 영국의 육군 장교로, 1857년에 중

스도 원정대를 보냈으며, 그리하여 이 도시는 1861년 10월까지 거의 4년간 연합군에 의해 점령되는 처지에 놓였다.

이 도시의 본래 영역은 폭이 약 2마일이고 둘레는 약 6마일로서, 두께가 약 20피트 되는 25~40피트 높이의 성벽으로 둘러싸여 있다. 교외 지대는 강을 따라 5마일 정도 뻗어 있다. 교외를 포함한 전체 둘레는 10마일쯤 되는데, 성벽 안쪽의 둘레는 약 6마일이다. 현재 신(新)도시라고 불리는 곳은 종전까지 남쪽의 교외, 즉 남교(南郊)로 알려져 있었다. 한편 서교(西郊)는 강을 따라 1마일에 걸쳐 뻗어 있다. 도시로 들어가는 대문은 16개이고, 그 외에 2개의 수문이 있다. 광저우에는 수많은 사원과 불탑, 다수의 골동품 가게 등, 외국인 방문객들을 위한 뛰어난 명소들이 있다. 취안저우클럽은 중국 건축의 표본이 되는 것으로서 둘러볼 가치가 있으며, 그 외에 과거시험장, 묘지, 사형장, 감옥, 조병창, 오래된 물시계, 이슬람사원 등도 구경할 만하다. 프랑스 선교회는 2개의 높은 탑이 있는 크고 멋진 고딕 대성당을 시내에 세웠는데, 탑마다 작은 뾰족탑들이 박혀 있다. 이 건물은 전체가 잘 다듬어진 화강암으로만 축조되었다. 전임 총독인 장즈둥에 의해 건립된 것으로 아주 완벽한 설비를 갖춘 조폐국이 북문 근처에 있다. 이곳은 1889년부터 가동에 들어갔으며, 현재 동전은 물론이고 은화도 보조 화폐로 주조하고 있다. 이러한 건물들이 넓은 영역을 차지하고 있는데, 강 건너편에서는 후난 사원(寺院)과 선원(禪院)이[362] 가장 눈길을 끈다. 광저우의 추

국·홍콩 주둔군 사령관으로 부임하여 제2차 아편전쟁에서 광저우 공격을 지휘하였다.

362 Honam Temple and Monastery. 사찰과 수도원이 한데 모여 있는 불교 도량으로, 강(江)의 남쪽에 위치하기 때문에 호남(湖南)이라는 이름이 붙여졌다고 한다.

광저우의 꽃배들

시장강(西江)의 대리석 암벽

정 인구는 250만 명으로, 이는 가장 최근의 세관 무역 보고서에 적힌
수치이다. 그런데, 1895년에 현지인 관리가 작성한 보고서에는 이곳
인구가 499,288명에 불과한 것으로 나와 있다. 이 수치는 선상(船上) 인
구를 제외한 것인데다가, 육상 인구와 관련해서도 부정확한 것으로 여
겨진다.

1857년 말엽 영국군이 이 도시를 점령한 뒤, 무역을 재개하기 위해 광저우로 돌아온 외국 상인들은 강을 따라 들어섰던 공장과 건물들이 폐허로 변한 것을 보았다. 이로 인해 그들은 건너편의 남쪽 강변에 있는 창고들을 숙소로 쓰는 수밖에 없었다. 이후 항구적인 영국인 거류지 터를 정하는 문제를 놓고 많은 논의가 있었으며, 마침내 사몐다오 라고[363] 알려진 섬 일대의 넓은 갯벌을 메워서 쓰는 것으로 결정이 났다. 그리하여 1859년 그곳에 인공섬이 만들어졌고, 이 섬의 북쪽과 원래 도시 사이에 운하가 건설되었으며, 견고하고 폭이 넓은 석조 제방이 축조되었다. 약 2년에 걸쳐 완결된 이 사업에 적어도 325,000달러의 비용이 소요되었는데, 그 중 80%를 영국이 부담하였다. 프랑스 정부도 20%를 부담하고 매립지의 한 구역을 얻어냈다. 프랑스 조계는 1889년까지 대부분 활용되지 않은 채로 있었지만, 그 해부터 많은 필지들이 매각되어 지금은 건물들이 들어서 있다. 또한 프랑스인들은 예전에 총독 관아가 있던 자리를 할양받아서 그곳에 가톨릭 대성당을 건립하였다. 사몐다오섬은 깔끔하게 구획되어 있고, 도로마다 잘 자란 나무들이 그늘을 드리우고 있다. 그리스도교회라는[364] 이름의 근사한 교회당이 서쪽 끝에 서 있다. 호텔 숙박시설도 양호하다. 1883년 9월 10일에는 반외세 폭동이 일어나 거류지 내의 주택 16채와 콩코디아극장이 폭도들에 의해 불탔다.

교역 거점으로서 광저우가 갖는 중요성은 감소하게 되었는데, 여기에는 몇몇 북부 지역 항구들의 개항이 일차적인 요인으로 작용하였다.

---

363 사면도(沙面島, Shamiandao). 원문은 Shamin과 더불어 과거에 쓰이던 Shameen.
364 Christ Church.

그에 따라 1861년에 거금을 들여 광저우에서 땅을 사들였던 상인들 대다수가 완전 철수하였다. 현재 이곳에서 외국인들에 의해 이루어지는 무역은 제한적이다. 주요 수출품은 차와 비단이다. 차의 1898년도 총 수출량은 10,025피컬이었는데, 1897년과 1896년에는 각각 13,501피컬, 10,900피컬이었다. 무역이 어느 정도 쇠락하였는지는 이 수치들을 1888년의 차 수출량 131,141피컬과 비교하면 잘 알 수 있을 것이다. 생사 수출량 ─ 부잠사 및 야잠견 제외 ─ 은 1898년에 33,853피컬이었는데, 1897년과 1896년에는 각각 30,716피컬과 23,287피컬이었다. 그러나 이 수치들은 국제 세관을 통해 얻어진 것으로, 전체 수출이 아니라 외국 선박들에 선적된 부분만 알려준다. 차와 비단은 전부가 정크선을 통해 홍콩으로 대량 운반된 뒤 그곳에서 환적된다. 1898년에 국제 세관이 파악한 순무역액은 49,554,973냥이었으며, 1897년과 1896년에는 각각 49,934,391냥 및 46,160,343냥이었다.

약 95마일 떨어져 있는 광저우와 홍콩을 잇는 교통수단은 매일 정기 운행하는 외국 증기선들이라든가 수많은 현지인 선박 등, 매우 다양하다. 매일 마카오를 왕복하는 증기선이 있고, 상하이, 홍콩, 광저우 등지를 정기적으로 오가는 증기선들도 있다. 사몐다오섬의 강둑으로부터 150야드 이내의 거리에 안전하고 널찍한 정박장이 있다. 1883년에 광저우와 주룽 간의 육상(陸上) 유선 전신이 개통되었고, 1884년 6월에는 광저우로부터 광시성과 통킹의 경계에 위치한 룽저우까지 이어지는 또 다른 육상 전신이 완공되었다. 전등은 이 도시의 일부 구역에 설치되었다. 광저우와 주룽을 잇는 철도 계획안이 중국 황제의 승인을 받아 예비조사까지 마쳤지만, 여전히 계획안으로 머물러 있다. 1899년에도 어느 미국 기업이 광저우와 한커우를 잇는 철도 노선에 대한 조사를 실시한 적이 있다.

31. 황푸[365]

이 촌락은 얼마 전까지만 해도 광저우를 상대로 한 외국인 무역의 많은 부분을 담당하는 거점이었다. 이는 외국 범선들의 주장강 진입이 금지되어 있던 상황에서 기인한다. 하지만 범선을 이용한 무역은 매우 낮은 비율을 차지할 정도로 위축되었으며, 현재 황푸는 거의 버려진 상태이다. 해관의 지점 하나가 이곳에 설치되어 있다. 과거에 홍콩황푸도크회사[366] 소유였던 대형 점토 도크들은 중국 정부에 매각되었으며, 그 후 함포를 갖춘 소함대가 사용하고 있다. 정부가 설립한 어뢰학교도 하나 있다.

"대나무 마을"이라고 알려진 이 촌락은 더럽고 매력 없는 곳으로서, 흥미로운 면모라곤 찾아보기 어렵다. 하지만, 주변 경치는 그림 같이 아름다워서 보기가 좋다. 인근 언덕에 위치한 두 개의 높은 불탑은 강 쪽에서 바라볼 때 눈에 확 띤다. 하나는 황푸파고다라고 하는데,[367] 강

---

365 Whampoa. 황포(黃埔, Huangpu).

366 Hong Kong and Whampoa Dock Company. 홍콩상하이은행의 창립자인 영국의 정치인 겸 은행가 '수스란(蘇石蘭)' 서더랜드(Sir Thomas Sutherland, 1834~1922)가 래프레이크(Douglas Lapraik)와 함께 1863년에 설립한 기업이다.

물 위에 100피트 높이로 불쑥 솟은 섬에 세워져 있다. 이것은 1598년경에 건립된 것으로, 매우 황폐된 모습이다. 제법 큰 나무 한 그루가 이 탑 꼭대기의 벽돌들 틈에서 자라고 있다. 또 다른 불탑은 "일선(一線) 방어탑"이라고[368] 불리는데 광저우와 더 가까우며, 이 지방의 수호산(守護山)으로 여겨지는 언덕 위에 자리 잡고 있다. 이 탑은 1621~1628년에 성도 일대의 항로를 지켜주는 수호신으로서 건립되었다.

황푸가 중요한 위치를 차지하던 시절은 이제 다 지나갔다. 하지만 이곳은 중국과의 초창기 상업 교류에 대한 기억들과 연관되어 있기 때문에 외국인들한테는 어느 정도 관심의 대상으로 항상 남아있을 것이다. 예전에는 모든 외국 선박들이 황푸에 닻을 내리도록 강제되었기 때문이다.

32. 주룽 중국세관[369]

이것은 중국 정크선을 통한 홍콩과 중국 항구들 간의 무역에 부과되는 관세 수취를 목적으로 홍콩 주위에 배치된 중국 세관주재소들을 총

---

367 Whampoa Pagoda. 과거 황푸다오(黃埔島)라는 이름으로 불렸던 파저우다오섬(琶洲島)의 59미터 높이 팔각 구층 불탑 파저우타(琶洲塔)를 이른다.

368 First Bar Pagoda. 53.7미터 높이의 불탑 츠강타(赤崗塔)를 가리킨다. 예전에 허난 혹은 호남이란 이름으로 불리던 섬 하남도(河南島)의 팔각 구층 석탑이다.

369 Chinese Kowloon New Customs.

칭한다. 이것들은 1889년에 홍콩이 신제[370] 지역을 넘겨받았을 때 영국의 관할 영역으로 신규 편입된 기존 장소에서 철수해야만 했다. 현재의 주재소들은 타이산산과[371] 네이링딩다오섬,[372] 사유청, 사문 등지에 설치되어 있으며, 이들과는 별도로 딥베이부터[373] 미어스베이에[374] 걸쳐 다수의 국경 순찰 초소가 있다.

33. 라파[375]

라파는 마카오의 내항(內港)과 바로 마주보고 있는 섬이다. 중국인들은 이 섬을 꿍박이라고[376] 부르기도 하는데, 직경은 1.25마일에서 1.5마일쯤 된다. 청 제국 해관의 주재소 하나가 여기에 있으며, 마뤄차우라는[377] 작은 섬에도 또 하나 있다. 라파는 향산[378] 수령의 관할이다. 이곳은 마카

중국

---

370 New Territory. 신계(新界, Xinjie).
371 Taishan. 태산(台山).
372 Lintin. 내령정도(內伶仃島, Nei Lingdingdao).
373 Deep Bay. 선전완(深圳灣). 허우하이완(后海灣)과도 병기되는데, 이 지명의 광둥어 발음을 빌어 하우호이완(Hau Hoi Wan)으로 불리기도 한다.
374 Mirs Bay. 대붕만(大鵬灣)을 가리키는데, 중국인들은 다펑완(Dapeng Wan) 또는 타이팡완(Tai Pang Wan)으로 부르기도 한다.
375 Lappa. 포르투갈인들이 붙인 지명 Lapa의 영어식 표기로서 완짜이(灣仔, Wanzai)를 가리키는데, 지금은 육지와 붙어 있다.
376 Kung Pak. 궁베이(拱北, Gongbei)를 당시의 현지 발음 그대로 영문 표기한 것인데, 실제로는 마카오 이북 본토의 주하이(珠海, Zhuhai)에 있는 한 구역 명칭이다.
377 Malowchow. 마라주(馬羅洲, Maluozhou).
378 Heungshan. 홍산(香山, Heung-san 또는 Xiangshan). 지금은 중산(中山, Zhongshan)

오 인근에서 제일 중요한 세관주재소가 있다는 점 외에는 흥미로운 것이 없다. 라파 세관을 통해 이루어진 순무역액은 1898년에 12,030,939냥, 1897년과 1896년에는 각각 13,143,773냥과 12,596,298냥이었다.

34. 싼수이[379]

싼수이는 버마 조약에 따라 1897년에 개방된 항구 중 하나이다. 시장과 베이장 그리고 쑤이장 등[380] 세 강의 합류점 부근에 있는데, 이곳의 항구는 강둑으로부터 2마일 떨어진 허커우이다.[381] 마을은 그럴듯한 벽으로 둘러싸여 있지만 활기가 없으며 집들은 초라하다. 마을과 강 사이에는 훌륭한 9층 불탑이 있다. 상업 중심지는 3마일쯤 떨어져 있는 시난이다.[382] 널찍하고 잘 지어진 이 도회지는 포산으로[383] 흘러가는 수로 변에 위치한다. 시난에서 볼 수 있는 흥미로운 업종 한 가지는 라이스버드,[384] 동물 발바닥, 수렵물(狩獵物) 등을 재료로 하는 통조

시로 되어 있다.
379 Samshui. 삼수(三水, Sanshui).
380 West, North, and East Rivers. 서강(西江), 북강(北江), 수강(綏江).
381 Hokow. 하구(河口, Hekou).
382 시난(西南, Xinan). 원문은 당시의 현지 발음대로 영문 표기한 것으로 보이는 Sainam.
383 Fatshan. 불산(佛山, Foshan).
384 rice-bird. 참새 등과 같이 쌀을 쪼아 먹거나 논에 서식하는 새를 뭉뚱그려 이르는 말이다.

림 제조이다. 라이스버드는 밤중에 갈대밭에서 자루를 이용하여 잡는
데, 갈대 위에 쳐놓은 줄을 당겨 새들을 그 안에 쓸어 담는다. 하지만
그 시즌은 가을철 6주 정도밖에 안 될 만큼 짧다. 싼수이의 공식 개항
은 1897년 6월 4일 이루어졌으며, 국제 세관에 의해 파악된 이곳 항구
의 1898년도 순무역액은 1,614,913냥이었다.

35. 우저우[385]

우저우는 버마 조약의 특별 조항에 따라 대외 무역에 개방되었다.
시장강 유역에 위치하며, 현재 허가된 통행 경로를 기준으로 할 때 광
저우나 홍콩에서 대략 220마일 거리에 있다. 이곳은 같은 이름을 지닌
지방 — 부(府) — 의 수도로서, 현재 창우의[386] 지현(知縣)이 주재하는
장소이기도 하다. 시장강에는 흥미롭고 멋진 곳이 많다. 강줄기를 따
라 올라가는 길에 가장 먼저 눈길을 끄는 것은 자오칭[387] 협곡이다. 약
1마일의 폭으로 평탄하게 내려오던 강물이 이곳에 이르면 갑자기 거
의 1/4로 좁아지면서 양쪽에 2,000피트 높이로 솟아 있는 산들 사이를

385 Wuchow-fu. 오주(梧州, Wuzhou).
386 Ts'ang Wu. 창오(蒼梧, Cang Wu).
387 조경(肇慶, Zhaoqing). 과거의 통상적인 영문 표기는 자오칭의 광둥어 발음[siu hing]
     을 그대로 옮긴 Shiu Hing, Shiuhing 등이며 간혹 Shaou King으로도 썼는데, 원문은
     Shui Hing. 마테오리치(Matteo Ricci, 1552~1610)가 여러 해 머물며 최초의 한자(漢
     字) 세계지도를 제작한 곳으로도 유명하다.

5마일 가량 구불구불 흐른다. 협곡이 끝나면 강은 다시 넓어지지만, 우저우에 이르기까지 양쪽에 언덕배기들이 줄지어 늘어서 있다. 이것들은 이따금 간격을 좁히면서 곡선 형태의 골짜기를 이루기도 하는데, 몇몇 지점에서는 물줄기가 산중 호수와 같은 모습을 연출해서 그 가운데에 이르면 입구와 출구를 분간할 수 없게 된다.

우저우는 시장강과 구이린강[388] 두 하천이 합류하는 곳에서 시장강의 왼쪽 제방 위에 자리 잡은 도시인데, 구이린강은 선박 운항이 가능해서 이곳 성도(省都)와 이어주는 교통로가 되고 있다. 이곳의 주민은 대략 50,000명이다. 도시를 방비하는 성벽이 뒤쪽의 언덕들 위에 세워져 있는데, 둘레는 약 1.5마일이다. 거리는 대체로 보잘 것 없고 지저분하다. 상업지구가 제일 괜찮은데, 이 일대는 두 강의 합류점에 위치한 성벽의 바깥쪽 모퉁이 주위에 조성된 2~3개의 거리로 이루어져 있다. 중심가는 광저우의 2등급 거리와 비교해도 손색이 없겠지만, 다른 것들은 그보다 수준이 떨어진다. 매년 발생하는 수해는 이곳의 특색이기도 하다. 시장강은 겨울과 여름의 수위 차이가 60피트에 이를 정도로 강우가 미치는 영향이 지대하다. 여름철의 홍수는 큰 불편을 낳는 요인이 되고 있다. 수위가 높아지면 이따금 거리의 절반과 가옥의 아래층들이 물에 잠긴다. 이로 인해 사람들은 집안의 재물을 모두 위층으로 옮겨야 하고, 통행은 배를 이용할 수밖에 없으며, 사업이 심각한 장애를 받게 된다. 하지만 중국인들은 그러한 불편을 크게 개의치 않는 듯하다. 이들은 사태를 개선하려는 어떠한 노력도 하지 않은 채, 해마다 자기들의 집을 덮

---

388 Fu or Kweilin River. 계림강(桂林江). 흔히 구이장(桂江)이라고 불리는데, 상류 부분인 리장(灕江, Li Jiang)이 궁청장(恭城江, Gongcheng Jiang)과 합류하여 만들어진 하천이다.

치는 홍수를 수백 년간 내내 감수해 왔다. 침수가 발생하면 그냥 하던 일을 중단하고 위층으로 피할 뿐이며, 그런 다음 물이 빠질 때까지 기다렸다가 일을 다시 시작한다. 이곳에 정착하는 외국인들은 사태를 그처럼 안이하게 생각하지 않을 것이다. 그들에게는 고조점(高潮點)보다 높은 곳에 지은 주택이 필요할 할 것이며, 1년 정도만 지나면 그러한 요구에 실제로 부합하는 건물 여러 채가 들어선 도시를 보게 될 것이다.

우저우의 역사에는 몇 가지 흥미로운 점이 있다. 전설 속의 순(舜) 임금(기원전 2200년)이 자신의 남쪽 영역을 순찰하던 중 창우 벌판에서 사망하였다. 전승에 따르면, 이 도시에서 동쪽으로 3마일 떨어진 주이산에[389] 그의 무덤이 있을 것이라고 한다. 우(禹) 임금(기원전 2250년)은 제국을 9개 지역으로 나누었다고 한다. 그 중 하나가 둥팅호와 현재 안남(安南)으로 되어 있는 월(越)[390] 왕국 사이의 징저우이며 창우는 징저우의 중요한 관할 구역이었다. 최초의 황제인 진시황(秦始皇) 가문의 지배가 기원전 206년에 종말을 고했을 때, 조타라고[391] 알려진 한 관리가 남월(南越)을[392] 차지하고 조광을[393] 창우의 왕으로 임명하여 광신에[394] 주재하도록 하였다. 이 광신은 현재의 우저우에서 동쪽으로 1마일 떨어진 곳에 위치했던 유서 깊은 마을로, 지금은 존재하지 않는다. 기원전 135년에는 한(漢)의 무제(武帝)가[395] 휘하의 장군 가운데 하나를 보내 남월을 정복하게 하

---

389 Great Cloud Mountain. 구의산(九疑山, Jiu Yi Shan).
390 Yueh.
391 Chao To. 자오퉈(趙佗, Zhaotuo, ?~기원전 137). 남월(南越) 창건자이자 초대 국왕 왕화황제(王和皇帝)로 알려진 인물로서 남월무왕(南越武王) 또는 남월무제(南越武帝)라고 불렸으며, 베트남의 전승에는 '찌에우다(Trieu Da)'로 등장한다.
392 Southern Yueh.
393 Chao Kuang. 자오광(趙光, Zhao Guang, ?~기원전 111).
394 Kuanghsin. 광신(廣信, Guangxin)

였다. 그 장군은 이곳을 7개 구역으로 나누고 이것들은 모두 광신에 주재하게 될 안남 총독의 관할 아래 두었는데, 그 중 한 구역이 창우였다. 592년에 이르러 현재의 도시 창우, 즉 우저우가 건설되었고, 그 때부터 지방 정부의 소재지가 되었다. 광시성은 송의 마지막 황제에 의해 1364년 처음으로 구획되었다. 1465년에는 명(明)의 성화제(成化帝)가[396] 양광(兩廣) 총독이라는 관직을 설치하였다. 이 관직 지명자는 60년쯤 창우에 주재하였으며, 그 이후에는 오늘날 하천 기항지 가운데 하나인 광둥성 관내의 자오칭에 가서 머무르다가 필요한 일이 생기면 다시 우저우로 복귀하곤 했다. 현재의 왕조가 출범할 무렵에는 상황이 대략 이러했지만, 1665년에 지방 정부가 구이린으로 옮겨가면서 우저우는 평범한 일개 현급 도시로 되돌아갔다. 1857년 가을 이곳은 해적들에 의해 100일 동안 포위 공격을 받은 끝에 함락되었다. 이들은 태평천국 반도들이 야기한 무정부 상태를 이용해서 이곳과 인근 지방을 여러 해 동안 괴롭혀왔던 것으로 보인다. 그렇지만 이 도시는 2년 뒤 수복되었다. 그 이후 우저우에서 일어난 일들은 전혀 주목할 만한 것이 없다. 예외라면 1894년 중반 도시 내 상업지구의 절반 이상을 잿더미로 만들었던 대화재 정도이다. 당시 파괴되었던 가옥들은 모두 재건되었으며, 신축 건물들의 한층 돋보이는 외관이 참사가 있었음을 일러주는 유일한 흔적이 되고 있다.

　무역과 관련해서 우저우는 요지가 될 가능성이 높다. 이곳은 바다를 통해 들어오는 항해의 종착점이자 시장강 및 푸허(구이린장)강의 급류가 시작되는 지점 바로 아래에 위치해 있다. 그렇기 때문에 이곳은 환

395　Han Wu Ti. 한무제(漢武帝, 156 BC~87 BC).
396　Emperor Chêng Hua(1447~1487).

적항이 될 수밖에 없으며, 따라서 사업 활동이 한데 모이는 중심지가 될 것이다. 세관의 수익을 들여다보면 이미 순조로운 출발이 이루어졌음을 알 수 있다. 외국 상품의 수입이 벌써부터 상당한데, 이는 임시통관제의 영향으로 새로운 구역들이 개방됨에 따라 계속 증가할 것이다. 간단히 말하자면, 오늘날 개항장으로서의 우저우는 미래 번영의 모든 가능성을 내포하고 있다.

이곳 항구는 1897년 6월 4일 개방되었다. 국제 세관에 의해 파악된 이곳의 1898년도 순무역액은 4,221,758냥이었다.

36. 광저우만(灣)[397]

광저우만은 광둥성에 있으며, 내륙 방면의 경계가 아직 미확정된 해안 지대와 함께 프랑스가 중국한테서 조차하고 있다. 프랑스 국기는 1898년 4월 22일에 게양되었다. 이곳은 홍콩에서 서남서 방향으로 약 200마일 떨어진 북위 21° 15′, 동경 110° 30′에 위치한다. 커다란 섬 하나가 이곳을 완전히 육지로 둘러싸인 항구처럼 만들어주고 있는데, 좁은 출입구가 두 군데 있다. 항만의 길이는 약 20마일로, 절반 정도까지는 폭이 5~6마일이지만 그 다음부터는 1.5~2마일로 좁아진다. 프랑스인들

---

397 Kwangchauwan. 광주만(廣州灣, Guangzhouwan).

251

에게 넘어가기 전까지 이곳에 대한 조사는 불완전했던 듯하다. 이 신규 획득물에 대해 그들은 항로가 험난하다거나 수심 깊은 구역이 적다는 등의 실망을 늘어놓곤 하였기 때문이다. 제법 큰 규모의 강 하나가 광저우 만으로 유입되며, 이 강 유역에는 츠칸이라는[398] 마을이 있다. 이 마을은 매우 중요한 교역 중심지로서, 정크선을 통해 마카오 및 장먼과[399] 대규모 무역을 수행하고 있다. 인근 지역은 농사가 잘 되고 광물자원도 묻혀 있다고 한다. 프랑스의 새 영역을 구분지어 주는 것은 시장강 계곡에서 뻗어 나온 나지막한 산등성이뿐이다. 정규 관공서는 조사 작업과 경계 구획이 완결되지 않은 상태라서 아직 설립되지 않았다. 1899년 말 경, 쉬 원수(元帥)가[400] 영역의 경계 설정과 관련한 전권을 받아 베이징에서 특파되었다. 그러나 불행하게도 그가 도착하기 직전에 프랑스 해군 소위 2명이 공격을 받아 사망하였다. 프랑스는 이미 현지에 와있던 육군과 해군을 증원하여 보복에 나섰고, 전투 결과 약 300명의 중국인 사망자가 발생하였다. 프랑스군은 기본적으로 질서 유지를 위해 파견된 용사들이었 지만, 공식적인 묵인 아래 싸움을 도발했다는 것이 일반적인 견해이다. 경계는 1899년 12월 확정되었다. 그렇지만 프랑스 장교들의 피살 및 프 랑스군에 대한 공격과 관련한 책임과 보상 문제는 베이징에서 해결될 예 정이다. 명확한 경계선도 아직 공표되지 않고 있다.

---

398 Chikhom. 적감(赤坎, Chikan).

399 Kongmoon. 강문(江門, Jiangmen).

400 Marshal Sou. 'Sou'는 Su의 광둥식 표기로, 서세창(徐世昌, Xu Shichang 또는 Hsu Shih-chang, 1855~1939)을 지칭한다. 위안스카이(袁世凱)와 의형제이자 극친한 사 이로 지내면서 경부상서, 군기대신, 흠차대신 등을 역임하였고, 청 붕괴 후 중화민국 총통(1918~1922)을 지내기도 하였다.

37. 베이하이[401]

베이하이는 1876년 지부 조약에 따라 대외 무역에 개방된 항구 중 하나로, 통킹만의 북위 21° 30´, 동경 109° 6´에 위치한다. 1877년 5월 1일에 영국 영사가 자국 깃발을 올렸고, 현지인들은 외국인을 순순히 받아들였다. 베이하이는 종전까지 시장강과 해안 지대 사이의 농촌 일원에 많은 외국 물품을 보급해 온 주요 도시 롄저우의[402] 항구 역할을 한다. 하지만 이제는 시장강에서의 증기선 운항이 허용되었으므로 교역 물량이 그쪽 노선으로 옮겨갈 것으로 예상된다. 순무역액은 1898년에 4,166,059냥이었으며, 1897년과 1896년에는 각각 4,209,935냥과 4,685,138냥이었다.

마을은 작은 반도 위에 거의 정북(正北) 쪽을 바라보며 자리 잡고 있다. 높이가 40피트에 가까운 절벽의 발아래에 위치한 까닭에 여름에는 남서풍이 차단되고 겨울에는 북동풍에 완전히 노출된다. 절벽에서부터 경작지를 일부 포함한 드넓은 평원이 펼쳐져 있는데, 약간의 사냥감을 비롯해서 도요새, 물떼새, 메추라기, 비둘기 등이 다수 눈에 띈다. 반면에 오리와 기타 물새류는 많지 않다. 기후는 매우 쾌적하다고들 한다. 이곳 항구의 주민은 20,000명으로 추정된다.

중국에서 베이하이만큼 접근과 입항이 용이한 항구는 없다. 랜드마크들은 눈에 잘 띄어서 놓칠 리가 없다. 물길은 넓고 깊으며, 피해야 할 숨겨진 위험 요소도 없다. 정박장은 마을에서 1.5마일 거리에 있다. 만

---

401 Pakhoi. 북해(北海, Beihai).
402 Lienchau. 염주(廉州, Lianzhou).

253

조 때는 정박하기 좋지만, 썰물 때에는 작은 배만 댈 수 있다.

한 프랑스 기업이 베이하이와 난닝을 잇는 철도 건설을 인가받았지만, 아직 공사는 시작되지 않았다. 프랑스 정부가 설립하고 메르시에 보네 씨가 운영하는 학교 하나가 중국인과 여타 사람들에게 프랑스어를 무상으로 가르쳐준다.

38. 하이커우(하이난다오섬)[403]

하이커우는 3.5마일 가량 떨어진 하이난다오섬[404] 내 행정 중심지 충저우의[405] 항구로서, 1876년 4월 1일 대외 무역에 개방되었다. 항구의 입지가 지리적으로는 양호하지만, 상업 교류를 크게 증진시키기엔 지형적으로 부적합하다. 선박들이 본천(本川)의 지류,[406] 즉 하이커우가 위치한 하천의 어귀로부터 2마일쯤 떨어진 수로에 닻을 내릴 수밖에 없기 때문이다. 조류가 극도로 불규칙하며, 정박지는 매우 강력한 태풍

---

403 Hoihow. 해구(海口, Haikou). 하이난(海南)성의 성도이자 최대 도시로, 중국과 베트남 하이퐁 간의 교역을 중계하는 주요 항구이다.

404 island of Hainan. 해남도(海南島, Hainandao). 오늘날 중국 최대의 섬으로 예로부터 군사와 해상교통의 요충지였다. 해산물뿐만 아니라 농산물과 광산자원도 풍부하며, 아열대 기후의 풍경이 아름다워 "동양의 하와이"라는 별명을 지닌 유명한 관광지이기도 하다.

405 Kiung-chow. 경주(瓊州, Qiongzhou).

406 본천은 난두허강(南渡河, Nanduhe)이고, 지류는 헝거우강(橫河, Henggou)이다.

에 휩쓸리기 십상일 뿐만 아니라 북풍에도 완전히 무방비 상태이다. 하이커우와 본토(本土) 레이저우반도[407] 사이에 있는 충저우[408] 해협의 폭은 약 12마일이다. 위생 환경의 측면에서 볼 때 하이커우는 열병과 학질이 꽤 유행한다고 하지만, 하이난다오섬 내의 다른 곳들에 비하면 양호한 편이다. 항구의 물 사정은 좋지 않다.

해안 접근로들은 수심이 아주 얕아서 선적이나 하역은 특정한 조류 상황에서만 가능하다. 그러나 이러한 단점에도 불구하고 외국 증기선들이 찾아오면서 교역에 상당한 자극이 가해졌다. 이 마을의 자체 인구는 12,000명으로, 중령 계급의 군인이 다스린다. 충저우의 주민은 41,000명이다. 토착 상인들은 존경할 만하지만, 결코 부유하지는 않다. 외국인 거류지는 아직 형성되지 않았고, 외국인 거류민들이 사는 집은 1895년에 건립된 로마가톨릭교회의 고아원, 미국 장로교선교회 병원, 의사 사택 등을 제외하곤 모두 중국식인데, 주거 구조를 유럽식으로 바꿔서 개선하였다. 영국 영사관은 14년에 걸친 협상 끝에 부지를 얻었고, 1900년 1월 현재 건물의 완공을 앞두고 있다. 그 위치는 병원의 남서쪽이다. 1897년 말엽에는 프랑스 정부에 영사관 건립을 위한 부지가 제공되었는데, 강 북편의 하이커우 시내와 마주보는 곳에 있다. 건물은 1899년 7월 완공되어 입주를 마쳤다. 프랑스 정부는 1899년 초부터 중국인들에게 프랑스어를 무상으로 가르쳐 주는 학교를 열었으며, 같은 해 연말에는 현지인들과 여타 사람들을 무료로 진료하고 의약품을 제

---

407 Lien-chau peninsula. 뇌주(雷州, Leizhou)반도. 과거 레이저우의 통상적인 영문 표기는 Luichow.

408 경주(瓊州, Qiongzhou). 원문은 Hainan(海南).

공하려는 취지에서 통킹 의무대 소속의 장교 하나를 이곳 항구로 특파
하였다. 현재 외국인 거류민은 60명쯤 된다. 이곳 항구의 1898년도 순
무역액은 3,680,258냥이었으며, 1897년과 1896년에는 각각 3,300,239
냥 및 2,760,185냥이었다. 홍콩을 상대로 하는 돼지, 가금류, 계란, 식료
품 등의 수출 무역이 대규모로 이루어지고 있다. 1896년에 한 프랑스
기업이 유럽 시장을 겨냥한 배유(胚乳)의 가공 처리를 위해 화력발전소
를 건립하였다. 이것은 1898년 숌부르크회사에[409] 매각되었다.

조명 설비는 1894년에 부두 그리고 충저우해협 서쪽 입구의 람코에
각각 들어섰고, 이어서 1895년에는 케이프캐미에도 하나 추가되었다.

39. 룽저우[410]

이 도시는 펑얼허[411] 그리고 수이커우허[412] 두 강이 만나는 북위 22°
21′, 동경 106° 45′에 위치한다. 광시성의 남서쪽 경계에 가까이 있으

---

409 A. Schomburg & Co.

410 Lungchow. 룽주(龍州, Longzhou).

411 펑이허(平而河, Ping'erhe). 베트남 랑선(Lạng Sơn) 지방에서 발원하여 그 일대를 흐
르다가 중국으로 유입되는 송끼꿍강(Sông Kỳ Cùng)의 중국 내 물줄기이다. 원문은
'강'을 뜻하는 베트남어 'Sông'과 송끼꿍강의 중국 이름 치충허(奇窮河, Qiqionghe)의
'Qi'를 조합한 옛날식 표현 Sung-chi.

412 수구하(水口河, Shuikouhe). 베트남 까오방(Cao Bằng) 지방을 관류한 뒤 중국으로 들
어오는 송방강(Sông Bằng)의 중국 내 물줄기이다. 원문은 '까오방'을 이르는 중국 이
름 가오핑(高平, Gaoping)의 옛 영문 표기인 Kao-ping.

며, 광시성과 통킹 간 국경 무역의 거점으로 선정되었다. 앞에서 언급한 두 강은 합류한 뒤 주오장강으로[413] 알려진 물줄기를 이루는데, 시장강의 좌측 지류에 해당하는 이것은 난닝 위쪽 약 30마일 지점에서 본천으로 유입된다. 마을은 언덕으로 둘러싸인 원형 계곡 안에 아름답게 자리 잡고 있으며, 1887년에 완공된 새로운 성벽을 갖추고 있다. 인구는 대략 22,000명으로 추정된다. 군사적 측면에서 룽저우는 중국인들 사이에 요충지로 꼽힌다. 실제로 이곳과 통킹 사이 국경 지대에 상당수의 병력이 주둔하고 있고, 광시성 군사령관의 본부가 설치되어 있다. 룽저우는 1889년 6월 1일에 프랑스령 안남과의 무역에 개방되었다. 그러나 아직까지는 교역이 미미해서 특기할 만한 것이 거의 없는데, 이러한 상황은 1894년 12월 개통된 량선 철도가 이곳 룽저우까지 연장되기 전까지 계속될 것이다. 이 연장 노선은 이미 중국 정부의 허가를 받았으며, 난닝까지 추가 연장하는 방안도 검토되고 있다. 전신망은 광저우를 비롯한 시장강 하류 일대의 여러 곳, 윈난성의 멍쯔, 그리고 통킹 일대까지 연결되어 있다. 제국 해관의 사무소가 하나 설치되어 있다. 국제 세관에 의해 파악된 1898년도 순무역액은 134,885냥이었으며, 1897년에 108,947냥 그리고 1896년에는 111,328냥이었다.

중국

---

413 Tso-chiang. 좌강(左江, Zuojiang). 이것은 핑얼허와 수이커우허 두 강이 만나 시작되며, 난닝 부근에서 유장강(右江, Youjiang)과 합쳐져서 융장강이 되고, 결국에는 주장강에 섞여 광저우에서 남중국해로 유입된다.

40. 멍쯔[414]

멍쯔는 윈난성 남동부에 있는 지방도시이다. 이곳은 위안장강[415] 왼쪽 제방 위에 위치한 촌락 만하오와[416] 함께 대외 무역에 개방되었는데, 이는 1886년 4월 25일에 체결되어 이듬해 6월 26일 베이징에서 조인된 프랑스와의 추가 협정에 따른 것이다. 이곳 마을은 만하오에서 이틀거리이며, 통킹의 국경에 위치한 라오까이부터는 대략 엿새길이다. 길이 20마일에 너비 12마일 정도의 크기인 이곳은 해발 4,580피트의 고원 농경 지대에 위치한데다가 그림 같은 산들로 둘러싸여 있어 모양새가 아름답다. 주민은 12,000명쯤이지만, 이슬람교도들의 반란이 일어나기 전까지는 훨씬 더 큰 영향력을 지닌 곳이었다. 오늘날엔 비록 다수가 폐허로 변했지만 훌륭하게 건축된 수많은 사원들이 그 증거이다. 지금도 이곳은 주요 무역 거점이며, 통킹을 거쳐 수입되는 외국 상품의 중요한 물류 중심지이다. 1889년 4월 30일 프랑스 영사가 멍쯔에 자국 국기를 게양하였으며, 곧이어 8월에는 세관이 문을 열었다. 국제 세관에 의해 파악된 무역액은 1898년에 3,672,650냥이었으며, 1897년과 1896년에는 각각 3,451,765냥과 2,476,675냥이었다. 중국 상인들은 임시통

---

414 Mêngtsz. 몽자(蒙自, Mengzi).
415 Red River. 원강(元江, Yuan Jiang). 중국 윈난성에서 발원하여 북 베트남을 관류한 뒤 통킹만으로 흘러드는 긴 강으로 보통 홍하(紅河) 또는 홍강(紅江)으로 지칭되는데, 베트남에서는 통상적으로 "송꼬이"라고 부르며 송홍(Sông Hồng) 또는 홍하(Hồng Hà)라고도 한다.
416 Man-hao. 만모(蔓耗).

관제가 주는 혜택을 널리 활용하고 있는데, 1898년에 임시통관증을 붙이고 내륙으로 흘러들어간 상품의 액수는 수입 물량의 약 94%에 달하는 2,325,431냥이었다. 주로 더운 여름철에 발생하는 역병으로 인해 매년 수많은 현지인이 사망하고 있긴 하지만, 멍쯔의 기후는 온화하고 건강에 좋다. 1898년에는 역병이 6월 말에 출현해서 9월 초에 사라졌다. 희생자 숫자는 이곳 도시와 인근 촌락들을 합쳐서 150명을 넘지 않은 듯하지만, 확실하게 믿을 만한 통계를 얻을 수는 없다. 당시 사망률은 멍쯔에 전염병이 출현한 이래 분명히 가장 낮았다. 겨울철에는 사냥을 즐길 수 있다. 평원에는 도요새와 야생 조류가 풍부하고, 산악지대에는 꿩과 자고새가 제법 있다. 프랑스 영사관은 1893년에, 세관 직원들을 위한 주택은 1894년, 그리고 세관 건물은 1895년 봄에 각각 신축되었다. 이 건물들은 모두 도시의 동문(東門) 바깥쪽에 있다. 1899년 6월 22일 폭동이 일어나서 세관과 프랑스 영사관이 약탈을 당했다. 라오까이를 출발하여 멍쯔를 거쳐 쿤밍까지 가는 철도의 계획안이 나왔는데, 이 사업과 관련한 입찰은 통킹 정부에서 담당하고 있다.

41. 허커우[417]

허커우는 중국과 프랑스 간의 1895년 6월 20일자 추가 협정에 의해 대외 무역에 개방되었다. 1896년 8월에 프랑스 부영사관이 멍쯔영사관 관할로 설치되었으며, 멍쯔세관의 통제를 받는 세관사무소 하나도 1897년 7월 1일 허커우에서 문을 열었다. 허커우는 위안장강 왼쪽 제방 위, 위안장강과 난시허강의[418] 합류 지점에 그림처럼 자리 잡고 있으며, 통킹 지역의 중요한 요새 도시인 라오까이와 정면으로 마주보고 있다. 약 4,000명에 달하는 마을 주민들은 대나무 가옥이나 짚을 엮어 지붕을 얹은 오두막에 산다. 허커우는 멍쯔에서 육로로 약 420리 거리에 있다. 1897년 7월부터 12월까지 이루어진 허커우의 무역 총액은 겨우 43,807해관 냥이었다. 1898년도의 경우, 통과무역 금액으로 39,338냥이 기록된 것 외에는 이곳 허커우의 무역 액수가 멍쯔세관 보고서에 별도로 나와 있지 않다.

---

417 Hokow. 하구(河口, Hekou). 윈난(雲南)성 남부의 중국·베트남 국경지대에 있는 도시로, 베트남과 국제 철도로 연결된다. 예로부터 양국의 교역 장소였으며, 베트남 전쟁 당시 베트남으로 군사 물자를 수송하던 곳으로 알려져 있다. 지금은 야오족(瑤族)의 자치현이다.

418 Nanhsi River. 남계하(南溪河, Nanxihe). 중국 윈난성의 허커우와 베트남 라오까이를 양 옆에 끼고 흐르는 접경 하천으로, 베트남에서는 남티(Nậm Thi) 또는 나미티(Namiti)라고 부른다.

42. 푸얼[419]

푸얼은 1895년의 제라르 협정에 의해 통킹과의 국경 무역에 개방되었고, 이듬해에는 버마 조약에 따라 대영 무역에도 개방되었다. 윈난성 남서부, 북위 22° 47′ 29″, 동경 100° 46′에 위치한다. 이곳은 준(准)성도 등급의 성곽 도시로, 기름진 평야를 굽어보며 완만한 오르막 경사지에 자리 잡고 있다. 고도는 해발 4,700피트이며, 주민은 약 15,000명으로 추정된다. 기후는 쾌적하다. 기온이 여름에도 화씨 80°를 넘는 경우가 거의 없고, 겨울철에는 50° 아래로 내려가는 일이 드물다. 윈난성 어디서나 흔히 발생하는 역병도 푸얼에는 아직 알려진 바가 없다. 성도(省都) 윈난푸(쿤밍) 또는 멍쯔에서 이곳까지 오려면 18일이 소요되고, 국경으로부터는 8~12일 걸린다. 이곳은 1897년 초에 개방되었으며, 현재까지는 중요한 잠재력을 지닌 무역 중심지로서의 역할을 기대만큼 충분히 해내지 못하고 있다. 1898년 푸얼의 무역액은 261,719냥인데, 1897년에는 185,974냥이었다. 푸얼에는 외국 상인들이 거주하지 않으므로 무역은 전적으로 현지 상인들의 수중에 있는데, 이들은 통킹이나 버마 어디에도 대리점을 갖고 있지 않다. 주요 수입 품목은 영국령 샨 왕국들,[420] 특히 켕퉁에서[421] 오는 원면이다. 퉁하이에서[422]

---

419 보이(普洱, Puer 또는 Pu'er). 원문에는 옛 이름인 Szemao – 쓰마오(思茅, Simao)--로 되어있는데, 2007년에 현재의 지명으로 개칭되었다.

420 Shan States. 식민지 시대 영국인들이 미얀마 북동부의 특정 지역들에 붙였던 지정학적 명칭이다.

421 Kengtung. 버마에 있었던 샨 국(國) 가운데 하나로, Kyaingtong, Chiang Tung, Cheing-

중국

261

출발하여 위안장강과 푸얼푸를[423] 통과하는 전신이 푸얼을 기존의 중국 육상 전신과 이어주며, 푸얼과 "무앙호우" — 국경 너머에 있는 프랑스의 첫 번째 거점이다 — 를 잇는 또 다른 전신은 통킹 전신망과 연결된다. 몇 년 전에 푸얼을 버마와 철도로 잇는 것에 대해 많은 논의가 있었지만, 이 구상은 막대한 사업비용을 보상해줄 만큼 무역이 확대될 전망이 없기 때문에 폐기된 것으로 보인다. 한편 1898~1899년 겨울에는 바모부터[424] 쿤룽[425] 나루터까지, 그리고 몽렘[426] 서부의 한 지점에서 메콩강에 이르는 버마와 윈난성 사이의 국경선이 말끔하게 확정되었다. 하지만 여기에는 카와 족의[427] 영역을 지나는 구간이 아직 남아 있기 때문에 인두(人頭) 사냥꾼으로 악명 높은 이 야만 부족이 국경 위원회에 적잖은 골칫거리를 안겨줄 것 같다. 그 공사는 1899년의 겨울 건기에 맞춰 시작되었다.

---

tung, Kengtong 등으로도 표기되었다.

422 Túng Hai. 통해(通海, Tonghai).

423 Pu Erh-fu. 보이부(普洱府).

424 Bhamo. 이라와디강(江) 상류의 하항(河港)으로, 버마 북부 국경 지대의 군사 요충지인 동시에 중국 윈난성과의 교역 거점 역할을 하였다.

425 Kunlong. 버마 북동부의 탄라이강 유역에 위치한 하항(河港)이다. 원문 표기는 Kun-lung.

426 Mong Lem 혹은 Mönglem. 버마에 있었던 옛 샨 국의 하나로, 중국에서는 멍렌(Meng-lian)이라고 불렀다. 원문은 Meng Lem.

427 Kawas. 중국 윈난성 서남부와 버마 북부 일대에 거주하며 죽순과 뱀을 즐겨 먹고, 사람 머리를 잘라서 수집하는 기이한 풍습이 있었다고 한다. 중국 내 소수민족으로서는 카와주(卡佤族)라고 불렀었는데, '卡'라는 글자에 멸시의 의미가 있다고 하여 1963년 4월 와주(佤族)로 공식 개명되었다.

제5장

홍콩[*]

1. 개요

홍콩섬은 영국의 보유령 가운데 가장 동쪽에 있는 것으로, 광둥성 해안 건너편의 주장강(珠江) 하구 부근에 위치한다. 마카오와 약 40마일, 광저우와는 약 90마일 떨어져 있으며, 북위 22° 9′~17′와 동경 114° 5′~18′에 걸쳐 있다. 이 섬의 한문(漢文) 이름은 '멋진 항구' 혹은 '향기로운 물길'을 의미하는 것으로 풀이될 수 있다.

---

*   Heung Kong. 향항(香港).

2. 역사와 정부

이 섬은 포제션포인트에[1] 영국 국기가 게양되기 이전에는 역사라고 애기할 만한 것이 거의 없었으며, 그나마 전해지는 것도 매우 모호하다. 얼마 되지 않는 어부와 농부의 마을이었던 이곳은 흥미로운 사건의 무대가 된 적이 전혀 없었다. 또, 왕조의 변동이나 정치적 변화에도 거의 영향을 받지 않았다. 그렇지만 1628년에 명 왕조가 몰락한 뒤,[2] 황제의 신하들 가운데 일부가 만주족의 탄압을 피해 홍콩의 산 속으로 도피했다고 한다. 영국령 주룽반도는 중국 역사와 좀 더 연관성이 있다. 기록에 따르면 몽골의 정복자 쿠빌라이 칸한테서 도망친 송 왕조의 마지막 황제가 1287년 주룽의 한 동굴로 피신했다고 한다. 그 위쪽의 바위에 새겨진 비문이 그 사실을 말해준다고 하는데, 송 황제의 누각을 뜻하는 송왕대(宋王臺)[3] 세 글자가 그것이다. 이처럼 과거 황제와 연관된 전통을 근거로 현지인들은 홍콩이 영국에 할양된 뒤 그 바위가 폭파 당하거나 혹은 다른 방식으로 손상되지 않도록 해줄 것을 홍콩

---

1 Possession Point. 1841년 1월 26일 영국의 중국 주둔군 사령관 브레머(James John Gordon Bremer, 1786~1850) 해군 준장이 홍콩 점유를 공식 선언한 장소로서, '점령 지점'을 의미한다. 산에서 내려온 물길이 바다로 나가는 곳이라 현지에서는 수이항하우(水坑口, Shui Hang Hau)라고 불렀는데, 당시의 해안선은 간척사업으로 인해 북쪽으로 올라갔고 지금은 할리우드로드의 기점으로 시민공원 할리우드로드파크가 들어서 있다.

2 명의 멸망은 1644년의 사건이므로 원문의 "1628년"은 오류이다. 1628년은 명나라 마지막 황제 숭정제(崇禎帝)가 즉위한 해이다.

3 Sung Wong Toi. 원래 주룽만(灣) 북단 성산(聖山) 정상의 45미터 높이 해안 바위에 새겨져 있었는데, 글자 주위만 잘라낸 일부가 인근의 공원[宋皇臺花園, Sung Wong Toi Garden] 내에 옮겨져 있다.

1900 동아시아, 서양인들의 답사 리포트

홍콩 빅토리아시 센트럴 구역

정부에 탄원하였다. 이에 입법국(立法局)은[4] 1898년에 그 바위 일대를 공익 차원에서 영구 보존한다는 결의안을 통과시켰다.

홍콩은 영국 정부의 직할식민지로서,[5] 1841년 중국 정부에 의해 영국에 할양되었다. 중국과의 첫 번째 전쟁 이전에 있었던 분쟁 과정에서 영국의 무역을 보호, 통제할 수 있는 동시에, 영국인 관리들과 상인

---

4   Legislative Council. 식민지 홍콩의 입법부에 해당하는 기관으로, 1843년에 3명으로 출범하여 이듬해 첫 회의가 열렸다. 그 뒤 의원 수가 늘어나서 1928년 18명, 1967년 26명, 1980년 50명이 되었으며, 홍콩이 중국에 반환된 후 입법회(立法會)로 확대, 개편되었다.

5   Crown Colony. 영국의 식민지 관리 유형의 하나로, 17세기에는 'Royal Colony'라고 불렸다. 아메리카의 버지니아를 효시로 하는 이것은 국왕에 의해 지명된 총독이 관할하였는데, 19세기 중엽까지는 주로 전쟁을 통해 획득된 식민지들을 가리켰지만 그 후에는 오스트레일리아처럼 자국민의 이주(移住)를 통해 형성된 것들도 포함시켜 인도 이외의 식민지를 통칭하게 되었다.

들에게 중국 당국의 모멸적이고 굴욕적인 요구가 미치지 않는 그런 특정 구역을 연안에 보유해야 할 필요성이 뼈저리게 인식되었다. 일찍이 1834년에 광저우 주재 양광 총독의 무례한 대접에 속이 상한 네이피어 경은[6] 자신이 이끄는 대표단의 위신을 지키기 위해 본국 정부에 인도 주둔 병력의 파견을 촉구한 바 있다.[7] 당시 그는 "남서계절풍이 불기 시작할 때 소규모 병력이라도 중국해로 투입해서 곧바로 주장강 동쪽 어귀의 홍콩섬을 점령해야 한다. 이 섬은 어떠한 목적에도 놀라울 만큼 들어맞기 때문이다"라고 썼다. 2년 후에는 로빈슨 경이[8] 중국에서 우리의 지위를 높일 수 있는 방법은 오직 무력뿐이라는 네이피어 경의 의견을 지지하면서, "중국 내 섬들 가운데 자연 조건상 모든 면에서 상업적 목적에 각별히 합치되는 곳 하나를 점령할 것"을 조언하였다. 1839년 초에 이르러 사태가 위기로 치달았다. 그해 3월 22일, 상무감독 겸 전권대표 엘리엇은[9] 광저우 외항에 정박하고 있던 모든 영국 선박들에 대해 홍콩으로 진격하여 국기를 계양하고 중국 정부 측의 어떠한 공격 행위도 격퇴시킬 태세를 갖추도록 지시하였다. 영국인 거류민들이 광저우로부터 철수하였을 때 마카오는 그들에게 임시 피난처가 되었다. 하지만 이들의 존재는 중국 정부에게 마카오 내에 있었던 영

---

6 Lord William John Napier(1786~1834).
7 네이피어는 1834년 7월 주화상무총감독(駐華商務總監督)으로 광저우에 도착한 뒤 양광 총독 노곤(盧坤, Lu Kun)과의 회견을 요청했다가 거절당했고, 군함 두 척과 해군 육전부대(陸戰部隊)를 동원하여 보복을 시도하였지만 이것 역시 실패로 끝났다.
8 Sir George Augustus Robinson(1791~1866).
9 Captain Elliot(1801~1875). 엘리엇 경(Sir Charles Elliot, 1801~1875). 영국 해군 장교 출신의 외교관으로, 홍콩을 영국의 식민지로 개척하고 공식 편입시키는 과정에서 핵심 역할을 수행하였다.

국인 거류지에 대한 위협 시위의 빌미를 제공하였다. 1839년 5월 6일 자 긴급 공문에서 전권대표 엘리엇은 파머스턴 경에게[10] 다음과 같이 썼다. "마카오의 안전이 포르투갈 정부한테는 사실상 부차적인 관심사이지만 영국 정부로서는 절대적으로 필요하다고 할 수 있으며, 현재 시점에서는 더욱 더 그렇습니다." 이어서 그는 자신의 상관에게 "마카오에서 포르투갈이 지닌 제반 권리의 이양이라든가 영국인 거류지의 효과적인 방비 및 부가 협정을 통한 영국의 독점 이용 등을 위해 국왕 폐하의 정부와 모종의 즉각적인 합의를 이루어 내는 것이 절실히 필요"하다고 간언하였다. 이 제의는 흐지부지되었는데, 중국 내 영국 무역의 항구적인 이익을 고려한다면 오히려 다행스런 일이었다. 영국은 홍콩에서 훨씬 더 훌륭한 거점을 발견하였기 때문이다.

홍콩에서 영국-미국 선원들과 현지인들 간의 폭력 사태로 한 중국인이 살해되는 불행한 사건이 발생하여 소요가 야기되었다. 이 때 전권대표 엘리엇은 마카오와 관련하여 중국인들이 취한 대응책을 떠올리고는 자신이 마카오에 계속 머무름으로써 그곳 거류지의 안전을 위태롭게 만들어서는 더 이상 안 되겠다고 느꼈다. 그리하여 그는 아내와 아이를 먼저 배에 태워 보내고 자신도 1839년 8월 24일 홍콩으로 떠났다. 그는 휘하 관리들을 동반한 자신의 자진 퇴거가 중국인들을 만족시킬 수 있을 것이라고 기대하였지만, 이들은 모든 영국인을 마카오에서 쫓아낼 작정이었다는 것이 얼마 안 가서 분명해졌다. 결국 그들은 떠날 수밖에 없다는 결론을 내렸고, 8월 25일 대이동을 감행하였다.

---

10   Lord Palmerstone. 제3대 파머스턴 자작인 헨리 템플(Henry J. Temple, 1784~1865)
      을 가리킨다.

병원에 남은 환자 몇몇을 제외한 영국인 집단 전체가 배를 타고 영국 군함 볼라지호의[11] 호위를 받으며 무사히 홍콩에 도착하였다. 물론 당시 홍콩에는 마을이 없었고, 따라서 모든 영국인들은 배 위에서 생활해야만 했다. 중국인들의 다음 조치는 식량 공급을 차단하는 것이었다. 중국인들에게 물을 마시지 말 것을 경고하는 현수막이 걸려 있던 만큼, 물에 독을 넣었다는 보고도 나왔다. 그 여파로 주룽만에서 소규모 해전이 일어났다. 9월 4일 소형 쾌속정 루이즈호에 몸을 실은 전권대표 엘리엇은 볼라지호의 함재정(艦載艇) 한 척과 소형 무장선(武裝船) 펄호를[12] 대동하고 주룽으로 갔다. 이곳에는 대형 무장 정크선 3척이 있었는데, 이것들의 위세가 정상적인 식량 보급을 가로막고 있었다. 중국 지휘관의 정크선으로 항의문 한 통이 송달되었다. 6시간에 걸친 중국 측의 지연술과 짜증스런 발뺌을 견뎌낸 끝에 엘리엇은 부하들 손에 보급품 구매 대금을 쥐어 주고 배에 태워 만(灣)의 반대편 지점으로 보내는데 성공하였다. 그런데 구매품들을 막 가져오려고 할 때 중국 관리 몇몇이 달려와서는 현지인들을 강압하여 그들이 준 보급품을 다시 내려놓게 하였다. 영국인들은 돌아가서 이 사실을 알렸고, 크게 화가 난 전권대표 엘리엇은 세 척의 정크선에 포격을 가하였다. 그러자 정크선들과 해안의 포대가 세차게 응수하였다. 거의 30분에 걸쳐 사격을 한 뒤 영국군은 뱃머리를 돌렸는데, 탄약이 다 떨어지기도 했지만

---

11 H. M. S. *Volage*. 'H.M.S'는 '왕·여왕 폐하의 배'를 의미하는 'Her/His Majesty's Ship'의 약자로서 영국 군함의 이름 앞에 붙이는 전통적 관용구이다. 'HMS Volage'라는 이름은 1804년부터 시작해서 1943년까지 건조된 총 6척의 전함에 사용되었는데, 본문에 나오는 1839년 당시의 것은 1825년에 건조된 것으로 28문의 포를 장착하고 있었다.

12 *Pearl*.

예상치 않은 그 어떤 심각한 결과가 발생하는 것을 원치 않았기 때문이었다. 그렇지만 전권대표 엘리엇이 자신의 교전보고서에서 말하고 있듯이, 정크선들이 큰 타격을 입은 것은 분명했다. 그 중국 선박들은 45분쯤 뒤에 명백히 도주할 목적으로 닻을 올리고 포대의 엄호를 받으며 움직여 나아갔다. 바로 그 때 이미 탄약 장전을 완료하고 있었던 영국군이 정크선들을 압박하여 이전의 위치로 되돌아가게 만들었다. 어느덧 밤이 지나고 아침이 밝자 정책적인 이유에서 공격을 재개하지 않기로 결정이 났다. 그에 따라 식량 공급에 대한 금지령도 완전히 풀렸다. 이 사건이 있은 뒤 얼마 안 가서 무역 재개를 위한 합의가 이루어졌으며, 일부는 마카오의 거주지로 귀환하였다. 그러나 합의된 기간은 겨우 몇 주뿐이었다. 11월 3일 촨비에서[13] 좀 떨어진 곳에서 해전이 벌어졌는데, 이 때 중국인들은 큰 피해를 입고 퇴각하였다. 영국 선박들은 마카오로 뱃머리를 돌려 같은 날 저녁에 도착하였다. 곧이어 마카오에 있던 영국인들을 배로 이송하기 위한 협의가 진행되었으며, 그곳을 빠져나오는 것이 제일 안전하다고 생각한 그들은 11월 4일 저녁 홍콩에 도착하였다.

엘리엇은 홍콩의 정박장이 "여러 방면에서 공격에 노출되어 있으므로" 안전하지 않다고 보았는데, 이 전권대표는 이미 10월 26일에 영국 상선들을 자신이 좀 더 안전하다고 여긴 퉁구로 이동시킬 것을 촉구한 적이 있었다. 이에 대해 해운업자들은 견해를 달리하였고, 그 통보가 나온 당일 홍콩에 남도록 허락해줄 것을 요구하는 청원서가 선주 36명

---

13   Chuenpee. 천비(穿鼻, Chuanbi).

의 서명을 담아 전권대표 엘리엇에게 제출되었다. 하지만 11월 8일, 전권대표는 자신의 기존 결정에 변함이 없다는 답변을 내놓았다. 그러자 또 다른 진정서가 그에게 제출되었는데, 여기에는 "20개 회사, 로이즈 대리점들과 11개 보험사"가 서명하였다. 그러나 전권대표 엘리엇은 여전히 자신의 결정을 고집하였고, 며칠 후 퉁구 쪽으로의 철수가 진행되었다.

1840년 원정대가 도착하였고 홍콩은 아편전쟁을 수행하는 영국 원정군의 본거지가 되었다.

1841년 1월 20일, 전권대표 엘리엇은 영국인들에게 흠차대신(欽差大臣)[14] 기선과[15] 자신 간에 예비 협정이 체결되었음을 알리는 회보를 내놓았다. 여기에는 다음과 같은 조항이 포함되었다 : "1. 홍콩섬과 그 항구를 영국 왕에게 양도한다. 여기서 이루어지는 상업에 대한 모든 정당한 부과금과 세금은 황푸에서 행해지는 무역의 경우와 마찬가지로 청 제국에 납부한다." 그에 따라 이 섬은 1월 26일 영국 여왕의 공식 소유가 되었다. 이 조약은 추후 양측 모두에 의해 파기되었으며, 중국 정부는 1842년 난징 조약이 체결된 뒤에야 비로소 섬의 할양을 인정하였다. 그런 와중에 홍콩은 자리를 잡으려고 몰려든 영국인들의 차지가 되었으며, 1841년 5월 1일 홍콩의 점유와 관련한 「공고 및 선언」이[16] 발표되

14 Imperial Commissioner. 황제 바로 밑의 권력이 부여되는 직위로서 고위 관료나 장군 가운데 임명되며, 칙령을 근거로 총독과 지방정부 수장을 지휘하였다.

15 Keshen. 치산(琦善, Qishan, 1790~1854). 아편전쟁 당시 온건파 타협주의자로, 1840년 영국 대표 엘리엇과의 교섭에서 보인 수완으로 흠차대신이 되어 임칙서(林則徐, 1785~1850)를 대체하는 군사, 외교 책임자로 광둥에서 활동하였다.

16 Public Notice and Declaration.

었다. 그리고 동월 7일에는 『홍콩 관보』[17] 창간호가 발행되었는데, 이 것은 마카오 소재 미국선교출판사에서[18] 인쇄되었다. 이 창간호에는 영국 제26 캐머로니언 보병연대의 대위 윌리엄 케인을[19] "홍콩섬의 행 정을 책임지는" 순리부장(巡理府長)으로[20] 임명한다고 하는 4월 30일자 통지문이 게재되었다. 이 때 영국 여왕의 전권대표를 비롯하여 여러 직 함을 지니고 있던 찰스 엘리엇이 보증서에 서명을 하였는데, 그의 생각 은 이 섬이 당시 마카오에서 포르투갈인들이 행하던 것과 유사한 방식 으로 지배되어야 한다는 것이었다. 그는 순리부장의 직무가 스스로 영 국의 법률을 집행하는 것은 아니라고 보았다. 그것은 영국 정부로부터 권한을 위임받고 거기서 내려오는 명령에 따라야 하는 자리였다. 그러 므로 엘리엇은 순리부장이 "평화의 유지와 생명 및 재산의 보호를 위 해" 주어진 권력을 행사함에 있어 "이 섬과 그 항구의 모든 현지인 주민 들에 대해서는 최대한 중국의 (고문은 일체 제외한) 법과 관습 및 관례에", 그리고 여타의 사람들에 대해서는 영국 경찰법에 각각 의거해야 하는 것으로 간주하였다. 6월 14일 토지 매각이 시작되고 그로부터 빠른 속 도로 건축이 진행되어, 그 해 연말에는 이 신흥 도시의 인구가 15,000명 을 헤아리게 되었다. 1842년 2월 6일, 홍콩은 전권대표 엘리엇의 후임 인 헨리 포팅거 경에[21] 의해 자유항으로 정식 선포되었다. 그러나 이 새

17 *Hongkong Gazette*.
18 American Mission Press.
19 William Caine(1799~1871).
20 Chief Magistrate.
21 Sir Henry Pottinger(1789~1856). 영국 중장(中將) 출신의 식민지 행정가로 초대 홍 콩 총독을 지냈다.

거류지의 최종적인 향방은 난징 조약이 조인될 때까지 불확실한 상태로 남아 있었다. 로버트 필 경은[22] 하원에서 영국 정부의 의도가 그곳을 정식 식민지로 만드는 것이냐 아니면 포기하는 것이냐 하는 질문을 받았을 때, 그 섬의 할양을 인정했다가 파기한 전력이 있는 나라와 불확실한 전쟁을 벌이고 있음을 지적하면서 의회법에 위배된다는 이유로 답변을 거부하였다. 하지만 난징 조약이 모든 의구심을 가라앉혔다. 1843년 6월 23일, 흠차대신 기영이[23] 조약 비준서의 교환을 위해 홍콩에 도착하였다. 의전은 같은 달 26일 대회의실에서 거행되었다. 곧이어 이 섬을 독립 식민지로 설립한다는 내용의 4월 5일자 『영왕제고(英王制誥)』가[24] 낭독되고, 헨리 포팅거 경이 총독 취임 선서를 하였다. 초기에는 발전 속도가 빨랐다. 3~4마일에 이르는 퀸즈로드가 개설되고, 건물들이 속속 들어섰다. 그러나 말라리아가 창궐하는 지대의 개발로 인해 유해한 상황이 확산되자 이곳은 한차례 검사를 받게 되었으며, 1844년 6월 새 총독 존 데이비스 경이[25] 부임한 직후 이 섬 식민지를 버리는 것이 상책이라는 견해의 타당성 여부를 놓고 심각한 논란이 일어났다. 재무담당관 몽고메리 마틴 씨는[26] 홍콩의 포기를 진지하게 권유하는

---

22 Sir Robert Peel(1788~1850). 영국의 보수당 소속 정치인으로, 1834~1835년과 1841~1846년의 두 차례에 걸쳐 수상을 지냈다.

23 Keying. 치잉(耆英, Qiying, 1787~1858). 청나라 종실(宗室) 출신의 흠차대신으로 영국과의 난징 조약 및 오구통상장정(五口通商章程)에 조인하였고, 양광(兩廣) 총독으로서 미국과 왕샤 조약(望夏條約)을 체결하였다.

24 Royal Charter. 통상적으로 영국 국왕의 허가를 담은 "특허장"을 이르는데, 여기서는 빅토리아 여왕 명의로 하달된 공문서로서 식민지 홍콩의 헌법에 해당한다.

25 Sir John Francis Davis(1795~1890). 영국의 외교관이자 중국학 연구자.

26 Mr. Robert Montgomery Martin(1801~1868). 아일랜드 출신의 영국 작가 겸 공직자로, 1844~1845년 당시 홍콩정부의 '식민지재무담당관(Colonial Treasurer)'으로 있었다.

장문의 보고서를 제출하였다. 그는 21개월 동안 257명이 목숨을 잃은 제98연대와 2년간 135명의 병력 중 51명이 사망한 포병대를 예로 들면서, 이곳은 유럽인들이 결코 살 수 없는 곳이라고 확신하였다. 또한 그는 홍콩이 언젠가는 싱가포르 같은 상업 중심이 되리라고 기대하는 것은 망상이라는 의견도 제시하였다. 존 데이비스 경은 1845년 4월자 긴급공문을 통해 마틴의 비관적인 결론에 강력하게 반박하면서, 시간만 지나면 이 식민지가 발전할 것이고 초기 과정에서 장애가 되었던 몇몇 폐해도 바로잡을 수 있을 것이라는 굳은 신념을 표명하였다. 존 경은 생전에 자신의 예측이 두루 입증되는 것을 직접 확인하였으며(그는 1890년 11월, 96세를 일기로 사망하였다), 사후에는 자신의 견해가 다우닝 가(街)를 지배하는 현실을 분명 만족스럽게 뒤돌아보았을 것이다. 1846년 5월 26일, 무도장을 갖춘 홍콩클럽 회관이 개장하였다. 이곳은 회원들이 50년 넘게 사용하다가 1897년 7월에 클럽을 뉴프라야[27] 소재의 더 널찍한 새 건물로 이전함에 따라 비게 되었다. 존 데이비스 경은 1848년 1월에 사직하고 그 해 3월 30일 홍콩 식민지를 떠났으며, 후임 조지 본햄 경 — 당시에는 '씨' — 이[28] 도착할 때까지 수 주일간 육군 소장 스테이블리가[29] 정부를 관리하였다. 본햄 경은 두 번의 공백이 있긴 했지만 1854년 4월까지 재직했는데, 그 기간 동안 식민지는 발전을 거듭하였

27　New Praya(新海旁). 홍콩섬의 사이완(西環, Sai Wan, Western District) 서쪽 끝, 7대 홍콩 총독의 이름을 딴 케네디타운(Kennedy Town, 堅彌地城) 내에 있다.

28　Sir Samuel George (then Mr.) Bonham(1803~1863). 동인도회사 출신으로 1837~1847년 "해협식민지(Straits Settlements)" 총독을 지낸 뒤 1848년 3월 21일 홍콩 총독 겸 전권대사 및 상무총감으로 임명되었다. 재임 중 재정수입 확대를 위한 부동산 시장 활성화 정책을 추진하였다.

29　Major General Charles William Dunbar Stavely(1817~1896)

다. 하지만 주둔군과 거류민들은 여전히 말라리아로 심한 고통을 겪었다. 1854년 4월 13일 존 보링 경이[30] 총독 취임 선서를 하고 1859년 5월까지 재직하였다. 보링 경은 전권공사와 중국 내 영국 상무총감 직위를 겸임한 마지막 총독이었다. 그의 임기 동안 다양한 공공사업이 시행되고 보링턴 운하가 건설되었다. 1859년 9월, 허큘리즈 로빈슨 경이[31] 부임해서 정부를 맡았다. 주룽반도는 1860년에 영국의 관리 아래 들어간 뒤 얼마 안 가서 거대한 병영이 되었는데, 연합원정군 소속의 영국 및 프랑스 군대가 얼마 동안 이곳에 주둔하였다. 로빈슨 경의 정부가 수행한 주요 사업은 최초로 프라야 제방을 축조한 것으로, 이와 연계해서 해변 지대의 광범위한 간척이 시행되었다. 그 이전까지는 해상 구역 보유자들이 자기 몫의 임해(臨海) 공지(空地)에 대해 완전한 지배권을 갖고 있었고, 따라서 해안지대에는 사실상 어떠한 공용도로도 존재하지 않았었다. 1862년, 시계탑이 완공되고 홍콩조폐국이 설립되었다. 그러나 조폐국은 운영에 수반된 손실로 인해 1864년 초 문을 닫고 말았다. 1865년 3월 로빈슨 경이 이곳 식민지를 떠났고, 후임 리처드 맥도넬 경이[32] 오게 되는 1866년 3월까지 보정사(輔政司)[33] 머서가[34] 총독대리를 맡았다. 1867년 11월 대화재가 발생하여 크로스로즈에서[35] 항만관리

---

30   Sir John Bowring(1792~1872). 영국의 경제학자, 여행가, 수필가로 1849~1853년에 광둥 주재 영사 겸 중국 주재 상무총감을 지냈다.

31   Sir Hercules George Robert Robinson(1824~1897)

32   Sir Richard Graves MacDonnell(1814~1881).

33   Colonial Secretary. 1976년부터 홍콩이 반환된 1997년까지는 포정사(布政司, Chief Secretary), 그 다음엔 정무사 사장(政務司 司長, Chief Secretary for Administration)으로 개칭되었다. 통상적인 호칭은 Chief Secretary of Hong Kong.

34   Mr. William Thomas Mercer(1821~1879).

35   Cross Roads.

소장 사무실에 이르는 퀸즈로드와 프라야 사이의 구역 전체가 불에 탔다. 지출에 비해 훨씬 낮은 수준으로 떨어졌었던 이 식민지의 수입은 맥도넬 경의 정력적인 통치 기간 동안 인지세 부과를 비롯한 각종 수단을 통해 꾸준히 증가하였다. 그의 마지막 공식 활동 중 하나는 1872년 2월 중국 병원인 동화의원의[36] 개업식을 주재한 것이었다. 1872년 4월 아서 케네디 경이[37] 부임하여 정부를 이끌게 되었다. 그는 훌륭한 수완을 발휘하여 "유능한 아서 경"이라는 칭호를 얻었으며, 공립공원에 그의 동상이 세워지기도 하였다. 그의 통치 아래 식민지는 번영하였다. 그러나 1874년에는 그 해를 식민지 연감에 등재되게 만들 정도로 역대 최고 수준의 파괴력을 지닌 태풍이 찾아와 엄청난 피해와 수천에 달하는 인명 손실을 낳았다. 케네디 경의 평온한 치세에 이어 1877년 4월부터 1882년 3월까지 존 포프 헤네시 경의[38] 험악한 통치가 펼쳐졌다. 이 기간 동안 식민지의 무역이 크게 증가하여 헤네시 총독은 거대한 흑자를 축적하였지만, 공공사업에는 별다른 진전이 없었다. 그의 임기에 완공된 주된 시설로는 코즈웨이베이[39] 방파제 정도이며, 그 외에 기상대가 건립될 예정이었다. 1878년 성탄절에는 빅토리아시의[40] 센트럴 구역에서 화재가 발생하여 가옥 368채를 태우고 엄청난 손실을 입혔다.

---

36 Tung Wa (Chinese) Hospital. 통화의원(東華醫院, Tung Wha Yiyuan). 중국 상인들이 공동 출자하고 홍콩 식민지 당국이 자금 일부와 부지를 제공하여 건립한 의료복지 기관으로, 현지 중국인들의 단합의 상징으로 알려져 있었다.

37 Sir Arthur Edward Kennedy(1810~1883)

38 Sir John Pope Hennessy(1834~1891).

39 Causeway Bay(銅鑼灣). 통로완(Tung Lo Wan) 또는 퉁뤄완(Tongluowan)으로도 불린다.

40 Victoria. 식민지 홍콩섬의 수도이다.

헤네시 경이 떠나자 1883년 3월 조지 보언 경이[41] 올 때까지 보정사 윌리엄 마시 경 — 당시에는 '씨' — 이[42] 정부를 맡아 순탄하게 업무를 수행하였다. 보언 경의 부임으로 공공사업이 대단히 활기차게 진행되기 시작했는데, 특히 타이탐[43] 급수장, 빅토리아칼리지, 공립정신병원 등의 신축과 시민병원의 확장을 꼽을 수 있다. 그는 또한 거류민들에게 입법국의 민간인 의원 2명을 지명하는 특권을 보장하는 데에도 앞장섰다. 보언 경은 1885년 12월 19일 홍콩을 떠났고, 또다시 총독 부재 상태가 이어졌다. 마시는 1887년 4월까지 정부를 관장하고 나서 공직에서 은퇴하였으며, 그 뒤에는 캐머런 소장(小將)이[44] 같은 해 10월까지 총독 직무를 수행하고 후임 윌리엄 드뵈 경에게[45] 자리를 물려주었다. 이곳 식민지는 늘 그러하듯 약간의 기복이 있긴 했지만 1889년까지 꾸준히 번영해 나갔다. 이 해에 드뵈 경은 본국의 장관에게 홍콩의 현황과 전망에 대해 글을 쓰면서 매우 만족스러운 어조로, "물질적 도덕적 성취의 증거들에 주목할 때 여기보다 더 강렬하게 눈과 상상력을 사로잡는 곳이 과연 있는지, 그런 측면에서 도대체 지구상의 다른 어느 곳이 영국인이라는 이름이 갖는 자부심을 더 높이 고취시키고 더 완전하게 입증해 주는지 의문이 아닐 수 없습니다"라고 자부할 정도였다. 하지만 그 이후에는 불안정한 환율과 투기 과잉에다 다른 요인들이 겹치면서

---

41 Sir George Ferguson Bowen(1821~1899). 영국의 작가로, 여러 식민지의 행정관으로 재직했다.

42 Sir William Henry (then Mr.) Marsh(1827~1906).

43 Tytam. 대담(大潭, Tai Tam).

44 Major General William Gordon Cameron(1827~1913).

45 Sir George William Des Voeux(1834~1909).

심각한 불경기가 찾아와 5년간 지속되었다. 드뵈 경은 1891년 5월 7일 사임했는데, 보정사가 없었으므로 딕비 베이커[46] 소장이 선서를 하고 총독 대리로 취임하였다. 얼마 뒤 윌리엄 로빈슨 경이[47] 총독으로 지명되어 1891년 12월 10일 부임하였다. 1894년은 이 식민지 연감에 전염병으로 재앙을 겪은 해로 기록될 것이다. 페스트는 윈난 지방의 풍토병으로 여러 해 전 베이하이에서 유행한 적이 있었는데, 올해는 광저우에 출현한 다음 홍콩으로 침투하였다. 그것은 5월 10일 이 식민지에 들어온 것으로 공표되었는데, 사망률이 급속하게 증가하여 한때는 하루에 100명 이상 죽기도 하였다. 이 질병에 대처하기 위해 적극적인 조치들이 취해졌다. 가가호호 방문 체계를 구축하고 발병 사례를 신속하게 찾아내서 즉시 병원으로 이송하였으며, 이미 사망한 경우에는 땅에 묻었다. 그리고 중국인 구역 내의 모든 가옥을 대상으로 석회수를 이용한 소독과 세척을 실시하였다. 임시병원들이 설립되었으며, 육군과 해군 그리고 연안항만국 등으로부터 추가인원을 지원받아 의료진을 확충하였다. 이곳 식민지는 특히 슈롭셔 경보병대의[48] 덕을 입었는데, 이 연대는 300여 병력을 보내서 가가호호 순시와 세척 작업을 벌였다. 베시 대위가 이 과업을 수행하다가 페스트에 감염되어 사망하였고, 하사관 1명과 이등병 4명도 그로 인해 고생하였다. 해군뿐만 아니라 다른 주둔군 부대들도 도움을 주었다. 페스트와 싸우기 위해 다양한 조치가 취해졌는데, 발병 사례가 가장 많았던 타이핑산[49] 관내의 한 구역은 주민 전

---

46 George Digby Baker(1833~1914).
47 Sir William Robinson(1836~1912).
48 Shropshire Light Infantry.
49 Taipingshan. 태평산(太平山). 빅토리아피크(Victoria Peake)를 가리킨다. 그냥 '더피

체를 퇴거시키기까지 하였다. 이들에게는 다른 구역의 숙박시설이 제공되었고, 감염 구역 내의 부동산은 추후 제반 위생 요건에 맞게 재건축하려는 의도에서 정부 당국에 수용되었다. 이 전염병은 107명의 사망자와 69명의 신규 발생 사례가 보고된 6월 7일 절정에 달했다. 이 날이후 페스트의 유해성은 점차 줄어들어 9월 3일에는 식민지를 감염 지대로 선포했던 포고령이 철회되었다. 기록에 나타난 전체 사망자는 2,547명이었고, 이 식민지의 무역 또한 그 기간 동안 극심한 타격을 입었다. 현지인의 대량 탈출로 인해 주민수가 적어도 80,000명 감소하였으며, 언제나 붐비던 퀸즈로드는 거의 폐허와도 같은 모습을 드러내기도 하였다. 하지만 페스트가 물러가면서 사람들이 돌아왔고, 사업도 점차 되살아났다. 또 다른 항구 소속의 선박들에 내려졌던 입항 금지 조치가 해제됨에 따라 한동안 홍콩을 그냥 지나쳤던 배들이 정규 왕래를 재개하였다. 이 전염병은 1896년 다시 출현하였으나 1894년에 비하면 유해성이 훨씬 덜했다. 그러다가 1898년에 또 한 번 찾아왔는데, 이로 인해 공립시민병원의 수녀 2명이 본연의 의무를 수행하던 중 감염되어 생명을 잃었다. 1899년에도 또 페스트가 유행하여 1,400명이 넘는 사망자를 낳았다. 지금은 철저한 위생정책이 시행되고 있다. 로빈슨 경이 1898년 2월 1일 홍콩을 떠나자, 그 해 11월 25일 헨리 블레이크 경이[50] 올 때까지 윌슨 블랙[51] 소장이 정부를 이끌었다.

다음은 이 섬이 식민지가 된 이래 정부를 맡았던 사람들의 목록이다.

크(The Peak)'로 약칭하기도 하며, 마운트오스틴(Mount Austin)이라고도 부른다.

50   Sir Henry Arthur Blake(1840~1918).

51   Wilson Black(1837~1909).

1843년 헨리 포팅거 경, 준(准)남작, 1등급 바스 훈장.[52]

1844년 존 프랜시스 데이비스 경, 준남작, 2등급 바스 훈장.[53]

1848년 새뮤얼 조지 본햄, 3등급 바스 훈장.[54]

1851년 윌리엄 저보이스 소장, 부총독.

1851년 새뮤얼 조지 본햄 경, 준(准)남작, 2등급 바스 훈장.

1852년 존 보링, 법학박사, 총독 대리.

1853년 새뮤얼 조지 본햄 경, 준남작, 2등급 바스 훈장.

1854년 존 보링 경, 법학박사.

1854년 윌리엄 케인 중령, 부총독.

1855년 존 보링 경, 기사, 법학박사.

1859년 윌리엄 케인 대령, 부총독.

1859년 허큘리스 조지 로버트 로빈슨 경, 기사(騎士) 작위.

1862년 윌리엄 토머스 머서, 총독 대리.

1864년 허큘리스 조지 로버트 로빈슨 경, 기사 작위.

1865년 윌리엄 토머스 머서, 총독 대리.

1866년 리처드 그레이브스 맥도넬 경, 기사 작위, 3등급 바스 훈장.

1870년 헨리 웨이즈 위트필드 소장, 부총독.

---

52 G.C.B. "Knight Grand Cross of The Most Honorable Order of the Bath"의 약자(略字). 바스 훈장(Order of the Bath)은 본래 영국 왕이 신임 기사(騎士)들에게 수여하던 중세의 관례를 조지 1세가 1725년에 군인을 대상으로 제도화한 뒤 고위공직자들까지 확대된 것이다. '바스'는 기사 임명 전날 밤에 단식과 기도를 하며 '목욕'을 하던 옛 의식에서 유래된 것인데, 이 훈장은 영국에서 공식 서열상 가터(Garter), 시슬(Thistle), 세인트 패트릭(St. Patrick) 다음의 네 번째이다.

53 K.C.B. "Knight Commander of The Most Honorable Order of the Bath"의 약자.

54 C.B. "Companion of The Most Honorable Order of the Bath"의 약자.

1871년 리처드 그레이브스 맥도넬 경, 2등급 세인트마이클·세인트조지 훈장,[55] 3등급 바스 훈장.

1872년 아서 에드워드 케네디 경, 2등급 세인트마이클·세인트조지 훈장, 3등급 바스 훈장.

1875년 존 가드너 오스틴,[56] 총독 대리.

1876년 아서 에드워드 케네디 경, 2등급 세인트마이클·세인트조지 훈장, 3등급 바스 훈장.

1877년 존 포프 헤네시 경, 2등급 세인트마이클·세인트조지 훈장.

1882년 윌리엄 헨리 마시, 3등급 세인트마이클·세인트조지 훈장,[57] 총독 대리.

1883년 조지 퍼거슨 보언 경, 1등급 세인트마이클·세인트조지 훈장.[58]

1885년 윌리엄 헨리 마시, 3등급 세인트마이클·세인트조지 훈장. 총독 대리.

1887년 윌리엄 고든 캐머런 소장, 3등급 바스 훈장, 총독 대리.

1887년 조지 윌리엄 드뵈 경, 2등급 세인트마이클·세인트조지 훈장.

1890년 프랜시스 플레밍, 3등급 세인트마이클·세인트조지 훈장. 총독 대리.

---

55 K.C.M.G. "Knight Commander of The Most Distinguished Order of Saint Michael and Saint George"의 약자. 이 훈장은 서양에서 중세 이래 전사(戰士)들과 군대의 양대 수호성인 마이클(미카엘)과 조지(게오르기우스)의 이름을 따서 나폴레옹전쟁 때부터 수여된 것으로, 모두 3개 등급으로 되어 있다.

56 John Gardiner Austin(1811~1900).

57 C.M.G. "Companion of The Most Distinguished Order of Saint Michael and Saint George"의 약자.

58 G.C.M.G. "Knight Grand Cross of The Most Distinguished Order of Saint Michael and Saint George"의 약자.

1890년 조지 윌리엄 드뵈 경, 2등급 세인트마이클 · 세인트조지 훈장.

1891년 조지 딕비 베이커 소장, 3등급 바스 훈장, 총독 대리.

1891년 윌리엄 로빈슨 경, 1등급 세인트마이클 · 세인트조지 훈장.

1898년 윌슨 블랙 소장, 3등급 바스 훈장, 총독 대리.

1898년 헨리 아서 블레이크 경, 1등급 세인트마이클 · 세인트조지 훈장.

정부는 총독에 의해 관장되며, 5명의 공직자와 2명의 비(非)공직자로[59] 구성된 행정국의[60] 보좌를 받는다. 입법국 역시 총독이 관장하며, 주둔군 부대장, 보정사(호적총국장[61] 겸임), 율정사(律政司),[62] 고무사(庫務司),[63] 공공사업 감독관, 선정청장(船政廳長),[64] 경찰사(警察司),[65] 그리고 6명의 비(非)공직 의원으로 구성된다. 여기서 비공직 의원은 상공회의소와 고등법원에서 각각 1명을 선임하고, 나머지 4명은 홍콩 정부가 중국인 2명을 넣어서 지명한다.

---

[59] 이들은 각각 관수의원(官守議員)과 비관수의원(非官守議員)으로 불렸다.
[60] Executive Council(of Hong Kong). 홍콩 행정부의 자문기구로서, 주된 기능은 총독에게 주요 정책을 건의하고 그의 결정에 협조하는 것이었다. 매주 1회 총독이 소집하며, 중국에 반환된 뒤에는 행정회의(行政會議)로 개칭되었다.
[61] Registrar-General. 사망, 결혼 등에 관한 주요 기록을 담당하는 호적총국(戸籍總局, General Register Office, G.R.O)의 장이다.
[62] Attorney-General. 총검찰장(總檢察長) 격이다.
[63] Treasurer. 회계 총책.
[64] Harbour Master. 항만장(港灣長)에 해당한다.
[65] Captain Superintendent of Police. 경찰총장.

3. 재정

1898년도 세입은 2,918,159달러로서 전년도에 비해 231,245달러 증가하였다. 평균 세출 2,841,805달러 외에 발생한 공공사업 특별 지출 135,846달러는 공채를 통하여 충당되었다. 이 식민지는 약간의 공적 채무를 지고 있다. 일찍이 1886년에 20만 파운드의 대출 계약이 있었고, 1893년에 또 다른 20만 파운드의 대출 계약이 체결되었다. 첫 번째 대출금 잔액 중 미상환액은 1894년에 4% 채무증서에서 3.5% 기명(記名) 공채로 전환되었으며, 그리하여 1893년의 대출금과 균등한 조건으로 되었다. 현재 공적 채무는 341,800파운드이며, 감채(減債) 기금으로 상환되고 있다.

연간 과세 평가액은 빅토리아시 4,241,919달러, 신제를[66] 제외한 주룽 418,977달러, 여러 촌락과 힐 구역[67] 325,938달러 등이다.

---

66 New Territory. 신계(新界, Xinjie). "2차 베이징 조약"으로도 불리는 1898년의 "홍콩 영토 확장조약(Convention for the Extension of Hong Kong Territory)"에 따라 신규 편입된 지역으로, 홍콩섬 및 주룽반도와 더불어 식민지 홍콩의 3대 지구를 구성한다. 주룽반도 너머의 중국 본토 내륙 지대와 200여 섬들로 되어 있는데, 홍콩 전체 면적의 86% 가량을 차지한다.

67 Hill District.

4. 스케치

홍콩섬은 길이 약 11마일, 너비 2~5마일, 둘레는 27마일 가량 된다. 이곳은 높은 언덕들이 이어진 험한 산등성이로 이루어져 있으며, 계곡이 몇 안 되고 경작 가능한 땅도 거의 없다. 굳이 계곡이라고 부른다면 윙나이청과[68] 리틀홍콩에[69] 있는 것들 정도이다. 이 둘 모두 빼어나게 아름답고 나무가 많으며, 얼마 전까지만 해도 넓은 숲을 볼 수 있는 사실상 유일한 장소였다. 이 섬에는 수많은 개천이 있어 물 공급이 원활한데, 대부분 사철 내내 끊임없이 흐른다. 도시와 교외 지역의 물 공급은 폭푸람,[70] 타이탐, 윙나이청 등지의 저수지를 통해 이루어진다. 폭푸람 저수지는 1866~1869년 건립된 것으로 용량이 6,800만 갤런이고, 약 29에이커 면적의 타이탐 저수지는 1883~1888년 건설된 뒤 1896년 확장되었으며 용량은 3억 9,000만 갤런쯤 된다. 타이탐 저수지의 물은 1⅓마일 길이의 터널과 해발 약 400피트의 언덕을 따라 설치된 4마일 가량의 도관(導管)을 거쳐 시내로 전달된다. 그 위에는 보언로드라는[71] 이름의 양호한 도로가 깔려 있는데, 보행자들이 즐겨 찾는 곳으로서 도

홍콩

---

68 Wong-nai Chung. 황니용(黃泥涌). 홍콩섬에 있는 이 계곡은 해피밸리(Happy Valley)라고도 불리는데, 오늘날 부유층의 주거구역 중 하나로 완차이(灣仔, Wan Chai) 구(區)에 속해 있다.
69 Little Hongkong. 현지인들이 광둥어로 홍콩짜이(香港仔, Hong Kong Tsai)라 부르는 것을 영어로 의역(意譯)한 것이다. 더러 '샹강쯔'라고도 하며, 영문 지명은 1845년에 당시 영국의 외무장관이던 "애버딘 백작" 조지 해밀턴 고든을 기념해서 붙인 애버딘(Aberdeen)이다.
70 Pokfolum. 박부림(薄扶林, Pok Fu Lam).
71 Bowen Road.

시 구역과 동부 지대에 대한 가장 멋진 전망을 제공한다. 도관은 많은 곳에서 계곡과 암석 위에 설치된 전용 돌다리들에 의지해서 이어지는데, 완차이[72] 위쪽의 어떤 다리에는 아치가 23개나 있다. 1899년에 완공된 윙나이청 저수지는 2,700만 갤런의 물을 저장할 수 있다.

이 식민지의 자연 물산은 별로 없고 대수롭지도 않다. 경작에 적합한 땅은 거의 없으며, 외곽의 촌락들 인근에서 약간의 벼와 채소 몇 가지가 재배될 뿐이다. 홍콩섬과 주룽 모두에 거대한 화강암 채석장이 있고, 그 돌이 소량 수출된다. 딥워터베이[73] 일대에는 내화(耐火) 점토층이 부존해서 벽돌, 토관(土管) 등의 원료를 공급한다. 현재 숲이 여러 군데 생겨나고 식목 사업이 진행되고 있어 언젠가는 소득원이 될 수 있을 것이다.

항구로 향하는 접근로들의 조명 상태는 아주 양호하다. 그린아일랜드에[74] 있는 등대는 항구의 서쪽 입구를 밝힌다. 이곳의 조명은 4등급 고정(固定) 굴절등으로, 14마일 거리까지 식별 가능하다. 동쪽 접근로는 22마일 떨어진 곳에서도 보이는 1등급 굴절 다섬등(多閃燈)이 비춰주는데, 이는 중국 정부가 왕란아일랜드에[75] 설치한 것이다. 한편, 8마일까지 비추는 좀 더 작은 케이프콜린슨의[76] 등대가 있는데, 이것은 항

---

72 Wanchai. 만자이(灣仔, Wan Chai). 홍콩섬의 북부 구역으로, 완쯔(Wan Zi)라고도 한다.
73 Deep Water Bay. 선수이완(深水灣).
74 Green Island. 칭차우(青洲). 이 섬의 동쪽 가까이에 리틀그린아일랜드(Little Green Island, 小青洲)가 있다.
75 Wanglan Island. 왕란다오섬(橫瀾島).
76 Cape Collinson. 영국의 해군장교로 중국 연안을 탐사하여 만든 지도를 통해 영국의 성공적인 중국 침공에 지대한 공을 세운 콜린슨 경(Sir Richard Collinson, 1811~1883)의 이름을 딴 것이다. 현지 광둥어로 꼬린썬꼭(歌連臣角) 또는 학꼭타우(黑角頭, Hak Kok Tau)라고 불리기도 한다.

주룽반도

홍콩 항구

해사들의 리위먼 수로(水路)[77] 통행을 도와준다. 남쪽으로 약 30마일 떨어진 갭록에 있는 등대는[78] 1892년 4월 1일 완공되어 첫 불을 밝혔다. 이것은 전선을 통해 항구와 연결되어 있어서 선박이 접근하면 항만관제소로 신호를 보낸다.

홍콩항은 세계에서 가장 훌륭하고 아름다운 항구 중 하나이다. 10제곱마일의 면적에 변화무쌍한 경치와 다양한 선박이 있는 이곳은 활기차고 인상 깊은 구경거리를 선사한다. 섬과 본토 사이에는 바닷물이 흐르고, 높은 산등성이가 사방을 에워싸고 있다. 과거에는 수풀이 빈약했지만 정부의 조림사업 덕분에 점차 새로운 숲들이 경사면을 덮어가고 있다. 빅토리아시는 웅장한 위용을 보인다. 대체로 널찍하고 멋진 주택들이 해변에서부터 400피트가 넘는 빅토리아피크[79] 산비탈에 이르기까지 계단식으로 늘어서 있는 한편, 산등성이의 꼭대기에는 많은 방갈로가 눈에 띤다. 밤에 바다 쪽에서 이곳 도시를 바라보면 나무들과 집들 사이로 등불이 반짝거린다. 해안을 따라 4마일 넘게 펼쳐지는 그 야경(夜景)은 누구라도 잊을 수가 없을 것이다.

육지에 발을 내디뎌도 방문객이 느끼는 좋은 인상은 사라지거나 감소하지 않는다. 도시는 아주 훌륭하게 건설되어 있다. 대부분의 도로와 거리가 놀랄 만큼 잘 조성되고 관리되고 있으며, 많은 통행로마다

---

77 Ly-ee-mùn Pass. 이어문(鯉魚門, Lei Yue Mun). 정크베이(Junk Bay)와 빅토리아항 (Victoria Harbour) 사이의 짧은 물길로, 주룽반도와 홍콩섬을 가르고 있다. Lyemun, Lye Moon Passage, Ly-ee-moon Passage 등, 다양한 표기가 있다.

78 lighthouse on Gap Rock. 갭록 등대(Gap Rock Lighthouse)를 가리키며, 일명 원웨이 차우 등탑(蚊尾洲燈塔)이라고 한다.

79 Victoria Peak. 타이핑산(太平山).

잘 자란 나무들이 쾌적한 그늘을 드리우고 있다. 유럽인들의 사업 구역이 포팅거 가(街)에서 시청에 이르는 도시 중앙부를 차지한다. 하지만 이 제한된 구역을 제외한 좀 더 낮은 지대는 거의 모두 중국인 상점과 공동 주택으로 빼곡하게 덮여 있는데, 특히 사이완 구역의[80] 경우가 그러하다. 식물원은 총독 관저 바로 위에 있다. 이곳에는 테라스, 경사지, 보행로 등이 아름답게 배치되어 있는데, 어디에나 화단(花壇)이 가꾸어져 있다. 두 번째 테라스에는 멋진 분수대가 있어서 유럽 어린이들과 그 보모들이 일상적으로 즐겨 찾는다. 또한 파시교인들이[81] 기증한 악대석(樂隊席)과 나란히 조류사육장, 난초원(蘭草園), 양치식물원 등이 있고, 전망이 좋거나 나무 그늘이 드리워진 곳에는 어디나 의자가 마련되어 있다. 두 번째 테라스 위쪽으로 1872~1876년에 홍콩 총독을 지낸 케네디 경의 멋진 동상이 있다. 분수를 굽어보고 있는 이 기념물은 시민들의 기부금으로 세워진 것으로, 1887년 11월에 당시 총독인 드뵈 경의 주재로 제막식을 가졌다. 으뜸가는 공공건물은 1866~1869년에 기부금으로 건립된 시청이다. 이 안에는 품격 높은 극장, 무도장과 공공회의장 겸용의 수많은 큰 방들, 이용도 높은 일급 도서관, 해가 갈수록 중요성이 커지는 박물관 등이 있다. 정문 앞에는 1864년 8월에 이곳 식민지의 상인 존 덴트가[82] 기증한 대형 분수가 있다. 시청 동편으로 탁 트인 공간이 있는데 그곳 도로의 남쪽에는 연병장, 북쪽에는 크리켓경기장이 각각 들어서 있다. 이 크리켓경기장은 산뜻한 부속건

---

80 Western District. 서환(西環, Sai Wan). 그냥 '웨스턴(Western)'으로 약칭하기도 한다.
81 Parsee community.
82 John Dent(1821~1892).

물을 갖추고 있고, 잔디의 관리 상태도 완벽하다. 정부 청사, 대법원 그리고 우체국은 평범하지만 견고한 건축물이다. 총독 관저는 도시 중심부의 전망 좋은 곳에 위치하는데, 내부 구역이 그림처럼 아름답고 깔끔하게 정돈되어 있다. 감옥은[83] 크고 웅장한 건물이다. 경찰본부는[84] 작고 불편한 재판소 건물과 마찬가지로 감옥하고 붙어 있다. 경찰 병력은 900명이 넘는데, 유럽인 156명 외에 인도인 350명과 중국인 400명이 있다. 본햄로드[85] 아래쪽의 정신병원은 2개 건물로 이루어져 있는데, 하나는 유럽인용이고 다른 하나는 중국인용이다. 도시 서쪽에 위치한 공립 시민병원은 훌륭하게 설계된 큰 건물로서 대규모 수용 시설을 갖추고 있다. 할리우드로드와 애버딘[86] 가의 접점 모퉁이에 있는 엘리스추모병원은[87] 소중한 박애주의 기관이다. 이 병원은 홍콩중국인의과대학의[88] 본부이기도 한데, 부속기관으로 본햄 가에 소재한 네더솔병원이[89] 있다. 왕립해군병원은 보링턴 인근의 작은 언덕에 위치한다. 퀸즈칼리지는 입지 좋은 곳에 들어선 멋지고 널찍한 건물로서 전면이 스턴튼 가를 향하고 있는데, 1889년에 개교한 이 대학이 식민

---

83 Gaol. 빅토리아 감옥(Victoria Gaol, 域多利監獄)을 가리킨다.

84 Police Barracks and Central Station. Central Police Station. 중구경서(中區警署). 1864년 지어진 3층 건물이다.

85 Bonham Road. 중국식 이름은 般咸道 또는 般含道.

86 Aberdeen. 홍콩섬 남서부의 번화가로 리틀홍콩(Little Hong Kong)이라고도 불렸다.

87 Alice Memorial Hospital. 당시 영국인들 사이에서 까이호(Kai Ho)로 불린 호까이(何啟, 1859~1914) 박사가 장티푸스로 사별한 영국인 부인 엘리스(Alice Walkden)를 추모하여 낸 기부금으로 1876년 런던선교회(London Missionary Society)가 건립하였다. 중국인들에게 서양 의학을 교육한 홍콩 최초의 병원으로, 중국명은 雅麗氏利濟醫院.

88 Hongkong College of Medicine, 향항화인서의서원(香港華人西醫書院).

89 Nethersole Hospital, 중국명은 那打素醫院. 엘리스추모병원의 병상이 부족하게 되자 이를 보완하기 위해 런던선교회 출신 데이비스(Henry W. Davis)의 주도로 1893년 9월 개원하였다.

지 내 주요 공립교육 기구의 본산이다. 동화의원은 중국인들의 시설로서 건물이 크고 병실이 많다. 주둔군 막사는 규모가 매우 크고 군인들의 건강과 편의를 충분히 고려하여 지어졌으며, 해군기지에 부속된 건물들은 견고하고 넓다. 막사 건물들은 아스널 가부터 완차이 구역의 크리켓경기장까지 퀸즈로드 양편으로 늘어서 있다. 주룽에도 대규모 막사가 있는데 여기는 "홍콩연대"가 숙영한다. 그리고 빅토리아피크에는 유럽인 병력들을 위한 커다란 요양소 — 이전의 마운트오스틴호텔[90] — 가 있다. 주둔군사령관의 숙소인 본부 관저는 적당히 높은 곳에 위치하고 있어 막사 건물들이 잘 내려다보인다. 새로 지은 널찍한 중앙시장 센트럴마켓은 1895년 개장하였다. 홍콩상하이은행 건물은 어느 도시에 내놓아도 자랑거리가 될 만큼 웅장하고 멋지다. 이 은행은 시청 옆의 좋은 터를 차지하고 있으며, 그 앞으로는 퀸즈로드와 코너트로드가 지나간다. 건물 외벽들과 홈이 새겨진 우아한 기둥들은 잘 다듬은 화강암으로 되어 있고, 퀸즈로드 전면에 늘어선 사무실들의 꼭대기는 커다란 돔으로 축조되었다. 웨스트포인트에서[91] 머리로드에[92] 이르는 이 도시의 수변(水邊) 지대에 대한 대규모 간척사업이 현재 완결을 앞두고 있으며, 이미 준비를 마친 여러 구역에서 건축 공사가 급속하게 진행되고 있다. 1897년 동쪽 구역에 멋진 홍콩클럽[93] 건물이 완공되어 같은 해 7월부터 사용되었다. 이 클럽 부근에 여왕 폐하의 즉

홍콩

---

90 Mount Austin Hotel.
91 West Point. Western Point와 병용된다. 중국명은 西點 혹은 西角.
92 Murray Road, 美利道.
93 Hongkong Club. 1846년 5월 퀸즈로드에서 출범한 홍콩 최초의 남성 클럽으로, 민관(民官)의 최고위 지도급 인사들로 구성되었다.

위 50주년 기념 조각상이 서 있는데, 건립 작업은 그 터를 사용할 수 있게 될 때까지 연기되다가 1896년 5월 28일에야 비로소 제막식이 거행되었다. 석제 닫집이 둘러진 이 청동 조각상은 앉아있는 자세의 여왕 폐하를 보여준다. 페더 부두[94] 근처의 시계탑은 1862년에 시민들의 기부금으로 세워진 것으로, 조명을 갖춘 시계는 더글러스래프레이크회사가[95] 식민지 정부에 기증한 것이다. 시계탑은 꽤 웅장하고 높기도 하지만, 지금은 새로 지은 고층의 홍콩호텔 때문에 다소 왜소하게 보인다.

주요 종교 건물들도 손꼽을 만하다. 1842년 건립된 영국국교회의 세인트존 대성당은 연병장 위쪽의 터 좋은 곳에 들어서 있는데, 꽤 큰 규모의 고딕양식 교회지만 건축술 면에서는 내세울 것이 거의 없다. 여기에는 서쪽 현관 위로 작은 첨탑들이 박힌 정사각형 탑이 서 있고, 종(鐘)도 한 벌 있다. 1869~1870년에 성단(聖壇) 하나가 새로 설치되었는데, 그 초석을 1869년 11월 16일 에딘버러 공(公)이 놓았다. 주요 내부 장식으로는 고인들을 추모하기 위한 아름다운 채색 유리창들이 있다. 래프레이크를 기리는 제단 너머 동쪽 끝의 것, 보정사를 지낸 스튜어트 박사를[96] 기려 1892년 제작된 북쪽 익부(翼部)의 것, 보카라호[97] 침몰로 숨진 사람들을 기리는 남쪽 익부의 것, 그리고 1898년 사망한 병원수녀회[98] 수녀들을 기리는 또 다른 것 등등이다. 이 대성당은 47

94　Pedder's Wharf. 홍콩의 초대 선정청장으로 초창기 항만 축조에 공헌한 페더(William Peddar)의 이름을 딴 부두이다.
95　Douglas Lapraik & Co. 래프레이크는 스코틀랜드 출신의 토목사업가이다.
96　Dr. Frederick Stewart(1836~1889).
97　Bokhara.
98　Hospital Sisters. 프란치스코 의료봉사 수녀회(Hospital Sisters of St. Francis).

개의 음전(音栓)을 갖춘 훌륭한 3단 건반 오르간도 갖고 있는데, 1887
년에 설치한 것이다. 세인트피터 교회 — 선원교회 — 는 웨스트포인
트에 소재하여 선원회관과 가깝다. 첨탑이 있는 깔끔한 고딕 건축물
로, 1878년에 기증받은 채색 유리창도 달려있다. 세인트스티븐 교회
는 1892년 건립된 중국인 교회로, 빨간 벽돌을 쌓아 올리고 겉면은 흰
색으로 처리된 산뜻한 건물이다. 약 80피트 높이의 탑과 첨탑은 교회
선교구 구내 끝 쪽의 폭푸람로드에[99] 서 있다. 연합교회는 보기 좋게
지어진 이탈리아 양식의 건물로, 첨탑이 하나 있고 수용 인원은 500명
정도이다. 이전에는 스턴튼 가에 있었는데 1890년 동일한 설계도에
따라 케네디로드 위쪽의 부지에 새로 지은 것으로, 목사관이 딸려 있
다. 이 교회에는 오르간 1개와 장미꽃 무늬의 채색 유리창 3개가 있다.
퀸즈로드와 케네디로드가 만나는 곳에는 작은 웨슬리 교회당이 서있
다. 로마가톨릭 대성당은 식물원 근처 글레닐리 계곡에[100] 위치한 고
딕양식의 대형 건물이다. 종탑은 아직 미완성 상태이고, 중앙의 탑에
는 시늉만 낸 평범한 목제 첨탑이 붙어 있다. 이곳에서는 1888년에 예
배가 시작되었다. 가든로드에 소재한 세인트조셉 교회는 1876년에 지
은 깔끔한 건물로, 1874년의 엄청난 태풍이 휩쓸고 지나간 자리에 세
워졌다. 세인트앤서니 교회는 웨스트포인트 근처의 본햄로드에 위치
한 흉물스런 건물인데, 지금은 고인이 된 어느 포르투갈 거류민의 기
부금으로 1892년 건립되었다. 완차이에 있는 세인트프랜시스 교회와

99 Pokfolum Road. 현재의 표기는 Pokfulam Road 또는 Pok Fu Lam Road. 한자 이름은
    薄扶林道.
100 Glenealy ravine. 계곡이긴 하지만 짧은 형태의 것으로, 중국명은 己連拿利谷. 찰스
    엘리엇의 이름을 딴 엘리엇 계곡(Elliot's Vale, 義律谷)으로도 불린다.

웨스트포인트의 성심교회(聖心敎會)는[101] 작고 볼품이 없다. 이슬람사원은 셸리 가와 주룽에 각각 하나씩 있다. 뒤의 것은 현재 홍콩연대 군인들의 숙소로 이용된다. 개신교 선교회 예배당도 몇 군데 있다. 세인트조셉칼리지는 로마가톨릭 그리스도교 수사회가[102] 운영하는 남학교로, 로빈슨로드 아래쪽의 눈에 잘 띠는 곳에 크고 멋진 건물을 가지고 있다. 케인로드에 위치한 이탈리아 수녀원은 많은 수의 소녀들을 교육하고, 아무 대가 없이 고아들을 키운다. 퀸즈로드이스트[103] 소재 성(聖) 아동보호소는 프랑스 수녀회가 관리하는 곳으로, 많은 중국 고아를 맡아 기른다. 또한 로마가톨릭은 웨스트포인트에서 중국 사내아이들을 위한 소년원을 효율적으로 운영하고 있다. 다른 교파들도 마찬가지로 자선 기관을 후원한다. 눈에 띠는 것으로는 교구고아원,[104] 작은 루터교 예배당을 갖춘 본햄로드 소재 베를린 보육원,[105] 백스터 학교,[106] 빅토리아 소녀고아원[107] 등이 있다. 페더힐과[108] 글레닐리 계

---

101 Church of Sacred Heart.

102 Christian Brothers. 프랑스의 드라살(Jean-Baptiste de la Salle, 1651~1719)이 1684년 빈민교육을 목적으로 설립한 그리스도교 학교수사회(Brother of the Christian Schools)를 가리키는데, 드라살 교직자회 또는 라살회로 불리기도 한다.

103 Queen's Road East. 퀸즈로드의 4개 구간 중 하나이다. 중국명은 皇后大道東.

104 Diocesan Home and Orphanage(DHO). 1869년 홍콩의 영국국교회가 설립한 고아원 겸 학교이다. 1891년 Diocesan School and Orphanage로 개칭하고 남학교로 전환되었으며, 지금은 Diocesan Boys' School로 되어 있다.

105 Berlin Foundling Hospital.

106 Baxter Vernacular Schools. 영국의 여류 사회운동가 백스터(Susan Harriet Sophia Baxter, 1828~1865)가 홍콩에 설립한 3개 학교를 총칭한다. '바이쓰더(白思德)' 백스터는 군인 자녀와 고아들을 위한 영어 학교, 중국어 여학교, 기숙(寄宿) 여학교(주간 남학교 겸용) 등을 세워서 운영하다가 36세로 병사했으며, 이후 유가족들이 그녀의 교육 사업을 계승하였다.

107 Victoria Female Home and Orphange.

108 Pedder's Hill. 페더 부두(Pedder's Wharf)의 경우와 마찬가지로 홍콩의 초대 선정청장 윌리엄 페더(William Peddar)를 기려서 붙인 지명이다.

곡 사이에 있는 세인트폴칼리지는 1850년 설립되었다. 원래 영국국교회 사제가 되려는 중국인 청년들과 여타 사람들의 신학 교육을 목적으로 세워진 것이지만, 지금은 일반 학교로 되어있다. 작은 예배당이 딸린 이 대학은 학장을 맡고 있는 빅토리아 주교의 거처이기도 하다.

개신교, 로마가톨릭, 파시교, 유대교, 이슬람교 등의 신자 묘지는 윙나이청 계곡에 있으며, 잘 관리되고 있다. 개신교 묘지는 공립공원과 거의 맞먹을 정도로 입지가 훌륭하고, 분수와 화단 그리고 관상용 관목들이 놀랄 만큼 멋지게 배치되어 있다. 중국인들의 주요 묘지는 폭푸람로드 근처 데이비스산(山)의 경사면에 있는데, 그야말로 민둥산이고 인파만 어지럽게 붐빈다.

5. 기관

이곳 식민지에는 여러 클럽이 있다. 주요한 곳으로는 뉴프라야의 홍콩클럽, 윈덤 가의[109] 클럽게르마니아, 그리고 셸리 가의 루시타노클럽이 있다. 또 크리켓경기장 근처 프라야에 수영장, 보트 창고, 체육관 등을 갖춘 빅토리아레크리에이션클럽이 있다. 여기에는 크리켓클럽, 축구클럽, 폴로클럽, 골프클럽, 하키클럽, 소총협회, 그리고 요트클럽

---

109 Wyndham Street.

등이 소속되어 있다. 여성 전용의 레이디즈레크리에이션클럽은 아름답게 조성된 여러 면의 테니스코트와 더불어 피크로드의 보유지에 별관을 갖고 있다.

홍콩상공회의소는[110] 시청 건물에 방을 하나 두고 연례 모임을 가진다. 그 집행부는 위원회 형태로 되어있으며, 상공회의소는 정부로부터 상업과 관련된 문제들에 대한 의견을 자주 요청받는다. 프리메이슨 회관은 제틀랜드로지 소유로, 1865년 제틀랜드 가에 건립되었다. 선원회관은 선원선교회와 나란히 웨스트포인트에 있다. 영국해양무역상인협회와 해양기관사협회가 구성되어 자신들의 직업적 이익을 보호한다. 홍콩공제회는 이곳 식민지에서 어쩌다가 곤궁에 빠진 가난뱅이 떠돌이들에게 선행을 베푼다. 그 외에 세인트앤드루 협회가 있는데, 이 단체는 스코틀랜드 수호성인의 축일을 잊지 않고 기념하는 것을 주된 목적으로 설립된 것이다.

연례 경마대회는 홍콩기수클럽의 후원으로 2월 말에 열린다. 경마장은 도시 동쪽 끝에 위치한 웡나이청 계곡에 있는데, 전나무 숲으로 둘러싸인 아름다운 곳이다. 이때에는 식민지 전역이 휴일을 맞는다. 관중석과 경주로는 세계 도처에서 모인 각양각색의 사람들로 북새통을 이룬다. 여름에는 매달 마술(馬術) 경연대회가 개최된다. 보트경주는 12월에 항구에서 열리는데, 경마만큼 열광을 자아내지는 않는다. 또 거류민과 주둔군이 참여하는 육상대회가 매년 거행되며, 수영대회와 보트경주도 수시로 열린다. 아마추어 연극클럽이 있어 시즌이 되면

---

110 Hongkong General Chamber of Commerce.

회원들이 시청 극장에서 수차례 공연을 펼친다. 대형 중국 극장 두 곳에서는 중국 연극이 상시 공연된다. 1892년에 완공된 동흥(東興)극장은[111] 근대적 원리에 입각하여 지은 훌륭한 건물로 관객들의 안전을 각별히 고려하였다.

영자 일간지는 3종이 발행되고 있다. 『홍콩데일리프레스』는 조간이고 『차이나메일』과[112] 『홍콩텔레그래프』는[113] 석간이다. 주간지로는 『홍콩위클리프레스-중국육상무역 리포트』와 『육상 차이나메일』의[114] 2종이 있다. 『중국 · 일본 · 해협식민지 크로니클-디렉토리』는 매년 『데일리프레스』에서[115] 발행된다. 『차이나리뷰』는 중국의 주요 화제에 대한 논평과 기고를 전문으로 하는 격월간지이다. 현지인 신문은 대표적으로 4종이 있다. 데일리프레스 사가 발행하며 제일 오래되고 영향력이 큰 『중외신보』, 『중국일보』,[116] 『전만일보(荃灣日報)』, 『외산일보』 등이 그것이다. 『오포르비르』라는[117] 포르투갈어 주간지가 하나 있다. 『관보』는[118] 주1회 간행된다.

빅토리아에는 좋은 호텔이 몇 군데 있는데 그 중 으뜸은 홍콩호텔이다. 시계탑과 가깝고 프라야와 퀸즈로드에 걸쳐 있는 6층짜리 멋진 건물로, 150개의 객실이 있다. 피크호텔은 빅토리아갭의[119] 해발 1,400

---

111 Tung Hing Theatre.
112 德臣西報.
113 *Hong Kong Telegraph*. 香港電信報.
114 *Overland China Mail*.
115 *Daily Press*. 每日雜報. 본서의 저자가 관여하던 신문으로, 孖刺報, 孖刺西報, 孖刺沙西報 등으로도 불렸다.
116 *Chinese Mail*.
117 *O Porvir*. "미래"를 의미한다.
118 *Government Gazette*. 香港政府憲報. 정식 이름은 Hong Kong Government Gazette.

피트에 위치하며, 매우 화려한 객실들을 다수 보유하고 있다.

6. 산업

제조업은 해가 갈수록 중요성이 커지고 있다. 대규모 설탕공장이 세
군데 있다. 중국제당회사는 이스트포인트와 보링턴에 공장이 있고, 쿼
리베이에는[120] 타이구제당이[121] 있다. 중국제당회사는 대규모 양조장
도 하나 보유하고 상당한 양의 럼주를 생산한다. 또한 보링턴의 얼음공
장과 증기톱 제재소, 벨처베이의[122] 대형 밧줄공장, 주룽의 유리공장과
성냥공장, 케네디타운의 깃털가공공장, 샤우케이완의[123] 비누공장 등
이 있으며, 그 외에 토목회사가 두세 곳 있다. 그린아일랜드시멘트회
사는 홍콩섬 남부의 선수이만, 그리고 이 섬 너머의 주룽만에 각각 공
장을 두고 있다. 1891년에는 최고의 영국산 기계를 보유한 대규모 제

---

119 Victoria Gap. 중국명은 爐峰峽, 山頂峽, 域多利亞峽 등으로 다양하며 대중들 사이에서
　　는 '山頂'으로 통용되기도 한다.
120 Quarry Bay. 홍콩섬 북동부 마운트파커산(Mount Parker, 柏架山) 기슭 일대의 구역
　　으로, 현지인들은 짝위충(鰂魚涌, Tsak Yue Chung)이라 부르기도 한다.
121 Taikoo sugar Refinery. 太古製糖. '타이구(太古)'는 영국 스와이어(Swire) 가(家)에서
　　창립한 기업의 중국명 브랜드이다.
122 Belcher's Bay. 통상적인 표기는 Belcher Bay. 해군 대위로서 포제선포인트 상륙작
　　전을 지휘했던 벨처(Edward Belcher, 1799~1877) 제독의 이름을 딴 것이다. 중국명
　　은 卑路乍灣.
123 Shaukiwan. 통상적인 표기는 Shau Kei Wan. 홍콩섬의 북동부에 있는 구역으로, 중
　　국명은 筲箕灣.

지공장이 애버딘에 건립되었다. 홍콩중국가스회사의 공장들은 웨스트포인트에 있고, 홍콩전기회사의 공장들은 완차이에 위치한다. 조명은 가스등과 전등으로 하는데, 전등은 1890년 말 도입되었다. 중국인들이 운영하는 사업으로는 유리 가공, 아편 정제, 비누·진사(辰砂)·간장 제조, 가죽 가공, 염색, 두부·가루치약·담배 제조, 조선 등이 있다. 홍콩면방적방직염색회사는 소쿤포에[124] 방추가 50,000개에 이르는 공장을 가지고 있는데, 이 공장은 1899년 6월 12,000개의 방추로 가동되기 시작하였다.

도크 시설은 탁월하다. 홍콩황푸도크회사는 주룽과 타이콕추이[125] 그리고 섬 남부의 애버딘 등 세 곳에 대규모 시설을 보유하고 있다. 이 회사의 시설들은 공학 및 목공 분야에서 최고급의 최신 장비를 갖추고 있는데, 영국 해군이 보유한 최대 규모의 선박이 최근 제1호 도크로 진입하였다. 이들 도크와 선가(船架)의 규모는 다음과 같다.

주룽 제1호 "해군본부" 도크 : 선골(船骨) 길이 576피트, 출입구 상단 너비 86피트, 출입구 하단 너비 70피트이며, 대조(大潮) 때 평균 수심은 30피트이다.

주룽 제2호 도크 : 선골 길이 371피트, 출입구 너비 74피트, 대조 때 평균 수심은 18피트 6인치이다.

주룽 제3호 도크 : 선골 길이 264피트, 출입구 너비 49피트 3인치, 대조 때 평균 수심은 14피트이다.

제1호 선가 : 선골 길이 240피트, 출입구 너비 60피트, 바닥 깊이 14

---

124 So Kunpo.
125 Tai Kok Tsui. 한자 표기는 大角嘴 또는 大角咀.

피트.

제2호 선가 : 선골 길이 230피트, 출입구 너비 60피트, 대조 때 평균 수심은 12피트.

그 외에 타이콕추이에 있는 '코즈모폴리턴' 도크는 선골 길이 466피트, 출입구 너비 85피트 6인치, 대조 때 평균 수심은 20피트이다. 한편 애버딘에 있는 "호프" 도크는 선골 길이 430피트, 출입구 너비 84피트, 대조 때 평균 수심은 23피트이고, "라몬트" 도크는 선골 길이 333피트, 출입구 너비 64피트, 대조 때 평균 수심은 16피트이다. 주룽의 도크들과 "코즈모폴리턴" 도크는 항구 내 하역장과 가깝고 사방으로 양호하게 차폐되어 있다. 도크들에 대한 접근로는 완벽하리만치 안전하며, 바로 옆에 훌륭한 정박장이 있다. 도크들은 온통 화강암으로 튼튼하게 축조되어 있다. 견고한 화강암 암벽 위에는 증기기관이 장착된 강력한 '두 발 기중기'가 설치되어 있어 선박들이 보일러, 총포 및 기타 무거운 물건들을 내리고 싣고 할 수 있다. 주룽에 있는 기중기는 70톤을 들어 올릴 수 있는데, 이곳의 수심은 간조 때 24피트이다. 그 외에 조선소와 주물공장 같은 다른 시설들도 있어 제법 큰 몸집의 증기선들이 이 식민지에서 이미 진수되고 있다. 영국 해군의 공창(工廠) 역시 큰 부품 창고와 정비소를 보유하고 영국 군함들의 기계를 아주 신속하게 수리할 수 있는데, 최근 이 공창의 대대적인 확장이 결정되었다.

7. 피크 구역[126]

빅토리아피크의 꼭대기까지 산지(山地) 도로가 뻗어 있는데, 잘 만들어지긴 했지만 등급은 다소 낮은 편이다. 빅토리아갭으로 내려오다 보면 이 도로에서 다수의 갈림길이 인접한 산등성이들을 따라 퍼져 나간다. 1888년 5월 30일 강철 밧줄로 견인하는 방식의 궤도 차량이[127] 개통되었다. 고정식 엔진이 빅토리아갭에 설치되었으며, 아래쪽 종점은 세인트존 대성당과 인접해 있다. 승객들은 케네디로드, 보언로드, 플랜테이션로드 등지에서 하차할 수 있는데, 어디에나 승강장이 있어서 이용하기가 편리하다. 최근 몇 년간 방갈로와 주택의 엄청난 증가로 빅토리아피크의 꼭대기와 그 주위는 이제 제법 큰 산촌을 이루고 있다. 영국군은 1883년 매거진갭[128] 부근의 고지대에 요양소를 설립하였으며, 1897년에는 같은 목적으로 넓고 산뜻한 마운트오스틴호텔을 취득하였다. 피크 교회가 1883년 6월 문을 열고 첫 예배를 드렸다. 피크호텔은 방문객들에게 안락한 숙박시설을 제공한다. 빅토리아갭에서 도로를 따라 서쪽으로 가면 해발 1,823피트의 빅토리아피크에 이른다. 이곳은 빅토리아시 중심가 뒤쪽에 불쑥 솟아 있다. 그 꼭대기에는 깃대가 있는데, 우편선을 포함해서 선박이 들어오면 거기서 신호를 보낸다. 보언로드에서 매거진갭까지 뛰어나게 잘 닦인 도로가 깔려 있다.

---

126 The Peak District. 홍콩의 주요 산지(山地)인 빅토리아피크 및 그 주변 일대를 가리킨다.
127 피크트램웨이(Peak Tramway)를 이르는 것으로, 중국명은 山頂纜車.
128 Magazine Gap. 馬己仙峽.

매거진갭 인근의 해발 약 900피트 고지에는 외국인 주택들로 이루어진 제2의 산촌이 자리 잡고 있다.

8. 농촌 구역

이 섬에는 촌락이 몇 군데 있다. 그 중 가장 큰 것은 리위먼 수로의 만(灣)에 위치한 샤우케이완으로, 중국 어선들의 주요 집결지이다. 중국인들에게 쉑파이완으로[129] 알려져 있는 섬 남부의 애버딘은 매우 잘 차폐된 조그만 부두 시설을 보유하고 있는데, 어선들로 크게 붐빈다. 여기에 설치된 홍콩황푸도크회사 소유의 대형 도크 두 개가 이곳의 중요성을 한층 높여준다. 폭푸람은 빅토리아시에서 약 4마일 떨어진 곳으로 애버딘으로 가는 길에 있으며, 한때 유럽인 거류민들의 피서지였다. 아름다운 바다 경치와 시원한 바람을 선사하는 쾌적하고 그림 같은 장소이다. 우아한 방갈로들이 꽤 들어섰으나, 피크 구역이 개발된 뒤 상대적으로 빛을 잃었다. 여기에는 프랑스 선교회의 요양원이 있는데, 우아한 예배당 하나가 딸린 매우 훌륭한 건물이다. 또 낙농장도 있다. 웡나이청은 같은 이름의 계곡 정상부에 아담하게 자리 잡고 있으며, 빅토리아 시내에서의 접근성이 가장 좋다. 스탠리는 섬 남동쪽의

---

129 Shek-pai-wan. 石排灣.

작은 만에 위치한다. 한때 군대 주둔지였지만 막사 건물들은 철거되었고, 지금은 한산하다. 이곳 묘지에는 영국 관리와 군인의 무덤이 다수 섞여있다. 타이탐툭은[130] 오래 걷는 것을 마다하지 않는 보행자들에게 가장 인기 있는 장소 중 하나이다. 이 작은 마을은 같은 이름을 지닌 개천 어귀의 숲에 아늑하게 들어서 있는데, 그 개천은 이곳으로부터 남해안에서 가장 큰 수로인 타이탐만으로 흘러든다. 빅토리아시를 기점으로 애버딘과 샤우케이완까지 훌륭한 운송로가 있고, 스탠리와 타이탐까지는 승마 전용로가 건설되었다. 또한 여왕 즉위 60주년을 기념하여 섬을 일주하는 새 도로가 개설될 예정이다. 사이완은[131] 같은 이름의 만에 그림 같이 들어선 작은 촌락이다. 리위먼해협을 막 빠져나온 바깥쪽에 있으며, 소풍객들이 즐겨 찾는 곳이기도 하다. 1840년대 초반에 여기를 살기 좋은 곳이라 믿고 소형 막사들을 지은 적이 있다. 하지만 이 실험은 최악의 재앙을 낳았다. 20명의 영국군 파견 병사 가운데 5명이 사망하였고, 3명은 위독한 상태로 후송되었으며, 이를 계기로 막사 건물들이 곧바로 폐기되었다. 쉑오는[132] 동해안의 바닷물로부터 완전히 격리된 작은 계곡에 있는데, 이 작고 예쁜 촌락은 케이프다길라에서[133] 멀지 않다.

---

130 Tytam Tuk. 대담독(大潭篤).
131 Saiwan. 西環(Sai Wan).
132 Shek O. 石澳.
133 Cape D'Aguilar. 현지인들은 혹추이(鶴咀, Hok Tsui)라고도 부른다.

9. 주룽과 기타 속령[134]

항구 건너편은 영국 보호령인 주룽이다. 이 반도는 원래 광둥 지방 정부에 의해 해리 스미스 파크 경 — 당시에는 '경'이 아님 — 에게 영구 임대 형식으로 양도되었지만, 베이징 조약 제6조에 따라 1860년 영국에 정식 할양되었다. 면적은 4제곱마일이며, 최근 괄목할 만하게 발전하였다. 으뜸가는 촌락은 야우마테이이다.[135] 이곳은 인구가 증가하여 왔으며, 언젠가 중요한 도시가 될 것이 분명하다. 이곳에서는 중국 정크선을 통한 무역이 성행하며, 그 외에 생강절임공장도 하나 있다. 마을 뒤편 가까이에 군경 합동 소총경비대가 주둔한다. 1892년에 가스공장이 건립되어 현재 반도 내 거주 구역의 조명은 가스로 한다. 수도사업소는 1895년에 지어졌다. 침사추이에[136] 인도보병대 1개 연대가 주둔한다. 이곳에는 막사와 장교숙소가 있으며, 이슬람사원도 하나 세워져 있다. 이와 함께 유럽인 주택들이 많이 건축되고 정원도 다수 조성되는 등, 빅토리아시와 마주보고 있는 이곳은 유럽인 거류지로 서서히 바뀌어가고 있다. 육중한 화강암 제방과 나란히 멋진 해안도로가 건설되었으며, 각종 화물과 석탄을 부리기 위해 대규모 창고와 더불어 양호한 부두가 여러 개 만들어졌다. 또 조개탄공장도 있다. 해군은 홍콩섬에 있는 주요 시설의 보조용으로 이곳에 소규모 공창을 운영하고 있

---

134   Kowloon and Other Dependencies.

135   Yau-ma Ti. 油蔴地(Yau Ma Tei), Yaumatei, Yau Ma Ti, Yaumati 또는 Yau-ma-Tee 등으로 다양하게 표기되며, '워털루(Waterloo)'라는 영문 별칭도 있다.

136   Tsim-tsa Tsui. 尖沙嘴 또는 尖沙咀(Tsim Sha Tsui, TST).

다. 마운트엘진에 장비를 제대로 갖춘 기상대가 있고, 뉴프라야 바로 위편 언덕에는 크고 멋진 해양경찰서 건물이 서있다. 이 경찰서 앞에 매일 한번 낙하하는 표시구(標時球)가 있다. 증기연락선이 침사추이와 빅토리아시를 정기적으로 운항하며, 일반 연락선들도 빅토리아, 야우 마테이, 홍함[137] 등지를 오간다. 홍함은 홍콩황푸도크회사 소유의 주요 도크들이 있는 곳이다. 코즈모폴리턴 도크와 그 부속 시설들도 같은 회사 소속으로, 이전에 쌈써이포라고[138] 불렸던 푹춘횡에[139] 위치해 있다.

1898년, 주룽반도를 넘어 딥베이와 미어스베이를[140] 잇는 선까지의 지역 및 란터우섬을[141] 포함한 그 인근 도서지역을 중국이 영국에 99년간 할양하는 조약이 체결되었다. 이렇게 해서 신제가[142] 생겨났는데, 본토의 286제곱마일과 도서지역 90제곱마일을 합쳐 총 376제곱마일에 이른다. 1899년 4월 17일, 이 영역을 공식적으로 양도하는 의례가 거행되었다. 이 날은 공휴일로 선포되었고, 타이포후이에[143] 영국국기가 게양되었다. 하지만 예비 협정에 관여한 사람들이 공격을 당하고, 경찰 숙소로 세운 막사들이 불에 타고, 조직적인 반대의 또 다른 증거들이 드러나자 4월 16일부로 완전한 관할권을 행사하는 것이 바람

---

137 Hung-ham. 紅磡. 통상적인 표기는 Hung Hom.
138 Sam Shui Po. 深水埗. Sham Shui Po 또는 Shamshuipo.
139 Fuk Tsun Heung. 福全鄉.
140 Mirs Bay. 중국명은 大鵬灣(Tai Pang Wan 또는 Dapeng Wan).
141 Lantao. 爛頭島. Lantau, Lantou 등으로도 표기된다. 홍콩에서 가장 큰 섬으로 흔히 大嶼山(Tai yue shan 또는 Dayu shan)이란 이름으로 불린다.
142 New Territory. 신계(新界, Xinjie).
143 Taipohu. 大埔墟(Tai Po Hui).

직하다는 판단이 내려졌다. 바로 그 날 3등급 세인트마이클·세인트 조지 훈장에 빛나는 보정사 스튜어트 록하트가[144] 영국 국기를 게양하였다. 반발을 이겨내기 위한 군사작전이 필요한 것으로 드러났다. 4월 18일 2,600명에 달하는 반란세력이 썽춘[145] 전투에서 완전히 궤멸되었다. 영국인들 가운데 사망자는 없었고, 한두 명 정도만 가벼운 부상을 입었다. 한편 중국인들의 경우, 정확한 수치가 나오지는 않았지만 많은 수가 죽거나 다쳤으며, 부상자들은 그들의 친구들이 데리고 갔다. 조약에는 주룽이 계속 중국의 땅으로 남는 것으로 되어 있었다. 하지만 임대된 지역을 넘겨받는 과정에서 발생한 소요 사태와 관련하여 중국 관리들이 결코 결백하지 않다는 것이 의문의 여지없이 확인되었다. 그리하여 영국 본국 정부는 중국인들의 이중성을 간파하고 있음을 적절한 방식으로 보여주기로 결정하였고, 이에 따라 군 당국에 주룽성시(城市)와 쌈전을[146] 점령하라는 명령을 내렸다. 이것은 1899년 5월 16일 결행되었으며, 두 곳 어디에서도 저항은 없었다. 주룽 원정에는 홍콩섬의 자원군도 가세하였다. 또 다른 점령지 쌈전은 같은 이름의 강 유역에 있는 중요한 마을로, 본래 합의되었던 경계 바로 너머에 위치한다. 불행하게도 이곳은 계속 보유하지 못하고 1899년 11월 중국 당국에 반환되었다. 영국이 관할하는 신제는 도로 건설의 흐름을 타고 개발되고 있다. 경찰서가 들어섰고, 촌락 단위의 행정 체계가 구축되었다. 행정의 본부는 타이포후이에 있다. 주요 섬과 그 각각의 추정 인구

---

144 J. H. Stewart Lockhart(1858~1937).
145 Sheun Tsun. 上村(Shangcun)
146 Shamchun. 중국 최초의 경제특구로 유명한 선전(深圳, Shenzhen)을 가리킨다.

를 보면 칭이 400명, 마완 400명, 란터우 6,860명, 핑차우 600명, 청차우 5,000명, 람마 460명 등이다.[147]

최근 획득한 것들을 제외한 이곳 식민지의 바다에 있는 섬과 포구들 가운데 가장 중요한 곳은 스톤커터즈아일랜드이다.[148] 이전까지 웡춘차우로[149] 알려져 있었던 이곳은 주룽반도 북동쪽 끝 지점과 약 3/4마일 떨어진 거리에서 마주보고 있다. 이 섬은 길이 약 1마일의 불규칙한 산등성이로, 너비는 1/4마일을 조금 넘는다. 부두 근처의 동쪽 끝에는 화약고가 있다. 주요 언덕마다 강력한 포대가 자리 잡고 있으며, 허가 없이는 누구도 상륙할 수 없다. 이곳에도 검역소가 있다. 1874년 9월 거대한 태풍이 지나간 뒤 바다에서 발견된 2,000~3,000명의 희생자 유해가 스톤커터즈아일랜드에 매장되었다. 켈레트아일랜드는[150] 이스트 포인트 인근의 조그만 바위섬으로, 한때 요새였지만 지금은 소형 군수창고로 바뀌었다. 그린아일랜드는[151] 항구 서쪽 출입구에 있다. 조림 사업 덕분에 이제는 1년 내내 제대로 이름값을 하고 있는데, 남서쪽 끄트머리에 등대 하나가 있다. 원트리아일랜드는[152] 애버딘 입구

---

147 이 섬들의 이름을 순서대로 나열하면, Tsing I(青衣, Tsing Yi), Ma Wan(馬灣), Lan-tao(爛頭), Ping Chau(坪洲, Peng chau), Cheung Chau(長洲), Lamma(南丫).

148 Stonecutter's Island. 일반적인 영문 표기는 Stonecutters Island. 본토와의 사이에 있는 바다의 매립으로 현재는 육지화되어 있다.

149 Wong Chune-chow. 昂船洲(Ngong Shuen Chau).

150 Kellet's Island. 일반적인 영문 표기는 Kellet Island. 현지에서는 奇力島, 吉列島, 加列島 등으로 다양하게 불렸으며, 본토 한인(漢人)들의 관습적 호칭은 燈籠洲. 빅토리아 항 바로 앞에 있었는데, 간척사업으로 지금은 육지로 되어 있다.

151 Green Island. 칭차우(青洲).

152 One Tree Island. 一木島. 홍콩 식민지 초창기 시절 영국인들이 이 섬에 나무 하나가 눈에 띄게 높이 솟은 모습을 보고 붙인 이름이다. 그러나 얼마 뒤 영국군의 화약고가 들어서면서 현재와 같은 매거진아일랜드(Magazine Island)로 개명되었으며, 이에 따라 화약섬(火藥洲, Fo Yeuk Chau)이라는 한자식 이름도 붙게 되었다. 이 섬의 원래 지

근처의 작은 바위섬이다. 이곳에는 화약고가 하나 있다. 압레이차우
는[153] 애버딘과 마주보고 있는 꽤 큰 섬이다. 애버딘 구역의 항구 가운
데 하나가 이곳에도 있는데, 북쪽 해안의 어촌에 많은 주민이 살고 있
다. 란터우섬과 람마섬은 1898년의 주룽 협정에 따라 영국 관할로 들
어왔다. 두 섬 모두 얼마 되지 않는 농부들과 어부들이 거주한다.

10. 인구, 주둔군, 방위

1897년 1월 실시된 인구조사에서 이 식민지의 총인구는 246,880명이
었는데, 1891년과 1881년에는 각각 221,441명과 160,402명이었다. 민
간인 거주자는 포르투갈인을 제외한 유럽인과 미국인 3,269명, 포르투
갈인 2,263명, 인도인 1,348명, 유라시아인 272명, 기타 인종 882명, 그
리고 중국인 200,005명 등이었다. 상선에 유숙하는 인구는 1,971명이
고, 그 중 356명은 유럽인, 1,523명은 중국인이었다. 중국인 유동인구
는 31,752명에 달했다. 육군은 인도연대를 포함해서 2,850명이었고, 해
군은 2,268명이었다. 거주민과 상선 유숙 인구 가운데 2,374명은 영국
출신이고, 미국인 223명, 프랑스인 118명, 독일인 366명, 유대인 163명,
스페인인 105명 등이었고, 나머지는 기타 다양한 국적이었다. 빅토리

명은 鰲魚洲 혹은 豬枯洲.
153 Aplichau. 鴨脷洲(Ap Lei Chau). 일명 애버딘아일랜드(Aberdeen Island).

아 시의 인구는 약 165,000명이다. 신제의 인구는 어림잡아 100,000명 정도로 추산된다.

주둔군 현황은, 1899~1900년의 추산에 따르면, 다음과 같다 : 포병 3개 중대 장교와 사병 657명; 공병대 장교 11명과 사병 179명; 68보병대대 장교와 사병 779명; 7개 식민지부대, 11개 보병중대, 4개 포병분견대, 1개 공병분견대 등 육군병참단 소속 장교와 사병 1,921명; 지원단 산하 육군의무대 장교 9명과 사병 33명, 육군지원단 5명, 육군지원대 18명, 육군재정단 6명 등이다. 이상의 장교와 사병을 모두 합하면 3,625명이다. 이들 외에 1개 야전포병대대, 3개 기관총중대, 공병중대 하나, 보병중대 하나 그리고 군악대 하나 등으로 구성된 자원군이 있다.

항구로 들어가는 길은 튼튼하게 축조된 토루(土壘)를 보유한 포대(砲隊)들이 진을 치고 있어 견고하게 방비되어 있다. 서쪽 진입로는 스톤커터즈아일랜드의 3개 포대, 그리고 벨처포인트와 플라이포인트의 2개 요새가[154] 방어한다. 특히 이 2개 요새는 가공할 만한 집중사격 능력을 갖추고 설퍼 수로(水路)를[155] 완벽하게 통제하고 있다. 리치먼드테라스 서쪽 위편의 언덕에도 포대가 하나 설치되어 있는데, 규모는 작지만 포격 범위가 넓다. 리위먼해협은 2개 요새가 방어한다. 혹시라도 이 요새들의 포격을 모면한 배들은 동쪽 출입로 전역을 제어하는 노스포인트와[156] 홍함에 배치된 포대들과 마주치게 된다. 주룽 침사추이의 절벽

---

[154] Belcher and Fly Points. 이 두 요새는 홍콩섬 서북단의 사이완 인근에서 바다를 사이에 두고 북쪽 주룽반도의 스톤커터즈아일랜드와 마주보고 있다.

[155] Sulphur Channel. 그린아일랜드와 홍콩섬 북서부 끝머리 사이의 좁은 통행로인데, 지명은 벨처(Edward Belcher) 대위 일행이 1841년 1월 처음으로 홍콩 해안을 탐색할 때 승선했던 영국 포함의 이름에서 유래되었다.

에 있는 또 다른 포대는 항구 중심부 일대를 방어한다. 이 포대들은 최신식 후장포로 무장하고 있다.

이곳 식민지는 요새들과 더불어 항만 수비용 소형 함대를 보유하고 있다. 이 함대는 4문의 함포를 장착한 2,750톤급 철갑 포함 와이번호를 위시하여, 각기 함포 3문과 어뢰정 4대를 탑재한 에스크호 — 현재 양쯔강에 파견되어 작전 수행 중이다 — 와 트위드호 등으로 구성된다. 이들 함정의 승조원들은 함대사령관과 그 참모들의 본부이기도 한 신병훈련선 타마르호에서 배출된 병력이다. 포병 막사의 동쪽에는 방대한 부지 위에 작업장과 사무실을 다수 갖춘 해군 공창이 있는데, 해군은 이런 대규모 공창을 주룽반도의 야우마테이 인근에 1개 더 운영하고 있다.

11. 기후

과거에 홍콩은 건강 문제에 관한 한, 앞에서 여러 차례 시사했듯이, 부러워할 만한 것이라곤 눈꼽만큼도 없을 정도로 악명이 높았다. 수년 전만 해도 이곳의 주둔 군인들은 말라리아로 심한 고통을 받았다. 식민지 초창기에 대부분의 질병은 이곳 토양의 주된 구성 요소인 풍화된

---

156 North Point, 北角. 코즈웨이베이와 쿼리베이 사이 중간쯤의 홍콩섬 북동부 지점으로, 주룽만 쪽을 굽어보는 위치에 있다.

화강암을 파내거나 흩뜨린 데에 원인이 있었다. 바로 그 화강암 부스러기가 파헤쳐지면서 말라리아 기운을 퍼트린 것 같다. 하지만 지금이 식민지는 같은 위도상의 세계 어디보다도 건강한 곳이다. 산림부에 의해 조성된 어린 소나무 숲이 말라리아 방지에 유익한 영향을 미친 것이 틀림없으며, 위생에 대한 최근의 관심도 그 나름의 효과가 있었다. 전체 인구의 1,000명당 연간 사망자는 1898년의 경우 22.3명이었고, 그 전년도에는 18.85명이었다. 최근 5년간(1894년 제외) 평균은 23명이다. 여기에는 적어도 1,175명의 전염병 사망자가 포함되어 있는데, 이들을 제외할 경우 사망률은 1,000명당 17.7명이 된다. 이 사망률을 집단별로 보면, 백인이 16.2명이고, 중국인 22.5명 그리고 유색 인종 33.6명이었다.

12. 무역

홍콩은 자유무역항이며, 완전한 공식 수출입보고서가 나와 있지는 않지만 연간 무역액은 약 5,000만 파운드로 추정된다. 1898년의 경우 입항, 통관된 내역은 다음 쪽의 표와 같다.

19,069척의 선박이 7,292,911톤을 싣고 입항하였으며, 18,216척이 7,268,337톤의 화물을 통관, 하역하였다. 또한 바닥짐만 있는 배들도 15,936척이 1,161,072톤을 선적한 채 입항하였고, 16,773척이 1,157,167

국적	입항		통관	
	선박(척)	톤수	선박(척)	톤수
미국	113	86,798	118	92,736
오스트리아	25	66,159	26	66,236
벨기에	1	2,174	1	2,174
영국	3,734	4,362,837	3,722	4,342,811
중국	213	262,835	211	260,832
중국 정크선	29,466	1,814,281	29,740	1,812,473
덴마크	69	43,427	68	43,024
네덜란드	6	8,839	6	8,839
프랑스	158	176,341	156	175,455
독일	746	898,012	740	891,563
하와이	7	13,855	7	13,855
이탈리아	14	19,789	14	19,789
일본	240	502,618	241	502,837
노르웨이	207	190,611	203	187,282
러시아	2	3,898	2	3,899
태국	1	309	1	309
스페인	3	1,200	3	1,391

톤을 하역하였다.

주요 무역 품목은 아편, 면화, 설탕, 소금, 밀가루, 기름, 면제품, 모제품, 면사, 성냥, 금속, 도기, 호박(琥珀), 상아, 백단유, 빈랑(檳榔),[157] 채소류, 화강암 등이다. 중국인들의 보따리무역도 규모가 상당하지만, 지금은 주로 해협식민지, 인도네시아,[158] 보르네오, 필리핀, 태국, 인도차이나 등으로 제한되어 있다.

---

157 betel. 종려나뭇과에 속하는 상록 교목인 빈랑나무(betel palm)의 열매로 '빈랑자'라고도 한다. 다양한 내과적 질병의 치료에 쓰이고 살충제로도 이용되며, 특히 동남아시아 대중들 사이에 씹는 각성제로 지금도 인기가 높다고 한다.
158 Netherlands India.

홍콩은 타의 추종을 불허하는 증기선 교통기관을 보유하고 있다. 반도동양증기선회사와[159] 메사즈리마리팀회사는[160] 매주 유럽인들의 우편물을 나르고, 북독일로이드회사는[161] 브레멘과 홍콩을 격주로 오가는 우편서비스를 운영한다. 태평양우편증기선회사,[162] 동서증기선회사,[163] 도요기센가이샤[164] 등은 샌프란시스코와의 우편서비스를, 캐나다태평양철도회사는[165] 밴쿠버를 오가는 정기 우편서비스를 각각 제공한다. 북태평양증기선회사는[166] 타코마, 오리건, 포틀랜드 등지를 오가는 정기 항로를 구축했으며, 동양호주증기선회사와[167] 중국항운회사는 호주 방면 식민지들로 가는 선편을 불규칙하기는 해도 자주 띄우고 있다. 그리고 니폰유센가이샤는[168] 유럽, 인도, 호주, 미국(시애틀) 등지로 나가는 항운을 담당한다. 이것들과 더불어 홍콩과 영국 항구들을 잇는 굵직한 증기상선 노선이 몇 개 있는데, 그 가운데 가장 눈에 띄

159 P. & O. S. N. Co.. 19세기 초 설립된 영국의 해상, 육상 운송회사이다. 정식 명칭은 Peninsular and Oriental Steam Navigation Company.

160 M. M. Co.. 1851년에 창립한 프랑스의 상선회사로, 정식 명칭은 Compagnie des messageries maritimes. 흔히 "MesMar" 또는 "MM"으로 약칭하는데, 흰색 바탕에 'MM' 글자를 새긴 이 회사의 깃발은 해운업계, 특히 유럽 · 아시아 무역세계에서 커다란 위용을 떨쳤다고 한다.

161 Norddeutscher Lloyd Co., 1857년 브레멘에서 창립된 독일 상선회사로, 정식 명칭은 Norddeutscher Lloyd(NDL, "North German Lloyd").

162 P. M. S. S. Co., 미국 해운회사로, 정식 명칭은 Pacific Mail Steam Ship Company. 태평양우륜(太平洋郵輪).

163 O. & O. S. S. Co., 영국 상선회사 Occidental and Oriental Steamship Company를 가리킨다. 동서양윤선(東西洋輪船).

164 Toyo Kisen Kaisha. 일본의 동양기선회사(東洋汽船會社).

165 Canadian Pacific Railway Co.

166 Northern Pacific S. S. Co.

167 Eastern and Australian S. S. Co., 동양여오주윤선(東洋與澳洲輪船).

168 Nippon Yusen Kaisha. 일본우선회사(日本郵船會社).

는 것은 중국상조증기선회사, 대양증기선회사, 그리고 글렌, 위력, 모굴, 벤, 유니언, 쉘 등의 노선이다. 오스트리아로이드회사 소속 증기선들이 트리에스테와 홍콩을 왕래하며, 함부르크에서 출항하는 함부르크-아메리카 노선의 증기선들과 매월 제노바에서 출항하는 이탈리아종합해운회사의[169] 증기선들도 홍콩으로 온다. 자바와 홍콩을 오가는 증기선은 자주 있지만 불규칙하다. 중국 동해안의 항구들과 타이완 및 홍콩을 더글러스증기선회사가 주2회, 오사카쇼센가이샤가[170] 주1회 운항한다. 하이커우, 마닐라, 사이공, 하이퐁, 다낭,[171] 방콕, 보르네오 등지와 홍콩을 잇는 증기선 교통망도 끊이지 않고 운용된다. 상하이, 톈진 및 일본 항구들과는 영국, 프랑스, 독일 등의 증기우편선이 매주 오가며, 그 외에 인도차이나증기선회사와 중국증기선회사 그리고 기타 여러 노선의 증기선들도 빈번하게 운항한다. 홍콩과 마카오, 광저우 사이를 증기선이 매일 운항하는데, 3주에 한 번은 멀리 시장강 유역의 우저우까지 들어간다.

---

169 Navigazione Generale Italiana Company.

170 Osaka Shosen Kaisha. 대판상선주식회사(大阪商船株式会社). 종종 OSK라고 약칭되는데, 오늘날 미쓰이(三井) 그룹의 해운회사 Mitsui O.S.K. Lines, Ltd.(MOL)에 그 자취를 남기고 있다.

171 Da Nang. 원문은 프랑스 식민지 시절의 지칭인 투란(Tourane).

제6장
마카오

1. 마카오[1]

　마카오는 북위 22° 11 ′ 30 ″, 동경 113° 32 ′ 30 ″의 바위투성이 반도에 위치하고 있다. 이곳은 포르투갈인들이 정착하기 훨씬 전부터 정크선과 소형 선박들에 안전한 항구를 제공하는 장소로 유명하였다. 포르투갈인들은 일찍이 람파카오섬에[2] 정착한 뒤 무역을 목적으로 취안저

1　Macao. 이 지명은 1448년에 건립된 마거먀오(媽閣廟)에서 유래된 것으로 추정되고 있다. 마거먀오는 항해자들과 어부의 수호여신 ─ 천상성모(天上聖母), 천비(天妃), 천후(天后) 등으로 불린다 ─ 인 마주(媽祖)를 기리는 사당인데, 여기에 온 포르투갈인들이 그것을 "마거(媽閣)"라고 부르는 현지인들의 말을 듣고 이곳 반도를 "Macau"로 표기했다고 한다. 중국에서는 아오먼(澳門, Aomen)이라고 부르는데, 하오징(濠鏡, Haojing) 또는 징하이(鏡海, Jinghai) 같은 별칭도 있다.

2　island of Lampacao. 마카오 동쪽 주장강 삼각주의 작은 섬으로, 16세기 중엽 중국과 포르투갈의 무역에서 중요한 역할을 하였다. Lampacau, Lampacam, Lam Puk,

313

마카오

우, 닝보, 툰먼[3] 그리고 세인트존섬[4] 등지를 빈번하게 왕래하였으며,
마카오에는 1557년에 처음 둥지를 틀었다. 이들이 온 지 얼마 안 되었
을 때 인근의 여러 섬에서 해적과 무뢰한들이 와서 그들을 괴롭히기
시작하였다. 중국 당국은 무기력해서 이 약탈자들을 제압하지 못했으
며, 이들 패거리는 심지어 광저우 항구를 봉쇄하기까지 하였다. 포르
투갈인들은 무장을 하고 여러 척의 배에 올라 광저우 봉쇄를 풀고 해

Lanpacan, Lampachan 등등 다양하게 불렀다.

3 툰먼(屯門, Tuen Mun). 홍콩 신제의 툰먼강(屯門江) 어귀의 섬으로, 원문은 포르투갈
인들이 그 인근의 고읍(古邑) '屯門'의 현지인 발음을 빌어 붙인 Tamao. 영어식 명칭은
캐슬피크(Castle Peak).

4 St. John's Island. 상촨다오(上川島, Shangchuandao). 예수회 설립자인 프란치스코
사비에르(F. Xavier)의 사망 장소로 유명한 이곳은 Schangschwan, Sanchão, Chang-
Chuang 등으로 다양하게 기록되었는데, 모두 성(聖) 요한(St. John)의 포르투갈어 표
기인 '상 주앙(São João)'에서 유래된 것이다.

적을 소탕하는 데 성공하였다. 그 후 마카오는 이내 성장하기 시작하였다. 18세기에는 무역이 번성하였는데, 여기에는 광저우 내에 거주하는 것이 곤란했다는 점도 작용하였다. 영국과 네덜란드의 동인도회사가 각기 마카오에 지사를 설치하였다.

역사가들은 포르투갈의 마카오 보유가 원래 중국 제국의 관대함 덕분인지 아니면 정복에 따른 권리 행사인지에 대해 의견이 갈린다. 그렇기는 해도 페레이라 두 아마랄[5] 총독이 1848년에 사용료 납부를 거부하기 전까지 포르투갈이 매년 500냥의 사용료를 내고 마카오를 보유한 것은 의심의 여지없는 사실이다. 그 해에 총독은 중국 세관을 강제로 퇴거시켰고, 아울러 중국 관헌의 흔적도 말끔히 치워버렸다. 이 대담한 일격은 그가 목숨을 잃는 빌미가 되었다. 1849년 8월 그는 경계지대의 관문 포르타세르코 근처에서 급습을 당해 잔혹하게 살해되었으며, 그의 머리는 잘려져서 광저우로 보내졌다. 그렇지만 중국은 1887년 포르투갈과 맺은 조약에서 이 반도에 대한 포르투갈의 주권을 정식으로 인정하였다.

이곳 식민지는 모래로 된 좁은 지협을 가로질러 세워진 벽에 의해 중산다오라는[6] 큰 섬과 격리되어 있다. 큼직한 산등성이가 둘 있는데, 하나는 남북으로 그리고 하나는 동서로 뻗어있다. 하나의 각을 이루는 것처럼 보이기도 하는 이 두 산줄기는 기저부에서 하천 쪽 정박장 부근까지 뻗어있다. 경사면과 그 주변 그리고 작은 언덕배기 등지에 관

---

5   João Maria Ferreira do Amaral(1803∼1849).
6   중산도(中山島, Zhongshan Island). 주장강 삼각주의 서안(西岸)에 있는 섬으로 마카오아일랜드(Macau Island) 또는 아오먼다오(Aomen Dao)라고 부르기도 한다. 원문 표기는 island of Heang-shan(香山島).

공서와 개인 건물, 대성당 그리고 교회 몇 곳이 들어서 있다. 우뚝 솟은 산의 샤릴이라고 불리는 동편(東便)은 요새로서, 노사세뇨라다기아 은거지(隱居地)를 둘러싸고 있다.[7] 그 서편은 릴라우인데, 그 꼭대기에 노사세뇨라다페냐 은거지가 있다.[8] 동쪽으로 열린 반원형의 넓은 만으로 들어가면 우측과 좌측에 성(聖) 프란체스코 요새 및 노사세뇨라디봄파르토 요새가 각각 구축되어 있다. 도로 쪽이나 야트막한 몇몇 언덕배기 위의 요새에서 바라본 마카오는 정말로 그림과 같다. 관공서와 개인 건물들은 화사하게 채색되어 있으며, 거리들은 언제 봐도 더할 나위 없이 깨끗하다.

시내에는 판탄[9] 놀이장이라든가 도박장들 말고도 흥미로운 장소가 여럿 있다. 포르투갈의 저명한 시인 카몽이스가[10] 예전에 즐겨 찾았던 카몽이스 정원이 볼만하다. 예수회에서 세운 것으로 1835년에 화재가 난 유서 깊은 성 바오로 성당의 웅장한 전면(前面)도 좋은 구경거리다. 마카오 대성당은 건축학적으로 내세울 것이 없는 크고 평범한 건물이다. 이런저런 교회들이 벽면을 치장하고 있지만, 겉은 볼품없고 내부

---

7   여기서 '요새'(fort)는 17세기 초 포르투갈인들이 설치한 기아 요새(Guia Fortress)를 가리키며, '은거지'(hermitage of Na. Sra. de Guia)는 1622년 네덜란드 해군의 포격을 견뎌내고 요새 안에 세운 기아 예배당(Capela de Nossa Senhora da Guia. 영문명 Chapel of Our Lady of Guia, 중국명 聖母雪地殿教堂)이다.

8   이 '은거지'(hermitage of Na. Sra. da Penha)는 페냐 은자(隱者) 예배당(Ermida de Nossa Senhora da Penha. 영문명 Chapel of Our Lady of Penha, 중국명 西望洋聖堂)을 이르는 것으로, 마찬가지로 1622년 네덜란드의 침공을 격퇴하고 세워진 것이다. '릴라우'(Lillau)는 마카오 최초의 포르투갈인 정착지이다.

9   fantan. 번탄(番攤). '반복 분할'이란 의미를 지닌 중국의 전통적인 도박성 놀이. 과거에는 매우 성행했지만 지금은 거의 하지 않는데, 마카오의 몇몇 카지노에는 지금도 있다고 한다.

10 Camoens. 루이스 바스 드 카몽이스(Luís Vaz de Camões, 1525~1580). 포르투갈 최고의 시인으로 일컬어진다.

는 조야하다. 마카오에서 약 16마일 떨어진 요막의 온천장으로 즐거운 나들이를 할 수 있는데, 증기선이 운항된다. 겨울이면 인근에서 도요새 사냥을 하며 체력단련을 할 수도 있다.

홍콩이 영국에 할양된 뒤에 마카오는 무역이 급속히 퇴조하였다. 게다가 막노동꾼 인신매매까지 성행하여 적잖은 오명을 안겨주었는데, 늘상 신체학대를 동반했던 이 몹쓸 관행은 1874년 폐지되었다. 차는 꾸준한 수출품으로서 매년 50만 달러 정도의 매출을 올린다. 정제유도 상당량 수출되며, 아편무역 또한 어느 정도 이루어지고 있다. 견사공장, 벽돌공장, 시멘트공장 등과 기타 공장들이 여럿 생겨났다. 하지만 포르투갈인들의 입장에서 볼 때 이곳의 상업활동은 흘러간 옛 노래에 불과하다. 반면에 현지인들의 무역은 여전히 상당한 수준으로 유지되고 있다. 라파에 있는 중국 세관의 보고서에 의하면 그 금액은 1897년과 1898년에 각각 13,143,774냥 및 12,030,939냥에 달했다. 그러나 항구에 퇴적물이 빠르게 쌓이고 있기 때문에 효과적인 준설공사가 진행되지 않을 경우 현지인 무역도 얼마 안 가서 대부분 무너질 것이다. 최근 그러한 방향으로 몇몇 공사가 진행되었지만 소규모에 그쳤다. 마카오는 남서풍이 잔잔하게 불어오고 항상 고요한 곳이기 때문에 홍콩과 인근 항구의 병약자, 사업가 등이 즐겨 찾는 휴양지가 되고 있다. 관리상태가 양호한 호텔이 둘 있는데, 부아비스타와 힝키스가 그것들이다.

홍콩광저우마카오증기선회사는 마카오와 홍콩을 왕래하는 노선을 일요일만 빼고 매일 운행한다. 출발 시각은 마카오 오전 8시, 홍콩 오후 2시이다. 다른 회사 한 곳도 홍콩과 마카오를 매일 정규적으로 오가는 증기선을 띄우고 있다. 마카오와 광저우를 잇는 증기선도 일요일을 제외하곤 매일 있다. 마카오에서 홍콩까지는 40.5마일, 광저우까지는 88마일이다. 마카오와 홍콩은 전신으로 연결되어 있다. 1896년도 보고서에 따르면, 마카오와 그 부속 도서인 타이파[11] 및 콜로완의[12] 전체 인구는 중국인 74,568명, 포르투갈인 3,898명, 기타 국적 161명 등, 총 78,627명이었다. 포르투갈인들을 출신지별로 보면 마카오 3,106명, 포르투갈 615명, 기타 포르투갈령 177명 등이다. 외국인들 가운데 영국인은 80명이다.

---

11 Taipa. 포르투갈인들이 붙인 지명 Ilha da Taipa를 영문 표기한 것으로, Typa로도 적는다. 이는 모두 이곳의 한자명 '氹仔'에 대한 민난어 발음(tiap-á)에서 비롯된 것이다. 현지에서는 그냥 '氹'라고 쓰기도 하며, 그 외에 예부터 龍環, 雞頸, 潭仔, 头湾, 舊仔 등 다양한 지칭이 있어왔다. 독자적인 섬이었으나 지금은 아래쪽에 있던 섬 콜로완과 합쳐져 있다.

12 Colowan. 포르투갈식 이름 Coloane의 영어식 표기로, "지나가는 둥그런 길"을 뜻하는 옛 이름 過路環의 광둥어 발음(Gwo Lou Waan)을 옮겨 적은 것이다. 한자명은 路環이며, 과거에는 鹽灣, 鹽灶灣, 九澳島, 阿婆尾 등으로도 불렸다.

제7장
인도차이나

1. 개요

프랑스령 인도차이나는 북위 8° 30´에서 23° 23´, 동경 97° 40´에서 107°─파리 기준─에 걸쳐 있다. 이것은 코친차이나 식민지와 캄보디아, 안남, 통킹, 라오스 등의 보호령들로 구성되며, 총독이 "인도차이나최고위원회"의 보좌를 받아 전체를 다스린다. 이 회의는 움직이는 조직으로, 총독의 소집에 따라 주요 도시 어디에서나 개최될 수 있다. 하지만 통킹의 수도 하노이가 으뜸가는 행정 거점으로서의 지위를 점하고 있는 것으로 보인다. 1898년 8월 8일의 법령에 따르면 이 회의는 의장인 총독 휘하에 현지 주둔군 사령관, 중국 주둔 함대 사령관, 코친차이나 부총독, 통킹·안남·캄보디아 등지의 각 총주재관, 라오스 행

정부 대표, 기타 관리 5명, 코친차이나식민지위원회 의장, 사이공·하노이·하이퐁 등지의 상공회의소 소장들, 코친차이나와 통킹의 농업회의소 소장들, 안남과 캄보디아의 농상합동회의소 소장들, 총독에 의해 지명된 현지인 2명 등으로 구성된다. 총회는 1년에 한 번 열리며, 여기서 다음 총회 이전에 제기될 수도 있는 안건들을 맡아 처리할 상임위원회를 조직한다.

코친차이나와 통킹의 삼각주들은 비옥하다. 안남은 이 둘을 연결하는 산이 많은 길쭉한 지형인데, 한 쪽은 좁은 연안지대이고 다른 한 쪽은 인구가 희박한 구릉지대로 메콩강까지 뻗어 있다. 쌀, 면화, 설탕, 종자, 담배, 향신료, 어류 등이 이들 충적토 지역의 주요 생산물이다. 주요 광물자원은 석탄으로, 안남 해안의 다낭 그리고 통킹 해안의 홍가이와 께바오에서 채굴된다. 이곳 보호령에는 그 외에 금, 은, 주석, 구리, 납 등의 광물도 매장되어 있다고 한다. 주요 항구로는 통킹의 하이퐁, 안남의 다낭과[1] 투언안(후에 지방 소재),[2] 그리고 사이공[3] 등이 있다. 계절은 우기와 건기 둘로 나뉘는데, 대체로 덥고 습하다.

1899년도 전체 예산은 17,620,000달러였다. 지방 예산의 경우는 통킹 3,993,639달러, 안남 1,845,835달러, 코친차이나 4,550,000달러, 캄보디아 1,997,600달러, 라오스 692,531달러 등으로 도합 30,699,604달러였다.

프랑스 의회는 인도차이나 철도 건설을 위해 2억 프랑의 대출을 승

---

1   원문은 식민지 시기의 프랑스식 지명 Tourane.
2   Thuanan. 순안((順安, Thuần An).
3   Saigon. 과거 '월남'의 수도로, 지금의 호찌민(Hồ Chí Minh)시이다.

인하였다. 아울러 중국 윈난 지방까지 들어가는 노선의 계획안에 대한 정부 보증도 마무리되었는데, 이 공사는 사기업에 맡겨질 예정이다. 인도차이나 내부의 승인 노선은 ① 하이퐁-하노이-라오까이, ② 하노이-남딘-빈, ③ 다낭-후에-꽝찌, ④ 사이공-타인호아-다랏,[4] ⑤ 미토-껀터 등이다.

　인구는 최소 1,750만 명에 이르는데, 대부분 안남인이고 그 뒤를 이어 캄보디아인과 라오스인이 비슷하게 많다. 중국인은 150만 명이며, 유럽인은 6천 명을 조금 넘는다. 통킹 사람들은 코친차이나 사람들보다 몸집이 크고 강건하며, 좀 더 영리하고 활동적이다. 중국인들은 코친차이나 남부로 대량 이주해왔으며, 현지의 상공업을 거의 독점하고 있다. 캄보디아인들은 선천적으로 적극성이 없으며, 그렇기 때문에 중국인과 안남인보다 뒤쳐졌다. 라오스인들과 모이족은[5] 이웃 종족과 그 관료체제에 의해 억압받고 있는데, 게으르고 심약하며 의심이 많다. 므엉족은[6] 송다 및 송마[7] 두 하천의 유역 전체를 점하고 있으며, 안남 사람들보다 더 잘생기고 튼튼하다. 눙족은 중국인을 닮았고, 토족은[8] 크메르 종족에 속한다.

　1897년 당시 인도차이나의 프랑스 병력은 총 24,100명이며, 3개 해

4　Da Lat. 원문 표기는 다랏 내 산지(山地)이자 베트남에서 가장 높은 산의 이름이기도 한 Langbiang(랑비앙).

5　Mois. 인도차이나반도 산악지대 종족들에 대한 총칭으로, '야만인들'이란 뜻이라고 한다.

6　Muongs. 베트남 동부 산악지대의 소수 종족으로, 몰(Mol) 또는 무얼(Mual)로도 불린다.

7　River Noire and Song-ma. 앞의 'River Noire'는 '흑강(黑江)'이란 의미로서 중국 윈난 지방에서 베트남으로 흘러 들어오는 송다강(Sông Đà)을 영어와 프랑스어 단어들로 의역한 것이고, 뒤의 송마강(Sông Mã)은 베트남 북서부에서 발원하여 라오스로 갔다가 다시 돌아와 통킹만으로 유입되는 하천이다.

8　Thos. '토(土, Thổ)'는 베트남인들이 코친차이나 내 크메르인을 지칭하는 말이다.

병 보병연대 4,800명, 외인부대 5개 대대 3,600명, 4개 현지인 보병연대 14,100명, 유럽인 포병 6개 포대 800명, 유럽인 포병 보조부대 500명 등으로 구성된다. 여기에 보조인력과 헌병대를 합치면 총 24,500명이 되는데, 이들은 사단장 1명과 준장 2명의 지휘를 따른다. 인도차이나에는 병력 10,000명의 현지인 민병대도 있다.

이곳 식민지의 무역은 1888년 139,078,174프랑에서 1897년 205,231,545프랑으로 증가하는 등, 급속하게 확대되고 있다. 수출은 1888년 67,665,437프랑에서 1897년 117,048,554프랑으로 늘어났다. 주요 수출 품목은 쌀로, 1897년에 13,720,824피컬이 선적되었다. 총수입은 1888년 39,388,286프랑에서 1897년 51,922,684프랑으로 크게 늘었는데, 이는 주로 프랑스 상품의 수입 증가에 기인한다. 1888년과 1897년의 수입액을 비교해 볼 때, 다른 해외 국가들의 상품은 29,701,167프랑에서 겨우 31,096,753프랑으로 늘어난 반면, 프랑스 상품은 9,687,119프랑에서 20,825,931프랑으로 대폭 증가한 것에서 알 수 있다. 프랑스는 주요 직물류 분야의 무역을 빠른 속도로 독점해 가고 있는데, 이것은 차별관세에 따른 파급효과가 가장 심한 품목이다. 그리하여 프랑스에서 들어오는 이 분야의 상품들이 1888년에는 고작 1,944,138프랑이었다가 1897년에 10,662,422프랑으로 폭증하였던 반면, 다른 외국 상품들은 13,452,917프랑에서 7,248,983프랑으로 오히려 줄었다.

2. 통킹[9]

1) 개관

통킹은 옛날에는 독립국이었으나 1802년 이후 안남의 일개 지방이되었다. 북위 19°에서 23°, 동경 102°에서 108° 30′ 사이에 위치하며, 북쪽으로 중국, 서쪽으로 라오스, 남쪽으로 안남, 그리고 동쪽으로는 통킹만과 각각 접하고 있다. 바다와 연해 있는 비옥한 충적 평야로, 수많은 하천들 덕분에 물 공급이 원활하다. 쌀이 대량 생산되지만, 그 외에설탕, 면화, 향신료, 인디고, 비단 및 기타 품목들도 재배된다. 이곳은은, 납, 안티몬, 아연 등이 매장된 값진 광산들을 보유하고 있으며, 금과 구리도 나온다고 한다. 1887년 께바오와 홍가이[10] 소재 석탄 광산들의 채굴이 승인되었으며, 현재 홍가이에서 생산된 양질의 석탄이 대량 수출되고 있다. 1884년 6월 6일자 후에 조약에 따라 안남 정부가 통킹을 프랑스 보호령으로 복속시켰고, 이곳 관련 업무의 처리를 프랑스인 주재관들의 감독에 맡겼다. 지금 이곳은 실질적으로 프랑스 식민지이다. 통킹은 꽝옌, 하이즈엉, 박닌, 타이응우옌, 랑선, 까오방, 뚜엔꽝,

인도차이나

---

9 Tonkin. 통킹만 안쪽에서부터 송꼬이강을 따라 드넓게 펼쳐진 삼각주 일대의 북베트남 지역으로, Tongkin, Tonquin, Tongking 등의 영문 표기도 사용된다. 한때 오늘날 하노이의 이름이었던 동낀(Đông Kinh, 東京)을 영어식으로 옮겨 적은 것인데, 현지에서는 '북부 지방'을 뜻하는 박끼(Bắc Kỳ, 北圻)라고 부른다.

10 Hongay. 일반적인 영문 표기는 Hon Gai. 고품질 무연탄인 '홍가이 탄(炭)'의 산지로서 오늘날 베트남 전체 채탄량의 약 90%를 생산한다. 원래 베트남 북동부 꽝닌(Quảng Ninh) 지방의 수도였는데, 지금은 바이짜이(Bãi Cháy)와 합쳐져서 할롱(Hạ Long)시에 들어 있다.

홍호아, 썬떠이, 하노이, 닌빈, 홍옌, 남딘, 타인호아, 응에안, 하띤, 보 찐 등의 17개 지방으로 구획되어 있다. 수도 하노이는 하노이 지방의 중심 마을로, 옛날 지도들에는 께쩌[11]로 나온다. 이곳 인구는 1,000만 명에서 1,200만 명으로 추정된다. 몇 년 전에 건설된 박장과[12] 랑선 사이 64마일 길이의 철도는 전차보다 나을 것이 거의 없는 수준이었다. 하지만 현재 이 노선은 궤간이 60센티미터에서 1미터로 넓혀져 있고, 거리도 하노이까지 45킬로미터 연장되었다. 아울러 랑선에서 중국 광시성 룽저우까지 연장하는 사업도 승인이 떨어진 상태이다.

1897년 통킹의 수입액은 31,540,958프랑에 달했는데, 그 중 프랑스가 차지하는 액수가 14,732,857프랑이었다. 한편 프랑스로의 수출액은 19,803,948프랑이었다. 1897년의 쌀 수출량은 2,263,116피컬이었다.

2) 하노이[13]

하노이는 통킹의 수도로, 현재 인도차이나 식민지의 정부 소재지이다. '붉은 강',[14] 즉 송꼬이강[15] 유역에 위치하는데, 이 하천의 어귀로부

---

11 Ke-sho. 장터(Kẻ Chợ)를 의미한다. 그 외 하노이의 옛 별칭으로 짱안(Tràng An, 長安), 투도(Thủ Đô, 首都), 그리고 '하노이성시(城市)'의 줄임말 하탄(Hà Thành, 河城) 등이 있다.

12 북강(北江)이라는 뜻을 지닌 박장(Bắc Giang)은 하노이 북쪽 50km에 위치한 고도(古都)로, 트엉(Thương)강이 이곳을 지나 하이퐁으로 흘러간다. 원문은 베트남 독립 이전의 지명인 Phu Lang-Thuong.

13 Hanoi. 하노이(Hà Nội, 河內)는 1010년부터 1954년까지 응우옌(Nguyễn) 왕조 시기 (1802~1945)만 빼고는 베트남 제1의 도시였고, 이후 북베트남 '월맹(越盟)'의 수도였다가 남베트남 '월남(越南)' 패망에 따라 1976년부터 통일 베트남의 수도로 되어 있다.

하노이

터 110마일 들어간 곳이다. 이 도시는 현지에 이르러 거의 1마일의 폭
을 이루는 강 가까이에 건설되어 있다. 호수와 수림이 도처에 널려 있
어 꽤 아름다운 모습을 보여준다. 성채는 가장 높은 곳에 자리 잡고 있
는데, 벽돌로 쌓은 12피트 높이의 성벽과 해자가 그 주위를 에워싸고
있다. 그 안에는 군인 숙소, 무기고, 화약고 등으로 사용되는 막사들이
있고, 울타리를 두른 왕실 불탑이 서있다. 구(舊)도시는 이 요새와 송꼬
이강 사이에 위치하고 있다. 이곳의 거리들은 독특한 건축양식의 주택

---

14 Red River. 철분이 많아 붉은 색을 띠고 있다는 송꼬이강의 영어식 별칭이다.
15 Songkoi. 송홍(Sông Hồng) 또는 홍하(Hồng Hà)라고도 하며, 발원지인 중국에서는
    위안장(元江, Yuan Jiang)으로 부른다.

이 늘어서 있어 신기한 외양을 드러낸다. 1882년에 프랑스가 이곳을 점령한 뒤, 마을의 구조와 도로 그리고 거리 배치와 관련된 대대적인 개량 작업이 시행되었다. 강에 가장 근접한 구역은 서서히 프랑스와 동양의 양식이 혼합된 외관을 갖추어 가고 있다. 가로수가 즐비하고 전등으로 조명을 하는 길고 널찍한 신식 거리들이 조성되었다. 그 중에서도 폴베르로(路)는 중심 상가로, 유럽인 상점과 호텔 등이 늘어서 있다. 해병대, 우체국, 재무국, 클럽 그리고 야외음악당은 라크로(路)[16] 부근에 있다. 대성당은 거대하지만 볼품없는 건물이다. 쌍둥이 탑이 있는 이곳은 쥘 페리로 뒤편의 길가에 위치하는데, 매우 높기 때문에 이 도시 거의 어디에서나 눈에 잘 띈다. 폴베르의[17] 멋진 동상이 프티라크[18] 맞은편에 건립되어 1890년 7월 14일 제막식을 가졌다. 프티라크는 신(新)도시 중앙에 있는 호수인데, 그 안의 작은 섬들마다 진기한 형상의 탑이 있어 아름답다. 상당히 좋은 호텔이 여럿 있다. 도시 내 현지인 구역의 거리들도 동양의 대다수 도시들과 견주어 볼 때 잘 관리되고 있으며, 매우 청결하다. 모든 도로에 가로등과 배수설비가 갖춰져 있다. 어떤 집들은 아주 고풍스럽고 특색이 있다. 사원 중에서는 석가모니 성인(聖人)의 거대한 청동상을 간직한 그랑라크[19] 수변의 대불(大佛)[20] 사원이 아마도

---

16   Rue de Lac. '호수(湖水) 길'을 뜻한다.

17   Paul Bert(1833~1886). 프랑스의 동물학자 겸 정치인으로, 1886년 초 안남과 통킹의
      총주재관으로 임명된 후 그 해 11월 이질로 사망하였다.

18   Petit Lac. '작은 호수(小湖)'.

19   Grand Lac. '큰 호수(大湖)'라는 의미인데, 하노이에서 제일 클 뿐만 아니라 가장 아름
      다운 호수로 꼽히는 서호(西湖)를 이른다. 하노이 북쪽에 있으며, 현지에서는 호떠이
      (Hồ Tây, 湖西)라고 한다.

20   Grand Buddha. 이는 저자의 착오로 보이는데, 여기서 말하는 사원은 부처가 아니라
      도교(道敎)의 고위급 신선 가운데 하나인 진무(眞武)를 받드는 진무관(眞武觀, Trấn Vũ

가장 중요할 것이다. 1890년에 신축 개장한 경마장은 신도시 바로 바깥쪽에 있다. 총독과 주둔군사령관의 관저들, 정부 청사, 종합병원 그리고 기타 관공서들은 강독 근처, 종전에 '조차지'였던 곳에 자리 잡고 있다. 1897년 현재 이곳 인구는 102,700명으로, 그 중 유럽인 950명, 안남인 10만 명, 중국인 1,697명, 인도인 42명 등이었다. 여러 종의 프랑스어 신문이 발행된다. 증기선이 송꼬이강을 타고 멀리 윈난 지방의 중국 국경에 인접한 라오까이까지 운행되며, 대규모 통상무역이 전개되고 있다. 하노이와 박장 사이의 철도가 현재 건설 중인데, 이 노선은 박장에서 다시 랑선과 중국 국경으로 이어진다. 중국 광시성의 룽저우까지 노선을 연장하는 것도 이미 승인이 났다.

3) 하이퐁[21]

이곳은 하노이, 하이즈엉, 남딘 등지로 나아가는 선적항이자 통킹의 상업 중심지이다. 껌강[22] 유역의 북위 20° 51′, 동경 106° 42′에 위치하는데, 이 하천은 둘 혹은 그 이상의 지류를 통해 운남과 통킹만을 잇는, 송꼬이라고 불리는 거대한 강물과 연결되어 있다. 하이퐁 시내는 등대에서 약 16.5마일 거리에 있다. 강 어귀의 혼도라는[23] 섬에 있는 등대

Quán)이다. 이 도교 사찰은 오늘날 '꽌딴'이란 이름으로 불리는데[Đền Quán Thánh], 베트남 최대의 청동상으로 유명한 높이 4미터, 무게 4톤 규모의 진무상이 있다.

21 Haiphong. 하이퐁(Hải Phòng, 海防)은 '해안 방비(防備)'라는 의미를 지닌 곳으로서, 베트남에서 세 번째로 큰 도시이자 제1의 항구도시이다.

22 Cua Cam. 오늘날 송껌(sông Cấm) 강을 이르는데, '껌'은 '금지[禁]'의 의미를 지닌다.

23 Hon-do. 다오깟하이(đảo Cát Hải) 섬으로 추정된다.

하이퐁

는 약 6마일 거리에서도 보인다. 항구 진입로에는 두 개의 기다란 장애물이 있는데, 하나는 바깥쪽의 모래톱이고 하나는 안쪽의 진흙더미이다. 그렇지만 하이퐁은 강의 수량(水量)이 풍부하기 때문에 홀수 17~18피트의 선박들도 접근이 가능하다. 정박장은 해안에서 1/4 마일쯤 떨어진 수심 40~60피트의 바다에 있으며, 그 옆으로 송꼬이강과 통해 있는 샛강 하나가 나란히 흘러나간다. 강의 제방은 충적토로 야트막하게 축조되어 있는데, 현재의 이곳 마을은 거기서부터 막대한 노동력과 비용을 들여서 매립한 것이다.

원래의 하이퐁은 위에서 언급한 개천 양편에 자리 잡고 있다. 그 주위로 습한 저지대가 수 마일에 걸쳐 펼쳐지는데, 이 도시는 그 일대에 방대하게 들어선 논들의 한복판을 차지한다. 멀리 보이는 낮고 울퉁불퉁한 석회암 구릉들만이 단조로움을 덜어준다. 그 너머 북쪽으로 약 16마일 떨어진 곳에는 산맥이 있는데, 가장 높은 것은 5,000피트로 '최고

328

봉'이라고 불린다. 현지인들의 건물은 대부분 진흙, 대나무, 거적 등으로 형편없이 지어져 있다. 반면에 이제 막 들어서기 시작한 유럽인 마을은 널찍한 도로들과 전기 조명을 구비하는 등 잘 지어졌고, 번성하는 도시의 외양을 급속하게 갖춰가고 있다. 코메르스호텔은[24] 크고 멋진 건물로, 그 높다란 이중경사(二重傾斜) 지붕은 마을의 모든 건물을 압도한다. 로마가톨릭 선교회 소속의 교회가 하나 있다. 소형 도크와 제법 괜찮은 부두 그리고 창고들은 이미 들어섰다. 공립공원은 다소 협소하지만 중앙에 음악당을 갖추고 있다. 이 공원은 폴베르대로(大路)[25] 끝 쪽에 세련되게 조성되어 있는데, 운영 상태가 양호한 코메르스클럽과 번성 중인 또 다른 클럽 세르클바니앙도 그 거리에 있다. 도선로(路)의[26] 경마장은 마을에서 1마일가량 떨어져 있다. 신문이 몇 종 발행된다. 1897년의 하이퐁 인구는 18,480명인데, 유럽인 900명, 중국인 5,500명, 안남인 12,000명, 일본인 35명 그리고 인도인 45명 등이었다. 강을 통해 하노이와 하이퐁을 오가는 정기 증기선 교통은 메사즈리플뤼비알회사가[27] 담당한다. 하이퐁은 사이공 및 홍콩과 해저케이블로 연결되어 있다. 마을에는 전등이 들어온다.

---

24 Hôtel du Commerce. 문자 그대로 옮기면 '상업 호텔' 정도가 된다.
25 Boulevard Paul Bert. 폴베르(Paul Bert, 1833~1886)를 기려 명명된 거리이다.
26 Do Son. 해변 구역으로서 하이퐁에 정착한 프랑스인들이 19세기에 여름 휴양지로 개발하였다.
27 Messageries Fluviales. 1881년 창립된 프랑스의 해운회사 메사즈리플뤼비알코셍쉰(Messageries Fluviales de Cochinchine)을 가리킨다. 영문명은 코친차이나하천운송회사(River Shipping Company of Cochinchina). 당시 이곳 식민지 투자액수로는 최대인 150만 프랑의 자본금으로 출범한 이 회사는 메콩 삼각주와 캄보디아 방면 하천 운송의 우선권을 보유하였다.

3. 안남[28]

1) 개관

안남 왕국은 1802년에 국왕 자롱이[29] 정복, 합병한 옛 통킹 왕국을 포함하고 있다. 동쪽으로 통킹만과 중국해, 서쪽으로 태국과 캄보디아 및 샨 군주국들, 북쪽으로 윈난성과 광시성, 남쪽으로 코친차이나와 각각 국경을 접하고 있으며, 현재 프랑스의 보호령이다. 원래의 안남은 바다와 산맥 사이에 놓인 좁은 띠 모양의 땅으로, 이곳 영토의 위쪽 일대는 사실상 독립된 원주민 부족들이 점하고 있다. 현지인의 말을 들어보면, 안남과 통킹의 관계는 치마끈과 치마의 관계와 매한가지라고 한다. 그만큼 통킹이 넓고 풍요로운 땅인데 비해, 안남은 상대적으로 빈곤한 나라로서 쌀의 일정량을 통킹에 의존하고 있다. 안남의 인구는 불확실하지만, 통킹 인구까지 합하여 대략 2,000만 명으로 추정된다. 국왕 타인타이는[30] 1897년에 성인(成人)이 되었다. 1897년도 안남의 수입액은 4,719,349프랑, 수출액은 2,552,919프랑이었다.

---

28 Annam. 안남(An Nam)은 베트남의 중앙부에 있는 지역으로, 프랑스의 보호령이 되기 이전에는 서양인들 사이에서 종종 베트남 전체를 지칭하기도 하였다. '중부 지방'을 뜻하는 쭝끼(Trung Kỳ, 中圻)라는 별칭이 있다.
29 King Gialong, 가륭제(嘉隆帝). 베트남의 마지막 왕조인 응우옌 왕조의 시조로(1802~1820 재위) '황제'를 칭했다.
30 Thanh-Thai. 성태제(成泰帝, 1889~1907 재위)를 가리킨다.

2) 후에[31]

후에는 안남 왕국의 수도로, 항해가 거의 불가능할 만큼 작은 쯔엉 띠엔[32] 강 유역에 있다. 프랑스인들이 후에강이라고 부르는 이 하천은 북위 16° 29′, 동경 107° 38′의 연안 지점에서 바다로 흘러든다. 후에는 17세기 유럽의 요새 도시와 유사한 설계도에 따라 축조된 성곽 도시로, 시내와 교외 두 구역으로 확연하게 나뉜다. 시내는 정사각형 '섬'의 중앙부에 있으며, 삼면은 강 그리고 나머지 한 면은 운하에 의해 교외와 격리되어 있다.[33] 시내는 둘레 6킬로미터의 튼튼한 성벽에 의해 방어된다. 이것은 프랑스 토목기사들이 보방의[34] 양식에 따라 축조하였는데, 6개의 넓은 대문이 있다. 정부 관리들은 모두 이 성벽 안에 거주한다. 이것은 벽돌을 쌓아 매우 높게 만들어졌다. 외부 성벽 안쪽으로는 방식은 유사하지만 조금 덜 견고하게 축조된 요새가 있는데, 여기에는 6개가 아닌 8개의 대문이 있다. 중앙 6부를 위시하여 도서관, 관리(官吏) 학교,[35] 재판소, 기상대 그리고 각종 무기고와 막사 등이 이 구역에

---

31 Hué. 응우옌 왕조 시절(1802~1945) 베트남의 수도였다.
32 Truong Tien. 저자의 착오로 보이는데, 후에를 지나는 하천은 흐엉강(香江, Hương Giang 또는 Sông Hương)이고 또 충분히 넓어서 선박 운항이 가능하며, 쯔엉띠엔 (Trường Tiền)은 그 위에 놓인 긴 다리이다.
33 이 대목도 오류로 보이는데, 왕궁이 소재한 이 구역은 동남쪽에 강이 흐르고 나머지 삼면은 인공적으로 조성되어 해자 역할을 하는 '운하'로 둘러싸여 있다.
34 Vauban. 보방(Sébastien Le Prestre de Vauban, 1633~1707)은 프랑스의 군인 — "원수(元帥)" — 이자 17세기 최고의 군사건축 전문가로서, 특히 혁신적인 요새 축성술로 명성을 떨쳤다.
35 Mandarins' College. 국립학술원 격인 꿕뜨잠(國子監, Quốc Tự Giám)을 가리킨다. 유학(儒學) 교육기관으로, 원래 하노이의 문묘(文廟) 경내에 있던 것을 1803년 가륭제가 베트남을 통일한 뒤 수도를 후에로 옮길 때 함께 이전하였다. 강당 하나와 대형 강의실 둘 그리고 19개 교실로 구성되었다.

있다. 국무회의장을 비롯한 수많은 기관을 위시하여 공적인 성격을 지닌 모든 건물이 이 두 번째 성벽 안에 있다. 이들 건물 뒤쪽으로는 벽돌로 쌓은 벽이 있는데, 이것이 요새를 가로지르며 정확히 두 부분으로 나눈다. 이 벽은 왕의 거처들과 여성 전용공간을 둘러싸고 있으며, 정교하게 새긴 무늬들로 장식된 금박 불탑 형상의 중문(中門)을 비롯하여 3개의 문이 있다. 후에의 건물들은 민가는 물론 관공서들마저도 대개 초라하며, 보수 상태도 엉망이다. 왕궁은 베이징의 경우와 마찬가지로 황색 기와를 올렸는데, 귀족들의 집에는 붉은 기와를 쓴다. 인구는 도시와 교외를 합쳐 10만 명으로 추정되며, 그 중 800명이 중국인이다. 유럽인이라고는 프랑스인 주재관과 그 휘하의 직원들 그리고 프랑스군 300명으로 구성된 수비대가 전부이다. 후에강 어귀에는 방어를 담당하는 진지들이 있는데, 1883년 8월 프랑스가 후에 정부의 항복을 받자마자 접수한 것들이다.

3) 다낭[36]

다낭 항은 안남의 수도 후에로부터 남동쪽으로 약 40마일 떨어져 있으며, 투언안 모래톱 때문에 대형 선박은 연중 3월 말부터 9월 말까지의 6개월 동안에만 들어올 수 있다. 후에와 다낭 간의 육로는 약 68마일 길이로, 하이번 고개를[37] 넘어야 하지만, 말을 타고 가거나 도보로 통행하

---

36   Da Nang. 원문은 프랑스 식민지 시절의 지칭인 Tourane.
37   Nuages range of hills. 베트남에서 가장 높고 긴 고갯길 대오하이번(Đèo Hải Vân)을 가리킨다.

기에 용이한 편이다. 다낭에는 산등성이로 둘러싸인 넓은 만이 있는데, 아무리 큰 선박도 정박할 수 있다. 정부의 수송선들과 국립항운회사,[38] 메사즈리마리팀회사 등의 증기선들은 조류 상태와 날씨에 관계없이 모두 이곳에 정박한다. 다낭강은 내륙 지방의 산맥에서 발원하여 다낭만으로 흘러든다. 이 강은 작은 범선과 정크선만 다닐 수 있는데, 이 배들이 꽝남 및 꽝아이 지방과의 교통을 담당한다. 잘 지어진 마을은 강의 왼쪽 제방을 따라 약 2마일에 걸쳐 뻗어 있다. 이곳에는 프랑스 공관을 비롯한 많은 관공서 건물과 함께 군인병원, 널찍하고 통풍이 좋은 막사들, 세관, 재무국, 우체국, 시 청사 등이 있다. 이와 아울러 잘 정비된 사업용 건물들도 많은데, 대표적으로 인도차이나은행, 아편전매서, 메사즈리마리팀회사 사무소, 가시에호텔, 쿠르베호텔 등을 꼽을 수 있다. 시장들은 벽돌과 돌로 지어졌는데, 규모가 크고 좌판이 수백 개에 이른다. 강 오른쪽 제방에는 프랑스 조계에 속하는 건물이 몇 채 있으며, 견사공장도 하나 들어섰다. 이 구역에서 15분쯤 걸으면 미케라는 촌락이 나오는데, 유럽인들이 자주 즐겨 찾는 현지의 근사한 해변에도 그 이름이 붙여졌다. 다낭의 무역은 활발하다. 매달 여러 척의 증기선이 홍콩으로부터 들어와서 설탕, 등나무, 대나무, 빈랑, 비단, 계피 등의 화물을 가득 싣고 돌아간다. 메사즈리마리팀회사와 국립항운회사는 다낭에 지사를 두고 있는데, 이들 회사 소속의 선박과 홍콩에서 오는 선박을 합쳐 달마다 12척 정도가 이곳에 입항한다. 이 선박들 외에도 중국 본토와 하이난 다오섬 그리고 안남·통킹·코친차이나 등지의 여러 항구에서 오는 수

38 Compagnie Nationale de Navigation. 1879년 프랑스 마르세유에서 설립된 민관 합작의 해운회사이다. 원래 설립 목적은 통킹으로의 군대 수송이었는데, 통킹 지사는 청불전쟁(1884~1885) 당시 프랑스의 주요 보급 거점이었다.

많은 대형 해양 정크선들이 베트남의 생산물들을 가지고 활발하게 큰 무역을 행하고 있다. 인근 지역에서는 차, 커피 그리고 뽕나무가 대량 경작되며, 유럽인들이 소유한 큰 농장도 여러 군데 있다. 마을에서 배를 타고 한 시간 남짓 가면 대리석산(大理石山)이[39] 나온다. 여행자들에게는 흥미로운 볼거리로서, 다낭을 지나간다면 꼭 들러야 하는 곳이다. 1897년 현재 다낭의 주민은 4,650명인데, 그 중 유럽인이 100명이고 중국인이 50명이며, 나머지 4,500명은 안남인이었다.

4) 뀌년[40]

뀌년은 1874년 3월 프랑스와 안남이 체결한 조약에 따라 대외 무역에 개방되었다. 이곳은 안남 해안의 북위 13° 54′, 동경 109° 20′ 지점에 위치한다. 항구 진입로는 모래톱 하나가 장애를 주고 있지만, 흘수가 16~16.5피트 이하라면 어떤 선박도 들어올 수 있다. 주요 수출 품목은 소금, 비단, 축면사(縮緬紗), 콩, 땅콩기름과 땅콩깻묵, 설탕 등이다. 이 지방의 인구는 100만 명이다. 항구에 3,000명이 살고 있는데, 그 가운데 20명은 프랑스 민간인이다. 이곳은 농사가 잘 되며, 항구의 상업적 전망은 해가 갈수록 높아지고 있다. 주로 홍콩, 하이퐁, 사이공, 싱가포르, 방콕 등과 대규모 무역 거래를 하고 있다. 현재 무역은 대부분 중국인들이 장악하고 있다.

---

39 Marble Mountains. 오행산(五行山), 응우하인선(Ngũ Hành Sơn).
40 Quinhon. 뀌년(Quy Nhơn)은 빈딘(Bình Định)성의 수도이다.

4. 코친차이나[41]

1) 개관

코친차이나는 프랑스 식민지이다. 자딘 지방은 사이공이[42] 주된 항구 역할을 하고 있는데, 1859년 2월 17일 프랑스-스페인 연합 함대에 정복되었다. 코친차이나 남부의 자딘[43] 및 비엔호아 지방 그리고 미토, 풀로콘도르[44] 등은 완전히 정복되지 않고 있다가 1862년 조약에 의해 공식적으로 양도되었다. 그 후 1867년에 쩌우독, 하띠엔, 빈롱 등의 3개 지방이 새로 정복되어 프랑스 보호령에 추가되었다. 현재 코친차이나의 영역은 북쪽으로 안남 왕국과 캄보디아, 동쪽과 남쪽으로 중국해, 서쪽으로는 타이만[45] 및 캄보디아와 각각 접경하고 있다.

코친차이나 식민지는 7개의 큰 지방과 그 산하의 21개 구역으로 나누어진다. 사이공은 코친차이나의 수도이자 자딘 지방의 수도이다. 다

---

[41] Cochin-China. 베트남의 남쪽 1/3 가량을 점하는 지역으로, 시대에 따라 자딘(Gia Định, 嘉定, 1779~1832), 남끼(Nam Kỳ, 南圻, 1834~1945), 남보(Nam Bộ, 南部, 1945~48), 남펀(Nam phần, 南分, 1948~56), 남비엣(Nam Việt, 南越, 1956~75), 미엔남(Miền Nam, 面南, 1975~) 등으로 다양하게 지칭되어 왔다.

[42] Saigon. 베트남 통일 후 호찌민 시(Thành phố Hồ Chí Minh)로 개명되었다.

[43] Giadinh. 자딘(Gia Định)은 프랑스에 정복되기 전까지 사이공(Sài Gòn, 西貢)의 공식 지명이기도 하였다.

[44] Pulo Condor. 꼰다오(Côn Đảo) 제도를 이르는 말레이어를 영문 표기한 것이다. 사이공 남방 230킬로미터 해상에 위치한 꼰선(Côn Sơn) 혹은 꼴론(Côn Lôn)과 그 주위의 작은 섬들을 통칭하는데, 프랑스인들은 그랑드콩도르(Grande-Condore)로 부르기도 하였다.

[45] 타일랜드만이라고도 하는데, 원문은 Gulf of Siam(시암만).

른 주요 도시들은 비엔호아, 미토, 쩌우독, 하띠엔 등과 같이 그것이 속한 지방의 이름을 갖고 있다. 이 지역은 드넓은 평원으로, 서부에 작은 구릉들이 있고 동부와 북부에 약간의 고지대가 있을 뿐이다. 가장 높은 산지를 셋 꼽자면, 884미터의 바틀렌, 493미터의 바리아, 그리고 550~600미터의 마이산맥이다. 주요 하천은 양(兩) 바이코강,[46] 사이공강 그리고 동나이강이다. 코친차이나 남부 일대는 아로요[47] 류(類)의 작은 수로가 도처에 널려있어 지역 내에서는 어느 곳이든 다른 곳과 쉽고 빠르게 통할 수 있다. 최근에 운하 몇 군데가 개통되었다. 장대한 메콩강이 티베트산맥에서 발원하여 여러 나라 영토를 지나 캄보디아를 통과한다. 그런 다음 두 개의 지류로 나뉘어져 코친차이나 남부로 들어와서 끄어띠에우, 끄어발라이, 끄어꼬찌엔, 끄어딘안, 끄어바탁 등의 널따란 5개 하구(河口)를 통해 남중국해로 흘러나간다.

코친차이나의 주요 생산물은 쌀로, 북부의 일부 구역을 제외한 거의 모든 지방에서 재배된다. 그 다음으로 중요한 생산물은 사탕수수, 뽕나무, 후추, 빈랑, 면화, 담배, 옥수수 등이다. 모시, 참깨, 피마자, 인디고, 사프란, 랙 칠(漆),[48] 소방목(蘇方木), 키나 등도 대량으로 산출되며, 그 외에 기타 부차적인 품목이 여럿 있다.

주요 염전은 바리아 지방에 있다. 숲에는 양질의 목재가 풍부하고, 코끼리, 코뿔소, 호랑이, 사슴, 멧돼지, 영양 등 거의 모든 종류의 사냥

---

46 two Vaico. 메콩강의 남부 베트남 내 두 분류(分流)인 송밤꼬동(Sông Vàm Cô Đông)과 송밤꼬떠이(Sông Vàm Cô Tây)를 통칭하는 말이다.

47 *arroyo*. 인도차이나, 브라질 등의 삼각주 지대에서 강과 강을 연결하는 천연 또는 인공 운하를 이른다.

48 gum-lac. 랙은 랙깍지진디가 뿜어내는 수액 같은 끈끈한 분비물 또는 그것을 가공한 것으로, 목재 따위에 바르는 칠의 원료로 쓰인다.

감이 넘친다. 깃털 달린 사냥감으로는 공작, 자고새, 도요새, 멧도요새, 멧닭, 꿩 등등을 꼽을 수 있다. 강과 개천에는 온갖 종류의 물고기가 헤엄치며, 어떤 곳들은 악어가 우글거린다.

각 지방의 주요 도시마다 충분한 방비를 갖춘 요새가 있고, 내륙 지대에는 수많은 군(軍) 주둔지가 배치되어 주민들의 안전을 지키고 있다. 안남인들은 무엇보다도 농업을 위주로 하는 종족이다. 이들은 중국인만큼 부지런하지 않으며 상업에 무관심하다. 중국인들이 무역에서 가장 큰 몫을 차지하고 있다.

프랑스의 전체 보유령은 현재 인도차이나라는 이름 아래 통합되어 있으며, 코친차이나 식민지와 통킹·안남·캄보디아 등의 보호령들로 구성된다. 이것들 모두 통상적으로 통킹에 거주하는 총독의 지배를 받는다. 코친차이나 정부는 부총독이 관장하며, 공식 위원인 각 부의 우두머리들 그리고 소수의 비공식 의원으로 구성되는 위원회가 그를 보좌한다. 코친차이나식민지위원회는 16명의 위원으로 이루어지는데, 일부는 거류민들이 선출하며 6명은 현지인이다. 각 군(郡)에 설치된 위원회는 현지인들로만 구성된다. 사이공과 쩔런은 프랑스인과 현지인이 공동 참여하는 시협의회에 의해 관리된다. 사이공에 있는 상공회의소 또한 상인들과 무역업자들이 선출하는 공식 단체이다. 종전에는 프랑스인과 기타 외국인 및 중국인 등으로 구성되었으나, 1896년 내부 규정이 바뀌면서 지금은 프랑스인들만의 단체가 되었다.

1897년의 코친차이나 인구는 2,126,935명이었는데, 그 중 안남인이 1,860,872명, 캄보디아인 173,231명, 중국인 74,210명, 유럽인(군인 제외) 4,490명이고, 나머지는 인도인, 말레이인 그리고 '산지인(山地人)' 모이족 등이다.

코친차이나와 캄보디아의 1897년도 수입액은 모두 합쳐 51,922,684 프랑이며, 그 가운데 프랑스에서 들어온 것이 20,825,931프랑이었다. 한편 같은 해 프랑스로의 수출은 94,691,687프랑이었다. 쌀 수출량은 1897년에 10,555,804피컬, 그리고 이듬해에는 11,277,770피컬이었다. 1898년 사이공에서 출항한 외국 선박은 모두 351척으로 총 443,655톤수였고, 그 중 영국 선적의 156척이 총 215,735톤수를 기록하여 전체 물량의 절반가량을 차지하였다. 여기에 메사즈리마리팀회사, 메사즈 리플뤼비알회사, 국립항운회사 등의 증기선들을 합산하면 모두 541척 으로 총 714,875톤수에 달했다.

2) 사이공[49]

코친차이나의 수도인 사이공은 동나이강의 지류인 사이공강 유역, 북위 10° 50′, 동경 104° 22′에 위치한다. 붕따우에서[50] 약 40마일 거리 이고, 아무리 큰 선박도 입항할 수 있다. 이곳은 프랑스에 의해 점령된 후 배수 설비, 웅덩이와 습지의 매립 등과 같은 다양한 공중위생 사업 이 시행된 덕분에 도시 환경이 아주 바람직하게 변화되었다. 마을은 외관이 아름답고, 도로와 보도 모두 넓고 반듯하다. 공공건물 중에서

---

49   Saigon. 현재의 호찌민시(市).
50   Vũng Tàu. 붕따우는 '배들(Tàu)'과 '지역(Vũng)'의 합성어로 정박지를 의미하는데, 원문은 인도차이나 식민지 정부의 공식 지명 생자크곶(Cap Saint-Jacques)을 영어식 으로 표기한 Cape St. James.

는 건축과 치장에 수백만 프랑을 들인 총독 관저가 가장 주목할 만하다. 그 외에 눈에 띄는 공공건물로는 신축한 부총독 관저, 대성당 광장에 멋지게 새로 지은 우체국, 세관, 내무국, 재무국, 토지관리국, 공공사업국, 여러 학교 그리고 최고법원 등이 있다. 군인병원은 세련되고 멋진 건물이며, 무기고와 막사 그리고 포병창(砲兵廠)도 마찬가지이다. 또한 위엄 있는 고딕양식의 대성당도 웅장하게 들어서 있다. 노로돔 대로(大路)에는 강베타의[51] 정교한 동상이 서있다. 사이공에는 2개의 공원이 있다. 하나는 시 정부의 비용으로 관리되는 '도시 공원'이고, 다른 하나는 식물원이다. 도크 시설은 양호하다. 이곳의 선박수리용 도크는 세계 최고 수준으로 아무리 큰 군함도 수용할 수 있으며, 부양(浮揚) 기중기도 2개 갖추고 있다. 증기기관이 설치된 정미소가 2개 있다. 1897년의 사이공 인구는 32,561명으로, 프랑스인이 1,753명이었고 기타 유럽인은 207명이었다. 그리고 여기에 포함되지 않은 인원으로 약 1,200명에서 1,500명에 이르는 해군과 지상군이 있었다.

메사즈리마리팀회사의 증기선들은 프랑스 본국이나 다른 나라들로 항해하는 길에 월 2회 사이공에 기착한다. 보조금을 받는 증기우편선들이 주요 내륙 마을과의 통신을 용이하게 해주며, 미토까지는 철도가 놓여있다. 코친차이나의 모든 주요 마을에는 전신이 설치되어 있고, 해저 케이블이 이곳 식민지를 싱가포르, 홍콩, 하이퐁 등지와 연결해준다. 식민지의 우편 체계는 아주 완벽하고 효율적이어서, 거의 모든 국내 지역으로 언제든지 편지를 부칠 수 있다. 『관보』가 매주 2회 발행

---

51 Léon Gambetta(1838~1882). 19세기 후반 프랑스의 고위 정치인으로, 대표적인 공화주의자로 명망이 높았다.

된다. 그 외에 통상적으로 한두 가지 신문이 있기는 하지만 이름이 자주 바뀌며, 나왔다 안 나왔다 한다. 『자딘바오』는[52] 『관보』의 현지인 판이다.

3) 쩔런[53]

이 마을은 4마일 떨어진 사이공과 2개의 증기궤도차 노선으로 연결되어 있으며, 이곳 식민지 내 중국인 무역의 최대 중심지이다. 쩔런은 코친차이나의 곡창이자 많은 상업활동의 본거지이기도 하다. 대부분의 정미소가 여기에 있고, 그 가운데 최소 여섯 곳은 증기기관으로 가동된다. 커다란 벽돌공장도 여러 군데 있다. 사이공과 마찬가지로 시협의회가 있으며, 프랑스인과 안남인 그리고 중국인이 두루 참여한다. 인구는 1897년에 67,712명이었다.

---

52 *Gia-dinh-bao*. 가정보(嘉定報, Gia Định Báo). 최초의 베트남 신문으로 1865년부터 1910년까지 사이공에서 발행되었다.

53 Cholon. 쩔런(Chợ Lớn)은 사이공강(Sông Sài Gòn) 좌안에 위치한 오늘날 호찌민 시의 한 구역으로, 유명한 시장(市場) 쩌빈떠이(Chợ Bình Tây)가 있다.

5. 캄보디아[54]

캄보디아는 과거에 크메르 왕국으로 불렸다. 위치는 북위 10° 30′에서 14°까지와 동경(파리 기준) 101° 30′에서 104° 30′에 걸쳐 있다. 이곳의 면적은 현재 약 62,000제곱마일에 이르는데, 이는 1860년에 가장 부유한 두 지방 앙코르와 바탐방이 태국에 합병되면서 축소된 것이다. 남서쪽으로 타이만, 남동쪽으로 프랑스령 코친차이나, 북쪽으로 프랑스령 라오스, 그리고 북서쪽 및 서쪽으로 앙코르 및 바탐방과 각각 접경하고 있다. 장엄한 메콩강이 이 왕국을 가로질러 지나가며, 그 다음에 프랑스령 코친차이나를 여러 달에 걸쳐 흐르다가 바다로 들어간다. 메콩강은 캄보디아의 거대한 물길이며, 이집트의 나일강과 마찬가지로 해마다 국토의 태반을 물에 잠기게 하는 동시에 그 땅의 비옥도를 크게 높여준다. 캄보디아의 토양은 기름지고 생산성이 높다. 쌀, 후추, 인디고, 면화, 담배, 설탕, 옥수수, 소두구(小豆蔻) 등이 재배된다. 커피와 모든 종류의 향신료도 자랄 수 있을 것이다. 나무를 보면 흑단(黑檀), 장미나무, 소방목, 소나무, 철목(鐵木) 등을 비롯하여 다수의 값진 수종이 서식하는데, 80여 종이 넘는 나무들을 숲에서 찾아볼 수 있다. 양질의 철이 발견되었으며, 산악지대에서 금, 은, 납 등이 매장된 광산들이 확인되었다. 캄보디아의 어업은 생산성이 매우 높고, 소금에 절인 생선은 주요 수출품 가운데 하나이다.

---

[54] Cambodia. 간혹 'Kampuchea'로 표기하기도 한다.

캄보디아는 한때 광대하고 강력한 국가였다. 이 나라가 지금 수준보다 훨씬 높은 문명을 보유했다는 증거는 휘황찬란한 과거를 담고 있는 건축 유물들에서 발견된다. 고대 도시 앙코르의 웅대한 잔해는 현재 캄보디아에 살고 있는 나약한 종족보다 훨씬 우월한 민족이 남긴 유적이다. 캄보디아인들은 생김새와 관습이 이웃의 안남인들과 전혀 다르다. 일부다처제가 행해지고 있으며, 지배적인 종교는 불교이다. 사람들은 의욕이 없고 게을러서 상권이 중국인들의 손에 들어가도록 내버려두었는데, 이 나라에는 약 16만 명의 중국인이 있다. 1893년 이곳 왕국의 인구는 총 100만 명이었다. 노예제는 프랑스와 맺은 1884년 조약에 의해 폐지된 뒤 거의 소멸되었다.

캄보디아 정부는 프랑스의 보호를 받는 군주정이다. 지금의 국왕인 노로돔은[55] 1860년에 부왕인 앙 두옹의 뒤를 이었다. 노로돔은 1884년 6월에 프랑스와 새로운 조약을 체결하고, 그에 따라 국가 운영을 프랑스인 주재관들에게 이양했다. 1892년 협정 이후에는 프랑스 정부의 감독 하에 국왕이 현지인 관리들을 임명하였다. 이들의 보수는 왕국의 금고에서 지급되었다.

프놈펜[56]은 현재 캄보디아의 수도이자 정부 소재지이다. 메콩강 유역, 왕국의 심장부라고 할 만한 곳에 위치해 있다. 왕궁은 거대한 건물로서, 국왕의 전용 구역은 건축과 설비에서 모두 유럽식을 따랐다. 왕

---

55   Somdach Pra Maha Norodom. 노로돔 1세(Norodom I, 1860~1904 재위)를 이르는데, 서양에는 Ang Voddey로도 알려져 있었다.
56   Pnom-penh, 프놈펜(Phnom Penh)은 톤레사프(Tonlé Sap) 호수와 메콩강을 끼고 있는 프랑스 풍의 아름다운 도시로, "아시아의 진주"라는 별칭을 얻기도 했었다. 예전의 관행적인 영어식 표기는 Panompin,

궁에 부속된 국왕의 증기기관 작업실은 프랑스 해양기술자들에 의해 관리된다. 프랑스인 관료들이 재정, 사법행정, 세관, 공공사업, 세금 등의 업무를 관장한다. 프놈펜은 지금의 통치체제 아래 들어오면서, 특히 1889년 이후, 크게 개선되었다. 도로가 다수 개설되었고, 배수 설비라든가 웅덩이와 습지의 매립 등과 같은 수많은 공중위생 사업이 시행되었다. 새로 들어선 재무국 건물은 옛 크메르 건축양식을 지닌 아주 놀라운 건물이다. 그 외에 눈에 띄는 공공건물로는 우체국, 재판소, 병원, 등기소, 경찰서, 해병 보병부대의 신축 막사, 공공사업소, 상업박물관, 항만사무소, 인도차이나은행, 메사즈리플뤼비알회사의 지사 등이 있다. 총주재관은 이 도시에 멋진 공관을 두고 있다. 프놈펜의 인구는 39,000명으로 추정된다. 이 나라는 전체적으로 전혀 개발이 안 된 상태이지만, 무역은 현재 눈에 띄게 확대되고 있다. 캄보디아는 조금이라도 중요한 역할을 하는 항구가 전혀 없으며, 수출입 무역은 사이공항을 통해서 이루어진다. 관세는 1887년 7월부터 부과하기 시작했으며, 프랑스의 상품과 상선들에는 면세혜택이 주어진다. 관세는, 몇 가지 변동 사항은 있지만, 프랑스의 일반관세에 기초하고 있다. 캄포트항은[57] 태국을 오가는 현지인 소유의 소형 연안 선박들과 중국 정크선들만 붐빌 뿐이다. 보조금을 받고 운행하는 메사즈리플뤼비알회사의 증기우편선들 덕분에 사이공, 앙코르, 바탐방, 스퉁트렝 같은 내륙 주요 도시들 간의 교통이 용이하며, 라오스의 코네 등과도 원활하게 연결된다. 캄보디아의 주요 마을들은 전신으로 이어져 있고, 캄보디아

---

57   port of Kampot. 타이만에 인접한 항구 도시로, 메콩강 삼각주를 상실한 뒤의 캄보디아에서 가장 중요한 해항(海港)으로 기능하였다. 세계 각지로 수출되는 고급 후추의 집산지이다.

와 라오스를 지나는 육상 전신망이 코친차이나를 방콕 및 미얀마(버마)의 다웨이와[58] 연결해준다.

1900 동아시아, 서양인들의 답사 리포트

---

58 Dawei. 다웨이강 북안에 있는 해상 교통의 요지로, 원문은 옛 이름인 Tavoy(타보이).

제8장

태국[*]

1. 개관

태국(시암 왕국)은 북위 23°쯤부터 북쪽으로 타이만까지[1] 걸쳐 있으며, 수도는 방콕이다. 이곳은 서쪽으로 버마와 벵골만, 동쪽으로는 메콩강과 접하고 있다. 한때 라이산맥이 동쪽 경계라는 주장이 있었다. 그러나 1893년에 프랑스가 이 산맥과 메콩강 사이의 지역에 대한 안남의 영유권 주장을 밀어붙였으며, 태국인들은 어쩔 수 없이 퇴거하였다.[2] 본래의 왕국은 메남(짜오프라야)강 유역에 있는데,[3] 이곳이 순수한

---

[*] Thailand. 원문은 Siam. '시암'은 예로부터 서양인들이 쓰던 호칭이었는데 몽구트 왕 (Mongkut, 1851~1868 재위) 때 처음 채택되어 1939년까지 공식 사용되었다. 그 이후 에는 '타일랜드'가 국명으로 쓰이다가 1945년에 다시 '시암'으로 되돌아갔으며, 1949 년 5월 또 다시 '타일랜드'로 바뀌어 현재에 이르고 있다.

[1] Thai Gulf. 타일랜드만 또는 아오타이(Ao Thai)라고도 한다. 원문은 Gulf of Siam.

태국인들의 땅이다. 뱅골만에 있는 태국의 영역은 버마 남쪽 경계선부터 그 아래쪽으로 말레이반도의 페락과 케다 사이를 잇는 남위 5°의 경계선까지 펼쳐진다. 푸껫섬도[4] 태국의 영토에 포함되는데, 주석의 매장량이 엄청나다. 동쪽 방면의 국경선은 페락으로부터 트렝가누와 파항이라는 말레이반도 내 두 지방을 비슷한 위도로 가로질러 남중국해로 이어지며, 그런 다음 거기서 다시 북쪽으로 타이만 상단으로 뻗어 있다. 시암 왕국은 고대 라오스의 절반 이상, 그리고 한때 캄보디아 왕국의 일부로서 풍요롭고 높은 가치를 지닌 바탐방 등도 속령으로 보유한다. 이러한 여러 속령과 그 변두리 지대에는 다양한 종족이 살고 있다. 외모와 피부색을 놓고 볼 때 어떤 집단은 고유의 특성을 드러내기도 한다. 하지만 동부에서는 원주민과 안남인, 그리고 남부와 서부에서는 말레이인과 버마인의 중간적 형태를 보여준다.

태국의 옛 수도는 아유타야로서, 문자 그대로 '강들의 어머니'를 뜻하는 메남강의 어귀로부터 약 90마일 떨어진 유역에 있다. 1767년에 태국인들과 버마인들 간에 일련의 필사적인 혈투가 벌어졌는데, 이 도시는 승리한 버마인 장군에 의해 함락되어 파괴당했다.[5] 그로 인해 피

---

2 이 사건은 프랑스 · 시암 전쟁(1893)을 가리킨다. 프랑스가 시암에 대해 라오스 지역 내 보유령의 양도를 강요하면서 시작된 것으로, 타이만 해안봉쇄에 굴복한 시암의 패배로 끝났다. 10월 초 체결된 종전협정에 의해 프랑스는 라오스 전역을 손에 넣고 인도차이나 총독 관할의 보호령으로 편입시켰다.

3 Menam. 과거 유럽인들이 짜오프라야강(Chao Phraya)을 부르던 이름으로서 'Mae Nam'이라고 쓰기도 하였는데, 태국어로 '강(江)'을 뜻한다. 북쪽 국경 근처에서부터 내려오는 핑(Ping)과 난(Nan)의 두 강이 낙혼사완(Nakhon Sawan)에서 합류하면서 생성되어 중앙 평원의 주요 도시들을 거친 다음 방콕을 지나 타이만으로 들어간다.

4 Phuket. 원문은 태국 최대의 섬인 이곳의 말레이어 지명 'Tanjung Salang'과 17세기에 이를 잘못 옮긴 포르투갈인들의 표기 'Junk Ceylon'를 기묘하게 조합한 듯한 Junck Salong.

5 이는 1765년~1767년의 버마 · 시암 전쟁을 말하는 것으로, 16~18세기 약 300년에 걸

정복민들은 집단 탈출을 하지 않으면 안 되었다. 당시 그들은 강을 따라 60마일쯤 내려갔고, 거기에서 지금의 인구 많고 번성하는 도시 방콕을 발견하였다. 태국 군대의 우두머리는 흩어진 병사들을 다시 모았으며, 톤부리에[6] 성곽도시를 건설하고 피아탁이라는[7] 이름으로 왕위에 올랐다. 1782년에는 제국의 통치권이 그 휘하의 장군들 가운데 가장 뛰어났던 야웃파한테[8] 넘어갔는데, 이 사람이 현(現) 왕조의 창건자이다. 지금의 국왕 폐하는 그의 5대 정통 후계자이며, 뭔가 기록이 남아있는 태국의 왕들을 통틀어서는 40번째이다.

태국의 세입은 약 1,700만 달러로 추산된다. 국가 재정은 1896년에 유럽인 재정 고문이 임용되면서 재정비되고 있다. 당시에는 세입이 고작 1,000만 달러쯤에 불과하였으나, 이후 그 액수가 꾸준히 증가하여 왔다. 금본위제를 채택하자는 주장이 1899년 제기되었다. 중국인들처럼 자국 영사가 주재하지 않는 모든 외국인들에게는 3년마다 세금이 부과된다. 태국은 1885년 7월 1일 만국우편연합에 가입하였다. 1893년 4월 11일, 최초의 철도가 국왕에 의해 방콕과 빡남 사이에 개통되었다. 이것은 여객 전용 노선으로서 상품 운송이 사실상 불가능하며, 평균 배당은 약 4~5%이다. 또한 방콕을 시발점으로 해서 아유타야를 경유하여 코라트까지 가는 국영 철도 노선이 현재 건설 중이다. 그 첫 구

처 간헐적으로 지속된 양국 분쟁의 결정판이라고 할 수 있다. 버마가 원정 싸움에서 승리를 거두기는 했지만 중국이 본국을 침공하자 소득 없이 철수해야 했으며, 패전한 시암에서는 왕조의 교체가 일어났다.

6 Thonburi. 원문의 표기는 Toutaboree.
7 P'ya Tak. 탁신(Taksin, 1734~1782)을 가리키는 것으로, 그가 왕이 된 후 대중화된 별칭이다. 통상적인 영문 표기는 Phya.
8 Yaut Fa. 라마(Rama) 1세(1737~1809)를 가리키는데, 태국에서 현재까지 이어지고 있는 짜끄리(Chakri) 왕가의 시조이다.

간은 아유타야까지의 약 50마일인데, 국왕 내외가 참석한 가운데 1897년 3월 26일 개통되었다. 깽코이까지의[9] 두 번째 구간은 같은 해 11월 1일, 세 번째 구간의 힌랍까지는 이듬해 4월 1일 개통되었으며, 1900년 초에는 코라트까지 이를 것으로 보인다. 이 간선과 여기서 갈라지는 지선들이 완공되면 방콕에서 650마일 거리까지 철도망 내에 들어올 것으로 예상된다. 1898년 6월, 치앙마이 방면에서의 국가 개방을 염두에 두고 아유타야 인근의 코라트로부터 갈라져나가는 노선이 착공되었다. 소형 증기선들이 수도를 중심으로 북쪽, 동쪽, 서쪽 어느 곳이든 사방팔방으로 왕래한다.

군대는 평상시에 소규모로 운영되며, 다음과 같이 구성되어 있다. ① 왕실 근위대 : 1개 기병대대, 2개 보병대대, 기술병 및 공병 1개 중대. 이 부대들은 왕실 혈통을 지닌 귀족 자제들로 충원된다. ② 궁정수비대 : 2개 보병대대로 구성된다. ③ 코끼리부대. ④ 보병대 : 각기 4개 중대를 거느린 3개 대대. 이 군단에는 기병 1개 대대와 포병 1개 여단이 배속되어 있다. ⑤ 해병대 : 병력은 약 3천 명으로, 왕실 소속 요트와 전함에서 선상 복무를 한다.

태국의 현지인 인구는 라오스인 및 타보이, 페구안 등등의 종족을 모두 합쳐 700만 명에서 900만 명까지 다양하게 추산된다. 여기에 영사보호권 아래 있는 사람들은 포함되지 않았으며, 그 외에 약 250만 명으로 추정되는 중국인이 이 나라에 있다.

---

9 Kaeng Khoi. 원문은 Genghoi.

2. 방콕[10]

방콕은 메남강 양안에 자리 잡고 있으며, 그 장엄한 물줄기가 타이 만(灣)으로 흘러들어가는 지점과는 약 25마일 거리이다. 원래의 도시는 메남강의 오른편 제방에 위치하며, 일부 성벽으로 둘러싸여 있다. 왕궁 건물들과 정부 관서들이 성곽 안쪽에, 외국 상사와 영사관 그리고 주요 정미소 등은 도시의 중심 대로변에 각각 들어서있다. 왼편 제방은 주로 태국인, 중국인, 무슬림 거류민 등이 차지하고 있다. 대부분의 사업은 오른편 제방에서 이루어진다. 과거에 짜런크룽으로[11] 알려졌지만 지금은 뉴로드라고[12] 불리는 대로가 궁궐 성벽에서 방코렘까지 뻗어 있고, 이 길을 따라 6마일 가량에 걸쳐 전차가 운행된다. 그 외에 여러 도로와 보도가 최근에 조성되었다. 전신이 가설되어 강 어귀 너머의 모래톱에 세워진 등대와 시내 상업지구 사이를 연결한다. 쌀은 방콕의 주요 교역 품목일 뿐 아니라, 이곳의 번영은 물론 실제적인 존속을 떠받치는 토대이다. 그 어마어마한 생산량은 비옥한 메남 평원 위에 셀 수없이 늘어선 넓은 논들과 왕국의 최북단을 초승달처럼

10 Bangkok. 태국의 수도이자 최대 도시로서 현지인들은 크룽텝(Krung Thep)이라 부르는데, "천사들의 도시"라는 뜻이라고 한다.
11 Charoen Krung. 태국 최초의 근대 서양식 가도로서 '도시 번영'의 의미를 지닌다고 한다.
12 New Road. 라마 4세의 명령으로 1861~1864년에 건설된 전장 8,575미터의 길이다. 완공 당시 공식 명칭이 없어서 처음에는 '새 길'을 뜻하는 타논마이(Thanon Mai)라고 불렀는데, 이를 영어권 외국인들이 '뉴로드'라고 표기하게 된 것이다. 하지만 그 뒤 라마 4세가 '짜런크룽'이란 이름을 붙여 오늘에 이르고 있다.

감싼 산악지대의 거대한 수원지에서 시작되어 타이만으로 흘러드는 인근 하천들이 함께 일궈내는 합작품이다. 풍년이 들었을 때에는 이 곡식의 산출량을 헤아릴 수 없을 정도이다. 그것은 태국과 말레이반도 의 현지인들을 먹여 살릴 뿐만 아니라 중국, 마닐라, 해협식민지, 자바, 수마트라 등지의 쌀 수급에도 크게 기여한다. 그리고 더 나아가 유럽 그리고 심지어 남아메리카까지 엄청난 양이 수출되기도 한다. 이와 더 불어 티크와 상아의 무역도 적잖이 이루어지고 있으며, 그 외에 현지 의 수많은 군소 생산품들이 중국과 해협식민지로 수출된다. 스코티시 오리엔탈증기선회사는[13] 홍콩을 왕래하는 정기노선을 운영한다. 이 해운회사는 때때로 중국 광둥성의 산터우와 해협식민지를 경유하며, 쌀 수확기에는 임시노선을 운영한다. 그 외에도 이곳 왕국과 해협식민 지를 잇는 증기선 노선이 여럿 있다.

공공건물과 기관들 가운데 방콕 왕나에[14] 위치한 왕립박물관이 눈 에 띈다. 이것은 두 개의 동(棟)으로 되어 있는데, 정면에서 볼 때 왼쪽 건물에는 자연사 관련 수집품과 일본·중국·자바 등지에서 가져온 민속 전시물이 있다. 그리고 오른쪽 건물은 과거 왕실에서 사용하던 곳인데, 태국의 민속 수집품들이 소장되어 있다. 그 외에 영국 교회, 로 마가톨릭 대성당, 병원 두 곳, 이전에 독일클럽이 쓰던 건물 안의 양로 원, 여성 도서관, 프랑스 로마가톨릭 선교회가 운영하는 성모몽소승천 (聖母蒙召昇天)대학[15] 등도 있다. 1899년에 문을 연 생루이 병원은 독일

---

13 Scottish Oriental Steamship Co.
14 Wang Nah. 짜끄리 왕가의 시조 라마 1세가 건립한 궁궐을 가리킨다.
15 Assumption College.

영사관 부근의 널찍한 공간을 지닌 대형 건물로, 현재 자애(慈愛)수녀회가 운영하고 있다. '오리엔탈'이라는 간판의 1등급 호텔이 하나 있고, 그보다 작은 호텔 여럿 그리고 '방콕유나이티드'라고 불리는 클럽이 하나 있다. 왕궁과 사원들은 웅장하고 규모가 크며, 모두 이 나라 고유의 건축양식으로 되어있다. 방콕에는 여행객들이 꼭 둘러보아야 할 특색 있고 흥미로운 것들이 중국 도시들보다 훨씬 많다. 도로들의 상태도 대폭 개선되었다. 1888년에 도입된 전차는 성공적인 흑자 행진을 이어가고 있다. 이 도시에는 백열등이 보편화되어 있어 모든 호텔과 큰 상점들은 물론이고, 주요 가로(街路)마다 전등으로 불을 밝힌다. 방콕의 인구는 350,000명으로 추정된다. 태국에는 30,000명 가량의 영국인이 있고, 그 외에 약 700명의 외국인이 있는데 대부분 방콕에 거주한다.

코시창섬과 그 부두는 메남강 어귀에서 약 20마일, 그리고 방콕으로부터는 50마일쯤 떨어진 요지이다. 이곳의 항만은 섬들 사이로 나있는 바다 물길 덕분에 만들어지게 된 것으로, 남서 계절풍이 부는 4월부터 10월 말까지 쌀과 티크를 실은 선박들에 훌륭한 정박지를 제공한다. 아무리 큰 배라도 이곳으로 대피할 수 있는데, 등대가 하나 있어 선박들의 출입을 도와준다.

1898년도 수입액은 정화(正貨) 7,167,460달러를 포함하여 27,361,913달러였다. 1897년에는 정화 8,743,763달러를 포함한 24,858,071달러였으며, 그 전년도에는 21,044,328달러였다. 그리고 수출액은 1898년에 정화 2,131,300달러를 포함하여 36,430,651달러였고, 1897년에는 정화 10,098,267달러를 포함한 32,032,390달러, 그 전년도에는 30,362,912달러였다.

제9장
해협식민지[*]

1. 개요

이 식민지의 관할은 1867년 4월 1일자 긴급 칙령에 의해 인도 정부로부터 영국 외무성으로 이전되었다. 현재 싱가포르섬, 말라카 지방,[1] 페낭섬, 이 섬보다 훨씬 남쪽의 딘딩스,[2] 본토의 웰즐리 지방,[3] 코코스 또는 킬링이라는 이름의 제도(諸島), 크리스마스섬 등으로 이루어져 있

---

[*] Straits Settlements. 동남아시아 말레이해협 일대의 영국 식민지들을 총칭하는 용어이다. 1826년 영국동인도회사 관할로 출범했다가 1867년 4월 영국의 직접 통치 아래 들어왔고, 2차 대전이 끝난 뒤인 1946년에 해체되었다.

[1] Malacca. 오늘날 믈라카(Melaka)의 옛 지명이다.

[2] Dindings. 말레이시아 만중(Manjung)의 옛 이름으로 1973년까지 쓰였으며, 'Dinding'으로도 표기된다.

[3] Province Wellesley. 세베랑페라이(Seberang Perai)의 옛 영문명으로, 페낭섬 맞은편 말레이반도의 좁다란 내륙지역이다.

는데, 끝의 두 곳은 각각 1886년과 1889년에 동일한 지방 정부 아래 배속되었다. 정부 소재지는 싱가포르섬에 있는 도시 싱가포르이다. 이곳 정부는 총독이 관장한다. 총독은 행정 및 입법 두 위원회의 보좌를 받는데, 입법위원회는 공직 의원 9명과 민간 의원 7명으로 구성되며 민간 의원 중 2명은 싱가포르와 페낭의 두 상공회의소가 지명한다. 각 거류지마다 시 자치체가 있는데, 납세자들이 선출한 사람들과 총독이 지명한 사람들이 공동 운영한다.

페낭은 말레이반도 최초의 영국인 거류지이다. 일찍이 1785년에 케다의 이슬람 군주에 의해 영국에 할양되었던 곳으로, 그 뒤 얼마 안가서 말레이반도의 무역을 독점하였다. 말라카는 포르투갈과 네덜란드가 차례로 차지했었다. 그러다가 1795년부터 1818년까지는 영국의 점령지였고, 결국은 영국이 1824년에 네덜란드와의 조약을 통해 손에 넣었다.[4] 1785년에 페낭이 자리를 잡으면서 종전까지 말라카에 집중되었던 무역의 대부분이 그곳으로 옮겨갔다. 1819년, 스탬퍼드 래플스 경이[5] 조호르의 군주들과 조약을 맺어 싱가포르를 획득하였는데, 얼마 안가서 이곳은 페낭이 상업 중심지로서 지녔던 주도권을 빼앗았다. 싱가포르와 말라카는 1826년에 페낭과 함께 단일 정부 아래 통합되었다. 정부 소재지는 1830년까지 계속 페낭이었다가 그 해에 싱가포르로 옮겨졌다.

---

4   양국 간 체결된 런던조약(1824)을 이야기하는 것인데, 말레이반도에서 보르네오섬과 인도네시아에 이르는 영역을 남북으로 각기 나눠 갖는 것을 기본 원칙으로 하였다. 그에 따라 영국은 네덜란드의 식민지 말라카를 얻고 싱가포르에 대한 독점권을 양해 받았으며, 그 대신 수마트라에 세운 공장을 비롯하여 모든 부동산과 군사 요새를 넘겨주고 그 섬에서 완전히 손을 떼게 되었다.

5   Sir Thomas Stamford Bingley Raffles(1781~1826). "싱가포르의 창건자"로 유명한 영국의 정치가로서 동남아시아 일대에서의 대영제국 팽창에 앞장섰던 인물이다.

이곳 식민지는 1898년에 세입 5,071,282달러, 세출 4,587,367달러를 기록하였다. 그 전년도에는 세입이 4,320,207달러, 세출이 5,551,834달러였다. 총수입액은 귀금속을 제외하고 1898년 223,003,708달러, 1897년 198,349,233달러, 1896년 186,196,932달러였다. 한편 수출은 1898년 194,140,680달러, 1897년 172,661,634달러, 1896년 161,777,519달러였다. 이와 같은 무역의 약 2/3를 싱가포르가 담당한다. 이곳의 인구는 1891년에 506,984명으로 조사되었다. 그 이전 1881년에는 423,384명, 1898년에는 592,587명으로 각각 추산되었다.

2. 싱가포르[6]

싱가포르는 같은 이름을 지닌 섬의 남쪽 해변에 있다. 해협식민지의 정부 소재지인 이곳의 위치는 북위 1° 16ʹ, 동경 103° 43ʹ이다.

싱가포르섬은 가로 약 26마일, 세로 14마일이다. 면적은 206제곱마일이며, 주위의 작은 섬들까지 합하면 223제곱마일에 이른다. 너비 3/4마일쯤 되는 좁은 해협 너머에는 말레이반도 남단을 점하는 조호르가 있다. 싱가포르는 1819년 래플스 경의 손으로 넘어가면서 당시 영

---

6   Singapore. 과거 '끝에 있는 섬' 풀라우우중(Pulau Ujong), '땅 끝' 우중따나(Ujong Tanah) 등의 별칭으로도 불렀었다. 지금은 싱가포르공화국(Republic of Singapore. 말레이명 Republik Singapura, 중국명 新加坡共和国)이다.

싱가포르의 해변 산책로

국인들의 거류지였던 수마트라에 1823년까지 종속되었으며, 같은 해 인도 정부의 속령이 되었다가 1867년에 페낭 및 말라카와 함께 영국 정부의 식민성(植民省) 관할로 들어왔다.

　이곳 도시와 교외가 들어서 있는 평지는 푸른 빛 혹은 붉은 빛을 띤 흰색의 깊은 모래 지층으로, 규토가 90~95%를 차지하며 나머지는 알루미늄 성분이다. 최근 이 모래층에서 채취된 조개껍질과 바다 진흙은 이곳이 해안선의 후퇴 현상에 의해 형성되었음을 보여준다. 나즈막한 산등성이와 좁고 습한 평지들로 이루어진 이 섬의 일반적인 구성 요소는 사암(砂巖)이다. 예외가 있다면 부킷티마[7] 일대로서, 석영(石英)을 약 18% 함유한 화강암층으로 되어 있다. 로우 대령은 자신의 저서에서 이

---

[7]　Bukit Timah. 싱가포르에서 가장 높은(163미터) 시내 중심부의 한 지점으로, "주석(朱錫) 언덕"이라는 뜻을 지닌다. 약칭은 Bt. Timah.

화강암층을 여덟 종류로 세분하였다. 화강암 위에 덮인 토양은 꽤 얇지만 반암(斑岩)이나 운모(雲母)가 아니고, 잘 부서지지 않으며, 다량의 부식토(腐植土)를 함유하고 있다. 사암은 색상이 다양하다. 어두운 색을 짙게 띠는 부류는 원래 있던 장소에서는 급속히 황토로 분해되지만, 채석장에서 갓 캐낸 것은 건축용으로 쓸 수 있다. 모든 사암은 철을 다량 함유하는데, 홍토(紅土)로 알려진 철광석은 무신경한 관찰자의 눈에도 띨 만큼 이 섬에서 흔한 광물질이다. 그것은 간혹 광맥으로 묻혀 있기도 하지만 언덕 양편의 넓은 지층에 들어있는 경우가 더 많으며, 도로 건설을 목적으로 대량 채굴된다. 화강암 지층은 망간도 함유하고 있는데, 이 성분은 굵은 모래만한 것부터 직경 15~20피트에 달하는 큰 덩어리까지 발견된다. 바깥쪽은 정향(丁香)과 같은 갈색이고, 안쪽은 다공질(多孔質)로서 밀도가 다양하다. 갓 캐냈을 때 대개는 칼로 자를 수 있을 만큼 무르지만, 곡괭이가 들어가지 않을 만큼 단단한 것도 있다. 덩어리 상태에서는 자성(磁性)을 띠지 않으나, 분쇄하면 자철 알갱이들이 내포되어 있음을 알 수 있다. 또 공기에 노출되면 상당히 딱딱해진다. 동석(凍石)과 좀 비슷하면서 빨간색, 흰색 또는 초록빛 줄무늬를 지닌 물질이 점토층에서 발견되는데, 만지면 꽤 미끄러우며 간혹 섬유 조직으로 되어 있기도 한다. 싱가포르의 계곡과 평지에는 6인치에서 2피트에 이르는 다양한 두께의 토탄질 기층(基層)이 존재한다. 이 기층 밑으로 열이 닿지 않는 점토층, 그리고 더 아래에는 모래점토층이 있다. 많은 구역에서 우수한 품질의 고령토가 대량으로 발견된다.

원래의 마을은 남동쪽 해변을 따라 약 4마일에 걸쳐 있으며, 내륙 방면으로는 1/2마일에서 3/4마일까지 다양한 모습을 보인다. 이에 비해 상류층 유럽인들의 주거는 대부분 훨씬 뒤쪽으로, 대성당 주위 3.5마일 반경 내에 위치한다. 거류지 구역은 거의 평지이다. 이 섬에서 가장 높은 곳은 500피트밖에 안 되는 언덕으로, 시내에서 7마일 정도 떨어져 있다. 거류지의 도로들은 잘 정비되어 있으며, 열대 초목이 무성하여 그늘이 많다. 이에 반해 원래의 마을에 있는 도로는 폭이 넓고 쇄석도 잘 깔려 있지만, 배수구와 하수도 같은 건축학적 요소를 놓고 볼 때 거류지보다 못하다. 시내의 현지인 구역은 온갖 종류의 오물과 장애물 투성이며, 상업지구의 건물들도 유럽인의 손이 닿은 동양의 다른 도시들에 비하면 적잖이 초라하고 뒤떨어진다. 그러나 총독 관저, 정부 청사, 경찰 막사, 치안재판소, 우체국, 도서관, 박물관, 공회당, 홍콩상하이은행 등은 훌륭한 건물이며, 거류지에 있는 멋진 클럽회관은 동양의 그 어느 것과 견주어도 손색이 없다. 래플스 경의 멋진 동상이 바다와 마주보는 산책로에 서 있다.

싱가포르에는 규모는 작지만 멋들어진 개신교 교회당이 있다. 세인트앤드루 대교회(大教會)라고 불리는 이것은 1861년에 세워진 고딕양식 건물로, 첨탑이 달린 높이 20피트의 탑이 있다. 힐스트리트에는 깔끔한 외양의 장로교회, 아르메니아 정교회 소속 성(聖) 그레고리우스 교회 그리고 여러 선교회의 예배당들이 있다. 로마가톨릭교회로는 '착한 목자(牧子)'에[8] 봉헌된 널찍한 대성당 하나가 브라스바사로드와 빅토리아스트리트의 모퉁이에 자리 잡고 있다. 퀸스트리트의 세인트피터·세인트폴 교회, 빅토리아스트리트의 세인트조셉 교회 등이 있고,

---

8　Good Shepherd. 원래 기독교에서 그림이나 조각으로 이미지화 된 "양떼를 위해 자기 삶을 내려놓은 양치기"를 지칭하는 것으로, '예수 그리스도'를 의미한다.

그 외에도 외곽에 작은 교회들이 있다. 말끔한 유대교 회당 하나도 워털루스트리트에 자리 잡았다. 주요 학교로는 래플스 재단이 세운 것과 그리스도교 수사회가 세운 것, 그리고 영중(英中)학교[9] 등이 있다. 래플스 재단의 여학교와 수도원은 개신교와 로마가톨릭 소녀들에게 교육 기회를 제공한다.

싱가포르클럽은 중심부 요지에 좋은 건물을 갖고 있다. 레크리에이션, 사냥, 조정, 사격, 크리켓, 테니스, 미술, 독서 등을 위한 각종 클럽이 있고, 중국연구협회도[10] 있다. 시내에서 3마일 정도 떨어진 외곽에는 멋지게 축조된 대저택을 보유한 컨트리클럽이 있는데, 이곳에서는 무용과 아마추어 연극이 종종 공연된다. 독일인 집단도 유사한 기구를 가지고 있다. 1887년 10월에 전용 신축 건물로 이전한 래플스 도서관과 박물관은 훌륭하게 관리되는 기관으로 정평이 나있으며, 특히 박물관은 개관 이래 눈부시게 발전해 왔다. 래플스 도서관은 16,000권이 넘는 책을 소장하고 있다. 대부분 권위 있는 근대의 저술로서, 고인이 된 로건 씨의[11] 귀중한 언어학 총서도 비치되어 있다.

이곳에는 좋은 호텔이 몇 군데 있으며, 그 중에서 최고는 래플스호텔이다. 신문으로는 『스트레이츠타임즈』,[12] 『싱가포르프리프레스』[13] 그리고 『관보』가 있는데, 앞의 두 대표적인 일간지는 주간지도 함께 발행

---

9   Anglo-Chinese School. 1886년 싱가포르와 인도네시아에 설립된 감리교 계통의 교육기관으로, 이 교명(校名)은 주간에는 중국어로 그리고 야간에는 영어로 수업을 한 것에서 유래되었다.
10   Celestial Reasoning Association.
11   Mr. James Richardson Logan(1819~1869).
12   *Straits Times*.
13   *Singapore Free Press*.

한다. 중국 일간지도 『역보(叻報)』와[14] 『상보(商報)』[15] 두 종이 있고, 말레이 신문은 『자위페라나칸』과[16] 『빈팅티모르』가[17] 발행되며, 타밀어 신문도 한두 종 있다.

싱가포르의 도크 시설은 넉넉하다. 탄중파가르도크회사는[18] 시내 서쪽 약 1마일 지점에 부지를 보유하고 있다. 이곳의 훌륭한 부두는 많은 선박이 동시에 정박하기에 충분한 시설을 제공하며, 수량이 풍부해서 흘수가 아무리 깊은 배라도 접안할 수 있다. 이곳에 설치된 방파제는 높은 파도와 거센 조류로부터 부두를 보호해준다. 이 부두에는 상품 보관용 대형 창고가 들어서 있으며, 그 옆에는 50,000톤을 비축할 수 있는 석탄저장고도 있다. 철로를 이용해서 오가는 손수레들이 선박들의 하역 작업에 요긴하게 도움을 준다. 상용 부속시설로는 길이 450피트에 입구 너비 65피트인 빅토리아 도크와 길이 485피트에 입구 너비 60피트인 앨버트 도크 등 두 개의 건선거가 있고, 그 외에 기계공작소와 보일러 그리고 돛대용 기중기 등이 있다. 뉴하버도크회사의 부지는 서쪽으로 3마일 더 떨어진 곳에 있다. 여기에는 두 개의 도크가 있는데 길이가 각각 375피트와 444피트이며, 탄중파가르도크회사와 마찬가지로 창고와 작업장을 갖추고 있다. 또 탄중루에 인양선가도 하나

---

14   *Lat Pau.*
15   *Sing Pau.*
16   *Jawi Peranakan.* 원래 인도계 무슬림 상인의 동남아시아 혼혈 후손들을 지칭하는데, 현지 여러 지역에서 최초로 발행된 신문들에도 그 이름이 사용되었다.
17   *Bintang Timor.* '동쪽의 별'을 의미한다.
18   Tanjong Pagar Company. 싱가포르의 정치인이자 사업가인 딴킴칭(Tan Kim Ching, 陳金鐘, 1829~1892)이 1864년 거트리회사(Guthrie and Company)와 합작 설립한 토건기업으로, 정식 명칭은 Tanjong Pagar Dock Company(丹戎巴葛). 'tanjong'은 곶, 갑(岬), 반도(半島)를 뜻하는 단어로서 'tanjung'의 옛날식 표기이다.

있는데, 길이가 429피트이고 너비는 76피트이다. 귀금속을 제외한 싱가포르의 무역액은 1898년에 수입 170,733,470달러, 수출 141,209,338달러였다. 1897년에는 수입 153,151,049달러, 수출 127,914,626달러였고, 그 전년도에는 수입 137,220,000달러, 수출 114,631,000달러였다.

1891년 조사된 싱가포르섬의 인구는 184,544명으로, 중국인이 121,089명이고 말레이인이 35,992명이었다. 이 수치는 1881년 인구조사 때보다 45,336명 증가한 것이다. 유럽인과 미국인은 군인 1,160명을 포함하여 5,254명이고, 유라시아 인구는 총 3,589명으로 집계되었다. 인도 출신은 16,035명이었는데, 그 중 12,503명이 타밀인, 3,452명이 벵골인, 26명이 버마인, 그리고 54명이 파시교인들이었다. 기타 국적으로는 가장 많은 아랍인 806명을 필두로, 일본인 287명, 태국인 211명, 유대인 190명, 싱할리족 159명, 아르메니아인 68명 등 총 1,776명이었다. 싱가포르 시내의 주민은 약 97,000명이다.

싱가포르의 기후는 살기 좋기로 유명하다. 이 섬은 악성 소아 질환이 거의 없기 때문에 의학서 저자들은 이곳을 '아이들의 천국'으로 묘사한다. 적도와 가까이 있음에도 불구하고 평상시에 매일 내리는 비가 열기를 완전히 식혀주기 때문에 많은 사람들이 이불을 덮고 잔다. 그렇지만 건기가 한 달에서 6개월까지 지속된다. 톰슨[19] 씨는 『인도 군도·동아시아 저널』에서[20] 이곳의 기후를 다음과 같이 서술하였는데, 그 내용은 지금도 유용하다 : "싱가포르는 적도에서 80마일 떨어져 있

---

19   John T. Thomson(1821~1884).
20   Journal of the Indian Archipelago. 정식 명칭은 Journal of the Indian Archipelago and Eastern Asia.

지만 물이 풍부하다. 이는 물방울들이나 부드럽고 시원한 소나비가 모
여 생성된 것으로, 대기를 서늘하게 유지시켜주고, 태양의 뜨거운 열
기를 막아주며, 지속적으로 생기를 북돋운다. 사나운 강풍이 부는 경
우는 절대 없다. 보통 이상의 열기가 수증기와 전류를 모으면 폭우를
동반한 돌풍이 찾아오는데, 한두 시간 넘게 지속되는 경우는 거의 없
다. 이 돌풍은 인도양 계절풍과 같은 방향에서 불어온다. 서쪽에서 오
는 '수마트라스'라는[21] 것이 가장 강력하고 횟수도 많은데, 주로 새벽
1~5시에 발생한다. 11월부터 3월까지 북동 계절풍이 불고 나면, 바람
은 남동쪽으로 방향을 튼다. 그런 다음에 서서히 남서쪽으로 자리를
잡고, 9월까지 이 풍향을 유지한다. 북동 계절풍이 남서 계절풍보다 한
결 지속적으로 불며, 온도는 1~2° 더 낮다. 최근 수년간 관측된 평균
강우량은 92.697인치이다. 연중 강우일은 180일이며, 따라서 비가 오
는 날과 맑은 날이 수적으로 거의 같다. 비가 끊임없이 이어지는 경우
는 없고 연중 꽤 고르게 내리지만, 1월에는 강우량이 제일 많다. 싱가
포르의 평균 기온은 화씨 81.247°이다. 최저 기온은 79.55°이고 최고
기온은 82.31°이며, 연교차는 2.76° 미만이다. 싱가포르섬의 기온은 같
은 위도에 있는 다른 지역들보다 대략 9.90° 낮다. 그리고 이곳 거류지
의 초창기인 20년 전과 비교해 보면 평균 기온이 2.48° 상승한 것으로
나오는데, 건물이 늘어난 탓도 있지만 관측 지점인 시내로부터 내륙
쪽으로 3마일에 걸쳐 벌목이 이루어진 결과라는 사실은 분명하다. 기

---

21 Sumatras. 이는 Sumatra Squall Lines(SSL)이라고도 하는데, 남서 계절풍의 영향으로
보통 4월부터 11월까지 야간에 수마트라 상공에서 발달하여 동트기 이전 혹은 이른
아침에 말레이반도 서해안과 싱가포르 쪽에 도달하는 돌풍을 지칭한다.

온을 통해서 확인된 이곳 기후의 전반적인 특징은 열기가 대단하고 지속적이라는 점, 하지만 그것이 과도하지는 않다는 점, 여름과 겨울의 기온차가 1~2° 정도밖에 안 될 만큼 계절에 따른 변동이 미미하다는 점 등이다. 뇌우(雷雨)는 자주 발생한다. 그러나 천둥은 내가 자바에서 경험했던 것만큼 심하지 않으며, 생명이나 재산에 피해를 주는 경우도 거의 없다."

"이곳은 식물학적으로 몇 가지 흥미로운 점들이 있다. 인도계와 호주계의 연결고리인 이곳에는 양쪽 모두의 종(種)과 다수의 속(屬)이 공존한다. 야자, 시타미네아,[22] 아로이데아,[23] 아르토카르페아,[24] 대극(大戟), 마삭나무, 물레나무, 메꽃, 콩 등등, 하나같이 다량으로 존재하는 이들 과(科)의 식물군은 인도계이다. 카수아리나, 협죽도(夾竹桃), 특히 멜라루카와[25] 프로테아 등의 과(科)에 속하는 것들은 호주와의 연관성을 보여 준다. 원시림이 벌목된 후, 그리고 식물왕국에서 공동의 해악인 쇠풀이 자리를 잡기 전에 통상적으로 돋아나는 초목들의 속(屬)으로는 멜라스토마, 미르테, 모린다, 가지, 딸기, 카말라, 클레로덴드룸, 코메르소니아, 무화과나무, 시계꽃 등이 있다. 숲에는 목재용 수목이 엄청나게 많은데, 대부분 높고 크게 자란 것들이다. 약 200종이 수집되었으며, 그 가운데 6종 가량은 가옥이나 선박을 만들기에 적합한 목재를 제

해협식민지

---

22 scitamineae. 멍에 모양의 꽃을 가진 외떡잎 식물목 집단을 포괄적으로 총칭하는 용어이다.
23 aroideae. 천남성(天南星)과에 속한 현화(顯花) 식물.
24 artocarpeae. 뽕나무과 식물.
25 melaleucae. 호주 일대 원산(原産)의 도금양 과(科) 관목 또는 교목인데, 통상적으로 '작은 잎 브러시나무'를 일컫는다.

싱가포르 존슨 부두

공한다. 티크는 그리 많지 않다. 유용한 구타페르카를[26] 산출하는 식물
2종과 탄성 수액이 나오는 무화과나무 등도 숲에서 자란다. 그러나 이
품목들은 목재와 마찬가지로 싱가포르에서 자체 조달해서 사용하지는
않고 이웃 대륙의 더 광대하고 접근성이 좋은 숲에서 들여온다."

싱가포르의 동물 생태는 코끼리, 코뿔소, 맥(貘), 황소 같은 큰 짐승
몇 종만 없을 뿐, 이웃 대륙과 다르지 않다. 이 섬에서 가장 큰 고양이
과 토착 동물은 작은 표범이다. 말레이인들은 이것을 하리마우단이라
고 부르는데, '나뭇가지' 혹은 '기어오르는 호랑이'를 의미한다. 호랑이

---

26 gutta-percha. 구타페르카 나무의 가지 또는 잎에서 채취한 유액(乳液)을 건조시킨
고무 성질의 천연수지로, 전기 절연재, 씹는 껌, 골프공 등의 기초 재료로 이용된다.

는 영국인들의 정착 초창기만 해도 이 섬에 없는 것으로 알려져 있었으며, 그로부터 5~6년 후 처음 모습을 드러냈다. 그것은 대륙에서 건너온 것으로 보이는데, 사람들의 목소리나 다른 동물들의 울음소리에 이끌렸던 것이 확실하다. 이 짐승은 크게 번식하였으며, 매년 200~300명의 인명을 해치는 주범으로 간주되면서 거류지 최대의 골칫거리가 되었다. 호랑이를 잡는 사람에게 마리당 50달러라는 거액의 포상금이 항상 주어졌기 때문에 많은 수가 함정에 빠져 포획되기는 했지만, 근절 시도는 오랫동안 별다른 성과를 거두지 못했다. 그러나 사람들의 주거가 확산됨에 따라 자연스럽게 결과가 나타났다. 이 섬과 조호르 사이의 좁은 해협을 헤엄쳐온 호랑이들과 간혹 마주치기는 하지만, 현재 밀림에 존재하는 것은 아마도 6마리를 넘지 않을 것이다. 족제비과 중에서는 말레이의 '야자나무 사향고양이'인 무상과 오소리만한 몸집의 '아시아 사향고양이' 빈투롱 2종이 싱가포르에 서식한다. 수달은 해안에 이따금 나타날 뿐, 드문 편이다. 멧돼지는 수효가 많다. 사슴은 말레이반도와 수마트라에서 흔히 볼 수 있는데, 암송아지 크기의 '루사'부터 토끼보다도 작은 '펠란독'에 이르기까지 5종이 서식한다. 포유류 가운데 자주 눈에 띄는 것으로 박쥐의 한 종인 '자바 왕박쥐' 칼롱이 있다. 이것은 말레이 군도 거의 전역에서 빈번하게 출몰하는데, 크기가 갈까마귀와 비슷하고 또 무리지어 나는 모습이 까마귀 떼와 매우 흡사해서 모르는 사람은 곧잘 혼동하곤 한다. 파충류 중에서는 악어가 염수(鹽水) 개천과 해변에 흔하게 서식하고 있으나, 물고기 같은 먹이가 풍부하므로 사람을 해치지는 않는다. 말레이의 '베왁'이라는 이구아나 도마뱀이 심심치 않게 눈에 띈다. 말레이에서 '타케'라고 부르는 시끄러운 도마뱀붙이 '토케이'는 페낭에 널려있고 태국에는 훨씬 더 흔한데, 싱가포르에서도 발견된다. 식용 거북은 싱가포르 해변과 인근 섬들에 매우 많다. 유럽인과 중국인만 식품으로 이용하기 때문에 시장에서 가장 값이 싼 육류이며, 가장 큰 덩치에 속하는 무게 수백 파운드짜리도 2~3달러에 팔린다. 뱀은 이제까지 44종이 서식하는 것으로 확인되었는데, 그 중 14종은 독사이다. 널리 알려진 코브라 — '인도 코브라' — 는 입으로 독을 내뿜는 독특한 습성을 지녔다. 말레이인들의 말에 따르면 이것에 한 번 물리면 치료법이 없다고 한다. 죽은 코브라들의 길이를 재어 보니 4.5피트에서 5.25피트에 달했다. 이 파충류는 느리고 동작이 굼뜨기 때문에 쉽게 제압하고 죽일 수 있다. 공격을 받으면 성난 고양이 같은 소리를 내면서 몸뚱이를 곧추 세우고, 머리 양편의 피부를 부풀린다. 또한 맹독성 액체를 6~8피트 거리까지 내쏘는데, 눈에 들어가거나 점막 또는 노출된 상처에 닿으면 치명적이다. 킹코브라도 존재하지만 다행히 흔하지는 않다. 다른 독사들 중에서는 분가루스가[27] 유일하게 몸집이 크지만, 길이가 22피트에 달하는 큰 비단뱀도 자주 포획된다. 어류와 갑각류는 매우 풍부하며, 200여 종의 이름이 간행물 목록에 나와 있다. 그 가운데 6종 가량은 우리 영국 해안에서 나는 최고의 생선들과 충분히 견줄 만한 훌륭한 식재료이다. 그 중에서도 으뜸은 유럽인들이 즐겨 먹는 흰 병어, 우리 영국의 가자미보다 덜 감미로우나 향은 더 풍부한 말레이인들의 바왈푸테, 그리고 중국의 삼라이를 닮은 붉돔 이칸메라 등이다.

---

27   bungarus. 아시아 산(産) 독사의 일종인 크레이트(krait)를 가리킨다.

싱가포르에는 방문객들의 큰 흥미를 끌만한 곳이 몇 군데밖에 없다. 탕린에 있는 식물원, 톰슨로드의 급수장, 래플스 도서관과 박물관 등이 유일한 볼거리이다. 이 섬을 횡단하는 철도는 오랫동안 논의되어 오다가 1899년에 입법위원회의 표결을 통해 건설 승인을 받았다. 길이 14마일의 이 노선은 말레이반도와 인도를 잇는 장대한 철도의 첫 구간이 될지도 모른다. 그렇게 될 경우 이 철도는 조호르, 말라카, 토착 말레이 국가들, 태국의 일부 지역 그리고 버마 등지를 가로지르며 외부에 개방시키면서 캘커타에 이르게 될 것이다. 싱가포르와 캘커타의 거리는 2,000마일이 조금 넘는다.

3. 말라카[28]

말라카 거류지는 역사적 관점에서 볼 때 어떠한 자매 거류지들보다 흥미를 자극하는 곳이다. 하지만 페낭과 싱가포르가 건설된 뒤 상업적으로 완전히 뒷전으로 밀려났기 때문에 이 책에서는 간략하게 살펴보는 것으로 충분하다. 이곳은 휴양을 목적으로 하는 경우를 제외하고는 외국인 방문객이 거의 없다. 1511년 포르투갈인들이 처음 둥지를 튼 말라카는 동양 유일의 외국 화물 집산지로서 매우 중요한 곳이었다.

---

28 Malacca. 과거 식민지 시절의 호칭으로, 지금은 믈라카(Melaka)로 부른다.

그러나 페낭이 건설되면서 그 지위를 상실하자 항구로서의 운명도 급속히 쇠락하였다. 그렇지만 이 거류지는 새로운 도로들이 조성된 이후 농업에서 상당한 발전을 이룩하고 있다. 현지 반도의 이름이 이곳 지명을 딴 것이고[29] 또 영중(英中) 양국 연구의 요람이었다는 점이 지난날 이곳의 중요성을 입증하고는 있지만, 지금의 말라카는 동양에 있는 전체 영국인 거류지 중에서 유럽적 색채가 가장 약한 곳이다. 이곳의 거류지는 길이가 약 42마일이고 너비는 8~25마일이며, 싱가포르 주재 총독의 지휘를 받는 총주재관이 관장한다.

말라카 땅의 지질학적 구성 요소는 주로 화강암이며, 몇몇 지대는 지질학자들이 홍토(紅土)라고 부르는 붉은 점토질 철광석으로 덮여 있다. 저지대 평원은 대부분 충적토이며, 토양은 모래가 섞인 부식토로 이루어져 있다. 광산으로는 철, 금, 주석 등의 금속이 매장된 곳들이 있다. 지표면은 낮고 완만한 능선들과 좁은 계곡들로 이루어진 까닭에 전반적으로 기복이 있다. 꽤 높은 고도를 지닌 산으로는 레이반도의 레당이 유일한데, 포르투갈인들이 '오피르'라고 부른 이 산은 해발 4,400피트이다. 하지만 이것은 자바, 발리, 롬복 등의 화산섬이나 아직도 화산 활동이 일부 존재하는 인근 수마트라의 주요 산들에 비하면 높이가 절반도 안 된다.

말라카의 광물 생산은 한때 전망이 매우 좋아 보였다. 금은 1857~1858년에 연간 1,500온스까지 생산되었다. 하지만 그 후로는 산출이 감소하여 현재 작업을 멈춘 상황이다. 주석도 같은 시기에 큰 중요성

---

29 오늘날 '말레이' 반도의 초창기 명칭이 '말라카' 반도였음을 이른다.

을 지녔었다. 최초의 주석 광산은 1793년에 문을 열었으나 크게 활성화되지 못하였고, 1848년에 와서야 연간 5,000헌드레드웨이트의[30] 생산량을 기록하였다. 그 실적은 1858년까지 증가하였으며, 많은 중국인들이 이 작업에 고용되었다. 그러나 세광(洗鑛) 재료인 노천 주석이 고갈된 데다가 토착 말레이 국가들의 산출량이 많아지면서 말라카의 광산업은 금과 주석 모두 사업성이 충분한 매장량을 보유했음에도 불구하고 사실상 방기되었다.

말라카의 기후는 적도 부근 100마일 거리 이내의 해안 지역이 늘 그렇듯이 덥고 습하다. 응달의 기온은 화씨 72~80°인데, 72° 이하인 경우는 거의 없고 80° 이상인 경우도 많지 않다. 기압계 수치는 29.8인치부터 30.3인치까지만 나온다. 열기가 끊이지 않고, 대단히 습하며, 늪지도 많다. 그렇지만 적어도 시내는 놀라울 정도로 살기가 좋다. 이와 관련된 호평은 포르투갈인들이 점령했던 초창기를 제외하곤 언제나 이어져 왔다.

말라카는 조류학자와 곤충학자들에게 다양한 매력을 가진 곳이다. 그러나 포유류는 다른 열대 지역들에 비해 풍부하지 못한 편이다. 호랑이, 검은 표범, 야생 고양이, 사향고양이 무상과 빈투롱, 코끼리, 외뿔코뿔소, 맥 등의 네발짐승 9종과 사슴 6종 그리고 들소 2종이면 서식 동물 목록이 거의 꽉 찬다. 사냥 애호가들은 호랑이부터 메추라기까지 잡을 수 있다. 유럽인들이 약 3세기 전부터 이곳에 발을 들여놓았는데도 1816년에야 맥의 존재가 알려졌다는 사실은 놀랍기만 하다. 호랑이는

---

30 cwt. 이는 hundredweight의 약자인데, 1 cwt는 영국에서 112파운드로 환산된다. 그러므로 여기서 말하는 "5,000 cwt"는 대략 560,000 파운드에 상당한다.

말라카

조호르

포르투갈인들의 점령 초기에 아주 많았는데, 주민들이 궁핍한 것은 정말로 호랑이 탓이라고 말할 정도였다. 새와 곤충은 물론이고 파충류도 대단히 많다. 뱀, 도마뱀 그리고 악어는 반도 어디에나 빠짐없이 있지만, 새만큼은 이곳이 다른 지역들보다 훨씬 더 다양하다. 식물의 경우는 주변 나라들에 모두 있는 것으로서 이곳만의 특색이 존재하는 것은 아니다. 갑각류는 해안과 육지를 통틀어 몇 종 안 되는데, 이는 석회암이 존재하지 않기 때문이라고들 설명한다.

말라카에 스포츠맨이나 박물학자가 찾아낼 수 있는 흥밋거리 이상의 매력은 없다. 이미 알려진 토착민과 유럽인 간의 영토 쟁탈전 같은 유혈 낭자한 격투를 좇아 탐험 안내 잡지들에 실린 명소들을 둘러보고 싶은 사람들만이 이곳에 매혹될 수 있을 것이다. 말라카의 인구는 1891년에 92,170명으로, 1881년의 93,579명에서 1,409명 감소하였다. 같은 해의 시내 거주 인구는 16,053명이었다. 무역은 귀금속을 제외하고 1898년에 수입 1,916,252달러, 수출 2,173,157달러였는데, 그 전년도에는 수입 2,064,007달러, 수출 2,415,702달러였다.

4. 페낭[31]

페낭은 원래 말레이반도 서쪽 해안의 북위 5° 선상에 위치한 섬을 가리키는 것으로, 이전에는 "프린스 오브 웨일즈"라는 이름으로 불렸다.[32] 이 섬은 2마일에서 10마일에 달하는 다양한 너비의 해협 건너편에 있는 딘딩스 및 '웰즐리 지방'으로 알려져 있는 길쭉한 구역과 더불어 식민지 정부를 구성하는데, 중요도에 있어 이른바 해협식민지 셋 가운데 둘째를 차지한다. 면적이 약 107제곱마일에 달하는 페낭섬은 길이가 15마일이고, 폭은 가장 넓은 부분이 9마일이다. 한편 웰즐리 지방은 해안을 따라 45마일에 걸쳐 있는데, 평균 너비는 8마일이고 면적은 270제곱마일로서 딘딩스보다 200제곱마일 가량 넓다. 페낭의 중심 도시는 조지타운이다.[33] 그러나 '빈랑'을 뜻하는 섬의 이름 '페낭'이 이 도시에도 똑같이 사용되게 되었기 때문에 조지타운이라는 고유 지명은 거의 통용되지 않고 있다.

페낭은 케다의 군주에게[34] 매년 10,000달러를 지불하는 조건으로 동

---

31 Penang. 오늘날 페낭은 말레이시아의 한 주(州)로, 지방정부 수도 조지타운(George Town)이 소재한 페낭섬 풀라우피낭(Pulau Pinang)과 말레이반도 내 세베랑페라이 (옛 웰즐리 지방)의 두 부분으로 되어있다.

32 Prince of Wales' Island. 영국의 해군장교 라이트(Francis Light, 1740~1794)가 페낭섬을 임차한 뒤 영국 왕세자에게 붙는 관례적 칭호를 빌어 개명한 것이다.

33 George Town. 영국령 "페낭의 창건자" 라이트가 당시 국왕 조지 3세를 기려 페낭섬의 영국인 거류지에 붙인 지명이다.

34 Rajah of Kedah. 케다 술탄국의 통치자 압둘라 무카람 샤(Abdullah Mukarram Shah, 1778~1797 재위)를 가리킨다. 라자(Rajah 또는 Raja)는 원래 "인도의 왕, 왕후, 영주"를 지칭하는 옛 용어로, 말레이반도 일대와 자바 지방에서 수장(首長)에 대한 경칭으로 쓰였었다.

인도회사를 위해 일하던 그 유명한 라이트 대위가 1786년 양도받았다. 그로부터 13년 뒤에 이루어진 웰즐리 지방의 할양 역시 같은 절차를 밟았다. 이곳 페낭은 1805년에 총독부 등급으로 승격되면서 말라카를 압도할 것처럼 상승 기세가 대단하였다. 한편 싱가포르는 거류지로서 아직 알려져 있지 않았다. 1826년에는 말라카와 싱가포르가 페낭에 통합되었다. 그런데 이 셋은 각기 이전의 명칭을 유지하였으며, 이는 지금도 마찬가지이다.

하지만 나이 많은 '언니'에게 가려져 있던 싱가포르의 운세가 트이면서 페낭은 쇠락의 길로 접어들었고, 결국은 1837년에 정부 본거지가 싱가포르로 이전하였다.

페낭 거류지는 총독의 지배를 받으며, 싱가포르에 소재한 입법위원회의 민간 의원 2명을 할당받는다. 무역에서는 수마트라 내 네덜란드인 거류지들과의 사업 거래가 중요한 부분을 차지한다. 페낭이 상업 세계에서 과거에 누렸던 지위를 되찾을 듯싶지는 않지만, 앞으로도 그 중요성은 언제나 일정 수준 유지할 것이다. 석탄집산지와 군함기지로 안성맞춤인데다가, 언제까지나 영국의 영향력이 발휘되는 주요 거점이 되어야 할 웰즐리 지방 정부의 실질적 소재지이기 때문이다. 탄중파가르도크회사는 웰즐리 지방 페라이강[35] 어귀의 건선거를 임대주고 있다. 이것은 길이 250피트에 출입구 너비 50피트의 시설로서, 100피트 길이의 도크도 하나 갖추고 있다. 조지타운은 평지에 건설되었다. 그 뒤편으로는 언덕이 솟아 있는데, 페낭 사람들은 그것 덕분에 이 섬

35 Perai. 원문은 옛날식 영문 표기인 **Prye**. 과거에는 Prai, Trai 등도 사용되었다.

페낭

에서의 생활이 식민지 내 그 어느 곳보다도 즐겁다고 말한다.

페낭의 지층은 화강암 성분으로, 이 암석이 분해되어 만들어진 거친 모래나 딱딱한 점토로 덮인 곳이 많다. 그리고 다시 그 위로 다소 두터운 부식토 층이 깔려있다. 시내와 그 변두리 일대 3마일 가량의 평지를 제외하곤 섬 전역이 구릉과 협곡으로 이루어져 있다. 페낭에 상업적 가치를 지닌 광물은 없다.

페낭에서는 주기적인 계절풍의 영향이 말라카해협의 동쪽 끝보다 더 확연하게 감지된다. 왜냐하면 이 해협이 서쪽으로 넓게 벌어져 있는데다가 벵골만과 가깝기 때문이다. 북동 계절풍이 부는 11월부터 3월까지 맑고 안정된 날씨가 지배적이며, 남서 계절풍이 부는 4월에서

10월까지는 비가 내린다. 그러나 비나 가뭄 모두 오래 지속되지는 않는다. 연중 평균 온도는 해수면에서 80°이고 주거지 가운데 가장 높은 지점인 2,500피트에서는 70°이며, 연교차는 20°쯤 된다. 바람이 잘 통하는 곳은 어느 열대 지방 못지않게 살기 좋다. 다만 꽉 막혀서 통풍이 안 되는 몇몇 계곡 지대에는 말라리아로 인한 피해가 있다고 하는데, 그런 곳은 몇 군데밖에 없고 유럽인들이 살지도 않는다.

주요 포유류는 원숭이, 로리스 원숭이, 멧돼지 그리고 2종의 사향고양이 무상과 빈투롱 등이다. 조류 계통으로는 특기할 것이 없다. 곤충학자들에게 이 섬은 즐거운 채집터로서, 산등성이에 멋진 종류의 나비들이 아주 많다. 페낭의 식물 생태는 유난히 풍부하며, 이 반도의 어느 곳보다도 잘 알려져 있는 듯하다. 종려나무, 대나무, 바나나를 비롯한 과일나무들과 육두구 등이 산비탈을 뒤덮고 있으며, 양치류도 넘쳐난다. 고지대에는 싱가포르나 말라카의 평지에서는 제대로 생장하지 못할 많은 꽃과 기타 식물이 잘 자라고 있다.

페낭이라는 이름이 명시하듯[36] 이곳의 주요 산물은 빈랑으로, 각종 과일 및 육두구와 더불어 으뜸가는 토산 무역 품목이다. 한때 가장 중요한 사업 품목이었던 육두구는 반도 전역을 일제히 덮친 마름병으로 피폐된 적이 있다. 그러나 지금은 회복되어 페낭 육두구가 시장에서 높은 평판을 받고 있다. 엄밀히 말해서 농업이랄 만한 것은 없다. 후추는 초창기 한때 연간 350만 파운드까지 생산한 시절이 있었다. 하지만 다른 지역들, 특히 인도네시아와의 경쟁으로 치명타를 입었다. 그리하

---

[36] 페낭의 말레이어 지명이 풀라우피낭(Pulau Pinang)이고 중국어로는 빈랑위(檳榔嶼)인데, 모두 '빈랑섬'을 의미한다.

여 지금은 소량만 경작될 뿐이고, 수출 품목에 끼지도 못한다.

페낭과 페락을 잇기 위한 철도가 현재 건설 중이다. 페낭 방면으로의 종착역은 페라이에 있고, 여기서 연락선을 통해 페낭 시내와 연결된다. 총연장 317마일의 이 노선은 페낭을 포트딕슨과[37] 연결할 예정인데, 추후 북쪽으로 버마 그리고 동쪽으로 태국까지 연장될 가능성도 있어 보인다.

조지타운에는 매력적인 것이 별로 없다. 공공건물들은 볼품이 없다. 하지만 정부청사는 예외로서, 1889년 부두 근처에 들어선 멋진 신식 건물이다. 중심부에 위치한 세인트조지 교회는 80년 된 소박한 건축물이다. 또한 로마가톨릭교회 하나와 선교회 예배당 몇 군데가 있다. 1891년의 인구조사에 따르면, 페낭과 웰즐리 지방의 총인구는 108,117명이었다. 수입액은 귀금속을 제외하고 1898년 59,175,573달러, 1897년 50,650,792달러였고, 수출액은 1898년 55,655,773달러, 1897년 48,703,837달러였다.

---

37 Port Dickson. 원래 탄광이 있어서 '석탄'을 의미하는 아랑(Arang)이었는데, 1820년대에 영국군이 항구를 건설하면서 포트딕슨(중국명 波德申)으로 개명되었고 현지인들은 '곶'이란 뜻의 탄중으로도 불렀다. '딕슨(Dickson)'이란 지명은 항구 개발 책임자였던 영국인의 이름에서 비롯되었다고 전해진다.

5. 조호르[38]

이 나라는 말레이반도 남부 지역의 약 9,000제곱마일을 점하고 있다. 독립성을 지니고 있으나 대외 정치와 관련해서는 영국 정부의 보호를 받는 술탄이 통치한다. 현재의 술탄 이브라힘은[39] 1873년 출생으로, 작고한 부친 아부바카르 술탄을[40] 계승하여 1895년 11월 2일 즉위하였다. 조호르는 물질적 풍요를 누리며 눈부신 진보를 이루어 왔다. 이곳의 질서정연한 분위기가 거액의 유럽 자본을 유인해서 농장 사업에 투자하도록 만들었기 때문이다.

수도는 조호르바루이다. '신(新) 조호르'라는 의미인데, 조호르강의 널따란 어귀로부터 몇 마일 위쪽에 있는 과거 조호르 술탄들의 본거지 조호르라마, 즉 '구(舊) 조호르'와는 확연히 구분된다. 규모는 작지만 번성하고 있는 이 신도시는 본토 지역 가운데 싱가포르섬과 가장 가까운 곳으로, 싱가포르 시에서 북동쪽으로 약 14마일 거리의 북위 1° 26′에 위치한다. 주민은 20,000명 정도로, 대부분 중국인이다. 공공건물로는 왕궁, 재판소, 경찰서, 막사, 형무소, 병원, 시장, 기차역, 이슬람사원 등이 있다. 중국인 소유의 증기기관 제재소가 하나 있는데 높은 수익을 올린다. 물은 12.5마일쯤 떨어진 산등성이의 물줄기를 배수관으로

38 Johor. 원문은 Johore. 보석을 가리키는 페르시아어 'Jauhar'에서 유래된 지명이다. 원래 1511년 포르투갈이 말라카를 정복한 뒤 피신해 온 술탄 일가에 의해 건설된 말레이반도 남단의 왕국으로, 조호르해협을 사이에 두고 싱가포르와 마주보고 있다.
39 Ibrahim 2세(1873~1959).
40 Sultan Abubakar(1833~1895).

해협식민지

끌어오는 설비가 1890년 3월부터 가동되어 풍부하게 공급된다. 도로들은 잘 닦여 있으며, 파당 구역의 수요에 부응하기 위해 8마일 거리의 파릿자와까지 가는 경철(輕鐵) 노선이 1890년에 완공되었다.

이 나라 인구 구성상의 특징은 말레이인보다 중국인이 많다는 점이다. 정확한 수치는 확인되지 않았으나, 말레이인 35,000명, 중국인 150,000명, 자바인 15,000명 등 총 200,000명으로 추정된다. 그 가운데 절반 이상이 조호르해협[41]에서 15마일 이내에 살고 있다. 중국인들은 주로 갬비어와[42] 후추를 재배하며, 싱가포르와 가장 가까운 반도 남단 일대에 흩어져 산다.

유럽인 개척자들은 최근 수년간 사고야자, 담배, 커피, 차, 카카오 등을 대량 경작하는 몇 가지 실험을 진행하였다. 이 작물들은 바투파핫, 풀라우코콥, 판티, 조호르바루, 펭게랑 등의 5개 구역에서 재배되었는데, 그 중 어떤 것들이 안정적인 사업거리가 될 수 있을지는 아직 모른다.

오늘날 조호르의 주요 수출품은 갬비어, 후추, 사고야자 등의 정성들여 기른 작물들과 목재, 등나무, 다마르[43] 같은 천연 산물들이다. 이들 생산품은 거의 모두 싱가포르에서 선적된다.

이 나라에 정말로 풍부한 광물로는 철이 유일한데, 어느 곳에서도 채

---

41 원문은 Straits of Singapore인데, 이 해협은 싱가포르섬 남쪽에 있고 이 섬의 남북 너비가 120마일이라는 사실을 고려할 때 착오가 있었던 것으로 보인다.

42 gambier. 갬비어 나무의 잎이나 어린 가지에서 추출된 수액을 건조한 것을 지칭한다. 이것은 직물 염색이나 가죽의 무두질 등에 공업용으로 사용되며, 지혈·진통·방부·소염 등에 효과가 있어 의약품 원료로도 쓰인다. 말레이 제도 원산으로 조호르를 비롯하여 자바, 수마트라, 보르네오 등지에서 생산된다.

43 dammar. 다마르 나무의 껍질에서 추출된 경질 수지(樹脂)를 가리키는데, 바니시, 래커 등의 원료로 사용된다.

굴하고 있지는 않지만 거의 어디에나 묻혀 있다. 주석 광맥이 몇 곳 알려져 있으며, 금은 한두 군데에 있다. 주석은 셀루앙에서 소량 채굴될 뿐으로 카리문자와 제도기[44] 합병되지 않는 한 대량 생산은 사실상 불가능하다. 이 군도는 현재 조호르와 정치적으로 분리되어 있지만 지질학상으로는 그 일부를 이루는데 과거에 조호르 왕국의 속령이었다.

사륜마차와 증기선이 싱가포르까지 매일 다니며, 우편물과 승객 모두 거기에서 다시 어느 항구로나 쉽게 갈 수 있다. 조호르바루와 싱가포르 간의 전신이 개통되어 있다. 이곳과 싱가포르를 잇는 철도는 1899년에 해협식민지 입법위원회로부터 건설 계획안을 승인받았으므로 머지않아 착공될 것이다.

6. 말레이국 연합[45]

1) 개관

여기에 속한 영국의 피보호국은 영국인 주재관이 파견된 페락, 셀랑

---

44 Karimunjawa. 카리문섬을 비롯하여 인도네시아 자바해에 산재한 27개 도서의 총칭이다. '자바(Java)에서 던진 돌멩이가 닿는 곳'을 의미한다고 하는데, Crimon Java, Karimun Java, Karimunjava 등으로 다양하게 표기된다. 원문은 islands of the Carimons.
45 Federated Malay States.

고르, 네그리셈빌란, 파항 등의 네 곳이다. 이들은 1896년 7월 1일에 연방으로 통합되었으며, 행정은 총주재관 직위를 가진 영국인 관료가 관장한다. 각 나라마다 영국인 주재관이 배치되어 있으며, 토착 지배자들은 기존의 명칭과 권위를 유지한다. 본부 청사는 셀랑고르 지방의 쿠알라룸푸르에 있다.

2) 파항[46]

파항 국(國)은 트렝가누와 조호르 사이에 위치한다. 반도 동부의 북위 2° 40 ′에서 4° 35 ′에 이르는 지역에 자리 잡고 있는데, 해안선의 길이는 약 130마일이고 면적은 10,000제곱마일로 추정된다. 주요 하천인 파항강이 이 나라의 대부분 지역을 흐르지만, 수심이 낮아서 작은 배들만 다닐 수 있다. 인구는 적다. 1891년의 인구조사에 따르면 57,462명이었는데, 그 중 50,527명이 말레이인이다.

이 나라의 수도는 페칸으로 정부 소재지이기도 하며, 파항강 하구에서 몇 마일 떨어진 곳에 있다. 영국의 보호 아래에 있는데, 이는 1888년 8월에 이곳 술탄이 조호르 술탄의 조언을 받아들여 국가 행정을 도와줄 영국인 주재관을 요청하였고 이것이 그 해 10월 수용된 데 따른 것이다.

점판암이 가장 많지만 화강암, 사암, 석회암, 석영, 편암 등도 풍부하

---

46   Pahang.

다. 오래 전에 있었던 화산 활동의 잔재로 현무암과 조면암 등도 존재한다. 광물학적인 측면에서 이곳은 금과 주석의 산지로 늘 명성이 높았다. 그러나 최근에는 주석이 거의 눈에 띄지 않는다. 넉스가워회사에 의해 발견된 놀라운 옛 금광은 이 나라가, 지금은 비록 황량하고 거의 버려진 모습이지만, 과거 한때 명성을 날렸고 사람들로 북적거리던 곳이었음을 말해준다. 스키너 씨는[47] "오늘날 중요한 금광은 파항 계곡 안의 리피스, 젤레이, 세만탄, 루엣 등지에 있으며, 베라 같이 남쪽 먼 곳에서도 금이 발견된다. 또한 방연광(方鉛鑛) 광산 하나가 쿠안탄에 있고, 주석은 앞에서 언급한 금광 인근 지대나 트리앙강 또는 벤통강처럼 금이 채취되지 않는 지대를 가릴 것 없이 이 나라 전역에서 볼 수 있다"라고 말한다. 파항회사가 얼마 전 숭가이렘빙과 제람바탕에 각각 주석광산을 열었고, 카방 소재의 또 다른 광산도 채굴을 개시하였다. 이 광산들은 쿠안탄 구역에 위치한다. 하지만 금 매장지인 푼좀과 라웁이 유럽 자본가들의 관심을 훨씬 더 많이 끌고 있다. 반도 내 주요 금광들은 거의 모두가 오피르산에서 금맥대(金脈帶) 사슬의 남방 한계인 세가마산까지 이어진 별로 넓지 않은 띠를 따라 분포하는데, 반도의 한복판을 관통하여 북부 칼리안마스 일원의 파타니 금광과 셀레핀 금광까지도 뻗어있다. 파항 최고의 주석광산은 벤통강 유역의 셀랑고르 언덕 부근에 있으며, 젤레이 및 탈롬의 금광들과 가깝다. 파항의 주석은 유연성과 백색의 선명도에 있어 페락이나 셀랑고르의 주석과 경쟁할 수 있는 동부 해안 유일의 산품이라고들 한다.

47　Mr. Allan Maclean Skinner(1846~1901). 1887년부터 1897년까지 페낭 주재 총주재관을 지냈다.

1898년에 세입은 224,856달러, 세출은 대부금 71,770달러를 포함하여 372,719달러였다. 세입보다 세출이 많은 것은 도로 건설을 비롯한 여러 개발 사업에 들어간 비용 때문이었다. 같은 해의 무역을 보면 수입이 1,147,054달러였고 수출은 1,559,349달러였다.

3) 네그리셈빌란[48]

이것은 조홀, 탐빈, 스리메난티, 젬폴, 렘바우 그리고 1895년에 새로 합류한 숭가이우중, 젤레부 등 7개 나라가 합쳐진 소(小)연방이다. 이들은 반도 내륙의 3,000여 제곱마일에 걸쳐 분포하며, 북쪽과 동쪽으로 파항, 서쪽으로 말라카, 그리고 남쪽으로는 조호르 등과 각각 접경하고 있다. 원래 네그리셈빌란을 구성했던 5개국은 1883년 프레더릭 웰드 경에[49] 의해 영국의 보호 아래 들어갔고, 1889년 7월 13일 조인된 각 수장(首長)들과의 개별적인 협약에 따라 단일한 주재관 관할지로 통합되었다. 이 지역들은 '펭훌루'라고 불리는 토착 수장이 영국인 주재관과 그 휘하 관리들의 도움을 받아 다스린다.

1895년에 발효된 새로운 연방 계획안에 따라 숭가이우중과 젤레부가 들어옴으로써 이들 산하의 세렘반, 포트딕슨, 젤레부, 쿠알라필라, 탐핀 등 5개 구역이 추가되었다. 세렘반은 이곳 연방의 본청 소재지로,

---

48 Negri Sembilan. 통상적인 영문 표기는 Negeri Sembilan.
49 Sir Frederick Aloysius Weld(1823~1891). 영국 출신의 뉴질랜드 고위 정치인으로 1880년부터 1887년까지 해협식민지의 총독으로 재직하였다.

주재관과 각 부서의 장들이 여기에 머무른다. 부서의 장들은 이 연방 전체를 대상으로 업무를 본다. 그렇게 해서 만약에 두 나라가 독자적으로 남았더라면 필요했었을 인원의 중복을 피하고 있는데, 그 덕분에 향후 네그리셈빌란의 발전 상황에 보조를 맞춘 유럽인 관리들의 추가 임용이 가능해졌다. 이 두 나라는 정치적으로 친밀한 것은 말할 것도 없고, 부족법과 관습법도 모두 같으며, 수장의 선거제도 역시 마찬가지다.

숭가이우중과 젤레부를 합한 면적은 약 1,200제곱마일이다. 북부에는 높이가 3,800피트쯤 되는 산등성이가 있는데, 실론 출신 경작자들은 그 경사면이 커피와 카카오 등을 재배하기에 아주 적합하다고 말한다. 해안과 가까운 저지대에서는 타피오카가 순조롭게 경작되고 있다. 주석 채굴량도 상당한 수준에 이른다. 링기강은 숭가이우중의 유일한 하천으로, 과거에는 그 어귀에서 상류 쪽으로 40마일까지 배가 들어갈 수 있었다. 숭가이우중 제1의 도시는 세렘반이다. 숭가이우중 항구는 1884년 9월 1일 문을 열었다. 링기강 어귀에서 7마일쯤 떨어진 펭칼란켐파스에 위치하며, 잘 설계된 마을이 조성되어 있다. 항구인 동시에 하나의 구역이기도 한 포트딕슨은 세렘반 남서쪽에 있으며, 앞으로 요지가 될 전망이 확실하다. 이곳 항구는 수심이 11~15패덤이고[50] 바다로부터 잘 보호되어 있다. 포트딕슨과 세렘반을 잇는 철도가 1891년 7월에 개통되었는데, 그 덕택에 무역이 매우 편리해졌다. 펭칼란켐파스에서 주재관이 머무는 세렘반까지 1급 도로가 개설되어 있으며, 이 정

---

50 fathom. 주로 물의 깊이 측정에 사용되는 길이 단위로, 1패덤은 6피트 — 약 1.83미터 — 이다. 약칭은 'M. f.', fm., fath..

부 소재지로부터 8마일 더 가면 판타이가 나온다. 여기까지가 총 31마일쯤 되는데, 한창 번성하고 있는 부킷베렘분의 커피농장들로 계속 이어진다. 이 도로들과 아울러, 13마일 길이의 수레용 도로 하나가 최근 완공되었다. 또한 세렘반에서 세툴까지 9마일, 그리고 여기서 다시 셀랑고르와의 접경에 위치한 베르낭까지 6마일 더 나아가는 수레용 도로도 개설되었다. 이로써 주석이 풍부하게 매장된 광활한 구역이 개방되었다. 여타의 토착 국가들에서와 마찬가지로 이 지역에서도 진정한 부의 창출자 역할을 하는 중국인들이 현재 이 광산 구역을 급속히 장악해 나가고 있다. 말라카 방면으로의 교통은 보조금을 받는 증기선들이 담당하며, 1885년 완공된 수레용 도로가 이 나라를 5마일 떨어진 말라카의 루복차이나와 연결시켜준다. 1898년에는 세입 701,334달러에 세출 730,000달러였고, 그 전년도에는 세입이 572,546달러, 세출 607,313달러였다. 무역보고서에 나온 총무역액은 5,365,000달러인데, 수출이 전체의 3/5을 차지하였다.

4) 셀랑고르[51]

영국의 보호령인 이 토착 국가는 면적이 약 3,000마일로, 말레이반도 서쪽 해안에 있다. 북쪽으로 페락 그리고 남쪽으로는 네그리셈빌란의 숭가이우중과 각각 접경하고 있으며, 내륙 방면으로는 반도의 중심

---

51   Selangor.

부에 위치한 산맥까지 펼쳐진다. 이 산맥을 경계로 셀랑고르는 파항 및 젤레부와 각각 격리되어 있다.

정부는 술탄이 영국인 주재관의 조언과 국가위원회의 보좌를 받아 다스린다. 이 나라는 6개 구역으로 구분된다. ① 쿠알라룸푸르 : 주재 관과 주요 정부 관공서들이 포진한 중심 구역이다. 매장량이 가장 풍부한 주석 광산들이 있는데, 아직 개발되지는 않고 있다. ② 클랑 : 클랑강 어귀에서 약 14마일 거리에 위치한 주요 항구이다. ③ 쿠알라랑 갓 : 술탄이 거주하는 농업 지대이다. ④ 쿠알라셀랑고르 : 이 나라에서 가장 중요한 어장을 보유하고 있다. ⑤ 울루랑갓 : 숭가이우중과의 접경에 위치한 내륙 광업 구역이다. ⑥ 울루셀랑고르 : 페락과 인접한 구역으로, 가치가 큰 광산을 보유하고 있으나 아직은 상대적으로 저개발 상태에 있다.

각 구역은 유럽인 구역담당관이 관장하며, 그의 지시를 받는 토착 펭훌루들이 구역 산하의 각 무킴을 통솔한다. 경찰 병력은 경찰서장 1명, 유럽인 조사관 2명, 그리고 현지인 하사관과 사병 650명 — 시크교도 227명 포함 — 으로 구성되어 있다.

1884년에 최초로 실시된 인구조사에 의하면, 셀랑고르의 주민은 46,568명 이었다. 1891년 4월의 조사에 따른 총인구는 81,592명으로 중국인 50,844명, 말레이인 23,750명, 인도인 3,592명, 원주민인 사케이족 1,224명, 유럽인과 유라시아인 357명, 기타 아랍인, 싱할리족, 바탁족 등이었다. 1894년에는 인구가 150,000명으로 추정되었다.

이 나라의 주력 산업은 사석(沙錫) 채굴로, 여기에 부과되는 세금이 전체 세입에서 가장 큰 비중을 차지한다.

광물자원과 더불어 셀랑고르에는 농업에 적합한 땅이 많다. 최근 인도인 막일꾼들의 수입 제한이 철폐되고 자유화되어 유럽인 농장주들은 값싼 노동력을 획득하고 대규모 농장을 설립하는 것이 가능해졌다. 소규모의 커피, 카카오, 후추 농장들은 이미 성공리에 문을 열었고, 현지인 경작자들에 의한 쌀, 설탕 및 기타 품목들의 생산도 이 나라의 여러 지역에서 순조롭게 이루어지고 있다. 또한 최근에는 사고야자, 후추, 갬비어 등의 품목과 관련하여 선도적인 경작자들을 지원하기 위해 특별한 조건으로 대토지를 양여하는 조치가 시행되었다.

주요 수출품은 주석, 가죽, 가름나무, 타피오카, 대나무, 등나무, 구타페르카 등이며, 주요 수입품은 아편, 소금, 염장생선, 쌀, 기름, 담배, 차 등이다. 주석, 아편, 증류주 등에 부과되는 것을 제외한 모든 관세가 1885년 초에 폐지되었다.

교통편은 자주 있고, 정기적이다. 연안 증기선들이 해협식민지와 셀랑고르를 왕래하며, 손수레 전용도로와 마차 전용도로가 쿠알라룸푸르를 기점으로 페락, 숭가이우중, 파항 등과의 접경까지 뻗어 있다. 쿠알라룸푸르와 클랑을 잇는 22마일 길이의 미터게이지 철도가[52] 웰드 경의 주재 아래 1886년 9월 15일 정식 개통식을 가졌고, 1894년 10월 6일에는 쿠알라쿠부까지 연장되었다. 이듬해 2월 28일에는 쿠알라룸푸르에서 숭가이베시로 가는 지선이 개통되었다. 1898년 말 현재 총연장 83마일에 달하는 철도가 교통에 이용되고 있었다.

철도와 더불어 전신도 개통되어 숭가이우중의 외국 전신회사 케이

---

52   meter-gauge railway. 궤간(軌間)이 1,000mm인 철도로서, 두 레일의 간격이 표준궤(標準軌)의 1435mm(4 ft 8½ in)보다 좁은 협궤들 가운데 하나이다.

블과 접속해서 말라카까지 연장되었다. 주요 도시들 간의 내륙 전신망도 설치되어 있다.

1898년에 세입 3,862,439달러와 세출 4,470,843달러를 기록하였는데, 그 전년도에는 세입이 3,688,390달러였고 세출은 3,567,845달러였다. 세출 가운데 1,267,000달러는 공공사업비였다. 수출입 총액은 26,825,000달러에 달했다.

5) 페락[53]

페락은 말레이반도의 서부 해안에 위치한다. 북쪽으로 퀘다라고도 불리는 케다 그리고 남쪽으로는 셀랑고르와 각각 접하고 있으며, 해안선의 길이는 약 90마일이다. 이 나라에서 가장 긴 남북 거리는 120마일이고, 동서 간의 최대 너비는 90마일이다. 면적은 5,087,597에이커 — 7,959제곱마일 — 로서, 말하자면 웨일즈와 몬머스를 합친 것과 비슷하다. 이곳의 고도 1,000피트 이상에 위치한 산악지대의 땅 1,451,770에이커에서는 키나, 커피, 차 등의 재배가 가능하며, 그 고지와 평지 사이에 자리한 588,422에이커의 땅은 라이베리아커피, 차, 카카오, 소두구 등과 같은 저지대 작물 경작에 적합한 것으로 평가되어 왔다.

이 나라는 개천과 강이 많아서 물 공급이 원활하다. 그 중에서 가장 중요한 페락강은 남쪽으로 흐르다가 급격하게 서쪽으로 꺾여 말라카해

---

53 Perak.

타이핑

협으로 흘러들어간다. 이 강 어귀에서 안쪽으로 약 40마일까지 300∼400톤의 화물을 선적한 증기선이 운항할 수 있고, 소형 화물선은 그보다 125마일 더 들어갈 수 있다. 강의 상류는 바위가 많고 물살이 세기 때문에 작은 배나 뗏목이 아니면 다닐 수 없다. 킨타, 바탕파당 그리고 펠루스가 페락강의 3대 지류이며, 모두 소형 화물선의 운항이 가능하다. 이 강들은 산악지대에서 생성되어 서쪽과 남쪽으로 흐르다가 모천(母川)으로 합류한다.

페락의 기후는 좋다. 저지대의 평균 기온이 밤에는 화씨 60°이고, 한낮에는 90°이다. 전체적인 평균 기온은 야간 약 70°, 주간 87°이다. 밤에는 항상 서늘하다. 고도 3,000피트 지대에서는 평균 기온이 야간 63°, 주간 73°이다. 강우량은 꽤 들쑥날쑥하다. 수도 타이핑의 경우 간혹

200인치까지 기록하기도 하며, 그런 때를 제외하고는 평균 90인치 정도 내린다. 진정한 의미의 우기 같은 것은 없지만 9~12월에 주로 비가 오며, 2~3월과 6~7월은 건조하다.

이 나라는 영국의 보호 아래 있다. 행정은 영국인 주재관과 한 위원회의 보좌와 자문을 받는 술탄의 지휘 하에 운영되는데, 이 위원회는 주재관 본인과 부(副)주재관 및 약간의 토착 수장들로 구성된다. 병력 1,000명이 넘는 헌병대가 하나 있는데, 주로 시크 교도와 파슈툰족으로[54] 이루어져 있다.

정부 청사와 영국인 주재관 관저는 라룻 지방의 타이핑에 있다. 이곳은 중심 도시이자 광업의 본거지이다. 쿠알라캉사는 쿠알라세페탕[55] 항구로부터 정동(正東) 방향의 페락강 우측 제방 위에 위치하는데, 그 항구에서 뻗어 나온 양호한 도로가 부킷베라핏에 있는 산지(山地)의 서쪽 능선을 가로질러 이곳까지 23마일에 걸쳐 깔려있다. 쿠알라캉사에도 촌락이 생겨나고 있다. 그 인근에 다량의 주석이 매장된 것으로 알려져 있으며, 랄락에서는 현재 2,000여 명의 중국인이 일하고 있다. 쿠알라캉사의 중심부는 조만간 상업적으로 중요한 곳이 될 가능성이 높다. 이 나라 술탄의 거처는 약 200야드 너비의 강 반대편 제방에 위치한 부킷찬단에 있다. 정부는 그를 위해 웅장한 궁전을 짓고 영국식 가구를 설치하였다. 그 주위는 경치가 매우 아름다우며, 카카오나무 숲과 과실

---

54 Pashtuns. 파키스탄 북서부와 아프가니스탄 남동부 일대의 토착 종족으로, 아프간족 (Afghans)이라 지칭되기도 한다. 원문은 Pathans.
55 Kuala Sepetang. 원문은 과거 이름인 Teluk Kertang(틀룩케르탕). 식민지 시절에는 총독이었던 웰드(Frederick Weld)의 이름을 딴 지명 포트웰드(Port Weld)가 주로 사용되었다.

수들이 있어 말레이인 마을임을 보여준다.

페락에서 가장 중요한 지방은 엄청난 매장량의 주석 광상(鑛床)을 다수 보유한 라룻과 킨타 두 곳이다. 라룻은 약 60마일 떨어진 페낭항과의 상업적인 교류 측면에서 매우 유리한 위치에 있다. 문관(文官), 수세관(收稅官) 등의 영국 관리들과 경찰파견대가 여타의 주요 구역들에 배치되어 있다. 주요 공공건물이 여러 구역 본부에 많이 건립되어 있지만, 제일 중요한 것들은 이 나라의 수도인 타이핑에 있다. 특기할 만한 것은 무기수 감방을 별도 운영하는 감옥, 환자 1,000명을 수용하는 병원, 말레이 국수비대[56] 막사, 시장, 경찰서, 재판소, 재무국, 우체국 등이다. 상설 도서관과 박물관도 있다. 급수장은 타이핑 시내에는 물론이고 감옥, 병원 및 기타 건물들에도 양질의 물을 넉넉하게 공급한다.

다른 항구들과의 교통은 페낭과 라룻을 매일 오가는 소형 증기선들을 통해 이루어지는데, 이것들은 며칠에 한 번씩 베르남강 북쪽의 항구들도 모두 들른다. 틀룩인탄과[57] 페낭을 매일 왕복하는 증기선이 한 척 있고, 페낭과 싱가포르 사이를 운행하는 증기선들도 자주 뜬다.

딘딩스는 팡코르섬과 본토의 딘딩스 구역을 포괄하는 영국령으로, 해협식민지 정부의 관장 하에 있다. 페락 내륙으로 들어가면 광산 구

---

56 Malay States Guides. 6개 보병중대, 15파운드 후장포(後裝砲) 전투중대와 산악중대가 배속된 1개 보급중대 등으로 구성되었다. 각 중대에 영국인 장교 지휘관 1명과 그 휘하의 시크교도 장교 2명, 하사관과 사병 100명이 있었고, 전체 병력은 1890년대에 900명이었다.

57 Teluk Intan. 페락강 어귀의 항구 도시이다. 원문 표기는 중국인 여성 무역상의 이름에서 유래된 원래 지명 틀룩막인탄(Teluk Mak Intan)을 페낭의 마지막 부총독 앤슨(Archibald Edward Harbord Anson, 중국명 安順)을 기려 개명한 Teluk Anson(틀룩 앤슨)인데, 1982년에 현재 지명으로 다시 바뀌었다.

역들을 제외하곤 주민이 거의 다 말레이인이다. 그 외에는 약간의 중국인 상점주들, 정부 기관이나 경찰 종사자들 뿐이다. 이 지역의 원주민으로 간주되는 사케이, 세망 등의 부족은 먼 산등성이 쪽에 거주한다. 라룻 그리고 주요 광산촌이 있는 내륙의 킨타, 바탕파당 등지에서는 중국인이 주민의 다수를 차지한다. 1891년도 인구조사에 따르면, 중국인 94,000명, 말레이인 96,000명, 유럽인 366명, 유라시아인 289명, 타밀족 13,000명 그리고 원주민 5,700명 등으로 총 214,254명이었다. 페락의 중요성은 급속히 커지고 있다. 1885년 6월 1일 타이핑과 쿠알라세페탕을[58] 잇는 길이 8.25마일의 철도가 정식 개통되었다. 이 노선은 1890년 5월에 카문팅까지, 그리고 1892년 6월에는 울루사페탕까지 연장되었다. 킨타 계곡을 지나는 철도는 틀룩인탄에서 출발하여 바탕파당, 바투가자, 이포 등을 거쳐 체모르까지 간다. 틀룩인탄과 바탕파당 사이의 첫 구간은 세실 스미스 경에[59] 의해 1893년 5월에, 그리고 탄중람부탄과 체모르를 잇는 마지막 구간은 1896년 11월에 각각 공식 개통되었다. 1899년 6월 28일에는 페락과 페낭을 연결하는 철도의 부킷메르타잠 구간이 열렸다. 이 노선은 향후 317마일 이상 연장되어 페낭을 포트딕슨과 연결하기로 계획되어 있으며, 현재 그 절반 구간에서 기차가 다니고 있다. 종착역은 프라이에 들어설 예정인데, 거기서 연락선을 통해 페낭과 연결될 것이다. 말레이국연합철도회사가 추진하고 있는 이 철도 연장 사업은 한층 더 나아가 웰즐리 지방과 말레이국

해협식민지

---

58   Kuala Sepetang. 원문은 Port Weld.
59   Sir Cecil Clementi Smith(1840~1916). 1887년부터 1893년까지 해협식민지의 총독을 지냈다.

들을 북쪽으로는 버마, 그리고 동쪽으로는 태국과 각각 이어주게 될 것이다. 현재 사용되는 전신망과 전화선은 총연장 500마일에 이른다.

이 나라는 커피 경작에 매우 적합해서 유럽인 소유의 대농장 두 곳이 잘 운영되고 있으며, 이것들보다는 작지만 현지인 소유의 농장들도 있다. 산악 고지대에서는 우수한 품질의 중국차가 재배되고, 그 아래 저지대에서는 후추가 잘 자란다. 정부는 요즘 작물 경작을 장려하고 있는데, 새로운 철도와 도로를 통해 운송 수단들이 확충되고 있으므로 플랜테이션 농업은 이 나라에서 아주 중요한 산업이 될 것으로 기대되고 있다. 현재 가장 큰 문제점은 수입 노동력에 들어가는 비용이다.

수출품에 대한 관세는 주석 1바라—400파운드—당 11달러, 그리고 목재와 니파야자나무 및 기타 밀림 생산물에 붙는 10%가 전부이다. 수출입 총액은 1898년 27,461,374달러, 1897년 24,518,379달러, 1896년 23,003,602달러였다. 으뜸가는 수출품은 주석이다. 세입은 1898년 4,575,842달러, 1897년 3,837,558달러, 1896년 3,960,871달러였으며, 세출은 1898년 5,560,530달러, 1897년 4,178,238달러, 그리고 1896년 3,989,376달러였다. 철도 부문에 지출된 비용은 1897년에 1,412,000달러, 이듬해에는 2,555,000달러를 기록하였다.

제10장

인도네시아[*]

1. 개요

1) 위치, 영역, 인구

아시아 내의 네덜란드 속령들은 북위 6°와 남위 11° 그리고 동경 95°
40´과 141° 사이의 인도양 일대에 걸쳐 있다. 수마트라와 그 인근 섬들,
'빈탕' 혹은 '리아우'로 불리는 군도, 링가, 카리문자와 · 탐벨란 · 아남
바스 · 나토에나 등의 제도들, 방카 · 벨리퉁[1] · 자바 · 마두라[2] 등의 섬

---

*   Indonesia. 원문은 네덜란드 식민지 시절의 이름[Nederlands-Indië]을 영어로 옮긴
     Netherlands India. 과거의 통상적인 영어 표기는 '네덜란드동인도회사'에서 따온
     Dutch East Indies 또는 Netherlands East Indies.

1   Belitung. 원문은 현지에 있던 네덜란드 광산회사의 이름을 빈 Billiton.

2   Madura. 원문은 네덜란드식 이름인 Madoera.

들, 보르네오섬 남부, 술라웨시섬,[3] 그리고 자바와 보르네오에서부터 동쪽으로 동경 141°까지의 해역에 있는 기타 모든 섬이 여기에 해당한다. 단, 티모르섬의 동부지역 "티모르-딜리"는 포함되지 않는다. 자바와 마두라를 합친 면적은 2388.4제곱마일이 넘으며, 나머지 섬들은 총 32,397.5제곱마일에 달한다.

이곳의 주민은 법적 지위에 따라 크게 두 집단으로 구분된다. 하나는 유럽인 및 그와 동등하다고 간주되는 사람들 — 유럽계 혼혈인, 아르메니아인, 일본인 — 이다. 다른 하나는 현지인 및 그와 동등하다고 간주되는 사람들 — 중국인, 켈링인,[4] 아랍인 등등 — 이다. 1896년 12월 31일 현재, 유럽인 및 그와 동등하게 간주되는 사람의 수는 육군 17,532명과 해군 2,447명을 제외하고 63,883명이었다. 이들의 국적은 다양하다. 1895년 12월 31일 조사된 바에 따르면, 유럽 태생의 네덜란드인 11,278명, 독일인 1,192명, 벨기에인 292명, 영국인 318명, 프랑스인 300명, 스위스인 184명, 그리고 기타 유럽 지역과 미국에서 온 약간의 사람들이 있었고, 그 외에 유럽인이나 혼혈인의 자손으로 인도네시아 현지에서 출생한 사람이 48,999명이었다. 한편 1896년 12월 31일 현재 인도네시아 내의 중국인은 484,398명이고, 그 중 261,080명이 자바와 마두라에 살고 있었다. 당시의 현지인 인구는 자바와 마두라를 합쳐서 25,791,953명이고, 나머지 섬들 전체에 5,924,001명이 있었다. 25,278명에 이르는 아랍인들 가운데 17,045명이, 그리고 무어인, 벵골

---

3 Sulawesi. 원문은 일찍이 포르투갈의 항해자들이 붙인 이래 서양인들 사이에서 널리 통용되어 온 Celebes(셀레베스).
4 Keling. 원문은 말레이인와 자바인들 사이에서 인도 북부의 힌두스탄 지방 또는 그곳 주민을 지칭하던 Kling.

인, 켈링인, 말레이인, 아프리카계 흑인 등의 외지 출신 동양인 12,143명 중에서는 3,238명이 자바와 마두라에 살고 있었다. 1871년과 1897년 사이의 인구증가율은 유럽인 80%, 중국인 87%, 그리고 아랍인 99%였다.

유럽인들은 대부분 전직 또는 현직 정부 공직자이며, 그 외에는 농장주, 무역상, 공업가 순으로 많았다. 아랍인, 중국인 및 기타 동양인들은 거의 모두 무역상이다. 그러나 일부 중국인들은 대농장의 주인혹은 피고용인으로서, 48,000명 이상이 수마트라 동부 연안에 널려있는 담배농장에서 일하며, 방카와 벨리퉁의 주석 광산에서 유럽인의 감독 아래 채굴 노동을 하는 사람도 수천 명에 달한다. 현지인들은 땅을일구며 산다. 경작지가 넓은 경우 현지인들은 기계를 사용하며, 수작업은 대개 중국인들이 담당한다.

2) 역사, 행정

네덜란드인들이 16세기 말 이곳 해역에 발을 내디뎠을 때 그들은 포르투갈인들과 마주쳤다. 1602년, 유럽의 다른 경쟁 상대들에 강하게맞서기 위해 네덜란드동인도회사가 네덜란드연합제주로부터 특허장을 받아 설립되었다. 동인도회사는 희망봉에서부터 동쪽으로 마젤란해협에 이르는 모든 나라에서의 무역 독점권, 인도양 일대 군주들과의조약 체결권 등의 특혜를 보장받았다. 이 회사에는 전쟁 수행, 요새 건설, 문관과 무관의 임명 등등과 관련된 제반 권리도 부여되었다. 동인

도회사는 거의 독립적인 조직이었고, 막대한 자본을 보유하였다. 처음
에는 상업활동에 그쳤던 이 회사는 이내 세력 범위를 확대하여 자바섬
과 말루쿠 제도를[5] 정복하였다. 그리고 자신들의 첫 "특별석"을 반텐
에[6] 설치하였다. 이어서 자카르타에도 발을 들여놓았는데, 초대 총독
쿤은[7] 1619년 그곳에 요새를 구축하고, "바타비아"라는 이름을 붙였
다. 그러나 오랜 세월 휘황찬란한 번영을 구가하던 동인도회사도 결국
은 쇠락하게 되었다. 부채로 인한 부담이 가중되어 어려움이 커지자
네덜란드 의회는 동인도회사의 특허를 최소하고 직접 관리에 나섰다.
같은 시기 영국인들은 프랑스 및 네덜란드와의 전쟁을 통해 다수의 네
덜란드 식민지를 정복하였다. 그러다가 1802년 아미앵에서 체결된 강
화조약에[8] 따라 실론을 제외한 모든 식민지가 바타비아공화국 — 당시
네덜란드의 명칭 — 으로 환수되었다. 그러나 그로부터 얼마 안가서
선포된 영국과의 전쟁 중에 네덜란드는 또다시 모든 속령을 상실하였
다. 1816년 나폴레옹이[9] 몰락한 뒤 대부분의 식민지가 네덜란드왕국
으로 반환되었으며, 네덜란드는 1824년 3월 17일의 런던 조약을 통해
말라카 및 인도 대륙 내 자국 점령지들을 붕쿨루와[10] 맞바꾸었다.

---

5   Maluku Kepulauan. 원문은 Moluccos. 전통적으로 널리 쓰인 영문 표기는 Moluccas
    또는 Molucca Islands. 정향(丁香)과 육두구(肉荳蔲)의 독점 생산지로 유명했기 때문
    에 "향료 제도(Spice Islands)"라는 별칭으로도 불려왔다.
6   Banten. 후추로 유명한 곳으로, 원문은 옛 이름인 Bantam(반탐).
7   Jan Pieterszoon Coen(1587~1629).
8   아미앵 조약(Treaty of Amiens)을 가리킨다. 이것은 프랑스 혁명전쟁이 한창인 상황
    에서 영국과 프랑스 간에 맺어진 임시 화평 조약인데, 대불동맹의 붕괴로 사실상 고
    립되어 위기에 처한 영국이 유럽 대륙을 석권한 나폴레옹의 위세에 눌려 어쩔 수 없이
    선택한 유화정책의 소산으로 효력이 1년밖에 지속되지 못했다.
9   Napoléon Bonaparte(1769~1821). 나폴레옹 보나파르트.
10 Bengkulu. 수마트라섬에 위치한 후추 명산지로, 원문은 옛 이름 벤쿨렌(Benkulen 혹

현재 인도네시아는 네덜란드 여왕을 대신하여 총독이 관장하지만, 특정 사안들에 대해서 총독은 부의장, 의원 4명, 비서관 1명 등으로 구성된 '인도'위원회의 자문을 받아야 한다. 그는 육군과 해군을 통괄하는 총사령관으로서 휘하에 육군사령관 겸 전쟁부서 책임자인 육군중장 1명과 해군사령관 겸 해양부서 책임자인 해군 중장 또는 소장 1명을 거느린다. 또한 그 아래로 행정 본부의 부서인 내무, 재무, 사법, 교육, 종교·산업, 공공사업 등의 국장 5명을 두고 있다.

네덜란드령 인도네시아는 총주재관 혹은 주재관, 부주재관 그리고 "조사관들"이 각기 관리하는 지방들로 나뉜다. 주민들에 대한 직접 관리는 현지인들에게 위임된다. 자바에서는 이 토착 지도자들이 섭정, 우으다나,[11] 부(副)우으다나 등의 직함을 갖는데, 다른 섬들에서는 그 명칭이 다르다. 현지인 관리의 임명과 관련해서는 섬, 주재관 관구 또는 구역의 주민들이 가능한 한 그들 자신의 우두머리에 의해 통솔되어야 한다는 것이 통상적인 규칙이다. 자바의 수라카르타와 족자카르타,[12] 그리고 다른 섬들의 많은 주재관 관구에서 여전히 토착 군주가 그 지역의 지배권을 일정 수준 보유하고 있다. 하지만 인도네시아 식민지 정부에 종속되어 있기 때문에 그들의 권력은 사실상 명목에 불과하다.

최고법원은 자카르타에 소재하며, 이곳을 비롯하여 사마랑, 수라바

은 Benkoelen)의 영어식 표기인 Bencoolen.

11 Wedana. 본래 촌장(村長) 혹은 조력자, 참모를 가리키는데, 원문은 이 현지 용어를 영어식으로 표기한 Wedono.

12 Djogjokarta. 그 외에 Djokjakrta, Jogjakarta, Yogyakarta 등으로도 쓰며, 줄여서 그냥 족자(Jogja)라고도 한다.

야,[13] 파당, 마카사르 등지에 일반 재판소가 설치되어 있다. 그리고 마카사르를 제외한 모든 주재관 관구에 주재관 법정이 있다. 현지인 대상의 재판소는 각 주재관 관구와 구역의 중심지에 위치하며, 란드라트,[14] 라팟,[15] 프로아틴 등과 같은 다양한 이름을 지니고 있다.

3) 기후

기후는 전반적으로 매우 눅눅하지만, 큰 섬들의 내륙 지대는 습기가 덜하다. 적도 부근에서는 해수면 온도가 섭씨 35° 이상으로 올라간다. 하지만 적도에서 떨어진 곳의 기온은 그렇게 높지 않으며, 일부 산악지대의 경우에는 빙점까지 떨어지기도 한다. 평원지대와 낮은 산지의 기후는 계절풍의 영향을 크게 받는다. 적도 이남에서는 4월부터 10월까지 남동계절풍, 10월부터 4월까지는 북서계절풍이 분다. 한편, 적도이북으로는 4월부터 10월까지 서계절풍, 10월부터 4월까지 동계절풍이 불어온다. 계절풍의 교체는 바람이 여러 방향에서 불어오는 3~4주동안 확실하게 감지된다. 폭풍우가 쏟아지거나 아니면 무풍(無風) 현상이 나타나는 이 시기는 건강에 해로운 것으로 알려져 있다. 더위는 남동계절풍이 불어올 때 극심해서 어쩌다 큰비가 내려야만 누그러질 정

---

13 Surabaya. 원문은 네덜란드식 표기인 Soerabaia. 자바 토착민들은 수로보요(Suroboyo)라고 부르기도 하는데 이는 각각 상어(suro)와 악어(boyo)를 가리키는 현지어를 합성한 것이라고 한다.

14 landraad. '지방의회'를 이르는 네덜란드 단어인데, 식민지 인도네시아에서 "내국인(현지인) 대상의 민사재판소"를 지칭하는 용어였다.

15 rapat. '회의, 모임, 집회'를 의미하는 인도네시아어이다.

도이지만, 밤이 되면 꽤 시원해진다. 서계절풍은 며칠에 걸쳐, 때로는 몇 주일씩, 폭우를 동반한다. 이때에는 강물이 범람해서 종종 저지대가 침수되기도 한다.

계절풍이 주는 영향은 보통 높은 산맥을 비롯한 현지의 여러 가지 여건에 따라 달라진다. 예를 들면, 보고르와[16] 보르네오 일부 지역 그리고 수마트라의 고지대에는 거의 매일 비가 온다.

4) 생산물

인도 군도의[17] 섬들은 일반적으로 토양이 매우 비옥하고, 유용한 생산물도 풍부하다. 자바와 마두라는 1897년에 쌀 70,389,200피컬을 생산하였다. 옥수수는 대량 생산되지 않으며, 수출도 없다. 커피는 자바, 수마트라, 발리, 술라웨시에서, 설탕과 차는 자바에서 각각 주축 경작물로 자리 잡았다. 후추는 현지 소비용과 해외 수출용으로 나뉘어 재배되는데, 특히 수마트라의 람풍 지방이 주요 산지이다. 카카오는 말루쿠 제도와 북부 술라웨시에서 현지 소비용이 아닌 수출용으로 소량 재배될 뿐이다. 담배는 자바와 수마트라, 육두구는 주로 말루쿠 제도,

---

16 Bogor. 네덜란드인 총독의 하계 관저가 이곳에 있었는데, 원문은 "아무 걱정 없음"을 의미하는 네덜란드어 Buitenzorg(보이텐조르히).

17 Indian Archipelago. 남서아시아와 오스트레일리아 사이의 인도양·태평양에 있는 25,000여 섬들을 총칭하는 용어로서 19세기부터 사용되었다. 말레이 군도(Malay Archipelago) 또는 인도오스트레일리아 군도라고도 하며, 과거 서양인들 사이에서는 동인도 제도(East Indies), 말레이 월드(Malay World), 인도네시아 군도(Indonesian archipelago), 향료 군도(Spices Archipelago) 등으로 다양하게 지칭되었다.

계피는 자바와 수마트라, 그리고 갬비어는 수마트라와 리아우에서 각각 생산된다. 해삼과 진주조개도 수출 품목에 들어가며, 제비집들은 중국으로 팔려나간다.

1897년의 주요 수출 내역은 다음과 같다.

	킬로그램	휠던[18]
쌀-밭벼	19,523,075	2,055,970
쌀-논벼	2,073,255	
커피	65,234,840	49,809,419
설탕	518,308,532	51,830,853
차	3,981,039	2,189,571
백후추	1,122,026	336,607
흑후추	12,973,316	1,945,997
담배	37,574,528	37,443,073
육두구	1,771,124	2,479,573
갬비어	7,248,435	1,812,108
케이폭[19]	2,409,659	602,415
코프라[20]	23,715,196	2,608,671
사고야자	3,984,679	239,081
인디고	1,091,383	2,657,205
키나	3,350,427	1,005,128
다마르 수지[21]	3,696,070	591,371
코팔 수지[22]	6,257,588	2,503,035

---

18 Gulden. 원문은 이 네덜란드 화폐 단위의 영어식 표기인 Guilde(길더).
19 kapok. 케이폭 나무에서 채취되는 면(綿) 비슷한 섬유질로, 자바 솜(Java cotton), 자바 케이폭(Java kapok), 비단 솜(silk-cotton) 등으로도 불린다. 가볍고 탄력성이 강하며 물에 잘 뜨는 성질이 있어 매트, 베게, 소파, 구명조끼 등의 내부 충전제로 과거에 널리 활용되었다.
20 copra. 말린 코코넛 과육으로 코코넛 기름을 짜는 원료이다.
21 Gom dammar. 몇몇 이엽시과(二葉柿科) 나무의 껍질에서 채취하는 천연수지로서 바

다이아몬드는 보르네오, 금은 보르네오·수마트라·술라웨시·티모르 등지에서, 백금은 보르네오에서 각각 발견된다. 소량의 은이 보르네오와 수마트라에서, 구리는 티모르와 보르네오에서, 철은 술라웨시·수마트라·보르네오 등지에서 채굴된다. 뛰어난 품질의 주석이 방카섬과 벨리퉁섬 그리고 카리문자와 제도에 대량으로 매장되어 있으며, 질은 좀 떨어지지만 다른 몇몇 섬들에서도 발견된다. 납은 수마트라와 보르네오, 소량의 아연이 수마트라에서, 석탄이 보르네오·수마트라(1897년에 각각 14,847톤과 142,850톤 생산) 및 자바, 바찬[23] 등지에서 각각 생산된다. 요오드, 나프타, 초석(礎石) 등은 자바에서, 대리석은 자바 그리고 특히 수마트라에서 각각 산출되고 있다. 소금은 마두라에서 생산된 것이 고급 품질이며, 다른 섬들도 바닷물을 끓어올려 소금을 만든다. 자바와 수마트라에서는 석유가 대량으로 발견되어 막대한 수익을 가져다준다.

현지인들의 토지 소유권은 법에 의해 강력하게 보호되고 있다. 외지인들에게는 토지가 판매될 수 없다는 것이 일반적인 규정이다. 네덜란드인이나 이곳 인도네시아에서 태어난 그의 자손들조차 토지 매입이 금지되어 있다. 정부는 경작되지 않고 있는 땅들을 처분하거나 또는 그 일부를 일정 기간 동안 외국인에게 양여할 권한이 있다(영구 임대).

1895년 12월 31일 현재, 자바와 마두라의 가축 구성은 물소 2,643,223

니시, 래커, 연마제 등으로 이용된다.

22 Gom kopal. 남양삼목과 나무의 자연적 또는 인공적 상처에서 침출된 천연수지로서 바니시, 래커, 인쇄 잉크 등의 원료로 쓰인다.

23 Bacan. 인도네시아 말루쿠 지방의 섬으로, 바찬 제도(諸島)에서 가장 크다. 본문은 네덜란드식 표기인 Batjan. 과거에는 Bachans, Bachians, Batchians 등으로도 적었다.

마리, 그 외의 뿔 달린 가축 2,572,231마리, 그리고 말(조랑말) 485,567마리 등이다.

5) 세입, 재정

이곳 식민지의 세입은 다양한 조세로 충당된다. 그 주된 원천은 수출입 관세, 소비세, 토지세, 면허세, 인두세, 상속세, 인지세, 임대료(아편굴, 도박장, 전당포 등등), 전매세(아편, 소금), 주석 광산, 삼림, 철도, 광산, 농지 양여, 커피 재배, 그리고 그 외에 잡다한 부차적인 항목들로 이루어져 있다. 커피 재배는 한때 주된 세입원이었으나, 근년에는 계속 감소하는 추세이다. 자바 내의 주재관 관구들(자카르타, 반텐, 티라왕, 자파라, 람방, 수라카르타, 족자카르타 등은 제외)은 커피 재배에 적합한 토양을 지니고 있다. 특정 현지인들은 매년 많은 커피나무를 심어야 하고, 또 잘 가꾸어야 하며, 나아가 그 열매를 건조시켜서 정부 창고로 가져다주어야 하는 등의 의무를 지고 있다. 그 대신 이들은 토지세가 면제되며, 정부가 정한 보수를 받는다.

자바, 마두라, 수마트라(아체[24] 및 그 속지는 제외), 방카, 벨리통, 보르네오 등의 거의 모든 주재관 관구에서 개인들은 소금의 제조나 수입이 허용되지 않는다. 식용, 의료용, 식품보존용 소금은 관세를 지불하고 수입될 수 있다. 정부가 독점 판매하는 소금은 대부분 마두라에서 만

---

24 Aceh. 원문은 옛날식 영문 표기인 Acheen.

들어진다. 이곳 사람들은 소금을 1코잔(1,853킬로그램) 당 10휠던으로 고정된 가격을 받고 정부 창고에 들여놓도록 강요된다.

아편과 관련하여 식민지 정부는 자체적으로 독점 관리하겠다는 방침을 갖고 있으며, 자바의 4개 주재관 관구와 마두라, 롬복 등지에서 공영(公營) 판매 방식을 시험적으로 실시해오고 있다. 이들 주재관 관구에서는 공영 방식 이외의 아편 판매가 금지된다. 주재관의 허가를 받은 사람들만 아편굴을 열 수 있는데, 아편의 판매와 흡입은 거기에서만 가능하다. 이러한 공영 방식으로 획득되지 않은 아편의 보유는 금지되며, 정부의 독점권은 형벌을 통해 철저하게 보호된다. 아편의 독점으로 얻은 수익이 1899년에 19,152,000휠던이었는데, 그 가운데 3,988,000휠던이 공영 판매에 의한 것이었다. 방카의 주석 광산들은 전적으로 정부가 운영한다. 한편, 탐사 작업, 광석의 제련, 주석의 창고 운반 등은 중국인 광업조합—"공사(公司)"—이나 개인 계약자와 그 휘하의 노동자들이 담당한다. 어떤 사기업 하나가 벨리퉁에서 주석광산들을 양여받아 보유하고 있는데, 광산 임차의 대가로 부과금을 납부한다. 1897년의 수출량은 13,586,365킬로그램이었으며, 금액으로는 10,869,091휠던이었다.

식민지 인도네시아의 통화 체계는 액면가 10휠던 금화와 더불어 2.5, 1, 0.5 휠던 은화들로 이루어져 있으며, 이 주화들은 네덜란드에서도 동일하게 사용된다. 이것들 외에 말레이어와 자바어 명각(銘刻)을 지닌 액면가 0.25, 0.1 휠던[25] 은화와 0.01휠던(1센트) 및 0.025휠던과

---

25 여기서의 원문 표기는 f.이다. 이것은 중세 서양 최초의 금화이자 가장 널리 통용된 이탈리아 피렌체의 플로린(Florin)에서 유래된 휠던 금액의 약식 표기로, fl.로도 쓴다.

0.005휠던 동전도 있다. 은행권은 자바은행이 독점 발행한다. 액면가 1,000, 500, 300, 200, 100, 50, 25, 10, 5 휠던 등으로 다양하게 나와 있으며, 소지자의 요구에 따라 법정 통화로 교환해준다. 자바은행의 본점은 자카르타에 소재하며, 치르본,[26] 스마랑, 수라바야, 수라카르타, 족자카르타, 파당, 마카사르 등에 지점이 있다.

6) 육군과 해군

식민지 인도네시아의 육군은 장교 1,421명과 하사관 및 사병 41,157명으로 구성되어 있다. 이것은 네덜란드 본국의 육군과는 별개의 독립 조직으로서, 여왕이 사령관을 임명한다. 육군 외에 다음과 같은 다양한 무장 병력이 있다.

㉮ "스휘터레이":[27] 일부 넓은 지역에 주둔하는 경비대로, 육군과 협력하여 평화를 유지하는 것이 설치 목적이다. 병력은 약 3,000명으로 대부분 유럽인이고, 현지인과 기타 동양인이 약간 섞여 있으며, 장교들은 총독에 의해 임관된다.

㉯ 토착군주 망쿠네가라[28] 용병단(傭兵團): 보병, 기병, 포병 약 850명.

---

26 Cirebon 또는 Tjirebon. 원문은 Cheribon(체리본). 인도네시아 자바섬 서북쪽 연안의 항구 도시로, 1949년 이곳에서 인도네시아 독립 협정이 조인되었다.

27 Schutterij. 원래 외침, 반란, 화재 등에 대비하기 위해 자원 시민들이 조직한 자경대(自警隊)를 일컫는 네덜란드어로, 원문은 이것의 영어식 표기인 Schuttery.

28 Mangkunegara. 1757년 네덜란드동인도회사와 우호조약을 맺고 마타람(Mataram) 왕국의 망쿠네가라 1세(Mangkunegara I, 1757~1796 재위)으로 즉위한 사이드(Raden Mas Said)의 왕명 또는 그가 창시한 왕가의 이름을 가리킨다. 원문은 옛 영문

㉘ 바리산 : 병력 1,400명의 마두라 토착민 보병대이다. 마두라섬 지역의 평화 유지에 목적을 두며, 다른 섬에서 전쟁이 발생할 경우에도 참전한다.

㉙ 수라카르타의 수수후난[29] 용기병 경비대와 족자카르타의 술탄 용기병 경비대.

㉚ 경찰대 병력.

이들 식민지 내 네덜란드 해군은 장교가 238명이고, 하사관과 수병으로는 유럽인 232명과 현지인 1,001명이 있으며, 군함은 25척이다. 식민지 해군은 그 외에 유럽인 113명과 현지인 715명이 근무하는 중소 함정 29척을 보유하고 있는데, 이 승무원들은 수송 및 역내 해상의 평화 유지 업무에 종사한다.

7) 종교, 교육

개신교 목사들은 여왕에 의해 임용되며, 총 41명이다. 로마가톨릭 사제들은 교황이 임명하고, 여왕의 직접적 또는 간접적 승인을 받는다. 유대인들은 숫자가 너무 적어서 성직자도, 회당도 없다. 정부는 이슬람교 예배에 간섭하지 않는다. 하지만 메카로 성지순례를 떠나는 사람들은 여권을 소지해야 하며, 여행비용을 치르고 난 뒤 자신의 부재중에

표기인 Native Prince Mangkoe Negoro.

29 Susuhunan. 수라카르타 지방의 세습 지배자들과 마타람의 왕들이 사용하던 명예 호칭으로, 수난(Sunan)으로 약칭하기도 한다. 원문은 Soesoehoenan.

도 가족을 부양하기에 충분한 돈이 있음을 입증해야 한다. 중국 종교는 다른 모든 종류의 일반 신앙과 마찬가지로 제약을 받지 않는다.

교육국은 대단히 많은 유럽인 학교와 현지인 학교를 지원하고 있다. 자카르타, 스마랑 그리고 수라바야에는 고등교육을 담당하는 학교들이 있다. 수라바야에는 전신요원과 기계전문가를 양성하는 학교도 한 곳 있다. 한편 자바에는 1897년 12월 31일 당시, 121개 공립학교와 19개 사립학교가 운영되고 있었으며, 다른 섬들에도 37개 공립학교와 사립학교 한 곳이 있었다. 학생은 모두 17,640명이었는데, 그 가운데 1,232명이 현지인 아동이었다. 현지인 교사의 양성을 전문으로 하는 대학이 다섯 곳 있다. 토착어로 가르치는 학교는 공립이 501개이고 사립이 642개로, 도합 123,222명에 이르는 학생들에게 교육을 제공한다. 이 사립학교들은 대부분 선교사들에 의해 운영된다. 자카르타와 스마랑에는 기계전문가와 수공예기술자를 육성하는 사립학교들이 있다.

일반인들은 대부분의 지역에서 군인병원을 이용할 수 있다. 그러나 대도시에는 가난한 현지인과 중국인을 위한 일반 병원이 운영되고 있으며, 전염병 환자들을 위한 병원도 설립되어 있다. 정신병원은 보고르, 수라바야, 스마랑 등지에 개설되어 있다.

8) 무역, 항운

자유무역항은 리아우, 마카사르, 므나도,[30] 케마, 트르나테, 암본, 카엘리, 반다, 쿠팡 등이다. 다른 항구들에서는 일반적인 물자 거래나 현지인들의 연안 항해만 허용된다. 자카르타, 치르본, 스마랑, 수라바야, 파당, 시볼가, 바로스, 싱켈에는 보세창고가 설치되어 있다. 여기에서는 상품의 보관과 판매가 가능하며, 수출이 이루어지는 경우에는 수출입 관세를 모두 면제받는다.

	휠던
1897년 자바 및 마두라의 수입액	117,498,408
1897년 기타 섬들의 수입액	64,207,140
[합계]	181,705,548

	휠던
1897년 자바 및 마두라의 수출액	142,197,962
1897년 기타 섬들의 수출액	68,216,316
[합계]	210,414,278

1897년 12월 당시 인도네시아의 상선은 2,090척으로 총톤수가 249,065세제곱미터에 달했는데, 그 중 8척은 증기선이다. 다음은 1897년 해외에서 입항한 선박 현황이다.

	톤수	입방 미터
증기선	3,887	4,179,710
유럽 범선	206	373,215
현지 범선	1,632	135,088
[합계]	5,725	4,688,013

그리고 다음은 같은 해 이곳에서 출항한 선박 내역이다.

---

30   Menado. 인도네시아 북(北)술라웨시 지방의 중심 도시로 현지 토착민들은 마나도 (manado)라고 부른다.

	톤수	입방 미터
증기선	3,786	4,004,735
유럽 범선	197	361,105
현지 범선	1,518	129,457
[합계]	5,501	4,495,297

자바와 마두라 전역, 수마트라 서부연안, 아체(웨[31] 섬은 제외), 벙쿨루, 람풍,[32] 팔렘방, 방카, 벨리퉁, 보르네오 남동부 등에서는 수입관세가 부과된다. 반면에 리아우 주재관 관구의 섬들과 술라웨시 정부 관할지역 그리고 암본,[33] 트르나테, 티모르 등지의 주재관 관구들에서는 부과하지 않는다. 수입관세는 금액이나 무게 또는 부피를 기준으로 다양하게 매겨지며, 그에 따라 대다수의 상품이 관세표 상에서 각기 달리 취급된다. 금속류, 기계류, 석회나 목재 같은 원자재, 그리고 말과 소, 예술 및 학술 관련 품목 등은 대개 수입관세가 면제된다. 수출관세는 일부 품목들에 대해서만 금액 또는 양에 따라 부과된다. 예컨대 금액 기준으로 가죽은 2%, 제비집은 6%가 부과되며, 100킬로그램을 단위로 하여 커피 1휠던, 주석 3.50휠던, 인디고 10휠던 등을 납부해야 한다. 통과화물은 면세이다. 소비세는 주류 5%, 등유 100리터당 2.5휠던, 성냥과 담배 1그로스 당 0.7휠던 등이 징수된다.

상업 교류가 왕립정기항운회사[34] 덕분에 크게 진보하였다. 이 회사

---

31 We. 원문은 Way.
32 Lampung. 원문은 Lampongs.
33 Ambon. 원문은 Amboina. 과거에는 네덜란드식 표기인 Amboyna도 사용되었다.
34 Koninklijke Paketvaart-Maatschappij. 보통 약칭인 KPM으로 더 잘 알려졌던 네덜란드의 해운회사로, 1888년부터 1966년까지 인도네시아 일대에서 사업을 벌였다. 원문은 Koninklyke Paketvaart Maatschappkj(Royal Packet Navigation Company).

소속의 증기선 31척이 이곳 제도 전역을 누비고 있는데, 일등선실의
승객들을 위한 호화로운 편의시설도 구비되어 있다.

9) 공공사업

현재 자바에는 1,731킬로미터, 그리고 수마트라에는 312.5킬로미터
의 철도가 개설되어 있다. 자바에는 전차 노선도 667.5킬로미터에 달
한다. 전신망이 6,383.88킬로미터에 걸쳐 펼쳐져 있고, 해저 전신케이
블도 1,672.53킬로미터에 달하는 등, 전체 길이가 총 8,506.41킬로미
터에 이른다. 우편전신국은 475,561,51휠던의 순수익을 기록하였는
데, 그 산하의 지국이 자바와 마두라에 344개 그리고 기타 섬들에 93개
설치되어 있다.

2. 자카르타[35]

자카르타는 인도네시아의 정부 소재지로서, 동경 106° 48′과 남위 6°
7′에 위치한다. 구(舊)도시는 옛 네덜란드 양식에 따라 건설된 것으로,

---

35 Jakarta. 현재 인도네시아 수도로서, 원문 표기는 네덜란드 식민지 시절의 이름인
    Batavia(바타비아).

자카르타(바타비아)

19세기 초까지도 요새들로 둘러싸여 있었지만 이것들은 그 후 철거되었다. 이곳의 풍토는 언제나 양호한 편이 못되었는데, 1699년에 살락산의[36] 화산 폭발로 크게 악화되었다. 이로 인해 분출된 진흙과 모래가 칠리웅[37] 강물에 쓸려 내려가면서 배수가 대단히 곤란해졌기 때문이다. 이처럼 건강에 유해한 환경 탓에 구도시에 상주하는 유럽인은 극소수에 지나지 않는다. 그곳의 멋진 대저택들은 사무실이나 창고로 사용되며, 오후에 업무가 끝나면 대부분의 유럽인들이 구도시 남쪽에 현대적인 양식으로 건설된 신(新)도시로 빠져나간다. 신도시는 넓은 도로, 널따란 광장, 그리고 정원들로 둘러싸인 멋진 단층주택들이 들어

---

36 Mount Salak. 서부 자바에 있으며, 인도네시아에서는 구눙살락(Gunung Salak)이라고 부른다.

37 Ciliwung. 원문은 네덜란드식 표기 ― Tji Liwung ― 를 영어로 옮긴 Tjiliwong.

선 살기 좋은 곳이다. 이 신도시의 건설은 19세기 초에 단덜스 원수에[38] 의해 착수되었다. 그는 막사와 나란히 호화 저택을 짓는 것부터 시작하였는데, 이 저택은 본래 총독 관저로 쓸 요량이었지만 끝내 그렇게 하지는 못했고, 현재 정부청사가 들어서 있다. 이 건물에 있는 대회의실은 총독과 인도위원회가 사용하는 것으로서, 인도네시아 전임 총독들의 초상화가 모두 걸려 있다. 이곳은 라빵안반뜽 광장[39] 서편에 위치하는데, 이 광장에는 워털루전쟁 기념비와 미힐스 장군[40] 추모비 그리고 바타비아(자카르타) 건설 250주년 축하행사 때 제막된 초대 총독 쿤의 동상이 서있다. 정부청사의 건물 좌우에는 최고법원과 군인클럽 콩코르디아가 있다. 워털루 광장에서 조금만 가면 폭이 약 1제곱마일에 이르는 더 큰 규모의 코닝스 광장이[41] 나오며, 그 주위로는 고위 관료들과 부유한 상인들이 거주하는 우아하고 안락한 주택들이 들어서있다. 기차역 부근에는 멋진 빌럼 교회와[42] 바타비아 예술과학협회의 박물관도 있다.

구도시와 신도시는 2개의 철도와 전차 노선 하나, 그리고 마차용 대

38 Marshall Herman Willem Daendels(1762~1818). 홀란트 출신의 군인 겸 정치가로 인도네시아 총독(1808~1810)으로 재직하다가 귀국하여 프랑스 "대군(大軍, Grande Armée)"의 제26사단장으로 나폴레옹의 러시아 원정에 참전하였다.

39 Lapangan Banteng. 원문에는 식민지 시절의 네덜란드어 지명 — Waterlooplein — 을 영어식으로 표기한 Waterloo Square(워털루 광장).

40 General Andreas Victor Michiels(1797~1849). 마스트리히트(Maastricht) 출신의 네덜란드 군인 겸 행정가로서 서(西)수마트라 즉, 수마트라바랏(Sumatera Barat)의 총독을 지냈다(1837~1849).

41 Koningsplein. 네덜란드식 표기를 그대로 쓴 것으로, 네덜란드 암스테르담에 같은 이름의 광장이 있다.

42 Willemskerk. 네덜란드 왕 오라녀 공(公) 빌럼 1세(Willem Frederik, 1772~1843)를 기려서 붙인 이름으로, 지금은 임마누엘 교회(Gereja Immanuel)로 되어 있다.

로(大路)들로 연결되어 있다. 자카르타에는 여러 은행과 금융회사들이 지점을 두고 있다. 그 가운데 네덜란드무역회사는[43] 자본금 35,783,000 휠던 외에 준비 자본으로 2,536,444.12휠던을 보유하고 있으며, 1897년의 배당은 6%였다. 네덜란드인도무역은행은[44] 자본금 7,200,000휠던과 준비 자본 1,373,528.70휠던을 보유하고 있으며, 인도네시아의 무역, 공업, 농업을 진흥하는 한편, 대농장과 농산물 무역에 투자한다. 자본금이 10,000,000휠던인 식민은행 역시 농장들에 투자하는 동시에 농산물 사업에도 힘쓰고 있다. 네덜란드인도할인은행은[45] 자본금 3,000,000휠던에 준비 자본 167,000휠던으로, 일반 은행 업무를 수행하면서 거래와 주식 등등에 투자도 한다. 홍콩상하이은행과 인도호주중국칙허은행도 지점들을 두고 있다.

자카르타는 철도와 운하를 통해 탄중프리옥 항구와 연결된다. 이 항구의 외항은 총연장 1,850미터의 부두 2개로 이루어져 있으며, 출입구는 폭이 125미터이고 깊이 8미터이다. 한편 내항은 길이 1,100미터, 너비 175미터, 수심 7.50미터로 되어있다. 항구와 그 부속시설의 건설에 26,500,000휠던의 비용이 들어간 이곳에는 대규모 석탄 저장시설이 있고, 도크와 공창은 선박 수리를 위한 모든 장치를 구비하고 있다. 선박들의 연도별 입항 현황을 보면, 1890년 증기선 647척과 범선 53척, 1892년 증기선 805척과 범선 55척, 1894년 증기선 812척과 범선 177척

---

43 Netherlands Trading Society(Nederlandsche Handel Maatschappij). 1824년 국왕 빌럼 1세에 의해 설립된 무역상사로, 종종 NHM으로 약칭된다.
44 Netherlands Indian Mercantile Bank(Nederlandsch Indische Handelsbank).
45 Netherlands Indian Escompto Company. 1857년 '바타비아'(자카르타)에 설립된 은행으로, 정식 명칭은 Nederlandsch Indische Escompto Maatschappij.

등이었다.

자카르타의 인구는 1896년 12월 31일 당시 총 115,567명으로, 유럽인 9,423명, 중국인 26,433명, 아랍인 2,828명, 기타 외국 국적의 동양인 132명, 그리고 현지인 76,751명 등이었다.

3. 보고르[46]

총독의 통상적인 주거가 이곳 보고르에 있다. 자카르타에서 기차로 1시간 남짓 걸리는 이곳 인구는 25,000여 명이며, 그 가운데 1,500명이 유럽인이다. 총독 관저 인근의 식물원은 1817년에 조성되었다. 이곳은 아름답게 꾸며져 있는 것만으로도 이름이 높지만, 테이스만과[47] 스헤퍼르[48] 박사 그리고 교수인 트뢰프[49] 박사 등 탁월한 관리자들의 경영을 통해 과학과 농업에 크게 기여한 것으로 특히 유명하다. 외래종 식물을 인도네시아에 들여오기 위한 실험은 모두 이곳에서 진행되었으며, 그 결과 다수의 유용한 외국 품종들이 자바에서 재배되고 원래 있었던 토양에서만큼 번성하게 되었다.

인도네시아

---

46   Bogor. 원문은 식민지 시절의 지명인 Buitenzorg(보이텐조르히).
47   Teysmann. Johannes Elias Teijsmann(1808~1882).
48   Rudolph Herman Christiaan Carel Scheffer(1844~1880).
49   Melchior Treub(1851~1910).

4. 수라바야[50]

수라바야는 남위 7° 14′과 동경 112° 44′에 위치하며, 인구는 142,980 명이고 그 중 6,988명이 유럽인이다. 자카르타에서 수라바야까지는 철도로 이틀 걸리는데, 이 노선은 파나루칸까지[51] 이어진다. 이곳의 구도시는 자카르타의 경우와 달리 밤에는 텅 비어 있지만, 낮에는 가장 번화한 구역이다. 막대한 비용을 들여 축조되었던 요새는 이제 조금씩 철거되고 있다. 무역은 번성하고 있다. 이곳의 정박지는 마두라섬에 의해 엄폐되어 있어 매우 안전하며, 그 끝 쪽 부근의 창고들은 수마트라섬 전역을 거치면서 최종 행선지인 스마랑과 자카르타로 가는 철도와 구내 협궤를 통해 곧장 연결된다. 정부 소유의 공창(工廠)과 개인 제조업체들이 근면한 주민들의 복지 향상에 크게 기여하는데, 이들 가운데는 포병대에 고용된 다수의 네덜란드인이 포함되어 있다. 칼리마스강과[52] 부선거 사이에 선박, 기계류, 보일러 등등의 제조와 수리를 담당하는 해군 시설들이 있다.

꽤 많은 숫자의 유럽인이 아직도 구도시에 살고 있다. 하지만 사람들이 더 선호하고 또 살기 좋다고 이름난 곳은 그 바깥쪽이다. 이 바깥 구역은 주택들 사이의 간격이 좁지 않으며, 그 사이사이에 정원이 조성되어 있다. 그 중에서도 교외의 심팡이 특히 유명하다. 이곳에는 주

---

50 Soerabaia. Surabaya.
51 Panarukan. 원문은 네덜란드식 표기인 Panaroekan.
52 Kali Mas. 자바어로 '금강(金江)'을 뜻하는 하천으로 동부 자바 브란타스(Brantas)강의 지류이며, 마두라해협으로 흘러들어간다.

스마랑 중심가도

재관의 사택과 이름난 대형 병원이 있으며, 수라바야로 통하는 겐텡 가도(街道)를 따라 여러 채의 멋진 유럽식 주택이 그늘이 드리워진 정원들에 둘러싸여 일렬로 늘어서 있다.

5. 스마랑[53]

스마랑은 동경 110° 25′과 남위 6° 58′에 위치한다. 주민은 84,266명

53   Semarang.

인도네시아

으로, 그 중 3,355명이 유럽인이다. 구도시는 협소하고, 도로와 보행로가 모두 좁다. 강의 서쪽 편으로 주재관의 저택, 이슬람사원, 병원, 재판소, 그리고 기타 관공서들이 자리 잡고 있다.

스마랑과 족자카르타를 왕래하는 철도가 새로 만든 항구까지 연장되면서 이곳 부두에 도착한 여행자들은 스마랑에서 지체하지 않고 곧바로 내륙 여행을 할 수 있게 되었다. 스마랑의 도로 설비는 같은 항구인 탄중 프리옥에 미치지 못하지만, 도시와 그 주위의 경관은 대단히 아름답다.

6. 파당[54]

서(西)수마트라의[55] 수도인 파당은 동경 100° 20′, 남위 6° 58′에 위치해 있다. 주민은 35,158명으로, 그 가운데 1,640명이 유럽인이다. 풍부한 식물군과 광대한 코코야자 농장들이 시원스럽게 뻗은 거리들과 한데 어우러져 마치 거대한 공원, 혹은 드넓은 토착민 촌락과도 같은 인상을 준다. 유럽인들의 방갈로도 몇 채 눈에 띈다. 이 방갈로들은 목재와 대나무를 이용하여 지면보다 몇 피트 높여 지어졌으며, 타파나무 잎사귀로 지붕을 엮었다. 크게 두드러지는 공공건물이나 개인 주택들

---

54 Padang.
55 West Coast of Sumatra. 영어권에서는 보통 웨스트수마트라(West Sumatra)라고 부르는데, 지금의 '서(西)수마트라' 수마트라바랏(Sumatera Barat. 약칭 Sumbar) 주에 해당한다.

이 없음에도 불구하고 파당은 배후의 산악 경치와 여유 있게 설계된 도시 공간 덕분에 인도네시아에서 최상급으로 꼽히는 쾌적한 도시가 되었다. 파당은 연안 지역 가운데 살기 좋기로 으뜸에 속하는데, 내륙과 바다에서 불어오는 바람이 기온을 크게 낮춰주고 있다.

파당의 남쪽에는 틀룩바유르가[56] 있다. 이 항구는 철도를 통해 파당 및 옴빌린 탄광과 연결되며, 정박하는 증기선들에게 언제나 완벽한 안전을 제공한다. 이곳은 연간 200,000톤에 이르는 석탄을 선적할 수 있을 정도로 우수한 적재 설비를 갖추고 있다.

7. 마카사르[57]

마카사르는 술라웨시와 그 속지들의 수도로서, 동경 119° 24′, 남위 5° 8′에 위치한다. 주민은 17,200명으로, 그 중 836명이 유럽인이다. 이곳은 자유무역항이자 말레이 군도 동부 일대의 주요 무역 중심지로서 매우 큰 중요성을 지닌다. 요새인 포트로테르담이 정박장과 북쪽 및 남쪽 출입로를 내려다보고 있다. 이 도시는 솜씨 좋게 건설되었다. 중심 구역에는 정부 청사를 비롯한 관공서 건물들이 들어서 있고, 타

---

56 Teluk Bayur. 원문은 네덜란드 국왕 빌럼 3세(1817~1890)의 부인 엠마 왕비(1858~1934)의 이름을 딴 것으로서 '엠마 항구'를 뜻하는 식민지 시절의 지명 Emma Haven (엠마하번).

57 Makassar. 더러 Macassar, Mangkasara 등으로도 표기된다. 원문은 Macasser.

마린드 나무들이 늘어선 멋진 대로가 지나가는데, 그 양편으로 잔디에
덮인 코닝스 광장과 프린스헨드릭[58] 광장이 펼쳐진다. 마카사르에서
가장 번화한 장소는 파사르 거리인데,[59] 돌기둥이 늘어서 있는 이곳의
주택들은 마치 남유럽의 어느 마을 같은 인상을 풍긴다. 유럽인 거류
지 부근에 현지인들이 촌락을 여럿 세웠다. 그 주위의 낮은 습지대에
는 논과 작은 마을들이 가득하다. 멀리 본타인 봉이 바라보이는 이곳
의 산들은 수려한 경관을 제공하는데, 평원에서 피어오르는 안개에 덮
여있지 않은 저녁나절에 특히 아름답다.

8. 동(東)수마트라[60]

수마트라섬의 이 지역은 북쪽에 아체 정부와 그 속지들, 동쪽에 말라
카해협, 남쪽에 인드라기리 — 리아우 주재관 관구와 그 속지들의 일부
— 가 각각 위치하는 중간 지대에 있다. 그리고 서쪽으로는 가요, 알라
스, 바탁 등과 더불어 말레이 종족의 독립적인 나라들이 수마트라 중앙
일대에 산재한다. 이 지역에는 대단히 많은 수의 반(半)독립국들이 있

---

58 Prins Hendrik. 네덜란드 왕 빌럼 2세의 삼남으로 룩셈부르크 총독(1850~1879)을 지
    낸 빌럼 프레데릭 헨드릭(Willem Frederik Hendrik, 1820~1879)을 가리킨다.
59 Passar Street. 파사르(Pasar)는 인도네시아어로 '시장(市場)'을 의미한다.
60 East Coast of Sumatra. 수마트라 식민지 정부 산하의 주재관 관구 중 하나로 오늘날
    '북(北)수마트라' 즉, 수마트라우-타라(Sumatera Utara) 주에 속해 있다.

다. 이것들은 각기 토착 군주 또는 수장의 통치를 받는데, 그 우두머리들은 서열과 의존도에 따라 술탄, 양디페르투안, 케주루안, 라자, 다투 등등의 이름으로 달리 불린다. 이곳은 주재관, 2명의 부주재관, 14명의 조사관 그리고 4명의 부조사관 등에 의해 관장된다. 사법 업무는 메단, 빈자이, 탄중발라이, 뱅칼리스. 카라파탄 등지의 현지인 재판소, 메단 소재의 주재관 법정, 그리고 치안판사들이 담당한다. 중요한 사건들에 대한 재판은 자카르타에서 진행된다. 이 지역의 주요 산업은 농업과 광업이다. 모두 수입 노동력 — 중국인과 자바인 — 에 의존하고 있기 때문에 노동문제는 노동자특별법에 따라 면밀한 감독을 받는다. 막노동꾼은 모두 선금을 받고 약정을 맺는다. 고용주는 자기 일꾼들에게 적절한 주거를 마련해주어야 하고, 아플 때는 의료 서비스와 식량을 제공할 의무가 있다. 월급을 주는 것은 필수이다. 토지보유권은 해당 구역을 다스리는 군주나 수장이 땅을 일정 기간 동안 임대하는 형식을 띤다. 연간 임대료는 1바후 — 1에이커 — 에 대해 1휠던을 납부한다.

네덜란드 정부의 지배권은 각 군주와 체결한 정치적 협약에 근거를 둔다. 현지 통치자는, 사형 선고라든가 토지의 처분 또는 부동산소유권과 관련된 경우를 제외하곤, 휘하 신민들에 대한 사법권을 계속 보유한다. 유럽인들과의 토지 계약은 현지의 개별 통치자와 양수인 간에 이루어지지만, 주재관의 승인을 받아야 유효하다. 광산 계약은 인도네시아 총독의 허가를 필요로 한다. 네덜란드 정부는 이곳의 모든 나라들에서 관세 및 일반 수입의 징수권을 매입하였다. 토지 수입은 정부 관리들이 걷지만, 토착 통치자들과 그의 참모들이 자유롭게 쓸 수 있다. 이곳 동수마트라에서 으뜸가는 나라는 시악으로, 통치자의 서열로 보나 역사적으로 보나 그렇다. 하지만 가장 유명한 나라는 담배 경작이 최초로 도입된 메단인데,[61] 이 지명은 동수마트라 전역을 가리키는 이름으로도 가끔 사용된다. 메단, 랑캇, 스르당, 아사한 등을 비롯한 이곳의 담배 재배 구역들은 비단결 같은 담뱃잎으로 세계적인 명성을 얻고 있으며, 특히 가벼우면서도 신축성 있고 질기기 때문에 담배를 마는 겉잎으로 제격이다. 담배 기업의 선두주자는 델리회사로, 25년 동안 연평균 75%의 배당을 지급해오고 있다. 부차적인 농산물로는 라이베리아커피, 카카오 열매, 후추 등이 있다. 밀림의 천연 산물은 과거에 상당량 수출되었지만, 밀림이 담배 경작을 위해 벌목됨에 따라 점점 희소해지고 있다. 쌀은 많이 생산되기는 하지만 수요에는 턱없이 못 미치며, 대부분 해협식민지에서 수입된다. 모든 나라들 가운데 아사한 하나만 해협식민지로 쌀을 대량 수출할 수 있는 형편이다. 등유가 랑캇으로부터 해협식민지, 영국령 인도, 홍콩, 태국, 중국, 자바 등지로 수출된다. 이 품목은 랑캇에서 중요한 위치를 점하는데, 현재보다 미래가 더 기대되고 있다. 자바와 해협식민지 그리고 동수마트라는 거의 모든 생필품을 수입해야 하며, 그렇기 때문에 상호간에 활발한 무역이 이루어지고 있다.

메단 — 델리 — 은 최고위급 문무 관리들이 거주하는 아담하고 쾌적한 마을로서 현대적인 양식에 따라 건설되었으며, 거리마다 전기조명이 설치되어 있다. 새로 개발된 폴로니아[62] 구역에는 주재관을 위해

61　Medan. 원문 표기는 이곳에 투자한 네덜란드 상인들이 자신들의 업체인 델리회사 (Deli Company)의 이름을 따서 붙였던 Deli.

62　Polonia. 1872년에 네덜란드동인도회사로부터 이곳 메단에 토지를 할양받아 담배농장을 일군 미할스키 남작(Baron Michalski)이 그 농장에 고향 폴란드의 라틴어 이름

건립된 화려한 정부청사가 있다. 시내에는 금융회사가 두 곳—네덜란드무역회사와 인도호주중국칙허은행 — 이 지점을 두고 있다. 매우 훌륭한 호텔이 둘 있고, 클럽 두 곳과 승마클럽 한 곳도 있다. 각종 영업소들도 많으며, 중국, 일본, 인도, 말레이, 봄베이, 켈링 등등 각지에서 온 선박들이 즐비하다. 벨라완강 유역의 벨라완델리 항구는 철도를 통해 메단과 연결되어 있다. 그 외에 중요한 항구로는 팡칼란브란단, 탄중푸라, 탄중발라이, 벵칼리스, 바간아피아피, 시악 등이 꼽힌다.

　이곳 주재관 관구의 주민은 1897년에 유럽인 1,829명, 중국인 85,106명, 아랍인과 기타 동양인 6,996명, 그리고 현지인 234,628명이었다.

을 붙인 것에서 유래되었다. 이 담배농장 부지는 1870년에 환수되어 굴지의 담배 기업인 델리회사한테 넘어갔다.

제11장
필리핀

1. 개요

필리핀은 풍요롭고 아름다운 군도(群島)들의 집합체이다. 포르투갈인 페르낭 드 마갈량이스 — 마젤란 — 에 의해 발견된 이곳은 북위 5° 22′, 동경 117~127°에 위치하며, 스페인의 식민지이다. 이 섬들은 북쪽과 서쪽으로는 중국해, 동쪽으로는 태평양, 그리고 남쪽으로는 술라웨시해에 둘러싸여 있다. 군도의 숫자는 1,000개가 넘으며, 52,647제곱마일에 이르는 면적에 1876년 당시 6,173,632명의 인구가 있었다. 1883년 말에는 인구가 육군과 해군을 포함하여 7,636,632명으로 추산되었다. 주요 군도들은 26개 지방으로 나뉘어 있는데, 그 중 13개는 루손섬, 4개는 네그로스섬, 3개는 파나이섬, 3개는 민다나오섬 소속이다.

필리핀 제도는 1565년 스페인 왕국에 정식으로 합병되었으며, 돈 미겔 로페스 데 레가스피가[1] 초대 총독으로 부임하였다.

필리핀의 초기 역사는 끊임없는 분쟁의 기록이다. 세속 권력과 교회 당국의 갈등은 내부 투쟁을 낳았으며, 다른 한편에서는 포르투갈과 네덜란드가 이 풍요로운 재산을 탐내면서 스페인 사람들을 괴롭혔다. 1606년, 네덜란드인들이 5척의 선박으로 몇몇 항구를 봉쇄하였다가 스페인 함대에 격퇴 당했다. 강력한 중국 해적 선단이 여러 지점을 공격하기도 하였다. 가장 유명한 사건은 1572년에 리마홍이[2] 2,000명의 부하를 이끌고 마닐라에 상륙한 것으로, 후안 데 살세도의[3] 지휘 아래 스페인인과 현지인이 합세하여 그들을 물리쳤다. 1762년에는 영국이 수도를 점령하고, 주민들의 사유재산을 약탈하지 않겠다는 조건으로 스페인에 100만 파운드의 배상금을 요구하였다. 이에 절반은 현금으로, 나머지 절반은 스페인 국고에서 어음으로 지불되었다. 하지만 그러는 도중에 강화가 타결되어 스페인은 섬들을 되돌려 받았으며, 영국도 배상금 잔액의 지불을 고집하지 않았다.

필리핀 제도가 발견된 뒤 수많은 성직자들이 떼를 지어 몰려들었으며, 이들은 스페인 당국에 가해지는 이런저런 외부 공격에도 흔들리지 않고 현지인의 개종 사업을 매우 활발하게 수행하였다. 종교계는 단시

1　Don Miguel Lopez de Legazpi(1502~1572).
2　Li Ma Hon. 광둥과 푸젠 지방의 항구들을 주요 무대로 활동했던 중국의 '해적 군벌'로 영어권에서 흔히 Lim Hong(중국명 林鳳)으로 표기하며, Ah Hong(阿鳳) 또는 Lim-A-Hong(林阿鳳)으로 부르기도 한다.
3　Juan de Salcedo(1549~1576). 멕시코 태생의 스페인 군인으로 초대 필리핀 총독 레가스피의 손자였는데, 필리핀에 대한 군사적 정복 과정에서 핵심 역할을 하였다.

간에 큰 세력을 이루었고, 사실상 지배 권력이 되었다. 최근 미국인들에 의한 마닐라 점령으로 많은 성직자들이 떠나갔지만, 이 사태가 발생하기 전까지 성직자의 수는 2,000여 명에 달했으며 정복된 현지인들은 대부분 로마가톨릭 신자가 되어있었다. 필리핀에서는 식민화 과정에서 아주 빈번하게 발생하는 원주민들에 대한 잔혹 행위가 별로 없었다. 사제들이 거의 무제한적인 자신들의 영향력을 효과적으로 발휘하여 질서를 유지하여 왔기 때문에 현지인들은 대체로 만족해하였고, 유순한 태도를 보였다. 하지만 그 이면에는 겉으로 드러나지 않은 적대감정이 존재하였다. 1822년, 1841년, 1842년, 1872년 그리고 1896년에 스페인의 굴레를 벗어던지려는 시도가 있은 뒤, 반란세력이 1898년에 기회를 잡았다. 이 때 미국과 스페인 간에 전쟁이 벌어지자[4] 그들은 미국에 협력을 제의하였고, 미국은 이를 받아들였다. 그리하여 미국인들이 마닐라 시를 탈취해서 점령하고 있는 동안, 반란세력은 루손섬 나머지 지역에서 스페인 관헌을 모조리 타도하고 아기날도[5] 장군을 최고지도자로 하는 독자 정부를 수립하였다. 스페인과 미국 간의 강화조약에 따라 필리핀 제도 전역이 미국에 할양되었다. 그러나 독립을 주장하는 반란세력은 그런 합의에 순순히 동의하지 않았고, 그에 따라 미국은 지금 정복 전쟁을 벌이고 있다. 접근이 어려운 산악지대에는 지

---

4 미국 · 스페인 전쟁(Spanish-American War, 1898)을 가리킨다. 미서(美西)전쟁이라고도 하는데, 원래 쿠바를 비롯한 카리브해 일대의 주도권을 둘러싼 양국의 군사적 분쟁이 필리핀 등지로까지 확대되었다. 미국이 승리하여 필리핀, 괌, 푸에르토리코, 쿠바 등의 스페인 식민지를 획득하게 되었다.

5 Emilio Aguinaldo(1869~1964). 필리핀의 혁명가이자 독립운동 지도자로서 초대 필리핀 대통령을 지냈다(1899~1901). 미서전쟁 직후 발발한 필리핀 · 미국 전쟁(Philippine-American War, 1899~1901) 말년에 미군에 체포되어 아시아 최초의 입헌공화국 대통령으로서의 지위를 상실하였다.

금도 미개한 원주민 부족들이 있지만, 그 숫자는 얼마 되지 않는다. 최근의 인구조사 보고에 따르면, 정부에 복속되지 않았거나 조세를 납부하지 않는 현지인은 602,853명이다. 한편, 조세를 납부하는 현지인의 숫자는 5,501,356명으로 집계되었다. 이곳은 메스티소, 즉 혼혈인이 상당한 숫자에 달한다. 유럽인 아버지와 현지인 어머니 사이의 자손들도 있고, 중국인 아버지와 현지인 어머니 사이의 자손들도 있다.

공공 세입은 스페인의 지배에서 벗어나기 이전에 약 1,500만 달러였는데, 대부분이 직접세, 관세, 전매권, 복권 등을 통해 거둬들인 것이었다.

주요 생산품은 설탕, 대마, 담배 그리고 커피이다. 대외 무역은 마닐라, 일로일로, 세부, 삼보앙가 등의 항구로 제한되어 있다.

필리핀의 기후는 같은 위도의 다른 지역들과 별로 다르지 않다. 연중 기온은 60°를 조금 넘는 선과 약 90° 사이에 분포한다. 1년은 세 계절로 나눌 수 있다. 첫째는 11월에 시작되는 춥고 건조한 계절이다. 둘째는 포근하지만 여전히 건조한 계절로, 3월에 시작되며 4월부터 5월 말까지가 가장 덥다. 셋째는 6월에 시작되어 11월 중순까지 지속되는 대단히 습한 계절이다. 이 우기에는 하천들이 자주 범람하며, 내륙 여행이 거의 불가능하다. 그러나 이따금 오랜 가뭄이 들어 땅이 바짝 마르고 농작물들이 깡그리 죽기도 한다. 농사를 망치는 또 다른 요인은 메뚜기 떼로서, 간혹 목초지대 전역을 완전히 헐벗게 만들기도 한다. 필리핀은 대부분의 지역이 태풍의 영향권 안에 있고, 끔찍한 폭풍우가 빈발한다. 이곳 제도는 또한 거대한 화산 활동의 중심지이기도 하다. 존 보링 경은[6] 1859년에 이렇게 기술하였다 : "지진들에 의해 초래되는 파멸적인 참화와 변화가 필리핀만큼 극명한 곳은 어디에도 없다. 그것들은 산맥을 뒤엎었고, 계곡을 메웠으며, 광활한 평원을 황폐하게 만들었다. 또한 바다에서 내륙으로, 호수에서 바다로 통하는 길들을 열었다. 이러한 지형상의 격변과 관련해서는 전설 같은 이야기가 많다. 그러나 최근의 재앙에 대한 기록들은 신뢰할 만하다. 1796년의 지진은 안쓰러운 정도로 처참하였다. 1824년 마닐라에서는 주요 교량과 막사 그리고 수많은 개인 주택과 다수의 교회가 파괴되었으며, 땅에는 길이가 거의 4마일에 이르는 깊은 구렁이 생겨났다. 주민들은 모두 들판으로 피신하였고, 항구에 있던 선박 6척이 난파되었다. 희생자의 수는 전혀 확인되지 않았다. 1828년에 또 다른 지진이 발생하였다. 램프가 4.5 피트의 호(弧)를 그리며 흔들렸고, 도시로 들어가는 대문의 초석들이 뽑혔으며, 큰 종들이 제멋대로 울려댔다. 2~3분간 지속된 이 지진은 여러 교회와 건물의 벽을 갈라지게 하였다. 그렇지만 통상적인 경우와는 달리 지하에서 올라오는 소음은 없었다." 지진은 1832년, 1852년, 1863년, 1869년 그리고 1880년에 끔찍한 충격을 안겨주었다. 1891년 팡가시난 지방에서는 그 충격이 한 달 동안이나 끊이지 않고 반복되어 건물들을 무너뜨리고 그 안에 있던 사람들을 짓뭉갰으며, 주민들을 공황 상태에 빠지게 만들었다.

이곳의 폭풍은 가장 더울 때인 5월과 6월에 찾아오며, 때로는 매우 혹독하다. 1873년 5월 29일의 경우는 마닐라성벽 안에서만 41채의 가옥을 파괴할 정도로 강력하였다. 태풍 또한 대단한 기세로 섬들을 휩쓸곤 한다. 1882년 10월 20일에는 성난 바람이 현지인들의 오두막뿐만

---

6   1854~1859년 홍콩 총독을 역임한 인물을 가리킨다.

아니라 벽돌과 석재로 지은 튼튼한 건축물들까지 무너뜨렸다. 폭우는 홍수를 낳았고, 이로 인해 엄청난 생명과 재산의 피해가 초래되었다.

필리핀 제도는 루손, 비사야스,[7] 민다나오 등의 3대 그룹으로 크게 구분된다. 루손에 속하는 지방은 다음과 같다. ① 북부 : 마닐라, 불라칸, 팜팡가, 타를라크, 삼발레스, 바탄, 누에바에시하, 팡가시난, 일로코스노르테,[8] 아브라, 라우니온,[9] 누에바비스카야, 카가얀, 라구나, 바탕가스, 타야바스, 알바이, 카마리네스노르테, 카마리네스수르, 소르소곤 등의 지방들 그리고 프린시페, 레판토, 본톡, 벵게트, 모롱, 인판테[10] 등의 구역들 및 서로 인접한 두 군도 바부얀와 바탄네스. ② 동부 : 폴리요, 알라밧, 카탄두아네스, 마리아나스. ③ 남부 : 민도로, 부리아스, 마스바테, 마린두케. ④ 서부 : 칼라미안, 파라과이, 발라바크. 그리고 두 번째 그룹인 비사야스는 북부와 북동부의 세부, 보홀, 사마르, 레이테, 네그로스섬과 그 관할의 카피스 · 롬블론 · 일로일로 구역들, 콘셉시온, 시부얀, 반톤, 타블라스, 루시아라, 마에스트로데캄포, 반타얀, 다우이스, 카모테스섬, 그리고 남쪽의 푸에고(시키호르)섬 등으로 이루어져 있다. 한편, 세 번째 그룹은 민다나오해(海) 일대라고 할 수 있다. 필리핀 제도 남동부에 포진해 있는 이 그룹에는 북동쪽에 삼보앙가, 미사미스, 수리가오, 누에바기푸스코아, 다바오, 비슬릭, 바실란 등의 구역들 및 이들과 인접한 카미긴 · 카부가오 · 디나가트 · 오야르살 ·

---

7   Bisayas or Visayas.

8   Ilocos Norte. 원문은 North Ilocos.

9   La Union. 지금도 스페인 식민지 시절의 지명[La Unión]이 쓰이고 있다. 원문 표기는 Union.

10   Infante. 원문은 왕자, 공주를 뜻하는 포르투갈어 지명 Infanta.

비베로 등등의 군도가 속해 있다. 또 이들의 동쪽에는 실루앙가와 헤네랄이 있으며, 그 외에 부엔투아, 텡킬, 발란긴기, 술루 등과 기타 많은 섬들이 이 세 번째 그룹의 남동부를 구성하고 있다. 필리핀 제도 내에는 이상과 같은 군도가 모두 합쳐 1,200여 개 존재하는 것으로 추정된다. 이곳에는 삼림이 헤아릴 수 없을 만큼 빼곡하게 널려있다. 여기서는 송진, 고무, 유향(乳香) 수지, 염료, 그리고 결이 고운 장식용 목재와 더불어 건축용으로 적합한 무거운 목재 등이 나온다. 멘카얀과 레판토 일대에는 광산이 즐비하다. 루팍과 아그바스에서 구리, 수이네에서는 구리와 황철석(黃鐵石)이 각각 발견되었다. 파라칼레와 카마리네스노르테에서는 현지인들이 금맥을 파내는 작업을 하고 있다. 사판강, 카시구란강, 누에바에시하 등지에서 우수한 품질의 금이 발견되었고, 맘불라오와 카마리네스에서는 금광 몇 곳이 가동 중이다. 탁월한 약효를 지닌 철과 유황 성분의 온천이 많다. 투이, 시부 등지의 저명한 "성수(聖水)"는 병을 치료하기 위해 매년 많은 사람들이 찾는 곳이다. 이 나라의 풍토병으로는 말라리아, 설사, 각기병 등을 비롯하여 몇 종류가 있다. 불치병인 문둥병에 걸린 현지인은 아주 적다. 사망률은 주민의 수를 고려할 때 낮은 편이다.

스페인의 역사가인 아우구스틴 델라 카바다 박사가 전하는 이야기에 따르면, 필리핀 현지인들은 온화하고 순종적이며 예의가 바르다. 또한 그들은 매우 친절하며, 종교 계율에 길들여져 있지만 미신을 아주 잘 믿는다고 한다. 바탕가스, 카가얀 그리고 일로코스수르의 주민들은 다른 지방들에 비해 일꾼으로 더 낫고, 더 부지런하다. 젊었을 때는 체력과 어느 정도의 지적 능력을 바탕으로 열심히 일하다가 좀 더

나이가 들게 되면 일에 대한 의욕이 크게 떨어지고 게으름에 빠져드는데, 바로 이것이 여기 사람들의 최대 결점 가운데 하나이다. 필리핀 여자들은 빈둥거리는 것을 혐오하며, 진취적인 정신을 가지고 있다. 그래서 다양한 상업 분야에 종사하여 성공을 거두는 사례가 종종 있다. 이들은 또한 절약심이 강하며, 애착이 가는 사람들을 위해서는 자기 자신을 기꺼이 희생한다. 필리핀에는 셀 수 없이 많은 강과 개천이 도처에서 사방팔방으로 뻗어 있는데, 이는 광활한 지역에 산재하는 산봉우리들과 능선들이 빚어낸 자연스런 결과이다.

화산 가운데 가장 주목할 만한 것은 민다나오의 부헤얀, 바탕가스의 타알, 알바이의 불루산과 마욘 등이다. 마욘 화산은 지금도 자주 폭발을 일으키며, 간혹 엄청난 양의 끓는 물과 재 그리고 용암을 분출해서 주변 지역을 공포로 몰아넣는다. 1872년에는 이것이 말리나오, 카말릭, 기노바탄, 리가오, 폴랑기, 알바이 등지의 촌락들을 몽땅 파괴하였다.

필리핀의 주요 수출품은 설탕, 대마, 담뱃잎 그리고 잎담배이다. 1897년과 1898년 두 해의 수출 내역을 보면, 설탕 3,233,483피컬과 2,843,116피컬, 대마 1,804,576피컬과 1,585,212피컬, 담뱃잎 309,585쿼터와[11] 145,055쿼터, 그리고 잎담배 169,465,000개비와 129,840,000개비 등이었다.

---

11   quarter. 무게 단위로, 1쿼터는 28파운드(영국) 혹은 25파운드(미국)로 환산된다.

2. 마닐라[12]

필리핀의 수도 마닐라는 루손섬 서부, 마닐라만으로 흘러드는 파시그강 어귀에 위치한 도시로, 현재 미국 군대가 점령하고 있다. 미국과 스페인 간에 전쟁이 선포된 후, 1898년 5월 1일 미국 함대가 마닐라만으로 들어와 스페인 함대를 완전히 궤멸한 바 있다. 이때 공격한 미국 측은 실질적인 피해를 전혀 입지 않았다. 그 뒤 이 도시는 8월 13일까지 봉쇄되었으며, 이 날 군대 병력이 도착하자 미국인들은 파죽지세로 공격을 가하여 이곳을 점령하였다.

이 도시는 1571년에 건설되었다. 1645년에는 지진에 의해 거의 다 파괴되었는데, 이때 300명 이상이 목숨을 잃었다. 그리고 1863년에 또다시 같은 원인으로 도시 대부분이 무너졌고, 1880년 7월에도 가공스러운 지반 융기가 재발하여 똑같은 파멸을 가져왔다. 자연히 주민들은 이 재해에 대한 일상적인 공포심을 지니고 있다. 상황이 그렇기 때문에 가옥들은 특히 안전을 고려해서 축조되며, 따라서 넓기는 하더라도 건축이 지닌 아름다움으로 내세울 만한 것은 거의 없다. 도시는 사실상 2개 부분으로 나누어진다. 파시그강 좌측 제방에는 성벽을 두른 공적(公的) 도시가 있고, 강 우측으로는 제방과 맞닿은 비논도섬 일대에 상업도시가 펼쳐진다. 상업 중심가인 에스콜타 거리가 이 외곽지대를 관통하는데, 유럽인 상점과 상가는 대부분 이곳에 있다. 비논도에 있는 또

---

12   Manila.

에스콜타 거리

마닐라

다른 대로(大路) 로사리오 역시 활기찬 곳인데, 주로 중국인 상점들이
들어서있다. 산미겔은 귀족풍의 교외 지대로, 부유한 상인들과 다양한
외국인 거류민들의 주거지이다. 성곽 주위와 마닐라만의 가장자리에
는 아몬드 나무가 늘어선 최신식 가도가 있는데, 상류층 주민들은 이곳
에서 산책을 하거나 드라이브를 즐기며, 친구를 만나기도 한다. 마닐라
의 건축물들은 계속된 지진으로 많은 손상을 입어서 인상적이지 못하
며, 시가지 또한 열대성 무더위에 짓눌린 탓인지 시대에 뒤진 모습을
하고 있다. 길거리들은 저녁나절에 가장 활기를 띤다. 이때가 되면 잎
담배 공장들이 문을 닫으며, 상류층 사람들은 사륜마차를 타고 습관처
럼 나들이를 한다. 눈여겨 볼만한 유서 깊은 교회가 몇 군데 있다. 원래
1578년에 세워진 대성당은 지진으로 몇 차례 파괴된 적이 있었는데,
1863년에도 그것을 피하지 못했다. 그 후 개축되었지만, 1880년에 교
회의 탑이 너무 많이 부서져서 끌어내리지 않으면 안 되었을 정도로 또
다시 엄청난 피해를 입었다. 극장이 몇 개 있으나, 그 이름에 걸맞은 곳
은 하나도 없다. 오페라는 마닐라에서 인기가 많다. 카를로스 4세의[13]
동상이 팔라시오 광장 한가운데에, 이사벨 2세의[14] 동상이 바리에다데
스 극장 맞은편에 각각 서있다. 천문대는 가볼만한 가치가 있는 곳으
로, 예수회 신부들에 의해 놀라울 정도로 잘 관리되고 있다. 괜찮은 영
국인 클럽이 한 군데 있다. 호텔 중에서는 "호텔데오리엔테"가 제일 좋
다. 이곳 주민의 숫자는 도시와 교외지역을 합쳐 30만 명이며, 대규모
상업 중심지로서 해마다 성장을 거듭하고 있다. 주요 수출품은 대마,

필리핀

---

13   Carlos IV(1788~1808 재위).
14   Isabel II(1833~1868 재위).

설탕, 담뱃잎, 잎담배, 커피, 인디고 등이며, 수입품으로는 면제품이 주
종을 이룬다. 정박장은 해안에서 3마일쯤 떨어진 곳에 있다. 이곳의 강
은 현지의 작은 배들과 외국 선박들이 한데 섞여 붐비는 가운데 매우 활
기찬 풍경을 드러낸다. 더운 계절은 3월에 시작되어 7월까지 지속된다.
비는 8월부터 12월까지 계속 내리는데, 이 시기에는 도로와 보도(步道)
의 상태가 아주 나쁘다. 기록에 나타난 연간 최대 강우량은 114인치이
고, 최소 강우량은 84인치이다. 최고 기온은 92° 정도이다. 밤에는 서늘
한 바닷바람이 불어와서 그런대로 잠을 잘 수 있을 만큼 열기를 낮춰준
다. 1883년의 인구조사에 따르면, 유럽 출신 외국인 250명, 유럽 태생
스페인인 4,189명, 중국인 15,157명, 중국계 메스티소(혼혈인) 46,066명,
스페인계 메스티소 3,849명 등이 마닐라에 거주하고 있었다. 한편, 순
수 현지인은 160,896명이었다.

1880년, 새 부두의 건설을 위해 이곳 항구에서 이루어지는 무역에
대해 특별세가 부과되었다. 수입액의 2%, 수출액의 1%, 톤세, 어선들
에 대한 과세 등이 그것이다. 이를 통해 미국의 점령 이전까지 많은 액
수가 징수되었지만, 실제 공사는 별다른 진척이 없다.

전차가 도시 내 주요 도로들에서 운행되며, 철도는 다구판까지의 총
연장 123마일의 노선이 1892년 11월 23일에 완전 개통되어 운행 중이
다. 말라본으로 가는 증기궤도차 노선도 하나 있다. 공공 광장, 산책로,
영업소 등과 주요 거리들에는 전등이 설치되어 있다. 인양 선가와 해
군 무기고가 마닐라만 맞은편 지점의 카비테에 자리 잡고 있다.

이곳 도시와 교외지역의 식수는 파시그강 유역의 산타아나를[15] 기점
으로 가설된 도관을 통해 공급된다. 물은 배수지(配水池)로 옮겨진 뒤 적

당한 위치의 거리들로 배분되며, 주민들은 거기서 각자 집에서 쓸 물을 퍼간다. 전화는 도시 전역은 물론, 멀리 말라본까지 보급되어 있다. 마닐라에는 많은 교육기관과 자선단체가 있다. 그 중에서 도미니크수도회가 관리, 운영하는 성토마스왕립교황대학교가[16] 유명한데, 그 안에 신학·교회법·법학·공증인법·의학·약학 등의 전문학교들이 있다. 이 대학교 소속의 성토마스대학은 스페인 소년 40명에 대한 학비면제 장학금제도를 운영함으로써 그들이 학부 및 대학원 학업을 모두 이수할 수 있도록 도와준다. 동일한 도미니크수도회 산하의 산후안데레트란대학은 현지인 교육 전문기관으로, 다른 어느 대학 못지않게 방대한 양의 엄선된 학술 자료와 훌륭한 물리학·화학 장비를 갖추고 있으며, 박물관과 미술관도 있다. 산호세(세인트조셉)대학에서는 의학과 약학을 가르친다. 캄보봉고아원은 여성협회에 의해 1882년 마닐라에 설립되어 아우구스티노수도회가 운영하는 것으로서, 초등 및 고등 교육 과정을 통해 소년들에게 관공서나 영업소의 사무직원으로서 필요한 자격 요건을 갖추도록 해준다. 만달로야고아원도 마찬가지로 아우구스티노회의 수도사들과 수녀들이 관리하는데, 이곳은 원생들에게 초등 교육을 제공하고, 성별에 맞춰 가사업무 또는 기타 기술들을 가르친다. 1810년에 설립된 "성 요셉의 집"은 가난하거나 정신질환이 있는 아이들의 안식처이다. 산후안데디오스병원은 1585년에 "자비(慈悲)의 형제회"가 설립한 것으로, 병자들이 오면 누구든 가리지 않고 돌봐준다. 이곳에는 의사 6명, 약사 1명, 수녀원장 1명, 수녀 22명, 사제 2명, 수(首)간호사

---

15   Santa Ana. 원문은 Santalan.
16   Royal and Pontifical University of St. Thomas.

1명, 레지던트 8명 등과 다수의 정규 의료보조원이 근무한다. 산라사로 병원은 나환자들을 돌보기 위한 시설로, 1578년 프란체스코수도회에 의해 건립되었다. 1880년에 창립된 마닐라전당저축은행은 원래 가구, 귀금속, 가재기물 등을 담보로 하는 연이율 6%의 현금 대출 영업과 연이율 4%의 예금 유치를 목적으로 하는 금융기관으로, 지점을 여러 곳 두고 있다. 마닐라에는 은행이 세 군데 있다. 에스파냐필리핀은행, 인도호주중국칙허은행 그리고 홍콩상하이은행이 그것인데, 홍콩상하이은행은 일로일로에 지점도 하나 내고 있다. 마닐라에는 스페인 카지노, 필리핀 성세실리나음악협회, 마닐라나가타클럽과 이 클럽의 산가브리엘 지부, 독일연합카지노, 마리키나총기클럽, 산후안델몬테총기클럽, 마닐라승마클럽, 마닐라테니스클럽, 마닐라자전거클럽 등, 수많은 사교단체가 있다. 이 도시는 현재 군사정부 치하에 있다.

3. 일로일로[17]

이 항구는 인구가 많은 일로일로 지방 제1의 도시로, 북위 10° 48′ 선상에 위치한다. 파나이섬의 남동쪽 끄트머리에서 바다와 접하는 한편, 맞은편의 기마라스섬과는 좁은 해협을 사이에 두고 마주본다. 마을은

---

17   Iloilo.

대부분 낮은 습지 위에 조성되었는데, 바닷가와 강의 좌측 제방에 고루 펼쳐져 있다. 이곳의 강은 하로 구역 쪽으로 흐르다가 반원을 그리며 돌아 내려가 일로일로 근방에서 바다와 만난다. 일로일로는 주요 항구이자 지방 정부의 소재지임에도 불구하고 인근의 여러 마을들보다 훨씬 작다. 부두의 방호 상태는 훌륭하다. 정박장도 양호한데, 기마라스섬이 안전한 통로를 만들어주고 있다. 일로일로강의 어귀에 있는 모래톱 주위의 수심은 간조 때 약 5패텀이다. 그러나 거기서 조금 더 나가면 15피트로 얕아지며, 그런 다음에 다시 깊어진다. 홍수가 발생하면 마을 전역이 물에 잠기긴 하지만, 그럼에도 불구하고 이곳은 아주 살기 좋은 곳이다. 기마라스섬의 고지대는 파나이 해안과 한데 어우러져 일종의 깔때기 형상을 이루며, 그렇기 때문에 조용할 때가 드물고 거의 언제나 크고 작은 바람이 인다. 이곳은 북동풍이 매우 강하게 불며, 마닐라보다 훨씬 시원하다. 일로일로의 상류층 주택들은 직경 2~3피트의 단단한 나무 기둥 위에 축조된다. 그 기둥들이 지붕까지 올라가서 집체를 떠받치는데, 1층은 돌로 벽을 쌓으며, 그 위로 목제 창문들과 철제 지붕이 가설되어 있다. 하류층 가옥들은 4개의 단단한 기둥 위에 야자수를 엮어 만든 조잡한 구조물이다. 내륙과의 교통수단은 여전히 턱없이 부족한 상태로, 이 항구의 발전을 저해하고 있다.

일로일로의 주요 생산품은 파인애플 잎의 섬유로 정교하게 짠 피나라는 직물로, 현지에서 소비되기도 하고 마닐라에 수출하기도 한다. 또 다른 직물인 후시는[18] 견사로 짠 것인데, 흰색도 있고 색깔을 띤 것

---

18 jusi. husi로도 표기하는 이것은 견사(絹絲)와 대마, 혹은 견사와 파인애플 섬유를 섞어서 짠 필리핀 특산 교직포(交織布)이다. 반투명의 얇고 가벼운 특성을 지녀서 주로

도 있다. 일로일로의 주변 지역은 매우 비옥하여 대규모 경작이 이루어지고 있다. 설탕은 매년 약 100만 피컬의 수확고를 올리며, 담배도 널리 재배되고 있다. 쌀이 상당한 규모로 경작되지만, 메뚜기가 너무 많아서 사탕수수밭과 논이 종종 커다란 피해를 입는다. 태풍이 빈번하게 찾아와 쑥대밭을 만들어 놓곤 해도 지진은 거의 발생하지 않는다. 일로일로는 마닐라와 약 250마일 떨어져 있다. 상업의 주역은 중국계 혼혈인으로, 이곳 항구에는 그 사람들이 아주 많다.

네그로스섬은 엄청나게 비옥하다. 여기서 나오는 설탕이 일로일로에서 선적되는 설탕의 3/4 가량을 차지하는데, 품질이 우수하다.

1898년 12월 23일, 일로일로 주재 스페인 총독은 시장한테 도시의 관리를 넘기고 사임하였다. 그리고 휘하의 육·해군 병력과 정부의 문무 관리들과 함께 현지 철수를 준비하여 12월 25일에 퇴거 작전을 완료하였다.

이튿날인 12월 26일, 스페인인 시장은 육지 방면에서 혁명군에 의해 1개월 이상 완전 포위상태에 있던 일로일로를 혁명군에게 정식 이양하였고, 모든 공공건물에 필리핀공화국 국기가 게양되었다.

1898년 12월 28일, 전함 볼티모어 호와 3,800명 병력의 3개 수송대로 구성된 미군이 밀러[19] 준장의 지휘 아래 일로일로 앞바다에 도착하였다. 그러나 이들은 상륙하지 않았다. 혁명군이 자기네 지도자인 아기날도의 명령 없이 도시를 내어주는 것을 거부하였기 때문이었다. 루손에서의 정세가 미국과 혁명군 간의 노골적인 불화로 치닫게 되자 미

드레스나 셔츠 제조에 이용된다.

19 Marcus P. Miller(1835~1906).

일로일로

세부

국 원정군을 지휘하던 장군은 외국 영사들에게 2월 12일 오전 5시가 지나면 전쟁이 시작될 것이라고 통보하였고, 2월 11일 오전 8시 45분 경 사격을 개시하였다. 혁명군도 도시를 향해 총격을 가하였고, 이곳 을 거의 폐허로 남겨둔 채 외곽으로 물러났다. 일로일로는 즉각 미국 인들에 점령되었다.

1899년에는 거래가 평년의 약 1/3 수준으로 줄었다. 반란세력에 의해 장악되었던 항구들이 모두 완전 봉쇄된 상태에 있었기 때문인데, 1900 년도 회복될 가망은 거의 없어 보인다.

4. 세부[20]

세부는 세부섬의 수도이자 필리핀에서 일로일로 다음가는 항구이 다. 한때 비사야스 제도 전역의 세입을 관리하는 기관이 있었지만 1849 년에 마닐라로 이전하였다. 세부는 잘 지은 도시이고, 훌륭한 도로들을 갖추고 있다. 그러나 사람들에게서 상업적 진취성을 찾아볼 수 없다. 세부의 무역은 주로 대마와 설탕으로 이루어진다. 인근의 섬인 레이테, 민다나오, 카미긴 등에는 광대한 대마농장이 있는데, 거기서 생산된 대 마의 대부분이 세부로 운반되어 선적된다. 세부섬에는 매우 높은 가치

---

[20]   Cebu.

를 지닌 대규모 탄광들이 존재하지만, 그것들을 개발하는 사업은 아직 착수되지 않고 있다.

제12장

보르네오[*]

1. 개관

이 섬은 세계에서 호주 다음으로 큰 섬으로, 북위 7°에서 남위 4°, 그리고 동경 109°에서 118° 사이에 위치한다. 길이가 약 750마일이고 폭은 평균 350마일 정도로 추정되는데, 가장 넓은 곳은 600마일에 이른다. 광대한 내륙 지역은 헤치고 들어가기가 거의 불가능한 밀림으로 이루어져 있는데, 동물들이 많고 사람은 보기 드물다. 토양은 비옥하며, 해안 근처에는 습지가 몇 군데 있다. 이 섬은 1526년 포르투갈인들에 의해 발견되었다. 그 후 이들 외에도 스페인인, 네덜란드인, 영국인

---

[*] Borneo.

이 해안 각지에 거류지를 만들었지만, 어느 것도 오래 유지되지 못했다. 네덜란드인들은 해안을 따라 자신들의 거류지가 조성된 남부와 서부의 대부분 지역에 대해 주권을 내세웠다. 영국북보르네오회사, 브루나이의 술탄 그리고 사라와크의 라자는 북부 및 북동부 해안 일대에 각기 영역을 보유하였다. 토착 국가들은 변변한 것이 없으며, 낙후된 상태에 있다. 보르네오의 총인구는 대략 300만 명 정도로 추정된다. 생산물은 종류가 많고 다양하며, 광물자원도 풍부하다고 한다. 중국인들은 보르네오섬 내 대부분의 마을에 대대로 정착하여 살면서 온갖 상업활동에 종사하고 있다. 이곳 지역은 전반적으로 미개발 상태이다. 토착민들은 말레이인 계통으로, 대체로 게으르고 기업가 정신이 결여되어 있다. 영국 보호령은 브루나이, 사라와크, 영국북보르네오회사 보유지 등에 흩어져 있다.

2. 사라와크[22]

사라와크는 면적이 40,000제곱마일쯤 되고, 인구는 약 500,000명으로 인종 구성이 다양하다. 보르네오섬 북서부 해안에 위치하며, 내륙으로 꽤 먼 곳까지 운항할 수 있는 강이 많고, 해안선은 약 400마일에 달한

---

22 Sarawak.

다. 1832년에 제임스 브룩 경이[23] 브루나이 술탄한테서 탄중다투로부터 사마라한강 어귀에 이르는 구역의 주권을 획득하였는데, 이후 그는 "사라와크의 라자 브룩"으로 이름을 떨치게 되었다. 1861년에 두 번째 할양이 이루어져 브루나이의 술탄에게서 사마라한강과 카두롱포인트 사이에 있는 모든 강과 땅을 획득하였다. 1882년의 세 번째 할양에서는 카두롱포인트에서 바람강 사이의 모든 땅과 강에 더해서 100마일에 달하는 해안지대를 얻었다. 그리고 1885년에 또 다시 할양이 성사되어 브루나이강 하구 북쪽의 트루산강 일대를 손에 넣었다. 1888년에 영국 보호령이 수립되었다. 1890년에는 "영국인 라자"가 림방을 점령하였고, 영국 정부는 이를 이듬해 8월에 추인하였다. 현재의 라자는 1등급 세인트마이클 · 세인트조지 훈장을 받은 찰스 존슨 브룩 경이다.[24] 그는 제임스 브룩 경의 조카로, 1829년 6월 3일에 태어나 1868년에 라자 지위를 계승하였으며, 1869년에 마거릿 드 윈트와[25] 결혼하였다. 그의 "라자 무다", 즉 후계자인 찰스 바이너 브룩은[26] 1874년 9월 26일 출생하였다.

이 지역의 생산물은 다이아몬드, 금, 은, 안티몬, 수은, 석탄, 구타페르카, 천연고무, 사탕수수, 등나무, 장뇌, 밀랍, 제비집, 사고야자, 후추, 갬비어 등이다. 주요 도시로는 우선 사라와크의 수도인 쿠칭이 있다. 사라와크강 어귀에서 약 23마일 거리에 있으며, 위치는 동경 110°

보르네오

23　Sir James Brooke(1803~1868). 인도 벵골 태생으로 1838년 보르네오 쿠칭에서 일어난 반란 진압에 앞장서서 브루나이 술탄의 신임을 얻은 데 이어, 해적 소탕 및 술탄 암살 음모 적발 등의 공을 세워 1841년 "사라와크의 라자" 칭호를 받았다. 그 이듬해 사라와크의 주권을 양도받았으며, 1846년에는 라부안섬을 영국 정부에 헌납하고 총독 겸 사령관으로 임명되었다.
24　Sir Char1es Johnson Brooke(1829~1917).
25　Margaret de Windt(1849~1936).
26　Charles Vyner Brooke(1874~1963).

38´, 북위 1° 32´쯤이다. 마루디는[27] 주요 도시이자 바람강 유역의 요새로, 내륙 쪽으로 약 60마일 들어간 곳이다. 빈툴루는 빈툴루강 어귀에 있는데, 사고야자로 유명하다. 무카는 무카강에서 몇 마일 올라간 곳에 위치하며, 사고야자와 빌리안나무 목재가 유명하다. 오야강에서 1.5마일쯤 위쪽의 오야와 마투강에서 약 5마일 올라간 곳의 마투 모두 사고야자 명산지이다. 시부, 카노위트, 카피트는 레장[28]강에서 상류로 각각 60마일, 100마일, 160마일 들어간 곳에 있다. 레장강 입구의 레장 마을은 철목(鐵木) 빌리안나무 제재소들로 유명하다. 카봉은 칼라카강 하구에 있다. 사리바스는 같은 이름을 지닌 강 상류의 약 80마일 지점에 있는데, 이 강은 해일에 휩싸이곤 한다. 시망강은 바탕루파르강에서 60마일쯤 올라간 곳으로, 이 강 역시 해일이 찾아온다. 시문잔은 사동강 상류 18마일쯤에 위치하는데, 정부가 운영하는 석탄광산이 있다. 트루산은 트루산강을 따라 약 18마일, 그리고 림방은 림방강에서 약 10마일 올라가면 나오는데, 림방강은 사고야자가 많기로 유명하다. 영국식으로 무기와 장비를 갖추고 훈련을 받는 군대가 있는데, 막사 안에서도 영국군의 실내 규칙이 엄격하게 적용된다. 쿠칭의 요새는 최신의 "후장식(後裝式) 암스트롱포(砲)"들로[29] 단단히 무장하고 있으며, 수중 어뢰장치도 갖추고 있다. 병력은 세포이 용병대,[30] 말레이인, 다야

---

27 Marudi. 바람(Baram)강 유역의 쾌적한 도시로서, 원문은 현지 주재관을 지낸 클로드 챔피언(Claude Champion)의 이름을 딴 식민지 시절의 지명 Claude Town(클로드타운).

28 Rejang. Rajang으로도 표기된다.

29 Armstrong B. L. gun. 영국의 암스트롱(William George Armstrong, 1810~1900)이 1855년 개발한 것으로 대포 장전 시간을 1/10로 단축하는 등, 동시대의 다른 화포들보다 가벼우면서도 성능은 더 뛰어났다.

크족 등에서 충원된다.

　항구세, 부표세(浮標稅), 등대세는 각각 1톤당 3센트로서 5톤 이상의
모든 선박에 부과되며, 입항하는 즉시 납부해야 한다.

3. 영국령 북보르네오[31]

　보르네오섬 북단에 위치한 이 지역은 과거에 "사바"라고 알려졌던
곳으로, 해안선 길이가 약 500마일에 이른다. 인구는 120,000명 정도
이고, 그 가운데 10,000명 중국인이다. 이곳의 주요 지리적 특색으로
는 높이 약 13,698피트의 키나발루산이 손꼽힌다. 서해안의 주요 하천
은 파다스강이며, 동해안에는 키나바탄간, 라부크, 시부쿠, 수구트, 세
가마 등등의 많은 강이 있다. 가장 좋은 항구는 서부 연안의 가야, 북부
의 쿠다트, 동부의 산다칸 등이다.

　기후가 열대지방치고는 유난히 쾌적하다. 낮에 아주 더운 경우는 드
물고, 밤에는 종종 이불이 필요할 정도이며, 모기 같은 해충들 때문에
겪어야하는 불편도 거의 없다. 폭풍이나 지진을 비롯한 자연재해도 알
려져 있지 않다. 바다에는 어류가 풍부하다. 그래서 햇볕에 말리거나
소금에 절인 생선의 수출 전망이 밝다. 홍콩과의 무역은 특히 목재를

30　Sepoys. 원래 영국동인도회사 소속의 인도 출신 병사들을 가리킨다.
31　British North Borneo.

중심으로 제법 자리를 잡았으며, 이곳에 들어오는 교역 물량의 대부분을 공급하는 홍콩과 싱가포르 방면의 증기선들이 빈번하게 출항한다. 북보르네오의 서식 동물로는 코끼리, 코뿔소, 사슴 3종, 들소, 돼지, 곰 등이 있다. 길이가 20피트를 넘는 비단뱀들도 산다. 그러나 다른 뱀들, 특히 독사 종류는 매우 드물다. 청란(青鸞), 자고새 3종, 여러 종의 비둘기, 도요새, 메추라기 등등, 괜찮은 조류 사냥감이 적지 않다.

산다칸은 거대한 항구로서 무역의 중심지이다. 수입품은 직물, 쌀, 철물, 각종 공산품, 아편, 중국산 담배, 중국산 저급 도자기, 성냥, 질그릇, 기름, 설탕 등이다. 그리고 주요 수출품으로는 담뱃잎, 목재, 커치, 등나무, 구타페르카, 천연고무, 제비집, 진주, 해삼, 상어지느러미, 장뇌, 거북껍질, 말린 갑오징어, 밀랍, 기타 천연 산물 등이 있다. 이 물품들은 내륙 지역과 술루 제도 인근에서 가져온다. 이곳 식민지 전체의 수입액은 1898년 2,419,097달러, 1897년 1,887,498달러, 1896년 1,882,189달러였고, 수출액은 1898년 2,881,851달러, 1897년 2,942,293달러, 1896년 2,420,234달러였다. 세입은 1898년 503,307달러(토지 판매 대금 2,214달러 제외), 1897년 436,063달러였다. 경상 세출은 1898년 387,261달러, 1897년 341,125달러였으며, 1898년도 자본계정(資本計定)의 특별 세출은 324,533파운드였다. 담배 재배가 향후 수익성 있는 대형 사업으로 발전할 전망이 높다. 담배는 이미 매우 높은 가격으로 불티나게 팔리고 있다. 커피 농사는 일찌감치 시작되었으며, 갬비어, 면화, 마닐라 대마, 설탕 등은 현지인과 중국인뿐만 아니라 유럽인들한테서도 주목을 받고 있다. 커치는 맹그로브 나무껍질에서 추출한 물질로, 수출량이 늘고 있다. 수도 산다칸의 1891년 당시 주민은 7,132명으로, 그 중 131명이 유럽인이고 3,627명은 중국인이었다. 서해안에는 브루나이만에서 내륙으로 들어가는 단거리 철도가 건설 중이다. 이 철도는 궁극적으로 섬을 가로질러 세인트루시아만(灣)까지 연장될 계획으로 있다. 산다칸은 1897년 5월 7일에 라부안과 전신으로 연결되었으며, 그 덕분에 유럽 등지와 소통할 수 있게 되었다.

영국령 북보르네오는 1879~1880년에 영국북보르네오회사가[32] 소액의 연납을 대가로 브루나이와 술루의 술탄들한테서 할양받아 획득한 것인데, 이 회사는 국왕의 칙허를 얻어 1881년 11월 1일 공식 법인이 되었다. 영토 면적은 31,106제곱마일이고, 인구는 약 150,000명이며 그 가운데 200명 정도가 유럽인이다. 이곳은 1888년 5월에 영국 보호령이 되었다. 영국북보르네오회사에 의해 취득된 뒤 이곳 정부를 운영한 관리는 다음과 같다 : 1881~1887년 윌리엄 트리처,[33] 1887~1888년, 윌리엄 크로커(대리),[34] 1888~1891년 찰스 크리그(3등급 세인트마이클·세인트조지 훈장),[35] 1891~1892년 보퍼트(대리),[36] 1892년 찰스 크리그, 1895년 보퍼트, 1900년 휴 클리퍼드 씨.[37]

---

32 British North Borneo Chartered Company. 약칭 North Borneo Company. 1881년 8월 영국 여왕의 칙허를 통해 북보르네오―지금의 말레이시아령 사바(Sabah)--에 대한 전권을 공식 위임받아 이 보호령이 영국 정부의 직할 식민지로 개편되는 1946년까지 내정을 관장하였다.

33 William Hood Treacher(1849~1919).

34 William Maunder Crocker(acting)(1843~1899).

35 Charles Vandeleur Creagh, C. M. G.(1842~1917).

36 Leicester Paul Beaufort(acting)(1853~1926).

37 Mr. Hugh Charles Clifford(1866~1941).

4. 라부안[38]

　　라부안은 아시아에 있는 영국 식민지 가운데 가장 작다. 1846년 브루나이 술탄에 의해 영국에 할양되었으며, 1848년에 영국의 공식 소유로 되었다. 이곳은 보르네오섬 북서 해안의 북위 5° 16′, 동경 115° 15′에 위치한다. 면적은 30.25제곱마일이고, 보르네오 해안에서 6마일가량 떨어져 있다. 라부안은 훌륭한 항구와 대규모 석탄 매장지들을 보유하는 등, 보르네오 북부 해안의 무역 중심지가 될 수 있는 여건을 지니고 있지만, 그러한 기대에 부분적으로밖에 부응하지 못하고 있는 것이 현실이다. 브루나이의 생산물이 라부안에 들어와 팔리는데, 무역량은 적다. 이 섬에는 사고야자를 가공하는 공장이 세 군데 있으며, 여기서 원료를 고운 분말로 정제해서 대부분 싱가포르로 수출한다. 이곳 정부는 영국북보르네오회사가 1889년에 제국 정부한테서 인수받아 운영하고 있다. 주민은 1890년 당시 5,853명이었다. 그 가운데 25명은 유럽인, 17명은 유라시아인, 그리고 나머지는 주로 중국인과 말레이인이었다. 중국인이 1,000명을 넘는데, 이들은 상업을 주도하며 공업 분야도 거의 장악하고 있다. 현재 이곳에는 정부 관리, 이스턴익스텐션전신회사와 코울포인트광산 직원들, 무역상 등을 포함하여 30명 이상의 유럽인이 있다. 뉴센트럴보르네오회사는 광산을 임차해서 대규모 석탄사업을 벌이고 있는데, 거기서 채굴된 석탄은 영국 선박들에 대량

38　Labuan.

라부안

공급된다. 세입은 주로 담배, 주류, 아편, 어류 등의 판매허가증 발급
을 통해 충당된다.

1900 동아시아, 서양인들의 답사 리포트